Das Wort in den Bildern von Jerg Ratgeb

von

Sabine Oth

Tectum Verlag
Marburg 2005

Umschlagabbildung: Herrenberger Altar, Geißelung 1519. Staatsgalerie Stuttgart

Oth, Sabine:
Das Wort in den Bildern von Jerg Ratgeb
/ von Sabine Oth
- Marburg : Tectum Verlag, 2005
Zugl.: Frankfurt, Univ. Diss. 2004
ISBN 978-3-8288-8817-3

Tectum Verlag
Marburg 2005

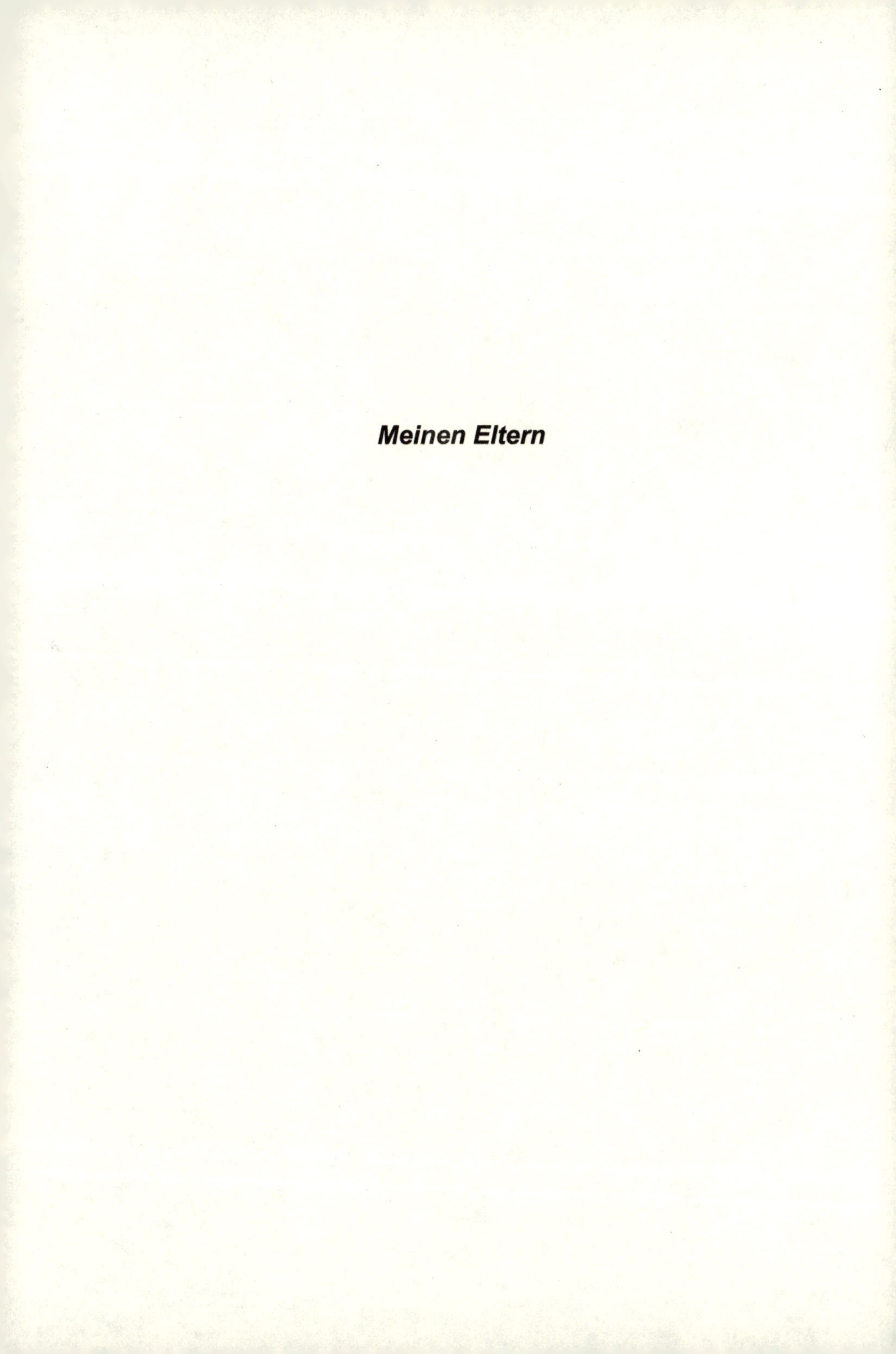

Meinen Eltern

Inhalt

1 Einführung

Ausgangspunkt dieser Arbeit war die Beobachtung, daß Jerg Ratgeb in seinen Bildern in großem Umfang Inschriften verwendet. Die enge Verbindung von Bild und Text wurde zwar mehrfach konstatiert, die Untersuchung des „Schriftkünstlers" Ratgeb angeregt,[1] doch richtete sich der Fokus im Falle Ratgeb in erster Linie auf das Biographische. Dies hat wahrscheinlich verschiedene Ursachen. Zum einen mag die Abgrenzung von Literatur und Kunst, die Lessing im Laokoon[2] folgenschwer für die Neuzeit festlegte, hinderlich für die Bearbeitung des Themas gewesen sein, zum anderen stand die Verwendung von Inschriften der These entgegen, der „revolutionäre Maler" hätte sich in seinen Bildern in erster Linie an niedere Volksschichten gewandt, die des Lesens nicht mächtig waren. Seit Vasari kennt auch die Kunstgeschichte die Faszination des Biographischen. Hinter dem Wunsch, die Persönlichkeit hinter den Bildern aufzuspüren und dem Versuch, das Leben des Künstlers nachzuzeichnen, steht die Idee, daß Kenntnisse über den Künstler auch für die Bewertung seines Werkes von Belang sein könnten. Im Fall von Jerg Ratgeb hat der Blick auf die „Künstlerpersönlichkeit" den Blick auf das Werk verstellt. Die Gründe werden in seinem schrecklichen Schicksal und der mangelnden Überlieferung liegen, die Raum für jede Art der Spekulation bietet. Da die vorliegende Arbeit den Blick auf das Oeuvre richtet, wird auf eine Biographie im herkömmlichen Sinn verzichtet. Statt dessen steht zu Beginn eine Zusammenstellung der Quellen, denen das Bild, das die Kunstgeschichte aus diesen Daten entworfen hat, entgegengestellt wird. Im Hauptteil werden die signierten und datierten Werke – die Altäre aus Schwaigern und Herrenberg sowie die Wandgemälde im Frankfurter Karmeliterkloster – untersucht, wobei das besondere Augenmerk auf der Problematik des „Wortes" liegt. Diese Fragestellung gliedert sich in zwei Punkte: Die Untersuchung der Inschriften sowie das Verhältnis von Text und Bild.

Die Vermutung liegt nahe, daß ein Künstler, der in seinem Werk vermehrt Inschriften verwendet, sich für seine Bilder intensiv mit Texten auseinandergesetzt hat. Die Zusammenschau von Wort und Bild stieß bisher sowohl in der Literaturwissenschaft als auch in der Kunstwissenschaft auf ein reges Interesse. In der Kunstwissenschaft war es insbesondere die Erforschung ikonographischer Themen, die eine intensive Textarbeit erforderte. Aber erst die Buchforschung stellte die Untersuchung der „Wort-Bild-Form"[3] ins Zentrum. Dahinter stand die Idee, daß erst das Zusammenwirken von Text und Bild ein Ganzes konstituiert.[4] Desweiteren

---

[1] Fried Lübbecke: Jerg Ratgeb; die Fresken im Karmeliterkloster zu Frankfurt am Main. In: Das Kunstwerk 1 (1946/47), S. 33.

[2] Gotthold Ephraim Lessing: Laokoon oder ueber die Grenzen der Malerei und Poesie. Frankfurt a. M. 1988.

[3] Gottfried Willems: Anschaulichkeit; zu Theorie und Geschichte der Wort-Bild-Beziehungen und des literarischen Darstellungsstils. Tübingen 1989 (=Studien zur deutschen Literatur; Bd. 103).

[4] Georg Jäger/Ira Diana Mazzoni: Bibliographie zur Geschichte und Theorie von Text-Bild-Beziehungen. In: Wolfgang Harms (Hg.): Text und Bild. DFG-Symposion 1988. Stuttgart 1990 (=Germanistische Symposien. Berichtbände; Bd. 11), S. 475-508.

verdankte die Kunstgeschichte der Semantik wichtige Anregungen zur Wort-Bild-Problematik.[5]
In der vorliegenden Arbeit wird zunächst der dem Bild zugrunde liegende Text ermittelt werden müssen. Im Vergleich von Text und Bild soll untersucht werden, wie der Text die Geschichte erzählt und wie das Bild. Welche Teile des Textes greift das Bild auf und welche übergeht es? Konkretisiert das Bild den Text? Immer wieder wird dabei die Frage gestellt werden müssen, inwieweit ikonographische Traditionen und nicht ein bestimmter Text das Bild prägten.

Eine systematische Untersuchung zu den Inschriften in der Malerei fehlt bislang. Man beschränkte sich auf einzelne Künstler bzw. Werke,[6] Epochen[7] oder Aspekte wie etwa Künstlerinschriften,[8] Spruchbänder[9] oder die Visualisierung wörtlicher Rede.[10] Einzig Wallis[11] und Butor[12] versuchten allgemeiner, die verschiedenen Inschriftentypen und ihre Funktionen herauszuarbeiten.
Wie der Titel „Wörter in der Malerei“ zeigt, analysiert Butor nicht nur die Inschriften der Bilder sondern allgemeiner Texte, die mit Gemälden in Bezug gesetzt werden können. Er beschreibt sechs Kategorien: Titel, Benennung und Attribut, Bedeutung der Realität (Sprichwörter, Rätsel), Markenzeichen und Geschenk, Worte und die Wörter auf den Dingen. Einige dieser Aspekte, wie etwa Sprichwörter und Rätsel sind im Hinblick auf Ratgeb nicht von Belang, während andere Typen von Inschriften, die das Oeuvre des Malers kennt, nicht behandelt werden.

---

[5] Ebenda. Vgl. auch Norman Bryson: Word and Image; French Painting of the Ancien Régime. Cambridge, 1983.

[6] Vgl. u. a. Heinz Herbert Mann: Die Verkündigung an Maria; Anmerkungen zu Jan van Eycks „sprechender“ Malerei – oder zu einem Text, der auf dem Kopf steht. In: ders.: Regel und Ausnahme: Festschrift für Hans Hollaender, S. 143-173; „Der Magdalenenaltar in Tiefenbronn“: Bericht über die wissenschaftliche Tagung am 9. und 10. März 1971 im Zentralinstitut für Kunstgeschichte in München. In: Kunstchronik 24 (1971), S. 177-212.

[7] Millard Meiss: Toward a more comprehensive Renaissance Paleography. In: Art Bulletin 42 (1960), S. 97-112; Dario A. Covi: Lettering in fifteenth Century Florentine Painting. In: Art Bulletin 45 (1963), S. 3-17; John Sparrow: Inscription in painting. In: ders.: Visible Words; a Study of Inscription in and as Books and Works of Art. Cambridge 1969, S. 48-88.

[8] Vgl. u. a. Peter C. Claussen: Früher Künstlerstolz; mittelalterliche Signaturen als Quelle der Kunstsoziologie. In: Bauwerk und Bildwerk im Hochmittelalter; anschauliche Beiträge zur Kultur- und Sozialgeschichte. Gießen 1981, S. 7-34; ders.: Künstlerinschriften. In: Ornamenta Ecclesia; Kunst und Künstler der Romanik; Katalog zur Ausstellung des Schnütgen-Museums in der Josef-Haubrich-Kunsthalle Köln 1985, Bd. 1, S. 263-276, Michael J. Liebmann: Die Künstlersignatur im 15. und 16. Jahrhundert als Gegenstand soziologischer Untersuchungen. In: Lucas Cranach; Künstler und Gesellschaft; Referate des Colloquiums mit internationaler Beteiligung zum 500. Geburtstag Lucas Cranach d. Ä. Staatliche Lutherhalle Wittenberg 1.-3. Oktober 1972, S. 129-134.

[9] Karl Clausberg: Spruchbandaussagen zum Stilcharakter; malende und gemalte Gebärden; direkte und indirekte Rede in den Bildern der Veldeke-Aneide sowie Wernhers Marienliedern. In: Städeljahrbuch, N.F. 13 (1991), S. 81-110; Susanne Wittekind: Vom Schriftband zum Spruchband; zum Funktionswandel von Spruchbändern in Illustrationen biblischer Stoffe. In: Frühmittelalterliche Studien, Bd. 30 (1996), S. 343-367.

[10] Roger Tarr: „Visible parlare“: the spoken word in fourteenth-century central Italian paintings. In: Word & Image 13 (1997), S. 223-244.

[11] Mieczyslav Wallis: Inscriptions in paintings. In: Semiotica 9 (1973), I, S. 1-28.

[12] Michel Butor: Die Wörter in der Malerei; Essay. Frankfurt 1992.

Hilfreicher erweist sich die Arbeit von Wallis. Er unterscheidet vier Gruppen von Inschriften bei mittelalterlichen Bildern: Zur ersten zählen Inschriften, die Informationen über Personen, allegorische Personen, Objekte und Ereignisse mitteilen. Dabei kann zwischen Namen unterschieden werden, die helfen, eine Person zu identifizieren und Texten, die einen bestimmten Aspekt einer Person betonen oder auf ein bestimmtes Geschehnis verweisen. Inschriften, die als Statement der abgebildeten Person angesehen werden können, bilden die zweite Gruppe; während die dritte sich an den angenommenen Betrachter richtet. Die letzte Kategorie sind die Statements des Künstlers, etwa Signatur oder Maxime. Wallis erwähnt darüber hinaus weitere Aufgaben, die Inschriften in Bildern übernehmen können, etwa im Rahmen der mittelalterlichen Typologie.

Zunächst werden die in den Bildern verwendeten Inschriften Kategorien zugeordnet, dabei wird grob in bildinterne und externe unterschieden und weiter nach Funktionen, angelehnt an die Unterscheidungen bei Wallis. Darüberhinaus wird zu fragen sein, ob die Schriften weitere Aufgaben besonders im Hinblick auf das spezielle Bild übernehmen. Die Untersuchung wäre unvollständig, wenn nicht auch die Rezeption der Bilder und der Inschriften betrachtet würde. Dazu ist es nötig, kurz zu betrachten, wie es um die Lesefähigkeit zu Beginn des 16. Jahrhunderts bestellt war:

Heute ist die Lesefähigkeit stets mit der Schreibfähigkeit verbunden, da beide zusammen erlernt werden. Im Mittelalter mußte die Fähigkeit des Lesens nicht mit der des Schreibens zusammenfallen, da beide getrennt voneinander gelehrt und gelernt wurden. Dieser Umstand erschwert es, konkrete Aussagen zur Lesefähigkeit zu machen: Zeugnisse für die Schreibfähigkeit, wie etwa Unterschriften, beinhalten zwar die Lesefähigkeit. Das Fehlen der Schreibfähigkeit kann aber nicht mit einem Fehlen der inwieweit auch immer entwickelten Lesefähigkeit gleichgesetzt werden. Im Gegensatz zur Schreibfähigkeit hinterläßt Lesefähigkeit nur in den seltensten Fällen materielle Spuren.[13]
Mit der Herrschaftsübernahme der nordalpinen Völker verfiel sowohl die antike Lesekultur als auch das Schulwesen. Die germanischen Eroberer hatten eine vorwiegend mündliche Kultur. Schreib- und Lesefähigkeit war von nun an an das Latein gebunden und bis ins
12. Jahrhundert besaßen diese Fähigkeit fast ausschließlich Kleriker. Litteratus hieß buchstabenkundig und zugleich lateinkundig.[14] Die Laien blieben bis in die höchsten Gesellschaftsschichten illiteratus. Eine Ausnahme bildeten adelige Frauen, zu deren Ausbildung es gehörte, den lateinischen Psalter lesen und beten zu können.[15] Die

---

[13] Roger Chartier: Ist eine Geschichte des Lesens möglich? Vom Buch zum Lesen: einige Hypothesen. In: Zeitschrift für Literaturwissenschaft und Linguistik 57/58 (1985), S. 250-273; Erich Schön: Geschichte des Lesens. In: Bodo Franzmann (Hg.): Handbuch lesen. München 1999, S. 9.

[14] Herbert Grundmann: Litteratus – illiteratus. In: Archiv für Kulturgeschichte 40 (1958), S. 3f.

[15] Vgl. auch Klaus Schreiner: Marienverehrung, Lesekultur, Schriftlichkeit; bildungs- und frömmigkeitsgeschichtliche Studien zur Auslegung und Darstellung von „Mariä Verkündigung." In: Frühmittelalterliche Studien 24 (1990), S. 314-368.

Fähigkeit des Lesens und Schreibens wuchs im 14. und 15. Jahrhundert in breitere Schichten hinein. Ursache war einerseits die wirtschaftliche Entwicklung, vor allem des Handels, andererseits die Expansion des Schriftwesens der öffentlichen Verwaltung. Die Motivation der Laien zum Erlernen des Lesens und Schreibens war eine profane geworden. Ein städtisches Schulwesen entstand neben den Klosterschulen. Der Bedarf nach Geschriebenem wuchs, dies zeigen unternehmerische und technische Neuerungen.
Die wichtigste Innovation war die Einführung der Papierherstellung in Europa, da das Pergament für einen Massengebrauch zu teuer war.[16] Eine zweite bedeutende Neuerung war die Erfindung des Holzschnittes, wahrscheinlich zwischen 1390 und 1400, mit dessen Hilfe auch Texte verbreitet werden konnten. Im 15. Jahrhundert nahm die Zahl der Lesefähigen weiter zu. Dafür spricht zum einen, daß die Produktion von Handschriften zu dieser Zeit ihren Höhepunkt erreicht. Mehr als 70 Prozent aller erhaltenen Handschriften stammen aus diesem Jahrhundert. Zum anderen weist die vermehrte Darstellung von Bücherpulten mit mehreren Büchern u. a. in Mariendarstellung und Studierzimmern darauf hin, daß das Verhältnis der Menschen zum Buch und damit zum Lesen sich geändert hat. Das Buch war nicht mehr Schmuckstück oder Kultgegenstand, sondern Gebrauchsgegenstand.[17]
Mitte des 15. Jahrhunderts erfand schließlich Gutenberg den Buchdruck mit beweglichen Lettern. Lange Zeit betrachtete man diese technische Neuerung als Ursache für eine neue Lesekultur und die Verbreitung der Lesefähigkeit auch in niederen Schichten. So sah bereits Goethe in Gutenbergs Erfindung einen Wendepunkt, der die Welt- und Kulturgeschichte in zwei Epochen teilte.[18] Diese Vorstellung, daß breite Schichten durch die Erfindung des Buchdrucks erst lesefähig wurden, wird heute abgelehnt. Die treibende Kraft wird nicht mehr in der historischen Erfindung gesehen, sondern vielmehr in der schon bestehenden Nachfrage. Wieland Schmidt weist darauf hin, daß die Masse der Bücher, keine Käufer gefunden hätte, wenn diese nicht schon seit geraumer Zeit lesefähig gewesen wären.[19] Die Zunahme der Lesefäfigkeit war demnach ein stetiger Prozeß, der bereits im 12. Jahrhundert begann. Die wachsende Nachfrage nach Geschriebenem ermöglichte technischen Innovationen wie der Papiermühle und dem Druck mit beweglichen Lettern erst den Erfolg und nicht umgekehrt.
Die Zunahme der Lesefähigkeit im Laufe des Mittelalters und der beginnenden Neuzeit darf aber nicht darüber hinwegtäuschen, daß weiterhin ein Großteil der Bevölkerung weder lesen noch schreiben konnte. Die Alphabetisierung begann bereits im 15. Jahrhundert mit dem Stadt-Land-Gegensatz zusammenzufallen.

---

[16] 1276 wurde in Italien die erste Papiermühle Europas und 1390 in Nürnberg die erste Deutschlands errichtet.

[17] Rolf Engelsing: Analphabetentum und Lektüre; zur Sozialgeschichte des Lesens in Deutschland zwischen feudaler und industrieller Gesellschaft. Stuttgart 1973, S. 10.

[18] Goethes Gespraeche: eine Sammlung zeitgenoessischer Berichte aus seinem Umgang; auf Grund der Ausgabe und des Nachlasses von Flodoard Freiherrn von Biedermann, erg. und hrsg. von Wolfgang Herwig, München 1998, Bd. 3.1, Nr. 4787.

[19] Wieland Schmidt: Vom lesen und schreiben im späten Mittelalter. In: Festschrift für Ingeborg Schröbler zum 65. Geburtstag. Hg. Dietrich Schmidtke. Tübingen 1973, S. 325.

Analphabetismus begann Merkmal von Minderwertigkeit zu werden. So konnte Hans Sachs die „dummen“ Bauern vor seinem städtischen Publikum zum Gespött machen, da sie weder lesen noch schreiben konnten.[20]
Schwierig bleibt es, die Lesefähigkeit zu Beginn des 16. Jahrhunderts in Zahlen festzulegen. Manfred Sauer geht für die Zeit um 1500 von 75.000 Lesefähigen aus bei einer Bevölkerung Deutschlands von 13 Millionen, davon etwa 1,5 Millionen Städtern. Das entspräche 5 Prozent der Stadt- bzw. weniger als 1 Prozent der Gesamtbevölkerung.[21] Da Engelsing von einer Bevölkerung von 10 Millionen ausgeht, kommt er auf 3-4 Prozent Leser.[22] Für die Zeit um 1600 schätzt er die Zahl auf 5 Prozent.[23] Neuere Forschungen rücken die Zahlen nochmals nach oben. So nimmt Wendehorst an, daß zu Beginn der Reformation 10-30 Prozent der städtischen Bevölkerung lesen konnten.[24] Für einzelne Städte in entwickelten Regionen rechnet man sogar mit 40-50 Prozent.[25]

---

[20] Ders., S. 326; Erich Schön: Geschichte des Lesens. In: Handbuch lesen. Hg. Bodo Franzmann. München 1999, S. 14.

[21] Manfred Sauer: Die deutschen Inkunabeln; ihre historischen Merkmale und ihr Publikum. Diss. Köln 1956.

[22] Rolf Engelsing: Analphabetentum und Lektüre 1973, S. 10.

[23] Ders., S. 30.

[24] Alfred Wendehorst: Wer konnte im Mittelalter lesen und schreiben? In: Schulen und Studium im sozialen Wandel des hohen und späten Mittelalters. Sigmaringen 1986. (=Vorträge und Forschungen XXX), S. 32.

[25] Erich Schön: Geschichte des Lesens. In: Handbuch lesen. Hg. Bodo Franzmann. München 1999, S. 18.

2 Ratgeb – Die Quellen

Nur wenige Selbstzeugnisse und zeitgenössische Quellen über Jerg Ratgeb sind erhalten.[26] So ist nichts über das Geburtsjahr und -ort, seine Ausbildung und Wanderjahre dokumentarisch belegt. Er wird erst faßbar in mehreren Dokumenten aus Heilbronn, die zwischen 1509 und 1512 entstanden. In einem Erlaß vom 24. April 1509 bewilligt der Heilbronner Rat Meister Jörg Ratgeb, Maler von Stuttgart, als Beisassen einen Aufenthalt von drei Jahren gegen ein jährliches Sitzgeld von vier Gulden mit der Auflage einen Bewilligungsbrief des Herzogs von Württemberg vorzulegen.[27]

In einer ersten Eingabe an den Rat der Stadt Heilbronn berichtet Ratgeb zunächst von seinem Umzug von Stuttgart nach Heilbronn und seinen Bemühungen, Frau und Kind, die Leibeigene des Herzogs Ulrich von Württemberg waren, freizukaufen. Da der Herzog die Auslösung ablehnte, bittet der Maler den Rat, sich für ihn einzusetzen.[28] Dieser Bitte entspricht der Rat, indem er am 17. Oktober 1510 eine Fürschrift bei Herzog Ulrich von Württemberg einlegt. In ihrem Brief loben die Heilbronner Ratgeb als einen Kunstreichen seines Handwerks, den sie gerne als Bürger aufnehmen wollten, wenn er seine Frau und Kinder aus der Leibeigenschaft lösen könne.[29]

Das Antwortschreiben der Herzoglich Württembergischen Kanzlei ist nicht überliefert, wird aber abschlägig gewesen sein. Denn Ratgeb macht eine zweite Eingabe beim Heilbronner Rat, in der er um eine dreijährige Verlängerung seines Bleiberechts bittet.[30]

---

[26] Das Schweigen der Quellen sieht Viktoria Schmidt-Linsenhoff als Hinweis auf Ratgebs Selbstverständnis in der mittelalterlichen Traditionsgebundenheit. Anders als Dürer hätte Ratgeb die Selbstreflektion des modernen Renaissance-Künstlers ferngelegen. Vgl. Viktoria Schmidt-Linsenhoff: Biographie und Historie 1480-1526. In: Jörg Ratgeb's Wandmalereien im Frankfurter Karmeliterkloster. Hg. Stadt Frankfurt a. M. 1987, S. 131.

[27] Original im Krieg verloren. Moritz von Rauch: Urkundenbuch der Stadt Heilbronn. Bd. 3. 1501-1524. Stuttgart 1916. (=Württ. Geschichtsquellen; Bd. 19), S. 236f., Nr. 2162 a -d; Wilhelm Fraenger: Jörg Ratgeb. Ein Maler und Märtyrer aus dem Bauernkrieg. Hrsg. von Gustel Fraenger und Ingeborg Fraenger-Baier. Dresden 1972. (2. Aufl. München 1981), S. 248 u. 273; Ute-Nortrud Kaiser: Jerg Ratgeb. Spurensicherung. [Katalog zur] Ausstellung: Karmeliterkloster Frankfurt, Münzgasse 6. Juni bis 18. Juli 1985. Reuchlin-Haus Pforzheim 21. Juli bis 1. September 1985. Frankfurt am Main 1985. (= Kleine Schriften des Historischen Museums Frankfurt a. M. 23) S. 98, Urk. Nr. 1.

[28] Heilbronn, Stadtarchiv. Original im Krieg verbrannt. Wilhelm Fraenger: Jörg Ratgeb 1981, S. 273; Ute-Nortrud Kaiser: Jerg Ratgeb 1985, S. 98f., Urk. Nr. 3.

Moritz v. Rauch hält diesen und die folgenden Briefe nicht für eigenhändig von Ratgeb, sondern von einem Schreiber geschrieben. Vgl. Moritz von Rauch: Zur Geschichte des Malers Jörg Ratgeb. In: Württembergische Vierteljahreshefte für Landesgeschichte N.F. 18 (1909), S. 212. Fraenger hingen betont die Eigenhändigkeit, da die Schrift der Briefe und die Unterschriften den gleichen Duktus hätten. Diese sei auch dieselbe wie auf der Zettelinschrift des Herrenberger Altars. Vgl. Wilhelm Fraenger: Jörg Ratgeb 1981, S. 274. Heute nicht mehr überprüfbar, da alle Urkunden verbrannt sind.

[29] Heilbronn, Stadtarchiv. Original im Krieg verbrannt. Wilhelm Fraenger: Jörg Ratgeb 1981, S. 273, Nr. 3; Ute-Nortrud Kaiser: Jerg Ratgeb 1985, S.99f., Urk. Nr. 4.

[30] Heilbronn, Stadtarchiv. Original im Krieg verbrannt. Wilhelm Fraenger: Jörg Ratgeb 1981, S. 273, Nr. 4; Ute-Nortrud Kaiser: Jerg Ratgeb 1985, S. 100f., Urk. Nr. 5.

Sein Gesuch wird am 17. Januar 1512 verhandelt und abgelehnt.[31] Doch der Maler gibt so schnell nicht auf und bittet erneut um die Verlängerung seines Bleiberechts, diesmal nur für ein weiteres Jahr. Er schildert seine wirtschaftliche Situation und gibt zu bedenken, daß er Schulden machen mußte, für die in Heilbronn gemalten und zum Teil noch unfertigen Tafeln.[32] Am 28. April 1512 zahlt Ratgeb ein letztes Mal seine 44 Gulden Sitzgeld.[33] Damit verliert sich seine Spur in Heilbronn, wohin der Maler von dort aus zieht, ist ungewiß.

Faßbar wird er erst wieder 1514 in Frankfurt. In diesem Jahr malt er für den Frankfurter Patrizier Claus Stalburg die Anbetung der Könige für die Familiengrablege im Kreuzgang des Karmeliterklosters. Zwar sind weder Dokumente zum Auftrag noch das Wandgemälde erhalten, doch ist die Signatur Ratgebs und die Datierung durch eine Aquarellkopie des 19. Jahrhunderts überliefert.[34] Im Anschluß malte Ratgeb im Kreuzgang die Heilsgeschichte und im Sommerrefektorium die Geschichte des Karmeliterordens. Alle Dokumente, wie Aufträge oder Rechnungsbücher sind verloren. Es gibt jedoch Dokumente vom Ende des 16. Jahrhunderts und der Mitte des 17. Jahrhunderts, die den Auftrag an Ratgeb belegen: Der Patrizier Nikolaus Frosch legte 1586 ein Verzeichnis der Frankfurter Bürgermeister von 1427 bis 1586 an. Neben den Namen sind Notizen und wichtige Ereignisse der jeweiligen Amtszeit eingefügt. Neben den Bürgermeistern der Jahre 1515 bis 1516 steht am Rande:

„Ao 16 in diesem Jahr ist der Creutzgang zum Carmeliten durch J.R.M. v[on] Schweb[...]isch Gemindt gemalt worden."[35]

Frosch überliefert nur die Signatur des Künstlers; da Ratgeb diese aber sowohl auf dem Barbara-Altar als auch in einem Siegel, das sich unter einem Brief mit vollständiger Unterschrift befindet, verwendet, kann die Quelle mit ihm in Verbindung gebracht werden. Falsch ist die Jahresangabe bei Frosch; die Ausmalung des Kreuzgangs begann schon 1514 mit dem Dreikönigsbild für Claus Stalburg und endete nicht 1516, sondern erst 1519, was durch die Stifterinschriften belegt ist.
Ebenfalls nur mit dem Monogramm benennt ein zweiter Frankfurter Patrizier, Johann Maximilian von Jungen, den Künstler des Kreuzganges:

[31] Heilbronn, Stadtarchiv. Original im Krieg verbrannt. Wilhelm Fraenger: Jörg Ratgeb 1981, S. 274; Ute-Nortrud Kaiser: Jerg Ratgeb 1985, S. 101, Urk. Nr. 6.

[32] Heilbronn, Stadtarchiv. Original im Krieg verbrannt. Wilhelm Fraenger: Jörg Ratgeb 1981, S. 274; Ute-Nortrud Kaiser: Jerg Ratgeb 1985, S. 101f., Urk. Nr. 7.

[33] Original im Krieg verbrannt. Wilhelm Fraenger: Jörg Ratgeb 1981, S. 32; Ute-Nortrud Kaiser: Jerg Ratgeb 1985, S. 102, Urk. Nr. 9.

[34] Christian Becker: Anbetung der Könige, nach 1850. Aquarell, zwei zusammengefügte Blätter, 31,4 x 67,5 cm. Städelsches Kunstinstitut und Städtische Galerie, Graphische Sammlung, Frankfurt a. M., Inventar-Nr.: Z 24 066 und Z 24 067. Abbildung in: Ute-Nortrud Kaiser: Jerg Ratgeb 1985, Abb. G2.

[35] Frankfurt, Stadtarchiv, Bürgermeisterbücher; Wilhelm Fraenger: Jörg Ratgeb 1981, Abb. III.

„Ao 1515 ist der Creutzgang zu den Carmelitern durch J.R.M., von Schwed genannt, gemalt worde.“ [36]

Direkt auf die Urkunden des Karmeliterklosters griff Jacobus Milendunck, der von 1643 bis 1646 in Frankfurt Prior war, für seine Ordensgeschichte aller Karmeliter-Klöster der niederdeutschen Ordensprovinz zurück.[37] In dieser lobt er die Frankfurter Wandmalereien als vortreffliche Werke von Georg Ratgeb, der dafür 233 Gulden und 30 Achtel Weizen als Lohn erhielt. Vollendet wurde das Gemälde nach Milendunck im Jahre 1517.[38]

Durch Quellen gesichert schließt sich an den Frankfurter Aufenthalt nahtlos der Auftrag für die Flügel des Hochaltars der Herrenberger Stiftskirche an.[39] Im Sommer des Jahres 1518 ist Ratgeb spätestens in Herrenberg, wo er einhundert Gulden ausgezahlt bekommt.[40] Im September desselben Jahres schrieb Ratgeb einen Brief aus Herrenberg an Claus Stalburg in Frankfurt.[41] Dieser hatte den Künstler gebeten, sich nach fähigen Ärzten umzusehen und Ratgeb empfiehlt ihm zwei Doktoren aus Schwaben in diesem Schreiben.

In den folgenden Jahren vermerken die Armenkastenrechnungen und die Bürgermeisterrechnungen weitere Zahlungen an Ratgeb; die letzte Rate für den Altar wurde erst 1524 an den Maler ausgezahlt. Doch bereits 1519/20 wird Ratgeb Herrenberg verlassen haben. Der Altar ist mit der Jahreszahl 1519 datiert und im Rechnungsjahr 1519/20 ist die Zahlung des Zehr- und Trinkgeldes an die Maler vermerkt. [42]

Wohin Ratgeb von Herrenberg aus ging ist ungewiß, wahrscheinlich zog es ihn wieder nach Stuttgart, denn dort zahlt er 1522 zehn Schilling Steuern.[43] In Stuttgart wird er 1525 in die Ereignisse des Bauernkriegs verstrickt. Welche Rolle der Maler spielte und mit wessen Seite er sympathisierte, ist bis heute unklar, denn es sind nur wenige teilweise widersprüchliche Quellen bezüglich Ratgeb erhalten. Den

---

[36] Zitiert nach Otto Donner von Richter: Jerg Ratgeb 1892, S. 86 und Wilhelm Fraenger: Jörg Ratgeb 1981, S. 15. Das Original „Johann Maximilian von Jungen: Annales rei publicae francofurtensis vom Jahre 172 bis auf das 1634 Jahr“ ist 1944 im Frankfurter Stadtarchiv durch Kriegseinwirkungen zugrunde gegangen.

[37] Jacob Milendunck: Chronicon speciale. Frankfurter Stadtarchiv, Karmeliterbücher, Rep. 199, Nr. 46, fol 97v und 98r. Vgl. auch: Jacob Milendunck: Chronicon Universale. In: Scripta et monumenta Jacobi Milendunck, Carmelitae, 1643/46. Frankfurter Stadtarchiv, Karmeliterbücher, Rep. 199, Nr. 44, fol 415f.

[38] Die „Epitome historia de ortu et fatis Carmeli francofurtensis“ (Frankfurter Stadtarchiv, Karmeliterbücher, Rep. 199, Nr. 100) beruhen wohl nicht auf den ursprünglichem Urkunden, sondern sind ein Auszug aus Milenduncks Chronik.

[39] Quellen bei: Lisa de la Mare Farber: Herrenberg 1989; Roman Janssen: Warum wurde der Altar zweimal aufgebaut? 1993, S. 549ff.

[40] Ute-Nortrud Kaiser: Jerg Ratgeb 1985, S. 282, Nr. 3; Lisa de la Mare Farber: Herrenberg 1989, S. 232; Roman Janssen: Warum wurde der Altar zweimal aufgebaut? 1993, S. 550.

[41] Frankfurt a. M., Stadtarchiv. Otto Donner von Richter: Jerg Ratgeb 1892, S. 84.

[42] Ute-Nortrud Kaiser: Jerg Ratgeb 1985, S. 285, Nr. 19; Lisa de la Mare Farber: Herrenberg 1989, S. 334; Roman Janssen: Warum wurde der Altar zweimal aufgebaut? 1993, S. 551.

[43] „Jörg, maler, Schürtz Jacobs sun x ß“

Hans Rott: Quellen und Forschungen zur südwestdeutschen und schweizerischen Kunstgeschichte im 15. und 16. Jahrhundert. Bd. 2: Alt-Schwaben und die Reichsstädte. Stuttgart 1934, S. 283; Lisa de la Mare Farber: Jerg Ratgeb and the Herrenberg Alterpiece. Diss. Princeton 1989, S. 20.

wichtigsten Fund im Fall Ratgeb machte 1883 der Stuttgarter Staatsarchivar Eugen Schneider.[44] Im Repertorium des Württembergischen Hauptstaatsarchivs, einem Register der Archivalien aus dem Jahre 1611, fand er unter der Kategorie „über allerley Urgichten, Malefiz und peinliche Sachen" folgenden Vermerk:

„1526 Bericht und Urgicht Schürtz Jörgen, genannt Rathgeb, Mahlers zu Stutgarten, so zu Pfortzheim gefangen gelegen, des Paurenkriegs und Herzog Ulrichs halber. Nr. 1 bis 5 inclusive."[45]

Dieser vielversprechende Fund erwies sich jedoch als Zeuge eines immensen Verlustes: alle Dokumente, Berichte und Vernehmungsprotokolle vor Gericht, fehlten. Immerhin bewies der Eintrag, daß es einen Gerichtsprozeß gegen Ratgeb in Pforzheim gegeben hatte. Die Anschuldigungen gegen ihn standen im Zusammenhang mit dem Bauernkrieg und Herzog Ulrich von Württemberg. Weshalb der Maler angeklagt wurde und ob der Prozeß mit einem Freispruch oder einer Verurteilung endete, bleibt offen.

Wilhelm Fraenger fand im Stuttgarter Hauptstaatsarchiv weitere Dokumente, die Licht auf die Rolle Ratgebs im Bauernkrieg werfen, indem er Aktenstücke, die sich auf Mitglieder des Stuttgarter Kontingents bezogen, sichtete. Neben Urkunden, die Ratgebs Kanzlei-Tätigkeit im Bauernkrieg bezeugen,[46] liefern vor allem die Gerichtsurkunden der Verurteilungs- bzw. Rehabilitierungsprozesse nach dem Bauernkrieg die meisten Informationen. So sendete Theus Gerber, der Hauptmann eines Truppenkontingents war, das Stuttgart dem Bauernheer stellen mußte, aus seinem Exil 1531 eine Rechtfertigungsschrift an König Ferdinand, in der er auch auf die Position Ratgebs als Kriegsrat eingeht.[47] Zehn Jahre später fand dennoch in Rottweil das Verfahren gegen Theus Gerber statt. Der Prozeß wurde von zehn Ratsmitgliedern angestrebt, die dem Gericht eine Liste mit Anschuldigungen vorlegten. In drei Artikeln dieser Liste wird auch Ratgeb des Hochverrats bezichtigt.[48] Im Rottweiler Prozeß wurden mehr als neunzig Zeugen vernommen. Zum Fall Ratgeb, der zu diesem Zeitpunkt schon fünfzehn Jahre tot war, waren es

---

[44] Eugen Schneider: Georg Rathgeb. In: Württ. Vierteljahreshefte für Landesgeschichte (1883), S. 263.

[45] Eugen Schneider: Georg Rathgeb 1883; Wilhelm Fraenger: Jörg Ratgeb 1981, S. 126, 130, 132, 244 Anm. 10, Abb. S. 169; Lisa de la Mare Farber: Herrenberg 1989, S. 38f.

[46] Wilhelm Fraenger: Jörg Ratgeb 1981, S. 130.

[47] „Uff das ich wyter Ir weyßhait zu erkhennen geben main Unwissenheit, were mein underthänig pit sie wöllten vonn wegen heit, were mein underthänig pit sie wöllten vonn wegen deren von Stuttgart verstenndig leut in der Buren Räth verordnen die Rathenn unnd Redenn kinden, denn ich wollte mich des bedingt haben, nit inn der Buren Räth zu gen, habenn sie vonn stund an drey Kriegs Räth verordnet, nemlich Jorg Kentzer, Hanns Grieb, Jorg Rathgeb, denenn ain Instruktion under der Stat Stutgartten sigel zugestellt also lawtend Wir amtsverweser Burgermaister gericht und Rath der Stat Stutgarten etc. schickennd euch hirmit unnsere gesanndten Kriegsräth mit euch in dingen zu ratn etc. Welliche Instruction noch hinder ainem Gericht Pfortzenn ligt."
Wilhelm Fraenger: Jörg Ratgeb 1981, S. 135.

[48] Wilhelm Fraenger: Jörg Ratgeb 1981, S. 132; Lisa de la Mare Farber: Herrenberg 1989, S. 41f.

vierzehn. Keiner belastete den Maler, und sie stimmten fast wortwörtlich darin überein, von einem Hochverrat als Ursache der Verurteilung nicht zu wissen.[49]
Ein anderes Bild zeichnen hingegen die Gerichtsakten Johann Elias Meichsners[50], des Stuttgarter Stadtschreibers. Nachdem die Bauern Stuttgart besetzt hatten, okkupierten sie die Stadtschreiberei für ihre eigenen Zwecke. Da die habsburgische Gesinnung des Stadtschreibers bekannt war, wurden alle wichtigen Schriftstücke zur Kontrolle von einem zuverlässigen Mann mit dem Siegel der Bauern abgestempelt. Einer der Siegel-Bewahrer und Kontrolleure war Ratgeb. Im ersten Dokument, das die Beziehung zwischen Ratgeb und Meichsner widerspiegelt, verteidigt sich Meichsner gegen den Vorwurf, er hätte sich auf Kosten der Bauern bereichert. Denn er hatte aus dem Bebenhauser Kloster, das zur Versorgung der Bauern requiriert worden war, Roggen abgefahren, um eine Papierrechnung zu bezahlen. Er behauptete, sein Antrieb sei nicht Profitgier, sondern die Angst vor Ratgeb gewesen. Das zweite Dokument besteht aus zwei Schriftstücken und einer brieflichen Erläuterung, die Meichsner an den Magistrat der Stadt Esslingen schickte. In dem Begleitbrief beschreibt Meichsner wie Ratgeb ihm einen wichtigen Brief von Martern Feuerbach und Hans Wunderer brachte. Dieser war an alle württembergischen Adeligen adressiert mit der Aufforderung eine Armee zusammenzustellen und sich den Bauern anzuschließen. Da Meichsner fürchtete, selber angeklagt zu werden, bezichtigte er in seinem Brief an den Magistrat Ratgeb als Autor. Beigelegt hatte er eine Kopie des Schreibens von Feuerbach und Wunderer, sowie ein Blatt mit zwei Anklagepunkten gegen Ratgeb.
Die Dokumente im Fall Meichsner weisen darauf hin, daß die Anklage und Verurteilung von Ratgeb nicht unbedingt durch seine eigenen Verfehlungen begründet sein muß. Das schlechte Verhältnis zwischen den beiden Männern und die Hoffnung von eigenen Vergehen abzulenken, mögen Meichsner zu seinen Beschuldigungen verleitet haben.
Auch die von Fraenger aufgefundenen Dokumente können nicht erhellen, welche Rolle Ratgeb im Bauernkrieg spielte. Unklar bleibt, ob seine Anklage und Verurteilung zu Recht geschah oder eher als Vergeltungsmaßnahme der schwäbischen Liga zu sehen ist, die einen Schuldigen für die mißlungenen Verhandlungen zwischen dem Rat der Stadt Stuttgart und den Bauern sowie für die Plünderung der Stadt brauchte.[51]

---

[49] Wilhelm Fraenger: Jörg Ratgeb 1981, S. 132. Fraenger publizierte drei der insgesamt vierzehn Zeugenaussagen. Vgl. auch Lisa de la Mare Farber: Herrenberg 1989, S. 43.
[50] Wilhelm Fraenger: Jörg Ratgeb 1981, S. 136f. Vgl. auch Lisa de la Mare Farber: Herrenberg 1989, S. 54.
[51] Eine sehr ausführliche Diskussion der Rolle Ratgebs im Bauernkrieg bei Lisa de la Mare Farber: Herrenberg 1989, S. 34-64.

2.1 Ratgeb und die Kunstgeschichte

Wie bei den meisten Künstlern des Mittelalters und der beginnenden Neuzeit mußte auch Jerg Ratgeb von der Kunstgeschichte erst wieder entdeckt werden. Im Laufe der Jahrhunderte war nicht nur dem Werk übel mitgespielt worden, auch der Name des Malers geriet in Vergessenheit. Weder der Frankfurter Chronist August von Lersner, noch sein Herrenberger Kollege Gottlieb F. Heß waren im 18. Jahrhundert in der Lage, Ratgebs Monogramm aufzulösen.[52] So firmierten die ersten kunstwissenschaftlichen Untersuchungen der Werke noch nicht unter Ratgebs Namen.[53]

Erst dem Frankfurter Maler, Kunstschriftsteller und Archäologen Otto Philipp Donner von Richter[54] gelang die Wiederentdeckung Ratgebs und die erste Zusammenstellung seines Oeuvres.[55] Anstoß für seine wissenschaftliche Forschung über Ratgeb war der Versuch, die Frankfurter Wandmalereien zeichnerisch für die Nachwelt zu erhalten. Durch intensives Quellenstudium erkannte er, daß der Frankfurter Chronist Lersner die Abkürzung „durch J.R.M. v[on] Schweb[...]isch Gemindt“[56] in der Bürgermeisterliste des Nikolaus Frosch falsch als „J.K.M.Z. Schweb“ gelesen hatte. Die Auflösung der Initialen gelang ihm mit Hilfe eines

---

[52] Achilles August von Lersner: Der weit-beruehmten Freyen Reichs-, Wahl- und Handels-Stadt Franckfurt am Main Chronica, oder Ordentliche Beschreibung der Stadt Franckfurt Herkunfft und Auffnehmen: wie auch allerley denckwuerdiger Sachen und Geschichten, so bey der Roemischen Koenigen und Kayser Wahl und Croenungen, welche mehentheils allhier vorgenommen worden, vorgegangen, nebst denen Veraenderungen, die sich in Weltlich- und Geistlichen Sachen, nach und nach zugetragen haben / anfaenglich durch Gebhard Florian an Tag gegeben, anjetzo aber aus vielen autoribus und manuscriptis vermehret mit noethigen Kupffern gezieret, und per modum Annalium verfasset und zusammen getragen durch Achillem Augustum von Lersner. Franckfurt am Mayn 1706, S. 118; Gottlieb Friedrich Heß: Herrenberger Chronik. Württembergischen Hauptstaatsarchiv. Abschrift in 6 Bänden in der Württembergischen Landesbibliothek Stuttgart (Cod. Hist. F 278 a-f).

[53] Lersner schrieb die Kreuzgangmalerein einem J.K.M.Z. Schwed zu, die Gemälde im Refektorium Georg Scheolt. Sowohl Hüsgen, Passavant und Gwinner folgtem ihm, allerdings schrieben die beiden letzteren die Große Anbetung für Stalburg im Kreuzgang einem unbekannten Maler „R“ zu.

[54] Otto Donner von Richter wurde 1828 in Frankfurt als Sohn einer reichen Kaufmannsfamilie geboren. Zwischen 1843 und 1847 studierte er an der Städel-Schule Malerei und wurde dort hauptsächlich von den sog. Nazarenern Passavant und Veit geprägt. Stark beeinflußt hat ihn seine Bekanntschaft mit Moritz von Schwind. Bereits in den 50er Jahren verbrachte er längere Zeit in Italien, wohin er 1866 schließlich für zehn Jahre zog. Auf Grund einer Verletzung stellte er die eigene Malerei in den Hintergrund und widmete sich archäologischen Studien. Besonders interessierten ihn die Wandmalereien und hier der eher technische Aspekt der Farbenherstellung, Bindemittel etc. Nachdem er 1876 nach Frankfurt zurückkehrte, mischte er aktiv am Kulturleben seiner Heimatstadt mit. So gründete er neben dem Verein für Geschichte und Altertumskunde das Historische Museum mit, außerdem wirkte er in der Frankfurter Künstlergesellschaft, der Städtischen Kommission für Kunst- und Altertumsgegenstände und im Freien Deutschen Hochstift aktiv mit. In Frankfurt legte er den Schwerpunkt seiner Forschungen auf die Architektur und Ausstattung der Frankfurter Kirchen und Klöster.

[55] Otto Donner von Richter: Untersuchungen über mittelalterliche Wandmalereien in Frankfurter Kirchen und Klöstern. In: Mittheilungen an die Mitglieder des Vereins für Geschichte und Alterthumskunde in Frankfurt a. M., Bd. 6 (1881), S.421-474; ders.: Jerg Ratgeb, Maler von Schwaebisch-Gmuend.. In: Deutsches Kunstblatt (1882), S. 1-28; ders.: Ratgeb. In: Allgemeine Deutsche Biographie, Leipzig 1888, Bd. 27, S. 343-9; ders.: Jerg Ratgeb, Maler von Schwäbisch Gmünd seine Wandmalereien im Karmeliterkloster zu Frankfurt am Main und sein Altarwerk in der Stiftskirche zu Herrenberg. Frankfurt a. M. 1892.

[56] Frankfurt, Stadtarchiv, Bürgermeisterbücher; Wilhelm Fraenger: Jörg Ratgeb 1981, Abb. III.

Briefes Ratgebs an Claus Stalburg, der neben dem vollen Namen auch das Monogramm enthielt.[57] Da dieser Brief aus Herrenberg abgesendet wurde, besuchte Donner den Ort und fand im Hauptaltar der Kirche ein weiteres Werk Ratgebs. Neben den Kreuzgang-Malereien und dem Herrenberger Altar reihte er die Anbetung der Könige im Kreuzgang und das Wandbild im Refektorium des Frankfurter Karmeliterklosters in das Oeuvre ein. Auch den zweiten Irrtum Lersners, der die Wandmalerein im Refektorium einem anderen Maler als dem Kreuzgang-Maler, nämlich einem Georg Schlot, zuschrieb, konnte Donner aufklären.[58]

Modern erscheint Donners Herangehensweise an das Werk, wie die Untersuchung der Maltechnik oder die Beschäftigung mit den Stiftern. Gerade die Faszination an der Gemäldetechnik, läßt den Maler Donner von Richter erkennen. Doch diese Profession hatte auch ihre Schattenscheiten: in den Nachzeichnungen der Kreuzganggemälde überlagert der Nazarener Donner von Richter den spätmittelalterlichen Meister – und die Monographie über Ratgeb erfuhr wegen des teuren Mappenteils keine große Verbreitung.

Erst im Rahmen der Aufwertung der „Altdeutschen Malerei“ bei der vor allem der nationale Aspekt in den Vordergrund gestellt wurde, ist Ratgeb von der Kunstgeschichte in den 20ern und 30ern des 20. Jahrhunderts wieder entdeckt worden. Die Veränderung der Sehweise durch den Expressionismus ermöglichte außerdem, Ratgeb mit neuen Augen zu sehen.

Neben der vor allem durch Alfred Stange[59] geprägten stilistischen Betrachtung, verstellte schon bald die Faszination des Biographischen den Blick aufs Werk. Zwischen Walter Zülch und Wilhelm Fraenger entbrannte ein erbitterter Streit um den Geburtsort Ratgebs.[60] Weit mehr interessierte noch sein schrecklicher Tod und seine Verstrickung in den Bauernkrieg, der seit Friedrich Engels „Der deutsche Bauernkrieg“[61] eine positive Wertung als Kampf für soziale Gerechtigkeit erfahren

---

[57] Frankfurt a. M., Stadtarchiv. Otto Donner von Richter: Jerg Ratgeb 1892, S. 84.

[58] Lersner benutzte die deutsche Übersetzung eines französischen Reisetagebuchs „Des Herrn de Monconys ungemeine und sehr curieuse Beschreibungen seiner in Asien und das gelobte Land nach Portugall, Spanien, Italien, in England, die Niederlande und Teutschland gethane Reisen“ von Christian Junker Leipzig/Augsburg 1697. Junker übersetzte in „Le 19 nous fusmes à la messe aux Carmes et nous y retournasmes l'aprèsdiné pour voir leur cloistre et refectoir peint à fresques par un des plus excellents peintres de son temps nommé Georg Scheolt...“ „Cloistre“ falsch mit Kloster und Lersner las daraus, daß die Malereien des Kreuzgangs und des Refektoriums von zwei unterschiedlichen Künstlern geschaffen wurden: Der Kreuzgang von J.K.M.Z. Schwed und das Refektorium von Georg Schlot. Moncony berichtet hingegen, daß beide von einem Maler namens Georg Scheolt sind. Den Namen „Scheolt“ erklärt Donner als phonetische Entstellung des „von Schwed“ aus dem Manuskript des Maximilian von Jungen.

[59] Alfred Stange: Jörg Ratgeb; zugleich ein Beitrag zur Verarbeitung italienischer Formmittel in Deutschland. In: Festschrift für Heinrich Wölfflin; Beiträge zur Kunst- und Geistesgeschichte; zum 21. Juni 1924 überreicht von Freunden und Schülern. München 1924, S. 195-208.

[60] Walter Karl Zülch: Jerg Ratgeb, Maler. In: Wallraf-Richartz-Jahrbuch 12/13 (1943), S. 165-197, ders.: Jerg Ratgeb. In: Allgemeines Lexikon der bildenden Künstler von der Antike bis zur Gegenwart. Begr. von Ulrich Thieme und Felix Becker, redigiert und hrsg. von Hans Vollmer, Bd. 28, Leipzig 1939, S. 30f.; Wilhelm Fraenger: Jörg Ratgebs Vaterstadt. In: Forschungen und Fortschritte 36 (1962), S. 310 ff.; ders.: Jörg Ratgebs Vaterstadt. In: Gmünder Heimatblätter 23 (1962), S. 17-22; ders.: Der Name Ratgeb in Gmünder Urkunden. In: Gmünder Heimatblätter 23 (1962), S. 25f.

[61] Friedrich Engels: Der deutsche Bauernkrieg. 13. Aufl. Berlin 1982.

hatte. So konnte es geschehen, daß sowohl die Ideologen des Nationalsozialismus als auch des Kommunismus probierten, sich Ratgebs zu bemächtigen.[62]
Auch die meisten Kunsthistoriker verloren die kritische Distanz und versuchten, Ratgebs expressive Gestaltungsweise, seine drastischen Schilderungen und vor allem die bevorzugte Darstellung niederer Volksschichten aus seiner Biographie zu erklären. Dabei wurde dem Maler, der zum einen durch den Auftraggeber, zum anderen durch die Tradition gebunden war, ein modernes Künstlerbild übergestülpt, das Kunst als Ausdruck der Persönlichkeit des Künstlers sieht.
Am nachhaltigsten geprägt wurde das Bild von Ratgeb sicherlich von Wilhelm Fraenger.[63] Nach seiner Entlassung aus dem Öffentlichen Dienst hat sich Fraenger als freier Schriftsteller neben Studien über Grünewald und Hieronymus Bosch vor allem dem Schicksal Ratgebs gewidmet.[64] Es entstand in der Zeit von 1937 bis zu seinem Tod eine Reihe von Aufsätzen, denen umfangreiche Archiv- und Quellenstudien zu Grunde lagen. Gipfeln sollte seine Forschung in einer bereits angekündigten Monographie über Ratgeb, die noch unvollendet war, als er 1964 starb. Aus seinem Nachlaß konnte das Buch „Joerg Ratgeb – ein Maler und Märtyrer aus dem Bauernkrieg“ herausgegeben werden.[65]

---

[62] Vgl. u. a.: Max Wegner: Jerg Ratgeb; der Maler einer deutschen Zeitenwende. In: Nationalsozialistische Monatshefte 11, 1940, S. 687-692; Georg Schwarz: Der Meister des Herrenberger Altars. In: Völkischer Beobachter, Nr. 228 vom 16. August 1937, S. 30; Wilhelm Hausenstein: Jörg Ratgeb. In: Meister und Werke; gesammelte Aufsätze zur Geschichte und Schönheit bildender Kunst vom Mittelalter bis zur Gegenwart. München 1930, S. 25-32; Deutsche Kunst und Literatur in der frühbürgerlichen Revolution. Aspekte, Probleme, Positionen. Berlin 1975; Wolfgang Hütt: Künstler und Bauern in der frühbürgerlichen Revolution. In: Bildende Kunst 23 (1975), S. 106-110; Heinrich Burg: Jörg Ratgeb – Künstler und Revolutionär. In: Bildende Kunst 23 (1975), S. 151-53. S. a. Lisa de la Mare Farber: Herrenberg 1989, S. 3 und Bruno Bushart: Jörg Ratgeb. (Rezension Fraenger). In: Zeitschrift für Württembergische Landesgeschichte 33 (1974), S. 272.

[63] Fraenger war von 1927 bis 1933 Bibliotheksdirektor der Schloßbibliothek in Mannheim. Er wurde 1933 von den Nationalsozialisten seines Amtes enthoben, da er eine große sowjetische Enzyklopädie für seine Bibliothek anschaffte und einen öffentlichen Vortrag unter dem provokanten Titel „Synagoge und Orient“ hielt. (Abgedruckt in: Castrum Peregrini 79 (1967) S. 5-31). Auch aus der Schriftleitung des Jahrbuchs für Volkskunde wurde er entfernt und seine Bücher verbrannt. Nach Kriegsende lebte er in der Deutschen Demokratischen Republik und auch dort war er staatlichen Repressalien ausgesetzt. (Vgl. auch Wilhelm Fraenger und Wolfgang Frommel im Briefwechsel 1933-1963. Amsterdam 1990, S. 76ff.; Der Kunsthistoriker Wilhelm Fraenger 1890-1964. Amsterdam1994, S. 82).
Andererseits beeinflußten die Doktrin des Sozialismus auch Fraengers Forschungen, insbesondere seine Sicht auf den Bauernkrieg im Sinne einer frühbürgerlichen Revolution, wie sie schon Friedrich Engels begründete.

[64] Die Sicht Fraengers auf Bosch ist mit der auf Ratgeb vergleichbar. Sowohl im Werke Boschs als auch in Ratgebs Oeuvre erkennt Fraenger eine versteckte häretische Gedankenwelt.
Hans Richard Brittnacher sieht Fraengers Faszination am Schrecken als Ergebnis einer beängstigenden Welterfahrung von Nazistischer Gedankentyrannei und Kriegsnot. Boschs Fratzen würden ihm zum Abbild der eigenen Zeit, die Suche nach dem vorausliegenden Sinnentwurf zum Sinn der eigenen Existenz. Hans Richard Brittnacher: Faszination am Schrecken. In: Der Kunsthistoriker Wilhelm Fraenger 1890-1964. Amsterdam 1994, S. 76.
Auch in seinem Nachruf, wird Fraengers Beeinflussung durch die eigene Zeit gesehen. Der Kunsthistoriker Wilhelm Fraenger 1890-1964. Amsterdam 1994, S. 128.

[65] Wilhelm Fraenger: Joerg Ratgeb. Ein Maler und Märtyrer aus dem Bauernkrieg. Hrsg. von Gustel Fraenger und Ingeborg Fraenger-Baier. Dresden 1972. (2. Aufl. München 1981).

Fraenger konstruiert aus dem frühen Vergessen, Verändern und Auslassen des Namens Ratgebs in den Frankfurter Geschichtsquellen eine absichtliche Unterdrückung durch Patrizier und Kirche. Angeblich sei der Maler ein Anhänger der Stäbler, einer radikal reformerischen Sekte in der Nachfolge der Waldenser, gewesen, deren Lehren er in seinen Bildern Raum gab. Seine bevorzugte Darstellung unterer Volksschichten interpretiert Fraenger vor diesem Hintergrund als didaktisches Mittel, um die Bauernschaft anzusprechen.

Obwohl Fraengers Monografie heftig kritisiert worden ist,[66] prägte sie bis heute das Bild vom malenden Revolutionär Ratgeb, der für seine Ideale hingerichtet wurde. Das Werk wird als Spiegelbild des Lebens Ratgebs und seiner vorgeblichen revolutionären Haltung gesehen.[67]

Daran konnte auch die Ausstellung „Jerg Ratgeb – Spurensicherung", die eine entideologisierte Sicht auf Ratgeb beanspruchte, nichts ändern.[68] Der nur innerhalb eines Jahres zusammengestellte Katalog gibt sich im wesentlichen als biographisch-chronologisches Werkverzeichnis. Dabei weichen das Oeuvreverzeichnis und der damit einhergehende Lebenslauf Ratgebs gravierend von der Forschungslage ab.

Der Vorsatz, Werk und Leben zu trennen, gelang eher in den Einzeluntersuchungen der folgenden Jahre.[69] So strich Viktoria Schmidt-Linsenhoff[70] die Ziele des

---

[66] Christine Anhalt: Rezension zu W. Fraenger. In: Zeitschrift für Kunstgeschichte 39 (1976), S. 236-239; Bruno Bushart: Jörg Ratgeb. (Rez. Fraenger) 1974, S. 272-279; ders.: Rezension zu W. Fraenger. In: Pantheon 33 (1975), S. 80; Rolf E. Keller: Rezension zu Fraenger. In: Zeitschrift für Schweizerische Archäologie und Kunstgeschichte 40 (1983), S. 152f.; Hermann Kissling: Probleme um Jörg Ratgeb, zum Frühwerk des Malers, zugleich eine Auseinandersetzung mit den Anschauungen und Thesen Wilhelm Fraengers. In: Gmünder Studien, Beiträge zur Stadtgeschichte, 1 (1976), S. 169-200.

[67] Besonders in der populären Literatur wird dieses Bild verbreitet. Vgl. z. B.: Klaus Ahrens: Jerg Ratgeb: Maler, Rebel und Märtyrer. In: Art (1985), H. 5, S. 58-71; Dieter Straubert: Ein Maler des Volkes. In: Stern 37 (1981); Ruth Schussmann: Jörg Ratgeb, Maler und Revolutionär. In: Casella-Riedel Archiv 61 (1978) Nr. 4, S. 12-15.

Auch Drehbuchautoren, Komponisten und Romanciers sahen im malenden Rebellen und Märtyrer Ratgeb einen mitreißenden Stoff. Vgl. Marianne Bruns: Die Spur des namenlosen Malers. Roman. Berlin 1975; Karl Ebert: Jörg Ratgeb. Maler zu Stuttgart, Kanzler der Bauern, gevierteilt zu Pforzheim. Süddeutscher Rundfunk Stuttgart, 1975; Alfred Jungraithmayr: Bei lebendigem Leibe: Jörg Ratgeb, die Spur verfolgen. VHS 1984; Heyno Kattenstedt: Jörg Ratgeb. [Musikdruck]: das Leiden Jesu Christi im Leben des Martyrers und Bauernkanzlers (für Soli, Chor Gemeinde und Instrumente). 2. Aufl. Kindhausen 1995; Bruno Meyer-Wehlack: Im Namen seiner Heiligkeit – duck dich, Johannes. Szene aus dem Leben des Malers Jörg Ratgeb, der am Ende gevierteilt wurde. Drehbuch zum Hörspiel; Anton Monzer: Die Spur der Bilder; ein biographischer Roman um den Maler Jörg Ratgeb. Bietigheim 1999; Elisabeth Reith-Hoerler: Jerg Ratgeb. Schauspiel; Georg Schwarz: Jörg Ratgeb (Roman). München 1937; Gottfried Sello: Unterwegs zu Jörg Ratgeb: die Passion eines großen Malers. Frankfurt Hessischer Rundfunk 1981; Max Wegener: Die Frucht wächst im Gewitter. Mathias Grünewald, Tilman Riemenschneider, Jörg Ratgeb – Drei Erzählungen. 1940; Uwe Zellmer: Jerg Ratgeb, Maler; ein Stück. Tübingen 1991.

[68] Ute-Nortrud Kaiser: Jerg Ratgeb. Spurensicherung. [Katalog zur] Ausstellung: Karmeliterkloster Frankfurt, Münzgasse 6. Juni bis 18. Juli 1985. Reuchlin-Haus Pforzheim 21. Juli bis 1. September 1985. Frankfurt am Main 1985. (= Kleine Schriften des Historischen Museums Frankfurt a. M.; 23)

Zu den Zielen der Ausstellung vgl. auch: dies.: Auf den Spuren des Jerg Ratgeb. In: Blickpunkt Pforzheim 12 (1985), S. 25-31; dies.: Jerg Ratgeb – Spurensicherung. In: Westmann Monatshefte (1985), S. 16.

[69] Karlheinz Lang: Die Farbe bei Jörg Ratgeb. Diss. Frankfurt 1982; Gerhard Faix: Jerg Ratgeb – Maler und Revolutionär? In: „Der Sinn ist funden;" neue Entdeckungen und Darstellungen zur Herrenberger Geschichte Sigmaringen 1997. (=Herrenberger Studien; Bd. 1), S. 81-102; Roman Janssen: Warum wurde der Altar

Karmeliterordens im Wandbild des Refektoriums hervor und Roman Janssen[71] interpretierte den Herrenberger Altar im Zusammenhang mit dem Chorgestühl neu.
Ein objektiver Blick auf das Leben Ratgebs gelang bezeichnenderweise keinem deutschen Forscher, sondern erst der Amerikanerin Lisa de la Mare Farber in ihrer Dissertation über den Herrenberger Altar.[72] Im Lichte neuer Quellen stellt sie Stuttgart als Geburtsort Ratgebs dem dogmatischen Streit zwischen Schwäbisch Gmünd und Herrenberg entgegen.[73] Mit dem Hinweis auf die positive Sicht der Deutschen auf den Bauernkrieg erklärt sie die Befangenheit der deutschen Forscher und die damit einhergehende Mystifizierung Ratgebs. In einer Analyse der Dokumente des Bauernkriegs, die im Zusammenhang mit Ratgeb stehen, zeigt sie, daß die These von Ratgeb als sozialem Revolutionär nicht haltbar ist. Unentschuldbar erscheint ihr die Interpretation des Oeuvres, das zwischen 1510 und 1519 entstand, auf der fraglichen Annahme der Sympathisierung Ratgebs mit den Zielen der Bauern während weniger Wochen im Jahre 1525 basieren zu lassen. Dennoch, die Position Ratgebs bleibt auch hier vage.
Wie tief verwurzelt die Idee vom malenden Sozial-Revolutionär verwurzelt ist, zeigt Rudolf Veit, dessen bereits 1991 angekündigte Dissertation „Narren und Spieler im Welttheater. Beobachtungen zur Bildwelt des Jörg Ratgeb und Verzeichnis seiner Werke“ noch aussteht.[74] Einen völlig neuen Zugang zu Ratgeb ermöglichte 1996 das Kunstprojekt „In ein anderes Licht gerückt.“ Ziel des Projekts war eine Zusammensicht der Werke mit neuen Medien im virtuellen Kunstraum. In der Herrenberger Kirche wurde der Herrenberger Altar mittels 3D Technologie an seinem alten Standort projiziert. Gleichzeitig fand am Institut für Architekturgeschichte zusammen mit dem CAD Labor der Uni Stuttgart ein Seminar „Der Herrenberger Altar im Virtuellen Raum“ statt. An der Fachhochschule für Druck und Medien in Stuttgart wurde ein interaktiver Film mit den Erzählstrukturen der Ratgeb-Geschichten entwickelt und in den virtuellen Kunstraum eingeblendet. Die Ergebnisse wurden teilweise im Internet[75] veröffentlicht und bildeten die Grundlage für die CD-ROM „In den Wirren des Bauernkrieges: Jerg Ratgeb und sein Herrenberger Altar.“[76]

---

zweimal aufgebaut? Beobachtungen zu seiner Entstehung. In: Die Stiftskirche in Herrenberg 1293-1993. Herrenberg 1993 (=Herrenberger Schriften; Bd.5), S. 533-551.
[70] Viktoria Schmidt-Linsenhoff: Ordenspropaganda und subjektiver Faktor; zu Jörg Ratgebs Wandbild im Refektorium des Frankfurter Karmeliterklosters. In: Städeljahrbuch N.F. 10 (1985), S. 155-178.
[71] Roman Janssen: Damit die Schrift erfüllt wird; die Aussage des Ratgeb-Altars. In: Die Stiftskirche in Herrenberg 1293-1993. Herrenberg 1993. (Herrenberger Schriften; Bd.5), S. 509-532.
[72] Lisa de la Mare Farber: Jerg Ratgeb and the Herrenberg Alterpiece Diss. Princeton 1989.
[73] Dies., S. 15-22.
[74] Rudolf Veit: Heilsgeschichte und Zeitgeschichte im Werke Ratgebs. In: Kritische Berichte 19 (1991), S. 5-18.
[75] www.architektur.uni-stuttgart.de/lehre/labor/ratgeb/Ratgeb.html.
[76] Konrad Burgbacher/Gerhard Faix/Ingrid Krupka (Hg.): In den Wirren des Bauernkrieges: Jerg Ratgeb und sein Herrenberger Altar. 2 CD-ROMs. Stuttgart 2001.

3 Der Barbara-Altar aus der Stadtkirche in Schwaigern

3.1 Stifter und Standort

Das erste bekannte Werk Ratgebs ist der Barbara-Altar in der Stadtkirche in Schwaigern. Der heutige Standort am nördlichen Arkadenpfeiler des Mittelschiffs ist wahrscheinlich nicht der ursprüngliche. Denn die Kirche erhielt ihre jetzige Gestalt durch einen Umbau, der 1514 von Bernhard Sporer begonnen wurde. Er vergrößerte die Kirche, indem er sie nach Süden und Osten erweiterte und damit das ursprüngliche Hauptschiff zum nördlichen Seitenschiff des Neubaus machte.[77]
Die Kirche ist Johannes dem Täufer, der Jungfrau Maria und ihrer Mutter Anna geweiht. Sie besaß als Sitz des Erzpriesters einer Präsenzpfarrei und vieler Pfründner mehrere Altäre. Aus dem 16. Jahrhundert sind die Pfründe St. Barbara, St. Katharina, St. Georg, St. Michael, St. Sebastian und Unserer Lieben Frau bekannt.[78] Die Besetzungsrechte dieser Pfründe besaßen die Herren von Neipperg, die wohl auch die meisten gestiftet haben dürften.[79] Die Familie der Grafen von Neipperg hatte die Lehenschaft und Kastvogtei über die Kirche mit der Herrschaft über den Ort Schwaigern übernommen. Schwaigern gehörte neben dem namensgebenden Neipperg zu den wichtigsten Besitzungen der Grafen von Neipperg. Sowohl das Schloß als auch die Familiengrablege in der Stadtkirche befanden sich dort. Das Retabel ist 1510 datiert. Zu dieser Zeit war Georg Wilhelm von Neipperg, genannt der Schwarze, Vorsteher der Schwaigerner Linie des Hauses.[80] Verheiratet war er mit Anna Barbara von Schwarzenberg. Fraenger vermutete, daß Wilhelm, der damals vor großzügigen Erweiterungsplänen der Kirche seines Herrschaftssitzes stand, Ratgeb nach Schwaigern holte und ihm den Auftrag für den Barbara-Altar gab.[81] Kaiser stellt diese Hypothese als Gewißheit dar, obwohl jegliche Belege fehlen.[82]

---

[77] Werner Clement: Schwaigern. Evangelische Stadtkirche. Regensburg 2000.

[78] Karl Klunzinger: Die Edlen von Neipperg und ihre Wohnsitze Neipperg und Schwaigern. Stuttgart 1840, S. 28f.; Karl Klunzinger: Geschichte des Zabergäus und des jetzigen Oberamts Brackenheim. Neudruck der Aufl. Stuttgart 1844. Magstadt 1984, 4. Abt. , S. 72; Dagmar Kraus: Archiv der Grafen von Neipperg; Urkundenregesten 1280-1881. Stuttgart 1997. (=Inventare der nichtstaatlichen Archive in Baden-Württemberg; Bd. 23), Nr. 125.

[79] Immo Eberl: Die Kirchengeschichte Schwaigerns. In: Heimatbuch der Stadt Schwaigern mit den Teilorten Massenbach, Stetten a.H. und Niederhofen. Schwaigern 1994, S. 441f.

[80] 1503 stand er im Dienst des Pfalzgrafen Philipp bei Rhein und war auf dessen Seite am bayrisch-pfälzischen Erbfolgekrieg beteiligt. Nach der Niederlage des Pfalzgrafen intensivierte er seine Verbindungen zum württembergischen Hof und Ulrich von Württemberg, den er u. a. während des Aufstandes des sog. Armen Konrads 1514 unterstützte. Georg Wilhelm von Neipperg war einer der ersten seiner Familie, der sich der Reformation anschloß. Er starb 1520. Sein Grab mit dem noch heute sichtbaren Grabstein befindet sich in der Stadtkirche zu Schwaigern, ebenso wie das seiner Gattin, die 1533 starb. Vgl. auch Immo Eberl: Die Herren und Grafen von Neipperg. In: Heimatbuch der Stadt Schwaigern mit den Teilorten Massenbach, Stetten a. H. und Niederhofen. Schwaigern 1994, S. 405.

[81] Wilhelm Fraenger: Jörg Ratgeb 1981, S. 31.

[82] Ute-Nortrud Kaiser: Jerg Ratgeb 1985, S. 106. Nachfolgende Autoren übernehmen Kaisers Aussagen ungeprüft. Vgl. z. B.: Die Renaissance im deutschen Südwesten zwischen Reformation und Dreißigjährigem Krieg; eine Ausstellung des Landes Baden-Württemberg, veranstaltet vom Badischen Landesmuseum Karlsruhe im Heidelberger Schloß. 1986, Bd. 1, S. 174.

Eng verbunden mit der Frage nach den Stiftern ist die Frage nach dem ursprünglichen Standort. Auf der Mitteltafel des Retabels wird das Martyrium der Heiligen Barbara geschildert. Dies läßt die Vermutung zu, daß das Retabel für einen Barbara-Altar geschaffen wurde oder daß es einen Bezug zu den Stiftern gibt. Da die Stadtkirche eine Pfründe der Heiligen Barbara besaß, ist es möglich, daß das Retabel für diesen Altar in Auftrag gegeben wurde. Zudem gibt es weitere Abbildungen der Heiligen in der Stadtkirche, so etwa am Sakramentshaus, am Hochalter, dem sogenannten „Goldenen Altar", am Märtyreraltar, sowie auf einem der Schlußsteine des Gewölbes. Hier ist sie wie auf dem Barbara-Altar mit ihren beiden Attributen Turm und Kelch dargestellt. Obwohl all diese Kunstwerke kurz nach dem Retabel entstanden sind, deuten sie auf eine außergewöhnlich starke Verehrung der Heiligen in Schwaigern.
Wilhelm Fraenger vermutet, daß der Barbara-Altar in einem eigenen Kapellenraum der Kirche stand.[83] Kaiser zieht die Kapelle in Schloß Neipperg oder die alte Sakristei als ursprünglichen Standort in Erwägung.[84] Die Barbara-Legende auf der Mitteltafel könnte in Bezug zum Namen der Stifterin, Anna Barbara von Schwarzenberg, stehen. In der Sakristei befand sich ursprünglich der Eingang zur Gruft der Grafen von Neipperg. Kaiser favorisiert diesen Aufstellungsort, da die Eintracht von gestiftetem Altar und Grablege der Stifter an vielen Beispielen aus dem frühen 16. Jahrhundert nachgewiesen werden könne.[85] Zudem spräche die asymmetrische Ausbildung der Predellenzwickel für die Sakristei als ehemaligen Standort, da dort die rechte Seite stärker im Blickfeld stand als die linke.[86] Wenn man die Sakristei vom Seitenschiff aus betrat, lag der Eingang auf der rechten Seite. Allerdings starb Georg Wilhelm von Neipperg erst 1520 und seine Gattin im Jahre 1533.
Kopplin bezeichnet die Kapelle oder die an die Grablege anstoßende alte Sakristei des Schlosses Neipperg als ehemaligen Standort des Retabels. Letzterer Vorschlag, kann nur auf eine Fehlinterpretation der Thesen von Kaiser zurückzuführen sein. Die alte Sakristei mit der Grablege befand sich nicht auf Schloß Neipperg, sondern in der Stadtkirche.[87]

3.2 Rekonstruktion und Geschichte

Obwohl die Malereien recht gut erhalten sind, ist das Retabel heute nicht mehr in seinem ursprünglichen Zustand. Die Veränderungen betreffen in erster Linie den Retabel-Aufbau. Die Scharnierbefestigungen, die Rahmen der Flügel und die seitlich eingesteckten Wangen links und rechts des Mittelbildes sind nicht original. Der Rahmen ist sowohl in seiner Konstruktion als auch in der Gestaltung entscheidend verändert worden. Analog zur Rahmung der Mitteltafel wird auch die der Flügel ein

[83] Wilhelm Fraenger: Jörg Ratgeb 1981, S. 38.
[84] Ute-Nortrud Kaiser: Jerg Ratgeb 1985, S. 106.
[85] Als Beispiele nennt sie u.a. den Frankfurter Heller-Altar von Albrecht Dürer und Grünewald, der an der Grablege des Kaufmanns in der Dominikanerkirche seinen Platz hatte.
[86] Ute-Nortrud Kaiser: Jerg Ratgeb 1985, S. 108
[87] Die Renaissance im deutschen Südwesten, Badisches Landesmuseum Karlsruhe 1986, Bd. 1, S. 174.

Goldprofil und gravierte Ornamente aufgewiesen haben. Wann die Veränderung der Konstruktion erfolgte, ist unklar. Beim Umbau wurden die Flügel auf der falschen Seite montiert, daher wurde in der Oberamtsbeschreibung aus dem 19. Jahrhundert der Paulus- und der Magdalenen-Flügel als Außenseite und Heilige Anachoreten als Innenseite genannt.[88] Bei einer Restaurierung 1910 durch den Kunstmaler Wennagel aus Stuttgart wurden die Flügel wieder richtig montiert. Hartmut Gräf erwähnt eine zweite Restaurierung in den 50er Jahren, die jedoch nicht belegt ist.[89] Der Restaurator Horst Wengerter aus Besigheim entfernte 1971 den Firnis, imprägnierte die Tafeln gegen Schädlinge, ergänzte die Fassung der Predella und brachte neue Scharniere an. Nach den Ausstellungen in Heidelberg und Frankfurt wies das Retabel Verziehungen auf und wurde im Landesdenkmalamt in Stuttgart vom Restaurator Reichwald untersucht, fotografiert und dokumentiert.[90]

Die Flügel waren ursprünglich nicht mit Scharnieren an der Mitteltafel befestigt, es finden sich keine Spuren ursprünglicher Metallscharniere am Mittelbild. Die Flügel wurden wahrscheinlich mittels Drehkonstruktion gehalten und bewegt, dafür sprechen auch die Löcher in der Predelladeckplatte und die Kehlen am Mitteltafelrahmen. In den seitlichen Rahmenschenkeln und in der Predelladeckplatte sind Nuten von gleicher Breite und Tiefe, in die heute die Wangen eingeschoben sind. Die Wangen sind nicht ursprünglich, was Reichwald zu der Hypothese veranlaßt, daß die Nut einst zur Befestigung einer zusätzlich feststehenden Tafel diente.[91] Es fällt auf, daß bei geschlossenem Retabel die Predella links und rechts über das schmale Mittelteil hinausragt. Die Wangen mildern diesen unbefriedigenden Eindruck. Auch Kaiser vermutet daher, daß das Retabel ein Paar Standflügel besaß, die heute verloren sind. Sie stellt die Frage, ob nicht vielleicht die Stifterbilder dort ihren Platz hatten.[92]

Die Mittelnische der Predella, die links 6 cm und rechts 7,5 cm von den seitlichen Bildtafeln verdeckt wird, ist heute leer. Es ist unklar, ob hier Platz für ein weiteres Gemälde, eine flache Skulptur, etwa ein Kruzifix, oder ein Reliquiar war. Die Predella des Herrenberger Altars zeigt ebenfalls zwei Engel, die das Schweißtuch der Veronika rahmen, eine ähnliche Anordnung wäre auch hier denkbar. Andererseits befindet sich im rechten verdeckten Bereich der Nische ein ca. 4 cm herausragender Holzzapfen in der Deckplatte. Auf der anderen Seite ist an entsprechender Stelle ein 2 cm tiefes Loch festzustellen. Eventuell handelt es sich hierbei um Befestigungszapfen für einen ehemals in der Nische befindlichen Gegenstand.

---

[88] Beschreibung des Oberamts Brackenheim. Hg. von dem königlichen statistisch-topographischen Bureau. Stuttgart 1873. Neudruck Magstadt 1976, S. 403.

[89] Hartmut Gräf: Unterländer Altäre 1350-1540. Heilbronn 1983. (=Heilbronner Museumshefte; Nr. 9), S. 81.

[90] Dokumentation im Landesdenkmalamt, Stuttgart, Abteilung Restaurierung.

[91] Ebenda.

[92] Ute-Nortrud Kaiser: Jerg Ratgeb 1985, S. 107.

3.3 Literaturüberblick

Der Barbara-Altar wurde erst relativ spät als Werk Ratgebs erkannt. Im Inventar des 19. Jahrhunderts konnte man das Monogramm des Malers noch nicht auflösen.[93] Erst 1907 identifizierte Marie Schütte ihn in ihrer Monografie über den Schwäbischen Schnitzaltar als Werk Ratgebs.[94]

Auch Moritz von Rauch schreibt kurz darauf den Altar Ratgeb zu. Er stützt sich dabei auf den Erzählstil des Malers und auf die Ähnlichkeit von Paulus beim Apostelabschied in Schwaigern und Herrenberg.[95]

Die Verwandtschaft zum Herrenberger Altar empfindet Betty Kurth als eng und sieht beide in einer identischen Entwicklungsphase, daher bezweifelt sie die Datierung des Schwaigerner Altars von 1510 und datiert beide ins Jahr 1519.[96]

Stange interessiert vor allem die künstlerische Herkunft Ratgebs. Seine Schulung vermutet er in der Nähe des Hausbuchmeisters. Neben den mittelrheinischen Einflüssen sieht er auch italienische.[97]

Bruno Bushart hingegen nimmt an, daß Ratgeb seine Lehr- und Wanderjahre über Ostschwaben nach Bayern und von da ins Ursprungsland des Donaustils führten. Die Einflüsse süddeutscher Grafik sieht er noch in den Werken der Heilbronner Zeit, aber er negiert einen Schulzusammenhang.[98]

Ging es zunächst um Zuschreibung und Schulung Ratgebs, legt Fraenger seinen Fokus auf die Ikonographie.[99] Hier ist es ausschließlich der Apostelabschied, dem sein Interesse gilt. Die Divisio Apostolorum wird zum Lieblings- und Schlüsselthema Ratgebs. Fraenger meint, der Maler hätte in den biblischen Aposteln die wiedertäuferischen Wanderprediger der eigenen Zeit gemalt. Schon im Schwaigerner Altar werde daher Ratgebs revolutionäre Einstellung sichtbar.[100]

Kissling untersuchte den Altar, um substantielle Aussagen über die Schulung Ratgebs zu machen.[101] Da sowohl die Hauptszene als auch das Predellenbild auf Stiche des Meisters E. S. zurückgreifen, stellt sich die Frage, ob diese mittelrheinischen Einflüsse, ebenso wie die niederländischen, nur durch eine Reise erklärt werden können, oder ob Ratgeb die Grafik des Meisters E. S. und die niederländische

---

[93] Beschreibung des Oberamts Brackenheim. Hg. von dem königlichen statistisch-topographischen Bureau. Stuttgart 1873. Neudruck Magstadt 1976, S. 403.

[94] Marie Schütte: Der schwäbische Schnitzaltar. Straßburg 1907, S. 159.

[95] Moritz von Rauch: Zur Geschichte des Malers Jörg Ratgeb. In: Württembergische Vierteljahreshefte für Landesgeschichte N.F. 18 (1909), S. 211-214.

[96] Betty Kurth: Ein unbekanntes Jugendwerk Jörg Ratgebs. In: Oberdeutsche Kunst der Spätgotik und der Reformationszeit Augsburg, 1924. (=Beiträge zur Geschichte der deutschen Kunst; Bd. 1), S. 186-199.

[97] Alfred Stange: Jörg Ratgeb 1924, S.195-208.

[98] Bruno Bushart: Jörg Ratgeb. In: Bruno Bushart/Heinz Rudolf Fuhrmann: Jörg Ratgeb; der Maler des Herrenberger Altars. Sonderdruck von „Aus Schönbuch und Gäu," Heimatbeilage zum Böblinger Boten. Böblingen 1959, S. 3-17. Auch Bächle sieht eher die Einflüsse der Donauschule als der schwäbischen Heimat im Schwaigerner Altar. Hans-Wolfgang Bächle: Unruhige Zeiten. Jörg Ratgeb, Maler und Bauernkanzler. In: Ostalb-Einhorn 14 (1987), S. 169.

[99] Wilhelm Fraenger: Jörg Ratgeb 1981, S. 38-51, S. 72-74, Abb. 1-12.

[100] Man stellt beim aufmerksamen Lesen der Bildbeschreibungen fest, daß Fraenger seinen Leser mit einer in Gut und Böse kontrastierender Beschreibung der Bildakteure genau in diese Richtung lenken will, wenn er etwa vom „düsteren Kopf" des Statthalters spricht. S. 45.

[101] Hermann Kissling: Probleme um Jörg Ratgeb 1976, S. 169-200.

Malerei nicht auch in seinem Heimatort kennengelernt haben könnte. Da Kissling auch bei einem anderen Werk aus Schwäbisch Gmünd Anleihen aus den Stichen des Meisters E. S. erkennt, hält er eine Reise Ratgebs an den Mittelrhein nicht für zwingend. Auch die Idee einer Wanderschaft in die Niederlande weist er mit dem Hinweis auf den Export niederländischer Tafeln nach Schwäbisch Gmünd zurück.[102] Ute-Nortrud Kaiser geht in ihrem Katalogbeitrag in erster Linie auf den Zustand des Retabels ein, um darüber Aufschlüsse über den ursprünglichen Aufbau und den ehemaligen Standort zu gewinnen.[103] Schließlich war der Altar 1986 auf der Ausstellung des Badischen Landesmuseums „Die Renaissance im deutschen Südwesten" im Heidelberger Schloß zu sehen.[104] Im Katalog charakterisierte Monika Kopplin Ratgeb auf Grund seiner Erzählfreude und Detailbeobachtung noch der mittelalterlichen Tradition verhaftet.

3.4 Beschreibung

Der kleine Flügelaltar (Abb. 1 a und b) ruht auf einer hohen Predella,[105] deren Zwickel unterschiedlich gestaltet sind. Links und rechts sind zwei Tafeln mit Engeln eingelassen, die sich auf die Mitte beziehen, die heute leer ist.
Die Mitteltafel mit dem gerundeten Abschluß[106] besitzt noch den Originalrahmen. Die inneren Leisten sind vergoldet, die äußeren sind dunkelbraun gefaßt und mit goldenen Ornamenten verziert. An der unteren Leiste fehlt genau in der Mitte ein Stück, das braun ausgekittet wurde. Links dieser Stelle, steht in goldenen Renaissance Kapitalis-Lettern SPES PR[A]EMII SOLACIUM LABORIS. Nach der Fehlstelle folgt Ratgebs Monogramm J M R und die Jahreszahl 1510. Das „J" ist ebenfalls stark beschädigt. Das „M" ist mit einem Querbalken durchgestrichen. In die Seiten der senkrechten Rahmenschenkel ist jeweils eine Nut eingelassen, in welche im unteren Drittel Wangen eingeschoben sind. Mittels Scharnieren sind die beiden schmalen halbrund abschließenden Flügel[107] an das Zentralbild angeschlossen. Weder die Wangen noch die Scharniere oder die Rahmung der Flügel gehören zum ursprünglichen Bestand.

Auf der Mitteltafel erzählt Ratgeb die Legende der heiligen Barbara (Abb. 1 b). Der Heide Dioscorus schließt seine schöne Tochter Barbara in einen Turm ein, damit

[102] Problematisch an Kiesslings Untersuchung ist, daß sie von der Prämisse ausgeht, Schwäbisch Gmünd sei der Geburtsort Ratgebs. Dies ist jedoch keineswegs gesichert. Zülch favorisierte Herrenberg, und Lisa Farber schlug Stuttgart als Geburtsort des Malers vor. Vgl. Walter Karl Zülch: Jerg Ratgeb 1943, S. 166; Lisa de la Mare Farber: Herrenberg 1989, S. 20f.

[103] Ute-Nortrud Kaiser: Jerg Ratgeb 1985, S. 106-109, Abb. E 1-E 10.

[104] Die Renaissance im deutschen Südwesten zwischen Reformation und Dreißigjährigem Krieg; eine Ausstellung des Landes Baden-Württemberg 21.6. -19.10.1986, veranstaltet vom Badischen Landesmuseum Karlsruhe im Heidelberger Schloß.

[105] 28 x 172 cm.

[106] 166 x 98 cm.

[107] 166 x 49 cm.

niemand sie sieht. Dennoch begehren einige Einflußreiche sie zur Frau, was sie jedoch ablehnt. Hier setzt die Erzählung ein. Auf dem Turm steht Barbara in einem schlichten, hellrotem Gewand und offenem Haar. Ratgeb führt die Geschichte in zwölf Szenen fort, die er jeweils durch einen Kelch mit einer Hostie kennzeichnet. Dieser zählt neben dem Turm zu den Attributen Barbaras. Er geht auf den Kult zurück, daß die Heilige als Nothelferin in der Sterbestunde angerufen wird. Sie betete nach der Legende vor ihrem Tod für alle, die der Passion Christi und ihrer Marter gedenken. Dieses Gebet bildet die Voraussetzung für eine gute Sterbestunde und eines Patronats, das vor dem unerwarteten Tod schützt.[108]
Das erste Mal erscheint der Kelch bei der Taufe Barbaras. Ab diesem Zeitpunkt wird sie mit einem strahlenförmigen Nimbus dargestellt. Es folgen der Bau einer Kapelle mit drei Fenstern und der Götzensturz. Daraufhin muß Barbara sich in einem Felsmassiv, das sich in der Legende öffnet, verstecken. Erst jetzt erscheint der Vaters und befragt zwei Hirten nach dem Verbleib seiner Tochter. Der jenige, der das Versteck Barbaras dem zornigen Vater verrät, wird sogleich von Gott bestraft. Er selbst wird zu einer Steinsäule und seine Schafe in Heuschrecken verwandelt.
Das Leiden der Heiligen beginnt mit der nächsten Szene. Ihr Vater zerrt sie an den Haaren fort, während er mit einer Geißel auf sie einschlägt. Als nächstes wird sie zur Schwerterprobe gezwungen. Ihre Kleidung und ihr Nimbus haben sich geändert, sie trägt nun über ihrem roten Gewand einen weißen Mantel und aus dem strahlenförmigen Nimbus wurde ein scheibenförmiger. Nachdem ihr Christus im Gefängnis erschienen ist folgen weitere Folterszenen. Barbara wird gegeißelt, ihr Oberkörper wird mit rauen Tüchern blutig gerieben und an einem hölzernen Galgen hängend, wird ihr die Brust mit einem Haken abgerissen und ihre Seite verbrannt.
Die Enthauptung der Heiligen durch ihren eigenen Vater wird groß im Vordergrund erzählt. Barbara ist jetzt die schöne, unnahbare Jungfrau, die prächtig im Zeitkostüm gekleidet ist. Ihr Nimbus hat sich ein drittes Mal gewandelt, der kreisförmige Heiligenschein trägt jetzt im äußeren Rand die Inschrift SANCTA BARBARA. Ohne jede Spur der vorangegangenen Folterungen kniet sie betend den Blick nach oben gerichtet, vor ihr der Kelch mit der Hostie. Ihr Vater, ebenfalls im modischen Gewand, steht hinter ihr. Mit der Linken hebt er ihr langes Haar, damit der Nacken frei ist, während er den Krummsäbel schon zum tödlichen Schlag erhoben hat.
Diese Hauptszene hat einen eigenen Raum, der durch den dunkelgrünen Grasstreifen mit seinen Kräutern und Blumen begrenzt wird. Der gesamte Hintergrund wirkt wie eine Folie, vor dem sich die Enthauptung abspielt. Neben diesen beiden Bereichen gibt es einen dritten räumlichen Abschnitt: Über allem wölbt sich ein rotgoldener Himmel aus Blattgold. Hier schweben zwei Engel, die ein durchsichtiges Tuch halten.
Neben der räumlichen Gliederung muß die Landschaft noch eine zweite wichtigere Funktion übernehmen. Ratgeb erzählt die Legende in vielen Szenen.[109] Die

---

[108] Adam S. Labuda: Ort und Bild im späten Mittelalter am Beispiel des Breslauer Barbara-Altars (1447). In: Artibus et historiae 5 (1984), S. 40.
[109] Ehrenfried Kluckert nennt diese Form der Darstellung „landschaftliches Simultanbild.“ Der als Hauptszene hervorgehobenen Enthauptung werden die übrigen Szenen in der aufsichtigen, weiten

Landschaft isoliert einzelne Szenen, die sich direkt nebeneinander abspielen. So wird die Taufe Barbaras vom Kirchbau durch dürre schwarze Baumstämme geschieden. Darüberhinaus versucht Ratgeb durch die Landschaft Ezählzonen zu bilden: Die erste Zone liegt vor dem See und wird durch den nach rechts aufsteigenden Hügel abgegrenzt. Die zweite liegt befindet sich auf dem Hügel, der dritte Bereich umfaßt nur zwei Szenen, die Schwerterprobe und den Besuch Christi im Gefängnis. Die Folterungen Barbaras bilden die nächste Erzähleinheit, die durch die helle Grasfläche zusammengebunden wird. Problematisch ist teilweise die Leserichtung der einzelnen Szenen, da der Erzählverlauf nicht kontinuierlich ist, sondern springt. Auch hier versuchen Landschaftsformationen das Auge des Betrachters zu lenken, so begleitet der grüne Waldstreifen Barbara von ihrer Taufe bis zu ihrem Versteck in den Bergen. Diese Szene liegt höher als die vorherigen, analog dazu weist der Waldgürtel an dieser Stelle nach oben. Dennoch bleibt an einigen Stellen die Abfolge der Handlung unklar.

Auf dem linken Flügel (Abb. 1b) kombiniert Ratgeb die biblische Begegnung Maria Magdalenas mit Christus als Gärtner im Vordergrund mit der legendarischen Episode ihrer Aufnahme in den Himmel auf dem oberen Teil der Tafel. Im Abendland wurde durch die Exegese der Kirchenväter Maria Magdalena mit der biblischen Maria von Bethlehem und der namenlosen Sünderin, die Christus die Füße mit ihren Tränen wusch, zu einer Person verbunden. Auf dieser Grundlage entstand die Legende der Maria Magdalena. Nach dem Tod Christi predigte sie das Christentum und gelangte gemeinsam mit Martha, Lazarus, Maximin und Cedonius nach Marsaille, wo sie sich in dreißigjähriger Buße in die Wildnis zurück zog. Zur jeweils siebten Gebetsstunde wurde sie von Engeln erhoben und durfte den himmlischen Gesängen lauschen. Ein in der Nähe wohnender Eremit träumte von der erhobenen Maria Magdalena, wurde aber von Gott daran gehindert, der Elevatio beizuwohnen. Erst in ihrer Todesstunde offenbarte Maria Magdalena sich und schickte den Eremiten nach Maximin, der ihr die letzte Kommunion reichte, bevor sie starb.
Unterschieden werden die beiden Geschichten vor allem durch die Kleidung Maria Magdalenas. Bei der Begegnung mit Christus spiegelt ihre aufwendige Kleidung die Tracht zu Beginn des 16. Jahrhunderts wider und ihr Nimbus trägt die Inschrift MA[R]IA MAGTALE. Als Eremitin ist sie nackt und wird nur von ihren Haaren geschützt, ihr goldener Nimbus ist mit den Worten SA[N]C[TA] MARIA MAGTALENA graviert.
Ratgeb verknüpft die beiden Szenen sowie den Flügel mit der Mitteltafel durch die Betonung der Schräge von links oben nach rechts unten. Die segnende Bewegung Christi wird von den Bergrücken im Hintergrund wieder aufgenommen. Diese Achse führt zum einen nach oben zur Elevatio der Heiligen und zum anderen zur Haupttafel, wo sie in den erhobenen Armen der Folterknechte fortgeführt wird.

Landschaft untergeordnet. Ehrenfried Kluckert: Die Erzählformen des spätmittelalterlichen Simultanbildes. Diss. Tübingen 1974, S. 114.

Auf dem rechten Innenflügel erzählt Ratgeb die Paulus-Legende Die Geschichte beginnt mit der Szene im Vordergrund, der Bekehrung des Saulus, um dann im Hintergrund weitergeführt zu werden. Auf dem Ritt nach Damaskus hat der Christenverfolger Saulus eine Gotteserscheinung. Sein Pferd knickt stürzend ein, während er noch versucht, das Pferd am Halfter zu halten, reißt er die Rechte vor das im Entsetzen erstarrte Gesicht, um nicht geblendet zu werden. Die Quelle dieses Lichts ist Christus in einem Wolkenkranz.
Auch auf dieser Tafel verwendet Ratgeb die Landschaft, um Erzählräume zu schaffen und den Blick des Betrachters zu führen. Die Bekehrung findet auf einem steinigen Weg statt, daran schließt sich der Hintergrund an, der durch eine Hügellandschaft charakterisiert ist. Das Zickzack des Erzählstranges spiegelt das Auf und Ab der Hügel wieder.
Nach der göttlichen Vision folgt rechts im Hintergrund die Taufe. Durch die er – wie Barbara – einen strahlenförmigen Nimbus erhält. Es schließt sich die Bekehrung von vier Heiden und eine Predigt des Paulus an. Ganz hinten ist die Flucht des Apostels aus Damaskus zu sehen. Seine Jünger lassen ihn in einem Korb die Stadtmauer hinab.

Bei geschlossenem Retabel wird der Abschied der Apostel sichtbar (Abb. 1 a). Um allen zwölf Aposteln genügend Raum auf den schmalen Tafeln zu geben, hat Ratgeb beide zu einem einheitlichen Bildraum zusammengefaßt. Auf steinigem Boden trennen sich im Vordergrund jeweils zwei Apostelpaare. Mit einem Händeschütteln verabschiedet sich links Petrus von Paulus, rechts nehmen Bartholomäus und Andreas voneinander Abschied. Die beiden sind analog zum Paar Petrus und Paulus gestaltet. Paulus und Batholomäus stehen dabei mit den Rücken einander zugewandt. Beide verkörpern den aktiven Part, den Wanderstab geschultert und bereit für die Reise, während die beiden außen stehenden Apostel der Abschied emotional tief bewegt. Die analoge Gestaltung der linken und rechten Tafel setzt sich auch im Mittelgrund fort. Auf der linken Tafel ist ein Apostel schon alleine auf Wanderschaft, während ein Paar noch beim Abschiednehmen ist. Direkt über Andreas trennen sich Thomas und Jacobus. Neben diesen kniet Thaddäus, der an einer Quelle seinen Krug füllt. Am linken Bildrand steigt Simon im weißen Pilgermantel, den Rosenkranz betend, einen kleinen Pfad den Berg hinauf. Matthäus zieht alleine auf seinen Stab gestützt durchs Gebirge seinem Auftrag entgegen. Auf der rechten Tafel ist im Hintergrund Phillipus dargestellt, der sich gerade aus seiner Trinkflasche stärkt.
Alle Apostel tragen scheibenförmigen Nimben, die mit gelben Lettern beschrieben sind. Die Inschriften identifizieren zum einen die Apostel, zum anderen nennen sie deren Zielort. Nur die Aposteln im Bildhintergrund sind so klein, daß Name und Missionsland nicht mehr lesbar in den Heiligenschein vermerkt werden können, deshalb steht nur der Name im Nimbus, während das Ziel daneben vermerkt wird.

Wer mitgezählt hat, wird mit Erstaunen feststellen, daß dreizehn Apostel und nicht zwölf auf Wanderschaft sind. Zu Lebzeiten Christi gab es zwölf Jünger, die sich auf elf verringerten, da Judas sich erhängte. Die Zwölf-Zahl wurde wiederhergestellt, indem die übrigen Matthias als neuen Jünger wählten.[110] Neben diesen zwölf stellt Ratgeb Paulus da, der zunächst die Christen verfolgte, aber nach seiner Bekehrung zum wichtigsten Apostel neben Petrus aufstieg. Die Erzählung auf dem rechten Innenflügel ist demnach als Vorgeschichte der Außenflügel zu sehen, die erzählt, wie es zum dreizehnten Apostel gekommen ist. Die Funktion der Verbindung der Außentafel mit dem Innenflügel durch die Aufnahme des Paulus in die Apostelschar wird umso deutlicher, da Ratgeb beim Apostelabschied auf dem Herrenberger Altar auf die Integration des Paulus verzichtet hat, dort sind es nur zwölf Apostel, die sich von einander trennen.

3.5 Text und Bild

Die Frage, wie Ratgeb Texte in seinen Bildern umsetzt, erweist sich beim Schwaigerner Altar als problematisch, da Ratgeb seine Quellen nicht nennt. Den Abschied der Apostel schildert der Evangelist Markus im Neuen Testament wenig bildhaft:

> „Dann sagte er zu ihnen: Geht hinaus in die ganze Welt, und verkündet das Evangelium allen Geschöpfen! Wer glaubt und sich taufen läßt, wird gerettet; wer aber nicht glaubt, wird verdammt werden. Und durch die, die zum Glauben gekommen sind, werden folgende Zeichen geschehen: In meinem Namen werden sie Dämonen austreiben; sie werden in neuen Sprachen reden; wenn sie Schlangen anfassen oder tödliches Gift trinken, wird es ihnen nicht schaden; und die Kranken, denen sie die Hände auflegen, werden gesund werden. Nachdem Jesus, der Herr, dies zu ihnen gesagt hatte, wurde er in den Himmel aufgenommen und setzte sich zur Rechten Gottes. Sie aber zogen aus und predigten überall. Der Herr stand ihnen bei und bekräftigte die Verkündigung durch die Zeichen, die er geschehen ließ.“[111]

Bei Ratgeb hingegen können wir sehen, wie die Apostel sich für die Reise gerüstet haben. Sie haben ihre Vorratstaschen umgehängt, ihre Wasserflaschen gefüllt und sich Wanderstöcke genommen. Wir können miterleben, wie schwer der Abschied von der Gruppe fällt und wir erfahren, wohin die Missionstätigkeit die einzelnen führen wird. Von all dem erzählt Markus nichts. Ausführlicher sind die apokryphen Geschichten der einzelnen Apostel, die während des 2. Jahrhunderts im Osten entstanden, aber von den kanonischen Texten ausgeschlossen wurden.[112] In seiner

---

[110] Apg. 1,15-26.

[111] Mk 16,15-20.

[112] Richard Adelbert Lipsius: Die apokryphen Apostelgeschichten und Legenden. Runswick 1883-1890; Edgar Hennecke/Wilhelm Schneemelcher: Neutestamentliche Apokryphen in deutscher Übersetzung. Bd. 1-2. Tübingen 1959. [6. Aufl. 1999]; Wilhelm Michaelis: Die apokryphen Schriften zum Neuen Testament. Bremen 1956.

Kirchengeschichte berichtet schließlich Eusebius von den Missionsgebieten der einzelnen Apostel.[113]
Das Fest der „Divisio Apostolorum“ etablierte sich in Europa während des 9. Jahrhunderts, um 1500 wurde es in allen Diözesen Deutschlands zelebriert.[114] Die Einführung des Festes zog eine Vielzahl neuer liturgischer Texte und Lieder mit sich. Katzenellenbogen untersuchte verschiedene solcher Quellen. Die zu Ende des 15. Jahrhunderts vermehrt aufkommenden Darstellungen des Apostelabschieds sieht er von der geistlichen Dichtung und von den religiösen Schauspielen beeinflußt. Der menschliche Aspekt der Trennung wird dort verstärkt in den Vordergrund gestellt. So wird in den Dialogen von „La Convercion S. Pol“[115] die persönliche Emotion der Apostel beim Abschied geschildert. Auch Details wie die Einschreibung von Name und Missionsgebiet in den Nimbus leitet er von Mysterienspielen ab. So trugen die Apostel bei einem Spiel, das im 14. Jahrhundert in Moosburg aufgeführt wurde, Kronen mit eben solchen Inschriften.[116]
Offen bleibt die Frage, ob Ratgeb Texte wie die Apostellegenden oder Lieder vorlagen, oder ob er sich an bildlichen Vorlagen orientierte. Die mehr genrehaften Züge des Apostelabschieds, wie z. B. das Auffüllen der Wasserflaschen finden sich auf einer Vielzahl von Darstellungen.[117] Farber meint, daß diese auf ein verlorenes Bild von Albert von Ouwater zurückzuführen seien.[118] Carl von Mander beschreibt das Werk in seinem Schilderboek.[119] Kurt Gerstenberg identifizierte den Apostelabschied, der heute in der Stiftskirche St. Peter und Paul in Aschaffenburg (Abb. 2) hängt, als Kopie des verlorenen Bildes von Ouwater.[120] Im Vergleich

---

[113] Eusebii Pamphilii: Ecclesiasticae Historie I-III. In: Jacques Paul Migne: Patrologiae cursus completus. Series Graeca. Bd 20. Paris 1857, Sp. 45-302; Eusebius von Caesare: Kirchengeschichte. Hrsg. Heinrich Kraft. München 1967.

[114] Willibrord Hug: Zum Feste der Divisio Apostolorum. In: Jahrbuch für Liturgiewissenschaft 10 (1930), S. 162-8; ders.: Geschichte des Festes Divisio Apostolorum. In: Theologische Quartalschrift 113 (1932), S. 53-72.

[115] Achille Jubinal: Mystères Inédits du Quinzième e Siècle. Paris 1837, S. 25-41.

[116] Adolf Katzenellenbogen: The separation of the Apostles 1949, S. 81-98.

[117] Vgl. u. a. Albrecht Altdorfer: Der Abschied der Apostel, um 1523. Lindenholz 42,4 x 32,5 cm. Inv.-Nr. 638 C. Gemäldegalerie Berlin. Franz Winzinger: Albrecht Altdorfer die Gemälde, Tafelbilder, Miniaturen, Wandbilder, Bildhauerarbeiten, Werkstatt und Umkreis. Gesamtausgabe. München 1975, Nr. 40. Dort auch ältere Literatur.
Hans Baldung Grien: Der Abschied der Apostel, 1521. 188 x 150 cm. St. Maria im Kapitol, Köln. Gert von Osten: Hans Baldung Grien: Gemälde und Dokumente. Berlin 1983, W 100b, S. 261ff. Dort auch ältere Literatur.
Wolfgang Katzheimer d. Ä.: Der Abschied der Apostel, 1483. 156 x 181 cm. Inv.-Nr. 46. Historisches Museum Bamberg. Renate Baumgärtel-Fleischmann: Zur Datierung des Bamberger Apostelabschieds. In: Bericht des Historischen Vereins für die Pflege der Geschichte des ehemaligen Fürstbistums Bamberg 100 (1964), S. 325-330.

[118] Lisa de la Mare Farber: Herrenberg 1989, S. 230ff.

[119] Carel van Mander: Das Leben der niederländischen und deutschen Maler (von 1400 bis ca. 1615). Übersetzt nach der Ausgabe von 1617 von Hanns Floerke. Worms 1991, S. 43.

[120] Abschied der Apostel, Ende 15. Jh. Lindenholz 146 cm x 153 cm. Staatsgalerie Aschaffenburg. Ausgestellt in der Stiftskirche St. Peter und Alexander in Aschaffenburg. Kurt Gerstenberg: Über ein verschollenes Gemälde von Oudewater. In: Zeitschrift für Kunstgeschichte 5 (1936), S. 133ff. Vgl. auch Erich Steingräber (Hg.): Galerie Aschaffenburg. Katalog. München Bayerische Staatsgemäldesammlungen. 2. Aufl. 1975, S. 144f.; Betty Kurth: Über den Einfluß der Wolgemut-Werkstatt in Österreich und im

zwischen dem Schwaigerner Altar und dem Apostelabschied aus Aschaffenburg fallen kompositionelle Unterschiede auf. So verlegt Ratgeb die Szene des Wasserschöpfens und den aus der Flasche trinkenden Apostel vom Bildvordergrund in den Mittel- bzw. Hintergrund. Das Abschiednehmen hat dagegen bei ihm einen größeren Stellenwert. Es finden sich dennoch viele motivische Übereinstimmungen: der umarmende Abschied, die Rast an der Quelle, der einsame Wanderer und das Trinken aus der Flasche. Sogar in der Ausstattung der Apostel mit Wanderstöcken und den hochgegürteten Gewändern finden sich Parallelen, und schließlich sind auch in Aschaffenburg die Namen der Apostel samt ihrer Missionsgebiete in die Nimben eingeschrieben.
Auch für andere Details, wie Petrus und Andreas, die sich die Tränen aus den Augen wischen, lassen sich bildliche Parallelen finden, etwa auf dem geschnitzten rechten Außenflügel des Retabels aus der Nagelkapelle des Bamberger Domes.[121]Der Apostelabschied des Schwaigerner Altars steht somit in der ikonographischen Tradition, was dafür spricht, daß Ratgeb sich eher mit bildlichen, denn mit schriftlichen Quellen auseinandergesetzt hat. Dies zeigt sich auch auf dem linken Innenflügel. Im Neuen Testament hält Maria Magdalena Christus für den Gärtner,[122] doch auf dem Bild erscheint er als Auferstandener nur mit Lendentuch und Mantel bekleidet. Nur der Spaten nimmt auf den Text Bezug, der Jesus als Gärtner kennzeichnen soll und somit auf die Verwechslung Maria Magdalenas weist. Ratgeb reiht sich damit ein in die Tradition der Darstellung. Dieser entspricht auch die Charakterisierung Maria Magdalenas in aufwendiger Zeittracht, die sie pejorativ kennzeichnet.
Auch bei der Bekehrung Sauls auf dem rechten Innenflügels weicht das Bild vom Text der Apostelgeschichte ab.[123] Der Maler reiht sich ein in die westliche Tradition der Darstellung, wie wir sie etwa bei einem Stich und einer Zeichnung des Hausbuchmeisters finden (Abb. 3 a und b).[124] Seit dem 12. Jahrhundert wird die Bekehrung vor Damaskus entgegen der biblischen Quelle als Sturz vom Pferd dargestellt.[125]

---

angrenzenden Süddeutschland. In: Jahrbuch des kunsthistorischen Institutes der k. k. Zentralkommission für Denkmalpflege 10 (1916), S. 79-100, Fig. 42.

[121] Renate Baumgärtel-Fleischmann: Der Apostelabschied in der Nagelkapelle des Bamberger Domes. In: Bamberger Plastik von 1470-1520. Bericht des Historischen Vereins für die Pflege der Geschichte des ehemaligen Fürstbistums Bamberg 104 (1968), S. 161-67.

[122] Joh 20,11-18.

[123] Apg 9,1-9. Paulus selbst berichtet weitere zweimal in der Apostelgeschichte von seiner Bekehrung. Vgl. Apg 22,5-13 und Apg 26,12-15. In seinen Briefen ergeht er sich hingegen nur in Andeutungen: Gal 1,13ff.; Röm 7,7ff. und 7,15ff.; Phil 3,5ff.

[124] Hausbuchmeister: Die Bekehrung des Apostels Paulus, ca. 1475. Stich (Unikat), Rijksprentenkabinet Amsterdam; Hausbuchmeister: Bekehrung des Apostels Paulus, ca. 1475? Federzeichnung, Graphische Sammlung der Universität Erlangen-Nürnberg, Erlangen. Vom Leben im späten Mittelalter; der Hausbuchmeister oder Meister des Amsterdamer Kabinetts. Rijksmuseum Amsterdam 14. März-9. Juni 1985; Städtische Galerie im Städelschen Kunstinstitut in Frankfurt am Main 5. September-3. November 1985, Katalog-Nr. 40 und 40 a, S. 120f.

[125] Siglinde Hohenstein wies auf den Einfluß des Superbiasturzes aus der Psychomachie des Prudentius bei der Entwicklung dieser Darstellungsform hin. Siglinde Hohenstein: Die Ikonographie der Bekehrung Pauli. Diss. Frankfurt a. M. 1956 (maschschr.), S. 38ff.

Anders sieht es bei der Taufe des Paulus aus. Sie gehört zu den eher selten dargestellten Szenen aus dem Leben des Apostelfürsten und ist in der Regel in zyklische Darstellungen integriert, wie etwa beim Tafelbild „Basilika San Paolo fuori le mura" von Hans Holbein dem Älteren.[126] Eine Beeinflussung durch die bildliche Tradition muß hier verneint werden, aber Ratgeb hält sich nicht genau an den Text der Apostelgeschichte.[127] Es fällt auf, daß die Taufe des Apostels ähnlich wie die Taufe der Barbara auf dem Altar dargestellt ist. Durch diese Parallelisierungen sollen die Tafeln des Retabels enger verbunden werden.

Schwierig gestaltet sich die Suche nach einem dem Bild zugrunde liegenden Text bei der Vita der Heiligen Barbara, denn die Legende beruht nicht auf einem kanonischen Text, sondern auf einer Vielzahl literarischer Quellen, die zu verschiedenen Zeiten, an unterschiedlichen Orten in verschiedenen Sprachen entstanden sind und sich voneinander unterscheiden. Durch zeitgenössische Quellen ist weder die Vita noch die Passion der Heiligen belegt.[128] Der erste Hinweis auf die Heilige findet sich im „Martyrologium Romanum", das offizielle Verzeichnis der Kirche um 700.[129] Erste Legendentexte sind aus dem 8. Jahrhundert überliefert.[130] Neben den frühen griechischen Texten von Johannes von Damaskus[131] und Simeon Metaphrastes[132] sind auch syrische Versionen[133] bekannt.
In der im Mittelalter weit verbreiteten Legendensammlung, der Legenda Aurea des Jacobus Voragine, fehlt die Vita der Heiligen Barbara in der Urabschrift. Erst Abschriften des 14./15. Jahrhunderts erzählen die Legende im Anhang.[134] Das

---

[126] Hans Holbein d. Ä.: Basilika San Paolo fuori le mura, um 1504. Nadelholz tw. mit Leinwand überzogen, dreiteiliges Spitzbogenbild 180 x 81, 213 x 107, 180 x 81 cm. Inv.-Nr. 5332-5334. Staatsgalerie Augsburg. Hans Holbein und die Kunst der Spätgotik; Augsburger Rathaus 21. August bis 7. November 1965, Katalog-Nr. 39, Abb. 38; dort auch weitere Literatur.

[127] Apg 9,17-18.

[128] Es sind weder Märtyrerakten wie z. B. Gerichtsprotokolle noch Aufzeichnungen von Augenzeugen oder Zeitgenossen überliefert. Diese unbefriedigende Quellenlage bewog die römisch katholische Kirche, Barbara aus dem Kanon der Heiligen zu streichen.

[129] Rolfroderich Nemitz/Dieter Thierse: St. Barbara: Weg einer Heiligen durch die Zeit. 2. Aufl. Essen 1996, S. 9.

[130] Codex Vaticanus 866: eine Pergamenthandschrift aus dem 11. Jahrhundert enthält einen der ältesten Legendentexte. Seine Vorlage wird in die erste Hälfte des 8. Jahrhunderts datiert. Vgl. Helmut Eberhart: Hl. Barbara. Graz 1988, S. 15.
Zu den weiteren überlieferten Legendentexten, siehe: Hans Aurenhammer: Barbara. In: Lexikon der christlichen Ikonographie. Bd. 1. Wien 1959, S. 280f. und Rolfroderich Nemitz/Dieter Thierse: St. Barbara 1996, S. 12f.

[131] Johannes von Damaskus: Laudatio Sanctae et Inclytae Martyris Christi Barbarae. Vgl. Jacques Paul Migne: Patrologiae cursus completus. Series graeca. Bd. 96. Paris 1891, Sp. 781-814.

[132] Simeon Metaphrastes: Certamen Sanctae et Gloriosae Magnae Martyris Christi Barbarae. Vgl. Jacques Paul Migne: Patrologiae cursus completus. Series graeca. Bd. 116. Paris 1864, Sp. 301-316.

[133] Wilhelm Weyh: Die syrische Barbara-Legende. Mit einem Anhang: die syrische Kosmas- und Damian-Legende in deutscher Übersetzung. Programm des K. humanistischen Gymnasiums Schweinfurth für das Schuljahr 1911/12. Schweinfurth. Eine weitere syrische Version bei A. Smith Lewis: Select narratives of holy woman from the syro-antiochene or sinai palimpsest. In: Studia Sinaitica 10 (1900), S. 77-84.

[134] Jacobi a Voragine Legenda Aurea; vulgo historia Lombardica dicta ad optimorum. Librorum fidem recensuit Th. Graesse. 3. Aufl. Vratislaviae 1890, S. 898-902.

Passionale, eine deutsche Zusammenfassung von Heiligenlegenden, das im Mittelalter zum Chorgebet benutzt wurde, verzeichnet eine Version der Vita der Heiligen.[135] Seit Beginn des 14. Jahrhunderts sind Barbaralegenden in der Form des Mysterienspiels[136] bekannt, und in der zweiten Hälfte des 15. Jahrhunderts wurde die Legende vom Augustiner Johann Wackerzeele, unter anderem durch die Erzählung posthumer Wundertaten, erweitert.[137]

Ratgebs Darstellung läßt sich mit keiner der drei gängigen Legendenfassungen in Einklang bringen. Im Vergleich mit der Version der Legende des Simeon Metaphrastes fällt auf, daß Ratgeb Szenen schildert, die der Text nicht kennt. Auch die Legendenfassung im Passionale ist nicht deckungsgleich mit Ratgebs Schilderung, vor allem die zeitliche Reihenfolge differiert. Der Text in der ergänzten Version der Legenda Aurea ist kaum mit dem Bild Ratgebs in Einklang zu bringen, da er in erster Linie auf Dialogen, der Unterweisung durch Origines, beruht. Man muß voraussetzen, daß der Maler mit verschiedenen Versionen der Barbara-Vita vertraut war, da mehrere Erzählungen im Umlauf waren und diese bereits den Menschen im 15. Jahrhundert bekannt waren. So bezieht sich der Prediger Johannes Kirchschlag in seiner Ansprache zum Barbaratag im Jahre 1486 auf die „lengere legent."[138] Er impliziert damit, daß dem Zuhörer mehrere Bearbeitungen der Geschichte vertraut sind. Es ist demnach unwahrscheinlich, daß Ratgeb auf einen einzigen Text zurückgreift. Es stellt sich daher die Frage, inwieweit er durch die Bildüberlieferung geprägt ist. Zyklische Darstellungen der Barbara-Legende tauchen seit dem 14. Jahrhundert auf. Die frühesten erhaltenen sind der Barbara-Altar des Meister Francke,[139] der Barbara-Altar aus Breslau[140] und der Altar des Gonzalo Perez.[141] Die Analogien zwischen den drei Zyklen sind allerdings nur gering. Spätere zyklische Darstellungen wie der Barbara-Altar in Neustift[142] weichen noch

---

[135] Der Heiligen Leben und Leiden: das sind die schönsten Legenden aus dem deutschen Passionale des 15. Jahrhunderts. Hg. Severin Rüttgers Leipzig 1922, S. 101-105.

[136] Ignaz.V. Zingerle: Der Maget Krone. Ein Legendenwerk aus dem XIV. Jahrhunderte. Wien 1864. (=Sonderdruck aus Sitzungsberichte der Philosophische-Historischen Classe der kaiserlichen Akademie der Wissenschaften, Bd. 47, 1864), S. 516-531.

[137] B. d. Gaiffier: La légende de Saint Barbe par Jean de Wackerzeele. In: Analecta Bollandiana 77 (1959), S. 5-41.

[138] Gerhard Eis: Johannes Kirchschlags Predigt zum Barbaratag 1486. In: Beiträge zur Geschichte der deutschen Sprache und Literatur 81 (1959), S. 198.

[139] Meister Francke: Barbara-Altar, um 1410-1415. Eiche, die Flügel bestehen aus vier Tafeln von durchschnittlich 193 x 56 cm. Nationalmuseum Helsinki, Inv.-Nr. 4329:6; Ottmar Kerber: Meister Francke und die deutsche Kunst um 1400. Teil 1: Der Barbara Altar. Kallmütz 1939 (zugl. Habil. Uni München); Meister Francke und die Kunst um 1400. Ausstellung zur Jahrhundert-Feier der Hamburger Kunsthalle. Hamburg 1969, Nr. 1, S. 50ff., Tafel 1-8.

[140] Meister des Barbara-Altars: Barbara-Altar, 1447. Tempera auf Eiche, 203 x 260 cm. Muzeum Narodowe Warschau. Tadeusz Dobrzeniecki: Catalogue of the medieval painting. Muzeum Narodowe Warzawie. Warsaw 1977, Nr. 66, S. 231ff.; Adam S. Labuda: Breslauer Barbara-Altar 1984, S. 23-57.

[141] Gonzalo Pérez: Barbara-Altar, um 1420-1430. Museu d'Art de Catalunya, Barcelona.

[142] Meister des Barbaraaltars (Meister von St. Korbinian?): Barbara-Altar, vor 1498. Öltempera auf Holz, Mitteltafel 148 x 88 cm, Flügel je 70 x 40 cm. Pinakothek Augustiner-Chorherrenstift Neustift. Michael Pacher und sein Kreis; ein Tiroler Künstler der europäischen Spätgotik 1498-1998. Augustiner-Chorherrenstift Neustift 25. Juli-31. Oktober 1998, Nr. 43. Dort auch ältere Literatur.

gravierender ab, wohl auch, weil sie teilweise neuere Formen der Legende verarbeiten. Schon die Auswahl der Szenen differiert bei den verschiedenen Zyklen, noch größer ist der Unterschied in der Gestaltung der einzelnen Episoden. Für den gesamten Barbara-Zyklus gab es keine verbindliche bildliche Tradition, wohl aber für einzelne Szenen, vor allem für die wichtigste, die Enthauptung der Heiligen Barbara durch ihren Vater. Es lässt sich sogar eine spezielle bildliche Quelle ausmachen. Schon Kissling wies darauf hin, daß die Hauptszene im Vordergrund von einem Stich des Meisters E. S. (Abb. 4) abhängig ist.[143] Der Vater steht hier wie dort hinter der Tochter, die vor ihm auf dem Boden kniet. Der rechte Arm mit dem Krummsäbel ist weit über den Kopf zum Schlag erhoben. Vor allem die Kleidung des Vaters verweist auf die Relation. Über enganliegenden Beinlingen trägt er einen kurzen, prächtig gemusterten Rock, der in der Taille gegürtet ist, sowie einen Turban. Interessant ist der Engel mit dem Tuch, der über Barbara schwebt. Ratgeb hat diesen Engel vom Stich des Meisters E.S. übernommen und verdoppelt. Bei Ratgeb liegt der Horizont höher, um den vielen Szenen Raum zu schaffen, daher wirken die Engel am Himmel wie Fremdkörper. Vom Größenmaßstab lassen sie sich nicht ins Bildgeschehen integrieren, dies zeigt, daß sie aus einem anderen Zusammenhang übernommen wurden. Das Tuch, das die schwebenden Engel zwischen sich spannen, soll die Seele der Heiligen nach ihrem Tod aufnehmen und in das Himmelreich bringen. Dieses Detail geht zurück auf eine Fassung der Barbara-Legende von Johannes von Damaskus.[144]

Ratgeb reiht sich bei einzelnen Szenen seines Barbara-Zyklus in die bildliche Tradition ein, für die Hauptszene ist sogar eine bildliche Vorlage zu benennen. Bei anderen Szenen des Zyklus sind keine Parallelen in der Darstellung festzustellen. Die Geißelung und die Schwerterprobe sind singuläre Szenen, die nur bei Ratgeb auftauchen. Auffallend ist bei der Geißelung die Annäherung an die Geißelung Christi. Würde die Szene isoliert stehen, wäre eine Verwechslung nicht ausgeschlossen. Die Parallelisierung Barbaras mit Christus beschränkt sich nicht nur auf die Kleidung und das Aussehen. Ratgeb kennzeichnet zwölf Stationen in der Vita der Heiligen durch Kelche, analog zu den zwölf Stationen des Kreuzweges Christi. Die Nachahmung Christi vor allem aber der Passion ist gerade eines der Motive, das in der Vita der Heiligen in der Legenda Aurea angeschlagen wird.

---

143 Hermann Kissling: Probleme um Jörg Ratgeb 1976, S. 179. Meister E. S.: Die Hl. Barbara, Kupferstich. In: Max Geisenberg: Die Kupferstiche des Meisters E. S. Berlin 1923/24, Nr. 168.

144 Johannes von Damaskus: Laudatio Sanctae et Inclytae Martyris Christi Barbarae. In: Jacques Paul Migne: Patrologiae cursus completus. Series graeca. Bd. 96. Paris 1891, Sp. 803.

3.6 Die Inschriften

Neben den Inschriften auf dem Rahmen hat Ratgeb diverse Schriftzüge auf den Tafeln dargestellt: die Namensbeischriften in den Nimben der Barbara und der Magdalena, sowie der Apostel. Diese tragen neben ihrem Namen ihr Missionsgebiet in den Nimbus eingeschrieben.
Auf den ersten Blick sind diese Inschriften nicht bemerkenswert. Ratgeb scheint sich hier in die mittelalterliche Tradition einzureihen, Heilige durch Namensbeischriften zu identifizieren, wenn dies durch fehlende oder uneindeutige Attribute nicht möglich ist. Betrachtet man die Nimben und ihre Inschriften genauer, fällt Interessantes auf. Bei der Beschreibung der Mitteltafel wurde deutlich, daß Ratgeb Barbara mit unterschiedlichen Nimben darstellt. Im ersten Bild des Zyklus erscheint die Heilige noch ohne Heiligenschein, erst durch die Taufe erhält sie den strahlenförmigen Nimbus. Mit dem Beginn ihres Martyriums ändert sich dieser erneut: aus dem strahlenförmigen wird ein scheibenförmiger. Erst beim letzen Bild, der Enthauptung, trägt dieser die Inschrift SANCTA BARBARA.
Ratgeb geht sehr behutsam mit den unterschiedlichen Stadien des Heiligenscheins um. Er unterscheidet die Formen des Nimbus, um verschiedene Stufen im Leben der Heiligen zu kennzeichnen. Die letzte Stufe ist der Nimbus mit Namensbeischrift. Erst durch die Enthauptung wird Barbara zur Märtyrerin, erst ab diesem Zeitpunkt darf sie den Titel, und als solcher ist der Namenszug zu verstehen, tragen. Sieht man die Inschrift des Nimbus nicht isoliert, sondern im Kontext, ist sie demnach keine bloße Beischrift, um die Heilige zu identifizieren, sondern eine Auszeichnung.

Auf dem linken Innenflügel ist die Heilige Magdalena zweimal zu sehen. Bei den beiden Darstellungen sind die Nimben unterschiedlich beschriftet. Bei der Begegnung mit Jesus als Gärtner wird sie als MA[R]IA MAGTALE bezeichnet, bei der Elevatio als SA[N]C[TA] MAGTALENA. Auch hier macht Ratgeb wieder einen Unterschied. Bei Magdalena fehlen so signifikante Punkte im Leben wie Taufe oder Märtyrertod. Da in der Biografie der Heiligen verschiedene Lebensläufe verschmolzen wurden, kann man prinzipiell zwischen dem Leben im Umkreis Jesu und dem der Legende unterscheiden. Im ersten Teil wird sie als Sünderin charakterisiert, die durch ihren Glauben Vergebung erfährt. In ihrem Leben nach dem Tod Christi, büßt sie der Legende nach durch ihr Eremitenleben ihre früheren Sünden ab und wird erst dadurch zur Heiligen. Diese Unterscheidung manifestiert sich in den Umschriften der beiden Nimben. Erst durch ihr bußfertiges Leben als Einsiedlerin wird sie von „Maria Magdalena“ zu „Sankta Maria Magdalena.“

Dasselbe Prinzip der Abstufung findet sich bei Paulus. Auf dem rechten Innenflügel ist er zunächst ohne Heiligenschein bei der Bekehrung zu sehen. Durch die Taufe wird ihm der strahlenförmige Nimbus verliehen. Auf dem Innenflügel fehlt noch die letzte Auszeichnung durch den beschrifteten Heiligenschein, diesen trägt er erst beim Apostelabschied auf den Außenflügeln.

Die Inschrift nennt in den Nimben der Apostel nicht nur deren Namen, sondern auch das Ziel ihrer Mission. Die Missionstätigkeit ist Ratgeb so wichtig, daß er in zwei Fällen das Ziel außerhalb des Heiligenscheins plaziert, da der Platz innerhalb nicht ausreichend ist. Deutlich wird dies im Vergleich zum Apostelabschied des Herrenberger Altars, denn dort verzichtet Ratgeb auf die Nennung des Missionsgebiets.
Fraenger bezeichnet den zweimaligen Apostelabschied als Lieblingsmotiv Ratgebs, in dem er seine Zugehörigkeit – oder zumindest seine Affinität – zu den Waldensern zum Ausdruck bringe.[145] Ratgebs revolutionäre Gesinnung, im Sinne eines Widerstandes gegen Klerus und ersten Stand, wird zum Hauptthema des Altars. Nun ist schon wiederholt daraufhin gewiesen worden, daß nicht der Künstler, sondern der Auftraggeber die Themen eines Altares festlegte. Dem ist eigentlich nichts hinzuzufügen. Mit aller Vorsicht meine ich daher, wenn sich ein Thema wie ein roter Faden durch den Altar zieht und die Tafeln zusammenhält, ist das nicht das des Aufstandes, sondern das der Verkündigung des Wortes Gottes: Auf der Außentafel ist zunächst die Aussendung der Apostel zur Mission mit der besonderen Betonung auf der Verkündigung angeschlagen. Dieses Thema klingt wieder in den Innentafeln an. Paulus ist gleich zweimal bei Predigt und Bekehrung zu sehen. Auch im linken Innenflügel schwingt das Thema mit, da Maria Magdalena bereits im Johannes-Evangelium als erste Apostelin auftritt und von Jesus den Auftrag bekommt, seinen Jüngern die Auferstehung zu verkünden.[146] Auch in der Legenda Aurea wird die Heilige als Missionarin und Predigerin charakterisiert.[147]

Auf dem Rahmen der Mitteltafel stehen auf der unteren Leiste der Spruch SPES PR[A]EMII SOLACIUM LABORIS, sowie das Monogramm Ratgebs J M R und die Jahreszahl 1510. Das „M“ des Monogramms ist mit einem Querbalken durchgestrichen. Der Barbara-Altar entstand in Ratgebs Heilbronner Zeit, die durch den Streit Ratgebs mit dem Rat der Stadt um das Bleiberecht gekennzeichnet ist. Der Rat verwehrte Ratgeb die Aufnahme als Bürger, da er mit einer Leibeigenen Herzog Ulrichs von Württemberg verheiratet war. Dieser Streit war in mehreren Briefen des Malers und Schreiben des Rates dokumentiert. Ratgeb hat sein erstes Gesuch an den Rat der Stadt Heilbronn, das um 1510 verfasst sein dürfte, mit „Meister Jörg Rathgeben“ unterzeichnet, dabei hat er nach Fraenger das Wort „Meister“ demonstrativ durchgestrichen, um den einheimischen Malern seine Loyalität zu bekundet. Er respektierte, daß dieser Titel nur zunftgemäß organisierten Vollbürgern zustand.[148] Das durchgestrichene „M“ auf dem Barbara-Altar ist vor dem Hintergrund der Situation Ratgebs um 1510 analog zu verstehen.

---

[145] Wilhelm Fraenger: Jörg Ratgeb 1981, S. 74f.
[146] Joh 21,24.
[147] Die Legenda Aurea des Jacobus de Voragine. Aus dem Lateinischen übersetzt von Richard Benz. Heidelberg 1925, S. 473.
[148] Wilhelm Fraenger: Jörg Ratgeb 1981, S. 31.

Der Spruch, „Die Hoffnung auf den Lohn ist das Entgelt für meine Mühe", bezieht sich auf die Akteurin der Mitteltafel, die Heilige Barbara. Sie wartet nach ihrem Martyrium auf den jenseitigen Lohn für ihre Leiden. Fraenger bezieht den Spruch nicht nur auf die Heilige, sondern auch auf Ratgeb, der damit sein Honorar anmahnte. Fraenger zitiert als Beleg die dritte Eingabe Ratgebs an den Heilbronner Rat, in der er sein Bleiberecht verlängern möchte.[149]

Tatsächlich schreibt der Maler in dieser Eingabe:

> „Mein arbeyt, so ich die zeyt bei EW vollbracht, den mehren Teil geborght, desgl. die so ich noch vorhanden unnd allhie zu vollenden angenommen, vertrost und also ylends von dannen komen sollte, brechte mir mergkliche beschwerde, das ich mich zugesthehen genzlich zu EEW, main gunstig Lieb Herren, nit versehen."[150]

Allerdings kann dieses Schriftstück nicht aus dem Jahre 1510, dem Entstehungsjahr des Altares, stammen, wie Fraenger postuliert. Zwar gibt er kein Entstehungsjahr des Gesuchs an, aber es kann frühestens im Januar 1512 verfaßt worden sein. Diesem dritten Gesuch gehen natürlich zwei weitere voraus. Das erste ist nicht datiert, stammt aber wahrscheinlich aus dem Jahre 1510,[151] denn ihm folgt die Fürsprache des Heilbronner Rats bei Herzog Ulrich vom 17.9.1510.[152] Sein zweites Gesuch reicht Ratgeb gegen Ende seines dreijährigen Sitzrechts ein, er muß es gegen Ende des Jahres 1511 aufgesetzt haben.[153] Bestätigt wird dies durch einen Zusatz des Rats, daß diese Bittschrift am 17. Januar 1512 verhandelt und abgelehnt wurde. Das dritte Gesuch, in dem Ratgeb seine finanzielle Situation beklagt, kann also frühestens im Januar 1512 entstanden sein und nicht bereits 1510, als Ratgeb den Spruch auf den Schwaigerner Altar malte. Damit fehlt jede Grundlage, die Inschrift auf den Künstler zu beziehen.

---

[149] Ders., S. 40; vgl. dazu dort Dokumente und Exkurse II, 5, S. 274.

[150] Ders., S. 274.

[151] Ders.: Jörg Ratgeb 1981, Anhang II, 2, S. 273.

152 Ders., S. 273, Nr. 3; Ute-Nortrud Kaiser: Jerg Ratgeb 1985, S.99f., Urk. Nr.4.

[153] Wilhelm Fraenger: Jörg Ratgeb 1981, S. 273, Nr. 4; Ute-Nortrud Kaiser: Jerg Ratgeb 1985, S. 100f., Urk. Nr.5.

4 Die Wandgemälde im Karmeliterkloster in Frankfurt

4.1 Die Karmeliter

Die meisten Orden sind auf Initiative einer charismatischen Person entstanden. Der Name des Ordensgründers gab dann in der Regel der Gemeinschaft ihren Namen. Die Karmeliter hingegen können sich nicht auf einen Ordensgründer berufen. Der Karmeliterorden – Ordo Fratrum Beatae Maria Virginis de Monte Carmel – ist dementsprechend nicht nach einer Person, sondern nach einem Gebirgszug im Heiligen Land, dem Karmel, benannt.

Die Anfänge des Ordens sind schwer zu fassen. Nach der Eroberung Palästinas im Rahmen der Kreuzzüge ließen sich auf dem Karmel Eremiten nieder, die sich im Laufe der Zeit zu einer lockeren Gemeinschaft zusammenschlossen. Einen institutionellen Charakter bekamen sie erst, als Albert von Vercelli, der Patriarch von Jerusalem, ihnen zwischen 1206 und 1214 eine Ordensregel gab[154], die 1226 von Papst Honorius III. bestätigt wurde.[155]

Bald schon verließen einzelne Mönche den Karmel und kehrten nach Europa zurück und gründeten erste Niederlassungen. Im Zuge der Rückeroberung des Heiligen Landes durch die Muslime wurden die Eremiten auf dem Karmel verfolgt und mußten schließlich 1291 nach Europa emigrieren.[156] Dort war ihre anachoretische Lebensweise nicht mehr möglich, daher wurden die Ordensregeln auf Initiative von Innozenz IV. in Anlehnung an die Regeln der Dominikaner und Franziskaner umgeformt. Die neue Regel ermöglichte den Karmelitern eine Ansiedlung in den Städten, wo sie sich der Seelsorge durch Predigt und Beichte widmen konnten. Die Abwendung von der „vita passiva“ zur „vita activa“ stieß in den eigenen Reihen auf Kritik. Nicolaus Gallicus, der von seinem Amt als Ordensoberer zurücktrat, versuchte vergeblich, die Umwandlung in einen Bettelorden zu verhindern. Die Diskussion um die Unvereinbarkeit von Stadtseelsorge und Eremitentum verstummte nicht. Das Ideal vom einstigen Leben in Einsamkeit und strenger Askese wurde besonders in Zeiten zunehmender Verweltlichung immer wieder von Ordenstheologen und -historiographen beschworen.

Das Leben in den Städten forderte seinen Tribut mit einem Nachlassen der Ordensdisziplin. Dieser Entwicklung trug die von Eugen IV. 1434/35 gewährte Milderung der Ordensregeln Rechnung. Als Gegenbewegung erstarkten zu Beginn des 15. Jahrhunderts Reformbestrebungen, die auf eine strenge Regelbefolgung und die Wiederbelebung eremitischer Ideale insistierten. Im Zuge dieser Reformbewegung kam es zur Entstehung von Reformkongregationen. Der Generalprior Johannes Soreth versuchte, diese Impulse für den gesamten Orden nutzbar zu machen. Auch in der niederdeutschen Provinz wurde die Reform von

---

[154] Bede Edwards: Die Regel des hl. Albert – die Regel des Karmel. Würzburg 1979.

[155] Bullarium Carmelitanum. Roma 1715, Bd. 1, S. 12.

[156] Ansiedlungen der Karmeliter außerhalb des Heiligen Landes gab es bereits früher: 1235 Valenciennes, 1242 Hulne etc. Vgl. Joachim Smet/Ulbrich Dobhan: Die Karmeliten; eine Geschichte der Brüder U.L. Frau vom Berge Karmel; von den Anfängen (ca. 1200) bis zum Konzil von Trient. Freiburg 1981, S. 20.

Soreth eingeführt, die Frankfurter Niederlassung schloß sich 1469 an.[157] Im Rahmen dieser Reform gelang es dem Rat der Stadt Frankfurt mittels des Instruments der Klosterpflegschaft entscheidenden Einfluß auf die Klostergemeinschaft zu gewinnen.[158]

4.1.1 Die Karmeliter in Frankfurt

Die Karmeliter haben sich wahrscheinlich 1246 in Frankfurt niedergelassen.[159] Sie siedelten sich am südlichen Rand der halbkreisförmigen staufischen Stadt an, in der Nähe einer der Haupt-Ost-West-Verbindungen, der späteren Alten Mainzer Gasse (Abb. 5). Die erste gesicherte Nachricht stammt erst aus dem Jahr 1270, als Bischof Theoderich einen Altar für die Patronin des Ordens, die Heilige Jungfrau Maria, sowie einen Begräbnisplatz weihte.[160] Diese Altarweihe bezeichnet zunächst den Abschluß der Bautätigkeit an der ersten Kirche der Karmeliter, einem schlichten Saalbau mit einfachem Satteldach, der den Kern des späteren Hauptschiffes bildet.[161] Erst nach Beendigung dieses ersten Kirchenbaus gingen die Mönche daran, die allgemeinen Klosterbauten zu errichten, die sich an der Nordseite anschlossen. Bis zu diesem Zeitpunkt wohnten sie in ehemaligen Privathäusern, die dem Orden überlassen worden waren.[162]

---

[157] Ders., S. 130.

[158] Konrad Bund: Frankfurt am Main im Spätmittelalter 1311-1519. In: Frankfurt am Main; die Geschichte der Stadt in neun Beiträgen. Sigmaringen 1991, S. 106. Wolfgang Heitzenröder: Reichsstädte und Kirche in der Wetterau; der Einfluß des städtischen Rats auf die geistlichen Institute vor der Reformation. Frankfurt 1982. (=Studien zur Frankfurter Geschichte; Bd. 16), S. 221ff.

[159] Jacob Milendunck: Epitome historia de ortu et fratris Carmeli francofurtensis. Stadtarchiv Frankfurt a. M., Karmeliter-Bücher (Rep. 199), Nr. 100, S. 1: „in hanc urbem fratres ord. B.V.M. de monte Carmelo receptos fuisse anno 1246 testantur antiqua eiusdem urbis archivia."
Allerdings sind die Quellen, die Milendunk für seine Chronik im 17. Jahrhundert benutzte heute verloren. Koch meint daher auch, daß die genaue Jahreszahl im dunkeln liegt und weist auf den Jahrhunderte währenden Streit zwischen Dominikanern und Karmelitern um die „Senioritas" hin. Bei Prozessionen wurde die Reihenfolge der teilnehmenden Orden durch das Alter der Niederlassung bestimmt. Vgl. Heinrich Hubert Koch: Das Karmeliterkloster zu Frankfurt am Main. 13. bis 16. Jahrhundert. Frankfurt am Main 1912, S. 11.
Vgl. a. Achilles August von Lersner: Nachgehohlte, vermehrte, und continuirte Chronica der weitberuehmten freyen Reichs-, Wahl- und Handels-Stadt Franckfurth am Mayn oder zweyter Theil der ordentlichen Beschreibung der Stadt Franckfurth am Mayn Ursprung: und wie selbige nach und nach zugenommen, wie auch allerley denckwuerdiger Begebenheiten und geschichten, so bey der Roemischen Koenigen und Kayserlichen Wahl und Croenungen allhier vorgegangen, nebst denen Veraenderungen, die sich in Weltlich- und Geistlichen Sachen, von Zeiten zu Zeiten ereignet haben. Aus des seel. Auctoris hinterlassenem Manuscripto in Ordnung verfasset mit noethigen Kupfer-Stichen gezieret, per modum Annalium zusammen getragen, und durch eigenen Verl. zum Dr. befoerdert durch Georg Augustum von Lersner. Frankfurt a. M. 1734, Bd. 2, S. 191.

[160] „...ad structuram ecclesie eorum et officinarum suarum." Stadtarchiv Frankfurt a. M., Karmeliter-Akten und Urkunden (Rep. 194), Nr. 1.

[161] Margarete Dohrn-Ihmig: Die gotische Karmeliterkirche in Frankfurt am Main Frankfurt a. M. 1984. (=Archäologische Reihe ; 3).

[162] Evelyn Hils-Brockhoff: das Karmeliterkloster in Frankfurt am Main; Geschichte und Kunstdenkmäler, Frankfurt a. M. 1999, S. 8.

Anders als die Benediktiner und Zisterzienser folgten die Karmeliter beim Bau ihrer Klosteranlagen keinem einheitlichen Schema, sondern mußten sich meist bei beengten Baugrundstücken in den ummauerten Städten nach den örtlichen Begebenheiten richten. Auch in Frankfurt waren die Bautätigkeiten der Karmeliter stets mit dem Problem der Beschaffung des nötigen Baugrunds verbunden. Der Besitz der Frauenbrüder war schon fast von allen Seiten von Häusern und Höfen umgeben.[163] Es war nicht möglich, die Anlage nach Norden hin zu erweitern. Die Brüder konzentrierten sich zunächst auf die Vergrößerung der Kirche und fügten an den bisherigen Bau das südliche Querschiff, die Sakristei und den 5/8 Chor an. Bereits im 14. Jahrhundert ging die Klostergemeinschaft daran, ihr Areal durch Erwerbungen zu vergrößern.[164] Diese Anstrengungen intensivierten die Frauenbrüder noch im Lauf des 15. Jahrhunderts mit dem Ziel, das gesamte Areal zwischen Münzgasse, alter Mainzer Gasse, Seckbächer Gasse und Karmelitergasse zu erwerben. Treibende Kraft war Prior Peter von Frankfurt, genannt Spitznagel, der der Gemeinschaft in den Jahren 1422 bis 1443 vorstand. Wiederholt stießen die Karmeliter dabei auf den Widerstand des Stadtrates, denn es war nicht im Interesse der Stadt, daß Grund durch Kauf oder Schenkung zu klerikalem Eigentum wurde. Zum einen, da der Besitz damit der Steuerpflicht entzogen war, und zum anderen, da der bürgerliche Wohnraum innerhalb der Stadtmauer dezimiert wurde. Der Rat versuchte der Anhäufung städtischen Grundes im Besitz der Klöster mittels Verträgen und Bestimmungen entgegen zu steuern.[165] So waren die Orden verpflichtet, gestiftete steuerpflichtige Bürgergüter innerhalb eines Jahres zu verkaufen. Den Karmelitern wurde daher mehrfach der Abbruch von Häusern vom Rat verboten.[166]

Nach der Vergrößerung der Kirche und der Erweiterung des Klosterareals, gingen die Brüder daran, auch die Konventgebäude zu erweitern, was durch die gestiegene Zahl der Brüder unumgänglich geworden war: Die Niederlassung wurde im 13. Jahrhundert noch von zwölf Mönchen errichtet, 1436 lebten schon achtundzwanzig Brüder dort und 1481 schließlich sechsunddreißig.[167]

Die Karmeliter begannen mit dem Bau des Kreuzganges, dessen Vollendung sich aber mehrere Jahrzehnte hinzog. Als erstes wurde die südliche Seite errichtet, die sich an die nördliche Kirchenwand anschmiegte. Es folgte der westliche Arm, auch er grenzte an ein schon bestehendes Gebäude, den ersten Klostersaal. Dieser Teil des Kreuzganges war bereits kurz nach der Vergrößerung der Kirche vollendet, denn

---

[163] Otto Donner von Richter: Jerg Ratgeb 1892, S. 5ff.

[164] 28. September 1342 Erwerb eines Hauses in der Ankergasse (heute: Karmelitergasse) vom St. Leonardstift Vgl. Heinrich Hubert Koch: Karmeliterkloster, S. 18.
10. August 1394 Kauf des Hauses von Gerlach von Hochus. Heinrich Hubert Koch: Karmeliterkloster, S. 18., Otto Donner von Richter: Jerg Ratgeb 1892, S. 24 und Anhang Nr. 1. Stadtarchiv Frankfurt a. M., Karmeliter-Akten und Urkunden (Rep. 194), Nr. 42.

[165] Konrad Bund: Frankfurt am Main im Spätmittelalter 1311 – 1519. In: Frankfurt am Main; die Geschichte der Stadt in neun Beiträgen. Sigmaringen 1991, S. 101f.; s.a.Herbert Natale: Das Verhältnis des Klerus zur Stadtgemeinde im spätmittelalterlichen Frankfurt. Diss. Frankfurt 1957.

[166] Vgl. Otto Donner von Richter: Jerg Ratgeb 1892, S. 33-38.

[167] Otto Donner von Richter: Jerg Ratgeb 1892, S. 32, Fußn. 50.

1462 „hat Herr Syfried, Prediger-Ordens, Weybischof einen Altar und ein Viertel des Kreuzganges, da das Gemälde anfahet, geweiht.“[168]
Unter dem Priorat von Mathaeus von Boppard, Zarippel genannt, wurde 1473 der Haupt-Mittelbau begonnen. Dieser lag parallel zur Kirche und bildete somit teilweise den nördlichen Teil des Quadrums. Man begann den Bau im Osten mit dem Dormitorium und fügte nach Westen hin das Sommerrefektorium an. Der Speisesaal war 1492 bis zum Dach hochgezogen, das Dach selbst fehlte jedoch.[169] Finanziell hatten die Karmeliter sich wohl übernommen, denn sie konnten den Bau auf Grund pekuniärer Schwierigkeiten nicht fertigstellen. Sie baten daher den Rat, Güter, die sie mit dem Erbe von Else von Holzhausen gekauft hatten, um mit den Erträgen die Auflagen der Stifterin nach wohltätigen Zwecken zu erfüllen, zu verkaufen und den Gewinn für die Fortführung ihrer Bauten zu verwenden.[170] Zudem ersuchten sie 1492 ihren Ordensgeneral Pontius Raynandus erneut um die Erlaubnis zum Almosensammeln für ihre Bautätigkeiten.[171]
Erst nach der Aufstockung der finanziellen Mittel konnte der nördliche Flügel des Kreuzganges angefügt werden. Probleme ergaben sich bei der Beendung. Es war nicht möglich, den Bau über den Ostgiebel des Dormitoriums hinaus bis an die Karmelitergasse fortzuführen und ihn mit dem östlichen Flügel zu schließen, obwohl die Karmeliter im Besitz des Grund und Bodens waren. Das Haus „Zum Krebs“ hatten sie bereits 1409 durch das Vermächtnis der Elisabeth von Holzhausen bekommen, das südlich nächstgelegene Haus „Zum Greyfen“ erwarben die Brüder 1487. Aber der Rat der Stadt verbot ihnen in beiden Fällen den Abriß. Um die Bautätigkeiten fortzuführen, wandte sich 1487 der neue Prior Romuldus von Laupach an König Maximilian, um den Rat umzustimmen.[172] Dies muß gelungen sein, da der Kreuzgang mit dem östlichen Flügel schließlich geschlossen werden konnte. Im Jahre 1492 werden in den Rechnungen 36 fl. für Quader zu den Pfeilern und Bögen des Kreuzganges aufgeführt.[173] Bis zur Vollendung des Kreuzgangs wird noch einige Zeit vergangen sein, spätestens 1514 stand der Bau, da Ratgeb in diesem Jahr mit der Bemalung begann.
Es folgten die Bauten im Süden der Karmelitergasse. Den Abschluß der Erweiterung des Klosters bildete die Errichtung des Priorats, das parallel zum Nordflügel des Kreuzganges an der Münzgasse errichtet wurde.

---

168 Ders., S. 32 bes. Fußn. 49.
169 Otto Donner von Richter: Jerg Ratgeb 1892, Anhang VI.
170 Ebenda.
171 Stadtarchiv Frankfurt a. M., Karmeliter-Akten und Urkunden (Rep. 194), Nr. 161.
172 Otto Donner von Richter: Jerg Ratgeb 1892, S.35f.
173 Johann Georg Battonn: Oertliche Beschreibung der Stadt Frankfurt am Main. Bd. 5. Frankfurt am Main 1869, S. 145; Otto Donner von Richter: Jerg Ratgeb 1892, S. 37.

4.1.2 Die Gemälde von Jerg Ratgeb: Geschichte und Erhaltung

Kurz nach Vollendung des Kreuzgangs muß Ratgeb mit der Ausmalung begonnen haben. Auf der Südwand malte er 1514 die große Anbetung für Claus Stalburg. Der Frankfurter Patrizier hatte das Wandgemälde als Epitaph für die Familiengrablege in Auftrag gegeben. Bereits 1501 hatte er in seinem ersten Testament das Karmeliterkloster als Ort seiner Grablege bestimmt und 100 fl. für die Stiftung eines Anniversariums in Aussicht gestellt. In seinem zweiten Testament von 1518 hat er, inzwischen ein Freund und Förderer der Reformation, diese Summe auf 10 fl. reduziert.[174] Das Karmeliterkloster blieb der Ort seiner Grablege, wo er „in bisin aller prister und monich“[175] 1524 begraben wurde.
Die Anbetung war ein privates Epitaph und gehörte nicht zum Zyklus der Wandgemälde. Sie wird aber ausschlaggebend gewesen sein zum einen für die Idee, den Kreuzgang komplett zu dekorieren, und zum anderen für Ratgeb als ausführenden Künstler. Wann genau der Entschluß zur Bemalung fiel, das Programm stand und die ersten Stifter gefunden waren, ist nicht überliefert. Mit ziemlicher Sicherheit muß dieser Prozeß 1515 abgeschlossen gewesen sein und Ratgeb mit den Arbeiten auf der Westwand begonnen haben. In diesem Jahr war die Anbetung für Stalburg beendet und zwei der ersten Stifter, die Frankfurter Patrizier Johann und Georg Frosch, verstorben.
Die Westwand ist relativ zügig gestiftet und ausgeführt worden, bei der Nordwand wird es größere Pausen gegeben haben. Es fällt auf, daß erst auf der Nordwand die Karmeliter selbst als Stifter in Erscheinung treten, ebenso wie Bruderschaften, die ans Karmeliterkloster angeschlossen waren. In der Folgezeit gelang es dem Konvent wieder, Frankfurter Patrizier für die Stiftung zu gewinnen, diesmal handelte es sich nicht mehr um Mitglieder der altehrwürdigen Patrizier-Gesellschaft Alten-Limpurg, sondern um Mitglieder der Stubengesellschaft Frauenstein. Schließlich bewegten die Karmeliter 1519 vier Reichsfürsten, Casimir, Markgraf von Brandenburg-Ansbach, Friedrich, Pfalzgraf bei Rhein und Herzog von Bayern, Kardinal Matthäus Lang von Wellenburg, Fürstbischof von Gurk und Koadjutor von Salzburg, sowie Kardinal Bernhard von Cles, Bischof von Trient, die aus Anlaß der Wahl Kaiser Karl V. in Frankfurt weilten, zu einer Stiftung. Erst dies veranlaßte Frankfurts bedeutendsten Stifter, Jacob Heller, auch dem Karmeliterkloster eine Zuwendung zu machen. Den Abschluß der Stiftung bildeten Mitglieder der Familie Schott. Der Zyklus des Kreuzgangs dürfte damit nach ungefähr vier Jahren 1519 komplett gewesen sein. Offen bleibt dabei, in wie weit Ratgeb selbst noch Hand anlegte, da er bereits mitten in den Arbeiten für den Herrenberger Altar steckte, der ebenfalls 1519 datiert ist.
Noch während er an den Gemälden im Kreuzgang arbeitete, malte er im Refektorium des Klosters. Das Wandbild dort ist 1517 von der Annen-Bruderschaft gestiftet worden und wahrscheinlich im selben Jahr ausgeführt worden.

---

[174] Jörg Ratgeb's Wandmalereien im Frankfurter Karmeliterkloster 1987, S. 116.
[175] G. E. Steitz (Hg.): Tagebuch des Canonicus Wolfgang Königstein am Liebfrauenstift über die Vorgänge der Reichsstadt Frankfurt am Main in den Jahren 1520 bis 1548. Frankfurt 1876, S. 81.

Die Gemälde von Ratgeb im Karmeliterkloster sind größtenteils unwiederbringlich zerstört. Das Vorhandene ist keineswegs mehr der Original-Zustand, sondern eine stark restaurierte Rekonstruktion. Dies liegt zum einen an der mehrfachen Umnutzung des Klosters nach der Säkularisation, zum anderen an der Technik der Gemälde, die als organische Temperamalerei auf ausgetrockneten Verputz „al secco“ aufgebracht wurden.

Erste Restaurierungen der Gemälde wurden bereits Mitte des 17. Jahrhunderts nötig, nachdem 1638 ein Brand das Kloster gravierend schädigte.[176] Eine abermalige Restaurierung wurde erforderlich, nachdem die Bogenöffnungen des Kreuzganges 1711 verglast wurden. Der Zeitgenosse Lersner überliefert: „1712 sind die Gemählde im Creutzgang abgewaschen und 1713 von unterschiedlichen Mahlern renovirt worden.“[177] Nach der Säkularisierung wurde das Kloster als Kaserne des Frankfurter Militärs genutzt, das Refektorium wurde zum Warenlager umfunktioniert. In dieser Zeit müssen dort die Wände weiß getüncht worden sein und das Wandbild geriet in Vergessenheit.[178] Auch die Malereien an der Ostwand und auf den an sie angrenzenden Teilen der Nord- und Südwand des Kreuzgangs wurden übertüncht. Der Hallenbau längs der Saalgasse wurde 1855 abgerissen, um Platz für das neue Zollmagazin zu schaffen. Die Ostwand des Kreuzgangs wurde dadurch so baufällig, daß man sie durch eine neue ersetzen mußte. Alle Malereien der Ostwand und auf dem sich anschließenden Teil der Südwand wurden damit vernichtet.

Die preußischen Truppen übernahmen 1866 die Gebäude bis sie 1881 in die neugebaute Kaserne in der Gutleutstraße umzogen. Während dieser Zeit wurden die Malereien der Nord- und Südwand übertüncht, sowie der größte Teil der nördlichen Seite durch Zumauern der Bogenöffnungen verbaut.[179] Die Gemälde der Südwand, sowie die Schöpfungsgeschichte waren vorher von den Frankfurter Malern Christian Becker und Bauer kopiert worden.[180] Die übrigen Gemälde waren nicht dokumentiert und in ihrem Bestand bedroht, als die Gebäude 1882 an die Zollbehörde übergeben werden sollten, die bauliche Veränderungen plante. Otto Donner von Richter stellte daher bei der Städtischen Commission für Kunst- und Alterthumsgegenstände den Antrag, die Wandgemälde zu kopieren, den diese auch bewilligte. An der Nordwand ließ Donner die Tünche entfernen, doch an mehreren Stellen löste sich die Farbe mit ab, so daß empfindliche Lücken entstanden. Um die Reste zum Kopieren besser sichtbar zu machen, bestrich Donner die Gemälde erst mit Wasserglas und später mit Leinöl, was zur Erblindung und gravierenden Schädigungen der Originale führte.[181]

---

[176] Inschrift: „Dero Röm. Kays. Auch zu Hung. Bhö. Königl. Maj. Bestellter Obrister, ich Anton Freyherr von Weevelt hab diesen Creutzgang renoviren lassen.“Ist heute nicht mehr erhalten. Überliefert bei Achilles August von Lersner: Chronica 1706, S. 119.

[177] Achilles August von Lersner: Nachgehohlte, vermehrte, und continuirte Chronica 1734, Bd. 2, S. 194.

[178] Zu Passavants Zeit war das Bild im Refektorium nicht sichtbar und nur aus Quellen bekannt. Vgl.: Johann David Passavant: Die Schöpfungsgeschichte, Wandgemälde von Schwed in dem Kreuzgang des ehemaligen Carmeliterklosters zu Frankfurt a. M. In: Archiv für Frankfurter Geschichte und Kunst 6 (1854), S. 175.

[179] Otto Donner von Richter: Jerg Ratgeb 1892, S. 55.

[180] Heute im Städelschen Kunstinstitut und Städtische Galerie, Graphische Sammlung, Frankfurt a. M.

[181] Otto Donner von Richter: Jerg Ratgeb 1892, S. 56.

Als das Schulamt 1883 das Refektorium übernahm[182] und für die Zwecke einer Grundschule umbaute, wurden Fenster vermauert, der Fußboden erhöht, neue Wände eingezogen und zwei Fenster durch die Südwand mit dem Gemälde gebrochen. Bei diesen Umbaumaßnahmen entdeckte Otto Donner von Richter unter der Putzschicht die Malereien, und die „Städtische Commission für Kunst- und Alterthumsgegenstände“ ließ an der Südwand das rechte Viertel mit dem Elias-Zyklus freilegen. Den Rest der Malereien hielt man für verloren.[183]

Bei einem Durchbruch vom Kreuzgang zur Kirche, die als Lager verwendet wurde, zerstörte man die Malereien der Südwand fast völlig. Nach der Aufhebung des Zollagers wurde der Kreuzgang der Feuerwehr übergeben, was weitere Wanddurchbrüche und Zerstörungen zur Folge hatte. Schließlich sollte der gesamte Klosterkomplex einem Straßendurchbruch geopfert werden. Der erste Weltkrieg stoppte dieses Vorhaben. 1922 wurde das Refektorium zur Rettungswache umgebaut, noch im selben Jahr beschloß der Städtische Unterausschuß zur Erhaltung der Eigenarten des Stadtbildes und von Bauwerken den Kreuzgang in seinen früheren Zustand zurückzuversetzen. Nur drei Jahre später erhielt auch das Refektorium seine ursprüngliche Form und der Restaurator Hembus legte das gesamte Wandbild frei.[184]

Da die Malereien lange Zeit durch die Putzschicht vor Umwelteinflüssen geschützt waren, war ihr Zustand damals im Vergleich zu den Kreuzgang-Gemälden außerordentlich gut.[185]

Die Malereien an der West- und Nordwand des Kreuzgangs wurden vom Maler Velte 1925 frei gelegt. 1935 wurden die Gemälde des Kreuzgangs von Herrn Ettle erneut gereinigt und gefestigt. Unter der Leitung von Professor Welthe begannen 1938 die beiden Restauratoren Helmut und Carola Tomaschek die Gemälde der Nordwand des Kreuzgangs und des Refektoriums wiederherzustellen, und eine Diadokumentation wurde angelegt.[186] Im Krieg wurde das Kloster zerstört, alle Räume brannten aus, und die Decken stürzten ein. Die Gemälde waren nach dem Krieg nur durch Notdächer geschützt und den Witterungseinflüssen ausgesetzt. Erst Ende 1957 erging der Auftrag der Bestandssicherung, Freilegung und Reinigung an den Restaurator Tomaschek.[187] Zwischen 1975 und 1976 wurde der Nord- und Westflügel des

---

[182] Lübbecke meint, daß das Schulamt erst 1886 die Räume übernahm, doch er irrt auch in anderen Daten. Vgl.: Fried Lübbecke: Jerg Ratgeb; die Fresken im Karmeliterkloster zu Frankfurt am Main. In: Das Kunstwerk 1 (1946/47), S. 33. Vgl. auch Otto Donner von Richter: Jerg Ratgeb 1892, S. 77 und Jörg Ratgeb's Wandmalereien 1987, S. 8.

[183] Otto Donner von Richter: Jerg Ratgeb 1892, S. 77.

[184] Julius Hembus: Der Engelschor und das Refectorium im Karmeliterkloster zu Frankfurt am Main. Kronberg/Ts. o.J.

[185] Walter Karl Zülch: Jerg Ratgeb 1943, S. 181.

[186] Kurt Wehlte: Technisches zu den Wiederherstellungsarbeiten an den Wandmalereien Ratgebs im Kreuzgang des Karmeliterklosters zu Frankfurt a. M. In: Deutsche Kunst und Denkmalspflege 9/10 (1938), S. 236-252;

Alfred Wolters: Schicksale und Wiederherstellung der Wandmalereien Jerg Ratgebs im Kreuzgang des Karmeliterklosters in Frankfurt a. M. In: Deutsche Kunst und Denkmalpflege 2/3 (1938-40), S. 226-235; ders.: Jerg Ratgebs Vermächtnis; die Wandmalereien im Frankfurter Karmeliterkloster. In: Frankfurt – Lebendige Stadt 4 (1959) H.1, S. 12-20.

[187] H. Tomaschek: Wiederbeginn der Konservierung. In: Frankfurt – Lebendige Stadt 4 (1959) H.1, S. 20-25; Das größte Malwerk Deutschlands restauriert. Ratgeb Fresken im Frankfurter Karmeliterkloster nach über

Kreuzgangs verglast, um die Witterungseinflüsse zu mindern.[188] Nach einer Restaurierungsprobe 1978 ließ man in vier Kampagnen zwischen 1980/81 und 1985/86 die Wandgemälde von Mitarbeitern der Staatlichen Restaurierungswerkstätten Polens erneut restaurieren.[189] Es wurde versucht, den Zyklus im Kreuzgang auf den originalen Bestand des 16. Jahrhunderts zurückzuführen. Anschließend wurden die Wandgemälde retuschiert, dabei wurden Farbflächen geschlossen, Inschriften rekonstruiert, Rahmenarchitekturen ergänzt und leere Putzflächen farbig neutral eingetönt. Als Vorlage dienten die Zeichnungen Otto Donner von Richters und die Farbdias. Die Ergänzungen sind Punktretuschen und aus der Nähe von der Originalsubstanz zu unterscheiden. Durch diese Punktierung entstehen jedoch zarte Pastelltöne und ein atmosphärisches Sfumato, das im Gegensatz zu Ratgebs Farbauftrag steht, der eine opake, leicht glänzende Schicht bildete und von kräftiger Farbigkeit war.

Die Szene „Abschied, Taufe, Versuchung, Verklärung Christi“ wurde aus spärlichen Motiv- und Farbfragmenten ergänzt, die jetzt kaum mehr als Original „eher als eine kreativ dem Original angenäherte Fassung an Wert gewinnt.“[190] Nahezu alle Inschriften, insbesondere die Stifterinschriften, sind nach den Zeichnungen von Richters rekonstruiert.[191]

Im Refektorium sind große Teile der ungegenständlichen Darstellungen ergänzt und rekonstruiert. Die Inschriftenteppiche waren so gravierend zerstört, daß die Inschriften nicht mehr rekonstruierbar waren. Sie wurden nach der Chronik Milenduncks wiederhergestellt.

---

450 Jahren in 10jähriger Arbeit wiederhergestellt. In: Frankfurter Fragen, Frankfurter Fakten, Frankfurter Fotos 3 (1968), S. 2-5.

[188] Heinrich Heym: Hilfe für den Maler Jerg Ratgeb. In: FAZ Nr. 110 vom 15.7.1975, S. 23; Heinrich Heym: Ratgebs Fresken hinter Glas. Zu einer bedeutsamen Anregung der Denkmalspflegekommission. In: FAZ vom 6.12.1973, S. 27.

[189] Dokumentation der Konservierungsarbeiten an den Wandgemälden von Jörg Ratgeb im Kreuzgang des ehemaligen Karmeliterklosters zu Frankfurt/Main. (Unveröffentlicht. Im Denkmalamt der Stadt Frankfurt/Main);

Heinz Schomann: Zur Restaurierung. In: Jörg Ratgeb's Wandmalereien 1987, S. 157-59; Barbara Jachacz: Allgemeine Einführung in die Problematik der Restaurierungsarbeiten an den Wandgemäldezyklus von Jörg Ratgeb im ehem. Karmeliterkloster zu Frankfurt am Main. In: Ute-Nortrud Kaiser: Jerg Ratgeb 1985, S. 151-54 ; Erika Albus: Die Arbeit der polnischen Restauratoren im Karmeliterkloster zeigt schon Fortschritte. Herodes wird zart betupft. In: Frankfurter Rundschau Nr. 287 vom 10.12.1980, S. 14; Wilfried Ettreich: Wie aus farbigen Flecken wieder Bilder werden. Die Restaurierung der Ratgeb-Malerei an der Westwand des Kreuzgangs im Karmeliterkloster. In: FAZ Nr. 278 vom 1.12.1981, S. 29; Christa von Helmolt: Ein Denkmal kulturellen Selbstverständnisses. Zur Wiederaufnahme der Restaurierungsarbeiten an den Ratgeb-Bildern. In: FAZ Nr. 145 vom 26.6.1980, S. 27; Christa von Helmolt: Die Leidensgeschichte der Ratgeb-Fresken geht zu Ende. Die polnischen Restauratoren haben im Karmeliterkloster die ersten Szenen wiederhergestellt. In: FAZ Nr. 287 vom 10.12.1980, S. 37; Gabriele Nicol: Mit Skalpells und Spritzen. Polnische Experten restaurieren Karmeliter-Fresken. In: Frankfurter Neue Presse Nr.221 vom 6.10.1978, S. 13.

[190] Heinz Schomann: Zur Restaurierung. In: Jörg Ratgeb's Wandmalereien 1987, S. 159.

[191] In der Graphischen Sammlung des Städelschen Kunstinstituts werden Notizen und Zeichnungen zu den Wandgemälden aus dem Nachlaß aufbewahrt. Auf einigen der Blätter sind auch die Inschriftentafeln abgezeichnet. Es fällt auf, daß die Inschriften oft falsch oder lückenhaft sind und Donner dann den entsprechenden Text aus der Vulgata daneben geschrieben hat. Auf den veröffentlichten Blättern erscheinen die Inschriften dann korrigiert und ergänzt.

Doch auch die umfassende Restaurierungsmaßnahme der 80er Jahre war keine abschließende. Bereits 1997 zeigten sich erneute Schäden, Salz blühte auf den Gemälden aus und die Farbschichten begannen sich von der Wand zu lösen. Drei Jahre versuchte der Restaurator Josef Weimer vor allem durch Klima-Messungen die Ursache zu ergründen.[192]

4.2 Das Refektorium

Das Sommerrefektorium befindet sich im Erdgeschoß des westlichen Flügels des Haupttraktes. Man betritt den zweischiffigen Saal, dessen flache Balkendecke auf fünf Rundpfeilern ruht, heute von der Vorhalle durch eine Spitzbogentür. Über dem Türsturz stand eine Madonnenfigur, die verloren ist.[193] In der Südwand sind heute zwei Spitzbogentüren. Die vordere gehört zum ursprünglichen Bestand des Refektoriums und wurde vor Beginn der Malerarbeiten eingefügt, da sie in der Komposition des Gemäldes berücksichtigt wurde. Die zweite Tür wurde erst nach dem 2. Weltkrieg angebracht.[194] Die Südwand war von Beginn an fensterlos, was dafür spricht, daß schon bei der Errichtung der Plan bestand, sie mit einem durchgehenden Wandgemälde zu verzieren.
In der Westwand sind zwei hohe Spitzbogenfenster mit Maßwerk und die Nordwand durchbrechen neun (früher acht) dreiteilige hohe rechteckige Fenster. Die einstige Verglasung ist nicht erhalten, die Fenster sind heute aus durchsichtigem Glas. Früher bestanden sie aus farbigen, bemalten Scheiben, die das Raumlicht entscheidend beeinflußt haben.[195] Der Rat der Stadt Frankfurt schenkte 1499 den Karmelitern für ihr Refektorium ein gemaltes Fenster mit folgenden Motiven: dem Hl. Bartholomäus, dem Hl. Karl und dem Stadtwappen.[196] Die Fenster der Nordwand waren mit den Wappen der Stifter aus dem Frankfurter Patriziat geschmückt.[197]

---

[192] Konstanze Crüwell: Frankfurts schönste Wandmalerei; restaurische Prüfung der Ratgeb-Fresken im Karmeliterkloster. In: FAZ Nr. 3 vom 19.1.97, S. 25; Claudia Michels: Salz bedroht Ratgebs Wandgemälde; Millionen-Investitionen im Karmeliterkloster stehen an. In: Frankfurter Rundschau Feb. 2000.

[193] Aquarell von K.Th. Reifenstein. Abb. in: Evelyn Hils-Brockhoff (Hg.): Das Karmeliterkloster in Frankfurt am Main; Geschichte und Kunstdenkmäler. Frankfurt a. M. 1999, Abb. 10.

[194] Dokumentation der Konservierungsarbeiten an den Wandgemälden von Jörg Ratgeb im Refektorium des ehemaligen Karmeliterklosters zu Frankfurt/Main, in den Jahren 1982-84, S. 42.

[195] Kaiser vermutet, daß die zwei Wappenscheiben im Historischen Museum der Stadt Frankfurt, die 1500 von Berthold Heller und Katharina Baum sowie von Jacob Heller und Katharina von Melem, gestiftet wurden, eventuell zu den Scheiben des Sommerrefektoriums gehörten oder diesen zumindest ähnlich sind. Daher könnten sie einen Eindruck der ursprünglichen Verglasung des Raumes vermitteln. Gelb, Rot und Blau dominiert die Farbigkeit der Scheiben. Durch das farbig gefilterte Licht Im Refektorium hätten die Wandgemälde wesentlich intensiver gewirkt. Vgl. Ute-Nortrud Kaiser: Jerg Ratgeb 1985, S. 140.

[196] Otto Donner von Richter: Jerg Ratgeb 1892, S. 39f.

[197] Achilles August von Lersner: Chronica 1706, S. 118: „In diesem Refectorio finden sich in den Scheiben diese Wappen: Der Reichsadler, ein Wappen blau mit einem guldenen Baum, darinnen ein Schildlein Franc Cartie von vier Löwen; ein Wappen darinnen drey rothe Balcken in der mitte ein einfacher Adler; Wappen des Conrad Heusel Plebanus Francofurtensis; Wappen Hering und Marpurg zum Paradeiß; Schwalbach und Schwarzenberg, Frosch und Degin, Volker und Frosch, Knobloch und Geldhausen von der Jungen-Abend, Knobloch und Frosch, Volker und Weiß von Lympurg, dreymahl Schwarzenberg, Stalburg, Ecken, Stralberg, Steffan von Cronstetten, Heller, Melem, Brom, Ergersheim, Stalburg, Rhein, von Grünberg und Merckel von Grünau, Keller und Merckel von Grünau."

Der gesamte Raum hat eine Fassung in den Farben grau, weiß und sandsteinrot: Die Decke ist weiß und rot gefaßt. Auf der Südwand hat das Wandgemälde oben und an den Seiten einen grauen Rahmen mit Ornamenten und unten eine gemalte graue Brüstung. Auf der Westwand sind neben den beiden Fenstern drei gemalte Nischen, die grau umrahmt sind. Über der linken Nische ist eine hellgraue Kartusche mit der Inschrift: „HIERE 9: QUIS DABIT CAPITI MEO AQUAS ET OCULIS MEIS FONTEM LACRIMARUM ET PLORABO DIE AC NOCTE FILIUM MEUM."
Die Fenster der Nordwand sind rot umrandet, auch die Fensterlaibung ist rot gefasst. Hier sind drei hellgraue Felder, zwei an der Seite und eines oben, mit einer dunkelgrauen Umrahmung eingefügt. In diesen Feldern sind grau in grau Kartuschen, die ornamental gerahmt sind, zu sehen. Jedes der Ornamente ist unterschiedlich, es werden u. a. Vasen, Früchte, Instrumente und Glocken verwendet.
Wie die Schwarzweißfotos,[198] die vor der Zerstörung des Saales im zweiten Weltkrieg gemacht wurden, belegen, waren auch die fünf Pfeiler und der mittlere Deckenbalken ornamental gefaßt. Der Balken war mit einem Stabornament verziert, das auch das Wandgemälde zur Decke hin rahmt. Die Pfeiler hatten jeweils einen unterschiedlichen Dekor, wobei die Gliederung in vier Abschnitte beibehalten wurde.

4.2.1 Literaturbericht

Als 1883 Teile des Wandbildes im Refektorium wieder entdeckt wurden, schrieb Otto Donner von Richter diese Jerg Ratgeb zu, da die Figuren wie auf dem Gemälde im Kreuzgang in „fortlaufender Weise angeordnet sind."[199] Auch in der Komposition und der „Zeichnung des Figürlichen"[200] erkennt er Ratgebs Stil. Allerdings meint er, daß ein Großteil des Refektoriumbildes von Gesellen gemalt worden sei. Donner stützt sich bei seiner Zuschreibung auch auf einen Reisebericht Monconys aus dem 17. Jahrhundert. Zwar war damals der richtige Name des Malers nicht mehr bekannt, aber Moncony schreibt die Gemälde sowohl des Kreuzgangs als auch des Refektoriums demselben Künstler, den er George Scheolt nennt, zu. Diese Quelle benutzte auch Lersner für seine Frankfurter Chronik, aber in einer verfälschenden deutschen Übersetzung, wie Donner von Richter nachweisen konnte.[201] Lersner schreibt daher die Bilder im Kreuzgang und im Refektorium zwei unterschiedlichen Malern zu, den Maler des Refektoriums nennt er Georg Schlot.[202]
Als Guido Schoeneberger[203] 1926 seine Studien veröffentlicht, war nur das rechte Viertel mit dem Elias-Zyklus im Refektorium der Karmeliter freigelegt, das restliche Wandbild galt zu diesem Zeitpunkt als verloren. Den damals sichtbaren Teil

---

198 Vgl auch Ute-Nortrud Kaiser: Jerg Ratgeb 1985, Abb. M3 und M4.
199 Otto Donner von Richter: Jerg Ratgeb 1892, S. 77.
200 Ebenda.
201 Otto Donner von Richter: Untersuchungen über mittelalterliche Wandmalereien in Frankfurter Kirchen und Klöstern. In: Mittheilungen an die Mitglieder des Vereins für Geschichte und Alterthumskunde in Frankfurt a. M., Bd. 6 (1881), S.461.
202 Achilles August von Lersner: Nachgehohlte Chronica 1734, Bd. 2, S. 236.
203 Guido Schoenberger: Ratgeb-Studien. In: Städeljahrbuch 5 (1926), S. 55-74.

vergleicht er mit dem Elias-Zyklus im Refektorium der Karmeliter zu Hirschhorn am Neckar, den er einem Schüler Ratgebs zuschreibt.
Auch Stange berücksichtigt nur das rechte Viertel des Wandbildes.[204]
Walter Zülch[205] sieht die Disposition Ratgebs zur Schaffung monumentaler Wandgemälde in einem Italienaufenthalt des Malers und würdigt das Bild im Refektorium als gattungsgeschichtliche Innovation.
Die Restaurierung nach dem Krieg gab den Anstoß für eine Reihe von Veröffentlichungen,[206] unter Ihnen Alfred Wolters, der den illusionistischen Charakter der Wandbilder hervorhebt.[207] Er geht davon aus, daß Ratgeb in Venedig war und die Auseinandersetzung mit Carpaccio in sein Wandgemälde im Refektorium einfloß.[208]
Auch Lübbecke[209] zählt Ratgeb zu den großen deutschen Malern neben Dürer und Grünewald, dem allerdings die breite Anerkennung fehle, da sowohl dem Maler als auch dem Werk übel mitgespielt wurde. Neben den Malereien interessieren ihn auch die von Ratgeb ins Bild gesetzten Texte. Er sieht in der Verwendung von Text Parallelen zu den Wandgemälden der Stalburg, die bereits im 18. Jahrhundert abgerissen wurde, und die er auch Ratgeb zuschreibt. In den kleinen Schrifttafeln in der Elias- und Elisäuslegende erkennt er Quellenangaben, die die Textsuche im Alten Testament erleichtern.
Die zahlreichen Spruchbänder, Zitate und Texte interpretiert Heinrich Heym als „alchimistische Reminiszenzen in einer Zeit, die buchstäblich auf die Erfüllung astrologischer Prophezeiungen wartet.“[210]
Fraenger[211] betont den Endzeit-Charakter des Wandbildes, Ratgeb habe statt der orthodoxen Figur des Elias, des Ordensgründers der Karmeliter, den revolutionären endzeitlichen Elias eines schwärmerischen Sektenchristentums dargestellt. Besonders betont Fraenger die Rolle des Elias in der Prophetie des Bauernkrieges und im Werke Thomas Münzers.
Die Thesen Fraengers nahm man in der Literatur der DDR bereitwillig auf, da das Bild Ratgebs als politisch gesinntem Maler der frühbürgerlichen Revolution gut in die eigene Ideologie passte. Der Zyklus markiere die Hinwendung des Künstlers zu

---

[204] Alfred Stange : Jörg Ratgeb 1924, S. 195-208.
[205] Walter Karl Zülch: Jerg Ratgeb 1943, S. 165-197, ders.: Jerg Ratgeb. In: Allgemeines Lexikon der bildenden Künstler von der Antike bis zur Gegenwart. Begr. von Ulrich Thieme und Felix Becker, redigiert und hrsg. von Hans Vollmer, Bd. 28, Leipzig 1939, S. 30f.; ders.: Frankfurter Künstler 1223-1700. Frankfurt 1967.
[206] H. Tomaschek: Wiederbeginn der Konservierung 1959, S. 20-25; Heinrich Heym: Malender Prophet vom Karmeliterkloster. Jerg Ratgebs großer Freskenzyklus: Retten, was zu retten ist. In: FAZ vom 4.3.1966; Adolph Meurer: Jerg Ratgebs größtes Malwerk wieder sichtbar. In: Das Kunstwerk 22 (1969), S. 27.
[207] Alfred Wolters: Jerg Ratgebs Vermächtnis 1959, S. 16.
[208] Ders., S. 19.
[209] Fried Lübbecke: Jerg Ratgeb 1946/47, S. 20-34.
[210] Heinrich Heym: Jerg Ratgeb. Tragödie eines Malers. In: Lebenslinien; Schicksale einer Stadt. Band 2, S. 29.
[211] Wilhelm Fraenger: Jerg Ratgeb. Ein Maler und Kämpfer aus dem Bauernkrieg. In: Frankfurter Wochenschau 1938, S. 134, ders.: Jörg Ratgeb 1981, S. 88-95.

radikalen reformerischen Ideen. Es spiegele sich dort Anschauungen der Waldenser und des neu belebten Chiliasmus.[212]
Einen völlig neuen Aspekt des Programms arbeitete Viktoria Schmidt-Linsenhoff[213] heraus, indem sie die Stifter und Auftraggeber samt ihrer Ziele ins Visier nahm.

4.2.2 Beschreibung

Das Wandgemälde, das die gesamte Wandbreite einnimmt, ist durch einen gemalten architektonischen Rahmen gefaßt. Wie ein echter Rahmen, besitzt auch dieser einen „Wasserschlag," der sich unten zu einer Art Brüstung verbreitert, auf der vereinzelt Früchte liegen. Dieser Teil ist fast gänzlich zerstört. In das Wandbild hängen links und in der Mitte zwei gemalte, breite Teppiche, auf denen in Latein die Geschichte des Karmeliterordens erzählt wird. Links verbindet eine Tür das Refektorium mit dem Kreuzgang. Über dem Türsturz hat Ratgeb auf ein Blatt die Stiftungsinschrift vermerkt: „DIE WIRDIG BRUDERSCHAFT SANTA ANNA HAT LASEN MALE(N) DIS REFATORIUM 1517." Die Wappen der Annenbruderschaft, ein Stoffballen, eine Anna Selbdritt und eine Waage weisen ebenfalls auf die Stifter.

Das Gemälde zeigt einen Landschaftsprospekt, in dem in zahlreiche kleinen Szenen die Geschichte des Karmeliterordens erzählt wird. Entgegen der westeuropäischen Bildtradition ist die Leserichtung nicht von links nach rechts. Die Geschichte beginnt in der rechten unteren Ecke und verläuft nicht geradlinig, sondern in Sprüngen und Kurven nach links. Inhaltlich läßt sich das Gemälde in vier große Erzählabschnitte gliedern:

- Die Lebensgeschichte des Ordensgründers Elias
- Die Lebensgeschichte seines Nachfolgers Elisäus
- Die Verfolgung der Karmeliter im Heiligen Land durch die Heiden
- Emigration des Ordens mit Hilfe Ludwigs des Heiligen

In wieweit Ratgeb diese inhaltliche Gliederung auch optisch durchgesetzt hat, läßt sich heute nur noch schwer beurteilen, da gerade die Übergangsstellen zwischen den Erzählblöcken zerstört sind. Das Erhaltene spricht dafür, daß der Maler versucht hat, die Landschaft als Trennung einzusetzen. Die Lebensgeschichte des Elias wird von der des Elisäus durch ein Gewässer geschieden. Die Zäsur wird betont, indem auf der rechten Seite Felsformationen den Erzählabschnitt gleichsam beenden. Nach der Geschichte des Elisäus nutzt Ratgeb mehrere tote Bäume und Felsklippen zur Trennung. Auch der zweite Teppich endet genau an dieser Stelle, am Übergang zwischen Elisäus-Geschichte und Verfolgung des Ordens. Daß die Teppich zur Trennung der Erzählabschnitte einsetzt werden, wird um so wahrscheinlicher, da

---

[212] Deutsche Kunst und Literatur in der frühbürgerlichen Revolution: Aspekte, Probleme, Positionen. Berlin 1975, S. 143.
[213] Viktoria Schmidt-Linsenhoff: Ordenspropaganda 1985, S. 155-178.

auch der andere Teppich genau zwischen zwei Blöcken endet. Die Verfolgung und Emigration werden zusätzlich durch einen riesigen toten Baum separiert.
Auch beim Eliaszyklus (Abb. 6 a) nutzt Ratgeb landschaftliche Versatzstücke um die einzelnen Episoden zu isolieren. Die Personen haben keinen Raum und keine Standfläche, oft wachsen die Figuren einfach aus einem Gebüsch hervor. Da die einzelnen Szenen keine eigenen Räume haben, ist Ratgeb gezwungen, die Episoden stärker zu isolieren, er nutzt dazu tote Bäume, Gebüsche, Felsen etc. Die Landschaft bildet keinen einheitlichen Raum, sondern sie wird versatzstückartig verwendet, um Erzählungen zu trennen.
Ratgeb erzählt das Leben von Elias in zwanzig Szenen, die er ohne erkennbare Leserichtung über die Wand verteilt. Die Geschichte des Propheten wird bestimmt durch den Konflikt mit König Ahab, den dieser auslöst, da er den falschen Gott Baal anbetet. So prophezeit Elias dem König in der ersten Szene eine jahrelange Dürre als Strafe Gottes. Der Prophet selbst flieht zunächst vor der Dürre an den Bach Krit, wo er auf wundersame Weise von Raben gespeist wird. Schließlich trocknet auch der Bach aus und er zieht weiter nach Sarepta. Dort trifft er eine Witwe, die ihn auf göttlichen Befehl versorgen soll. Durch ein erneutes Wunder vermehren sich die kargen Vorräte der Frau. Als ihr Sohn einige Zeit später stirbt, erweckt Elias ihn zum Leben. Nach drei Jahren Hungersnot schlägt der Prophet dem König ein Gottesurteil vor. Auf dem Karmel treffen sich die Priester des Baal und Elias zum Opfer. Doch nur das Opfer des Propheten wird angenommen, daraufhin tötet er die Priester des Baal. Anschließend hält er auf dem Gipfel des Karmel nach einer Regenwolke Ausschau. Als der Himmel sich verfinstert, besteigt Ahab seinen Wagen und fährt nach Jesreel, Elias läuft durch die Hand Gottes geschützt vor ihm her. Wütend über den Tod der Priester will Ahab Elias töten, doch dieser flieht in die Wüste, wo er von Todessehnsucht erfüllt wird. Er legt sich zum Sterben nieder, wird aber von einem Engel geweckt und gespeist. Durch die Speise gestärkt wandert er in vierzig Tagen zum Gottesberg Horeb. Nach einem Sturm, einem Erdbeben und einem Feuer, offenbart sich Gott in einem Säuseln und beauftragt ihn Hasael und Jehu zu Königen zu salben und Elisäus zu seinem Nachfolger zu bestimmen. Nachdem er den göttlichen Auftrag ausgeführt hat, bekommt Elias einen neuen Gegenspieler Ahasja, den Sohn Königs Ahabs, der inzwischen verstorben ist. Dieser verletzt sich so schwer, daß er einen Boten zu Beelzebul schickt, um ihn über seine Heilungschancen zu befragen. Elias fängt aber die Boten ab und prophezeit ihnen den Tod des Königs. Daraufhin will Ahasja Elias durch seine Soldaten holen lassen, doch Elias lässt diese dreimal durch Feuer vernichten. Erst als der Engel des Herrn Elias zu sichert, daß keine Gefahr besteht, begleitet er die Soldaten zu Ahasja, um ihm persönlich die Todesbotschaft zu überbringen. Der erste Erzählabschnitt endet mit der Entrückung des Elias. Er wird von einem feurigen Wagen in den Himmel emporgehoben und lässt nur seinen Mantel bei seinem Nachfolger Elisäus zurück.

Die Geschichte des Elisäus setzt mit seiner Verspottung ein. Junge Burschen machen sich über seine Kahlheit lustig, daraufhin verflucht der Prophet sie und die jungen Leute werden von Bären in Stücke gerissen. Die folgenden Wundertaten zeichnen ein friedlicheres Bild des Elisäus. Wie Elias hilft er einer Witwe, indem er ihre Ölvorräte vermehrt. Den Sohn einer Anderen erweckt er von den Toten. Doch auch die Prophetenjünger haben unter einer Hungersnot zu leiden. Ein ungenießbares Gericht aus wilden Rankengewächsen verwandelt der Prophet in ein essbares und hundert Männer speist er mit nur zwanzig Broten. Durch Untertauchen im Jordan heilt Elisäus den Aramäer Naaman. Doch auch für kleine Wundertaten ist er sich nicht zu schade, das im Jordan versenkte Beil eines Jüngers bringt er zum schwimmen. Neben den Wundertaten greift der Prophet auch in die Politik ein. Im Krieg zwischen Aram und Israel legt der König von Aram den Israeliten einen Hinterhalt, was aber Elisäus seinem König verrät. Daraufhin umstellen die Aramäer das Lager des Elisäus, um ihn festzunehmen. Doch Gott schlägt die Männer mit Verblendung und Elisäus führt sie nach Samaria. In Damaskus wird der Prophet von Hasael, dem Boten des Königs Ben-Hadad über die Heilungschancen des Königs befragt. Dieser wird gesund, aber von Hasael getötet, wie der Prophet es vorher sieht. Wie Elias salbt sein Jünger einen König. Er macht Jehu zum neuen König von Israel. Die Verbindung zum Könighaus besteht weiter, Joasch, der Sohn des Jehu, besucht den kranken Elisäus, der ihm drei vernichtende Siege über die Aramäer weissagt. (Abb: 7) Kurze Zeit darauf stirbt der Weise und wird begraben. Doch selbst nach seinem Tod, reißen die Wunder nicht ab. Als man einen Toten in sein Grab wirft wird dieser wieder lebendig, als er mit den Gebeinen des Heiligen in Berührung kommt.

Im zweiten Erzählabschnitt, der Lebensgeschichte des Elisäus, geht der Maler wesentlich souveräner mit der Landschaft um. Er schafft verschiedene Handlungsräume wie Wiesen, Flüsse, Häuser etc. Die Personen haben einen Raum, in dem sie sich bewegen können, und der sich vom Raum der anderen Akteure unterscheidet. Es ist daher nicht mehr nötig, die Szenen durch landschaftliche Versatzstücke zu isolieren wie im ersten Erzählabschnitt.
In beiden Erzählblöcken verwendet Ratgeb Inschriften, die am besten als Quellenbelege bezeichnet werden können. In der Regel ist auf einem gemalten Zettel, die Textstelle aus dem Buch der Könige, der die Szene zugrunde liegt, notiert.

Der dritte Bildblock erzählt die Verfolgung der Karmeliter im Heiligen Land. (Abb. 8) Ein hellroter, gemalter Teppich hängt in das Bild; auf ihm wird in Latein die Verfolgung der Mönche im heiligen Land geschildert.[214] Bestanden die beiden vorherigen Zyklen aus vielen einzelnen Szenen, die zeitlich hintereinander lagen und eine nach der anderen gelesen werden mußten, ist die Verfolgung ein riesiges Simultanbild, das nur zwei zeitliche Ebenen aufweist: Das Leben der Karmeliter vor dem Überfall und die Schilderung der Verfolgung. Es gibt daher auch keine so ausgeprägte Leserichtung.
Zentrum des Bildabschnittes ist der Berg Karmel, auf dem ein Rundtempel steht. Links darunter liegen die Heilige Quelle und die Höhle des Elias. Beide Orte werden

[214] Anhang. Inschriften. Refektorium; 1. Teppichinschrift.

durch Schriftbänder benannt.[215] Am linken Bildrand in einem schmalen Bildstreifen wird das idyllische Leben der Karmeliter vor dem Überfall gezeigt. Im ganzen restlichen Bildfeld werden detaillreich die verschiedenartigen Martyrien der Karmeliter erzählt. Der Zentralbau auf dem Gipfel des Karmels brennt, Bewaffnete treiben vereinzelte Mönche heraus und töten diese mit dem Schwert. In den Berg unterhalb des Rundbaus sind Höhlen in den Fels getrieben. Dort versuchen sich einige der Brüder zu verbergen. Die Dächer des Klosters am Fuße des Berges sind schon eingestürzt, aus allen Tür- und Fensteröffnungen quellen Feuerzungen und Rauchschwaden. In den Flammen verbrennen Mönche, während weitere Brüder niedergemetzelt oder gefesselt aus dem Tor herausgetrieben werden. Aus der Kirche tritt einer der Angreifer mit Kirchenschätzen beladen, während ein zweiter mit einer Lanze auf ein Marienbild über dem Portal einsticht.
Über dem Klostergebäude ragt eine steile Klippe in den Himmel von dort wird eine Mönch hinunter gestoßen. Als einziger der Karmeliter ist er besonders herausgestellt. Zum einen durch einen roten Kardinalshut, zum anderen durch eine Banderole mit seinem Namen „S.GERHARD." Auf dem daneben liegenden Gipfel wird eine Vielzahl der Karmeliter gemeinsam auf unterschiedlichste Weise abgeschlachtet: Gekreuzigt, gepfählt, verbrannt oder zu Tode geschleift. Die Martyrien der Mönche setzten sich nach rechts fort, doch fehlt heute hier ein großes Stück des Gemäldes. Hinter der Lücke stehen weitere brennende Klostergebäude.
Wie im zweiten Erzählabschnitt gibt es verschiedene landschaftliche Räume, in denen die Akteure verteilt sind. Trennungen sind daher entbehrlich, auch die Erzählung macht keine Isolation von Szenen nötig, da es nur zwei zeitliche Ebenen gibt. Landschaft spielt für Ratgeb eine untergeordnete Rolle, obwohl die Verfolgung der Karmeliter im Heiligen Land stattfindet, hat der Maler auf eine Charakterisierung der Landschaft verzichtet. Nur zwei Palmen können als Hinweis auf den Ort der Handlung gesehen werden.

Der letzte Erzählabschnitt schildert die Rettung der Karmeliter aus dem heiligen Land (Abb. 9). In das Bildfeld hängt ein dunkelroter, gemalter Teppich mit einer lateinischen Inschrift, der ebenfalls die Emigration des Ordens erzählt.[216] Die Erzählung hat nur eine zeitliche Ebene. In einer Prozession, angeführt durch einen Kreuz- und zwei Fahnenträger nähern sich die Karmeliter einem Schiff, das am Ufer vertäut ist. Einige der Brüder tragen in kleinen Beuteln ihr Hab und Gut. Zwischen Schiff und Ufer hat man ein hölzernes Brett gelegt, dort begrüßt Ludwig der Heilige einen der Ankömmlinge mit Handschlag. Ausgezeichnet wird er durch ein Schriftband, das über seinem Kopf weht, das ihn als „S. LUDOWIC[...] REX FRANCIE" bezeichnet.

---

[215] „Fons Helie" und „Spelunca Helie."
[216] Anhang. Inschriften. Refektorium; 2. Teppichinschrift.

4.2.3 Text und Bild

Ratgeb stellt im Wandbild Text und Bild nebeneinander. Er verwendet dabei zwei unterschiedliche Methoden: Die Lebensgeschichte des Elias und des Elisäus beruhen auf dem 1. und 2. Buch der Könige. Ratgeb erzählt die Geschichte in zahlreichen Szenen. In jeder dieser Szenen nennt er die entsprechende Textstelle. Die Geschichte des Karmeliterordens geht zurück auf die Ordenschronik des Johannes Paleonydorus.[217] Auf die Quellenvermerke hat Ratgeb verzichtet, da die Ordenschronik keine durch den Glauben sanktionierte und allgemein bekannte Quelle, wie das Alte Testament, ist. Statt dessen hat er die Geschichte des Ordens auf zwei großen Inschriftenteppichen in sein Wandbild integriert. Die Texte wurden wahrscheinlich vom Prior Haman von Fleckenboel in Anlehnung an die Ordenschronik verfasst.

Die Lebensgeschichte der Propheten erstreckt sich im Alten Testament über mehrere Kapitel im 1. und 2. Buch der Könige. Ratgeb, bzw. der Entwerfer des Programms, Haman von Fleckenboel, wählte daraus eine Anzahl von Szenen. Dabei repräsentiert meist eine Szene eine ganze Geschichte. Die Erzählweise im Buch der Könige birgt jedoch einiges an Problematik für die bildliche Darstellung. Denn im Text läuft vieles verbal ab, d.h. durch Weissagungen, Drohungen, Prophezeiungen und anderen Formen wörtlicher Rede. Deutlich wird das Problem bereits in der ersten Szene (Abb. 6 b): Ein Mönch ist mit einem orientalisch gekleidetem Herrscher ins Gespräch vertieft. Auch wenn der Betrachter weiß, daß eine Episode aus dem Leben des Elias dargestellt ist, kommen mehrere Begegnungen mit einem heidnischen König in Frage. So zeigt auch die sechste Szene Elias im Gespräch mit einem Heidenkönig (Abb. 6 c). Ohne den Kontext und ohne den dazugehörigen Bibeltext ist die Szene austauschbar und bleibt unverständlich. Wie schwierig, wenn nicht gar unmöglich, die Bilder ohne den zugehörigen Text und Kontext zu verstehen sind, zeigt die Darstellung links der Tötung der Baalspriester. Das Bildfeld ist stark zerstört und auch der Quellenvermerk fehlt. Zwei Männer, einer durch Szepter und Tracht als heidnischer König charakterisiert, unterhalten sich. Wer die beiden sind und worum es in ihrem Gespräch geht, muß offen bleiben, da sowohl der Kontext als auch die Quelle fehlen und das Bild selbst so allgemein ist, daß es sich allein durch die bildlichen Informationen nicht erschließt.

Im Text des Alten Testaments treten an mehreren Stellen Wiederholungen auf, etwa das siebenmalige Ausschau halten nach einer Regenwolke. Auf diese Verstärkerfunktion verzichtet Ratgeb, da im Bild die Rekapitulation eher Verwirrung stiften würde. Nur bei der Vernichtung der Soldaten durch göttliches Feuer nutzt Ratgeb die dramatische Steigerung durch die dreimalige Wiederholung.

Abweichend vom Text stärkt Ratgeb die Rolle des Propheten, etwa indem Elias selbst nach einer Regenwolke Ausschau hält oder die Priester des Baal eigenhändig tötet.

Bereits im Laufe des ersten Erzählabschnitts ist Ratgeb die Problematik der Darstellung wörtlicher Rede einzig durch die Kommunikationssituation deutlich

---

[217] Johannes Paleonydorus: Liber tremerestus de principio et processu ordinis Carmelitici. Mainz 1497, S. 149, 150, 164.

geworden. So stellt er nicht nur den Auftrag Gottes an Elias auf dem Horeb da, sondern auch die Ausführung: die Salbung Hasaels und Jehus sowie die Berufung des Elisäus. Diese Tendenz verstärkt sich im zweiten Erzählabschnitt. Ratgeb schildert die Wundergeschichten, die im Text durch eine Vielzahl von Handlungen und durch wörtliche Rede charakterisiert sind, indem er das Ergebnis zeigt, etwa bei der Ölvermehrung. Zudem versucht er Gesprächspartner individueller zu charakterisieren oder das Gesagte anzudeuten. Bei der Begegnung Elisäus‘ mit Hasael zeigt der Maler nicht nur den Boten und den Propheten, sondern auch die Geschenke des Königs auf Kamelen, so ist die Begegnung zumindest im Text eindeutig zu identifizieren. Der Betrachter bleibt auch hier vom Verständnis ausgeschlossen, da ihm das Gesagte, die Prophezeiung des Todes des Königs, vorenthalten wird. Beim Salbungsauftrag (Abb. 7) an einen Jünger deutet Ratgeb hingegen das Gesagte an, indem er Elisäus ein Salbgefäß überreichen läßt.

Im dritten großen Block ändert sich sowohl der Erzählstil des Malers als auch die textliche Grundlage des Bildes. Dienten bisher Texte aus dem Buch der Könige als Quelle, sind es nun Abschnitte aus der Ordenschronik der Karmeliter. Der Stellenwert der Quellen ist ein anderer, dies zeigt sich auch im Umgang mit dem Text im Bild. Die Bücher der Könige sind Teil des Alten Testament, sie sind als Grundlage des christlichen Glaubens legitimiert und bekannt. Es genügt daher, mit einem Quellenvermerk auf den Text zu verweisen. Die Ordenschronik der Karmeliter ist hingegen kein durch den Glauben sanktionierter Text und außerhalb des Ordens nicht verbreitet, daher genügt ein Quellenvermerk nicht. Ratgeb behilft sich, indem er auf gemalten Teppichen den Text der Chronik das Bild begleiten lässt.

Der Text des ersten Teppichs schildert die Verfolgung der Karmeliter über mehrere Jahrhunderte und durch verschiedene heidnische Herrscher. Es wird nicht nur von der Verfolgung der Mönche auf dem Karmel berichtet, sondern an verschiedenen Orten im Heiligen Land. Diese Vielzahl an heidnischen Überfällen stellt Ratgeb nicht in Einzelszenen dar, die in chronologischer Reihenfolge betrachtet werden, sondern er zieht sie zu einem großen Martyrium in einem einzigen Simultanbild zusammen (Abb. 8). Auf der einen Seite verallgemeinert Ratgeb somit den Text, indem er Orts- und Zeitangaben ignoriert und aus vielen ähnlichen Handlungen eine einzige macht. Auf der anderen Seite geht der Maler weit über die Beschreibungen der Quelle hinaus. Diese erwähnt nur „verschiedene Martyrien“ und Hinrichtungen „unter entsetzlichen Qualen.“ Ratgeb schildert verschiedene Formen der Marter dem zeitgenössischen Rechtssystem entsprechend realistisch. Die Brüder werden erschlagen, ertränkt, verbrannt, geköpft, gepfählt, gekreuzigt, mit Pfeilen erschossen und zu Tode geschleift.

Bei der Rettung der Karmeliter durch Ludwig den Heilgen (Abb. 9), steht der Bilderzählung ebenfalls die Erzählung in Schriftform gegenüber. Schon im vorhergehenden Abschnitt waren Bild und Text nicht kongruent, jetzt weicht die bildliche Erzählung gravierend von der textlichen ab. Der Text legt den Fokus auf den Heiligen Ludwig. Der Kreuzzug wird als Kampf gegen die Sarazenen und Besuch der Heiligen Stätten geschildert. Durch die Fürbitte der Jungfrau Maria wurde Ludwig am Fuße des Karmels aus Seenot gerettet und nach seinem Besuch dort, nahm er einige Brüder mit nach Frankreich, wo sie in Paris ein Kloster gründeten. Von all dem erzählt das Bild nichts, Ratgeb schildert die Einschiffung der Karmeliter mit Ludwig dem Heilgen. Es scheint, der gesamte Orden emigriere, und nicht nur ein paar Brüder verlassen mit dem König das Heilige Land in Richtung Westen, wie der Text berichtet.

4.2.4 Das Programm

Obwohl der innovative Charakter von Ratgebs Gemälde im Refektorium mehrfach betont wurde, ist es bisher von der Kunstgeschichte stiefmütterlich behandelt worden. [218] Einzig Wilhelm Fraenger und Viktoria Schmidt-Linsenhoff versuchten bisher, das Programm des Bildes zu entschlüsseln. Durch seinen biografisch geprägten Ansatz engt Fraenger seine Interpretation von vorneherein ein und beachtet weder die Stifter noch die Ordensgeschichte. Er weiß zwar um den Ordensmythos der Karmeliter, die sich auf den Propheten Elias als Ordensgründer berufen, doch er negiert dessen Bedeutung für Ratgebs Programm.[219]

Bei seiner Deutung konzentriert er sich allein auf die Gestalt des Elias. Ratgebs Bild des Propheten sei geprägt von Vorstellungen schwarmgeistiger Sekten, die auf die Offenbarung des Johannes zurückgehen. Die Auffassung, daß Elias kurz vor der Endzeit wiederkehre, sei zu Beginn des 16. Jahrhunderts zu einer politischen Bedrohlichkeit verdichtet worden. Aus dem orthodoxen Thema habe der Maler eine revolutionäre Idee entwickelt und der apokalyptische Elias überlagere streckenweise den karmelitischen Ordensheros.[220]

Schmidt-Linsenhoff bemerkt auch das Abweichen Ratgebs von der Ikonographie des Elias, indem er ihn als „radikalen Eiferer" darstellt, aber sie verneint den sektiererischen Hintergrund und weist auf die allgemeine Verbreitung der apokalyptischen Ideen im Zusammenhang mit dem Propheten.[221] Sie geht zunächst der Frage nach, inwieweit die Frankfurter Annenbruderschaft als Stifter Einfluß auf das Programm genommen hat. Doch obwohl es ein leichtes gewesen wäre, für die Bruderschaft wichtige Themen zu integrieren, da die Annenlegende mit der Ordenslegende verquickt worden war, wird die Annenthematik im Bild nicht berücksichtigt. Ebenso blendet Ratgeb die mariologische Orientierung des Ordens aus und verzichtet auf prominente Persönlichkeiten des Ordens wie Berthold von Kalabrien oder Simon Stock. Dies scheint Schmidt-Linsenhoff bemerkenswert, da die Ordensgeschichte des Johannes Paleonydorus, auf der die Texte der Wandteppiche basieren, diese Aspekte berücksichtigt und gerade wichtige Ordensheilige nach den Konventionen ordensgeschichtlicher Bildprogramme zu erwarten seien. Im späten Mittelalter hatten sich zwei Bildformen zur Darstellung von Ordensgeschichte entwickelt: Repräsentative Bildnisse der Ordensstifter und ihrer Nachfolger, bzw. die zyklische Erzählung ihrer Taten und Martyrien oder genealogische

[218] Vgl. etwa: Walter K. Zülch: Jerg Ratgeb. In: Thieme-Becker-Künstlerlexikon. Leipzig 1934, S. 30.
[219] Wilhelm Fraenger: Jörg Ratgeb 1981, S. 91.
[220] Ders., S. 94f.
[221] Viktoria Schmidt-Linsenhoff: Ordenspropaganda 1985, S. 172.

Ordensstammbäume, wie etwa beim Hochaltar der Frankfurter Dominikanerkirche von Hans Holbein dem Älteren.[222] Schmidt-Linsenhoff begreift den Programmentwurf von Ratgebs Wandbild als kritische Antwort auf die Selbstdarstellung der Dominikaner in Frankfurt. Ziel sei eine „Ordenspropaganda", die zum einen die umstrittene Behauptung einer ununterbrochenen Tradition des Ordens seit Elias visualisiere, zum anderen die anachoretischen Ideale wie Egalität, Demut, Kontemplation und Askese betone, indem die eremitische Epoche des Ordens dargestellt werde. Vor dem Hintergrund einer Verweltlichung am Vorabend der Reformation und dem Bemühen um eine Ordensreform sei diese Ausrichtung durchaus selbstkritisch zu sehen und richte sich dementsprechend nicht nur nach außen, sondern auch an die Mitglieder des Ordens selbst.[223]

Das sogenannte Sommerrefektorium gehörte mit zu den am spätesten errichteten Bauteilen des Klosters. Da das Refektorium zu den wichtigsten Gebäudeteilen eines Konvents gehört, muß vor dem Bau des Sommerrefektoriums ein Raum des Klosters als Speisesaal der Mönche gedient haben. Schon der Name impliziert, daß ein zweites Refektorium, das im Winter genutzt wurde, vorhanden war. Aufschluß kann ein Grundriß im Frankfurter Stadtarchiv von Georg Bunsen geben.[224] Dieser stammt zwar erst aus dem Jahre 1803 und wurde nach der Auflösung des Klosters durch den Reichsdeputationshauptschluß angefertigt, aber er zeigt den Klosterbezirk so, wie ihn die Karmeliter verlassen haben ohne die Umbauten und Zerstörungen der letzten beiden Jahrhunderte. Wichtig für unsere Frage sind die Bezeichnungen der Nutzung der einzelnen Räume. Das Gebäude, das die westliche Schmalseite des Kreuzganges abschloß, enthielt im Erdgeschoß einen „Speise-Saal." Da die Räume eines Klosters nicht beliebig umgenutzt werden konnten und dieser Gebäudeteil zum ältesten Bestand gehört, ist anzunehmen, daß dieser Raum das ehemalige Refektorium der Karmeliter war, das bis ins 19. Jahrhundert als Speisesaal genutzt wurde. Demzufolge ist das Sommerrefektorium nicht ausschließlich als Speisesaal der Mönche genutzt und konzipiert worden, sondern es muß weitere Funktionen erfüllt haben. Bedenkt man die relativ geringe Größe des Konvents, dürften sich die Mönche im Raum verloren haben. Die Größe des Raumes, seine späte Erbauung neben einem schon bestehenden Speiseraum und seine aufwendige Ausstattung sprechen dafür, daß das Sommerrefektorium nicht nur den täglichen Mahlzeiten der Brüder diente. Im Gegenteil, gerade die Größe und die Ausstattung prädestinieren es als Festsaal. Für wichtige Gäste der Karmeliter wurde die Tafel sicher im Sommerrefektorium gedeckt. Doch nicht nur klerikalen Gästen und Festen stand der Saal offen. Obwohl er streng genommen in der Klausur des Klosters lag, hatten sich

---

[222] Hans Holbein der Ältere: Dominikaner-Altar, Mischtechnik auf Fichte. Städelsches Kunstinstitut und Städtische Galerie, Frankfurt a. M. Bodo Brinkmann/Jochen Sander: Deutsche Gemälde vor 1800 im Städel. Frankfurt 1999, Taf. 61-64.

[223] Jörg Ratgeb's Wandmalereien 1987, S. 34f.; Viktoria Schmidt-Linsenhoff: Ordenspropaganda 1985, S. 162ff.

[224] Emilie Neunhöffer: Ein Grundriss des Karmeliter-Klosters aus dem Jahre 1803. In: Frankfurter Wochenschau (1938), S. 138-140.

sowohl der Rat als auch das Patriziat der Stadt durch die Stiftung der Fenster[225] und die Annenbruderschaft durch die Finanzierung des Wandbildes an der Ausstattung beteiligt. Neben dem Römersaal war das Refektorium einer der größten Repräsentationsräume der Stadt, der in unmittelbarer Nähe des politischen Zentrums lag und sowohl vom Rat als auch vom Patriziat mitfinanziert und ausgestattet wurde. Entsprechend wurde der Saal auch für rein weltliche, politische Zwecke genutzt. Es ist bekannt, daß im alten Refektorium das Reichskammergericht einige Zeit getagt hatte.[226] Während der Messezeiten wohnten reiche Handelsherren im Kloster, und während der Reichstage hatten die Kurfürsten dort ihr Quartier aufgeschlagen.[227] Mit Sicherheit ist anzunehmen, daß die Annenbruderschaft den Raum während der Messezeiten für Zusammenkünfte nutzte und hohe Gäste dort speisten. Auch für öffentliche Festmähler stand das Refektorium zur Verfügung, so fand das Totenmahl für den Patrizier Georg Neuhauß am 13. August 1520 dort statt.[228]

4.2.5 Vorbilder

Unbeachtet blieb bisher, daß die Raumfassung des Frankfurter Refektoriums sich von den gängigen Ausstattungen absetzt. Während die Refektorien der Zisterzienser auf jede Ausmalung verzichteten, um nicht von den Tischlesungen abzulenken, verfügten die der Bettelorden oftmals über eine reiche Ausstattung. Zunächst war das verbreitete Motiv die Kreuzigung und bei den Franziskanern der Lignum Vitae.[229] Im 15. Jahrhundert wurde die Darstellung des letzten Abendmahles Tradition, die ihren Höhepunkt in Leonardos Abendmahl im Refektorium von Santa Maria delle Grazie in Mailand fand.[230] Wie bei Leonardo stand das Abendmahl nicht für sich alleine, sondern war mit anderen christologischen Themen wie z. B. der Kreuzigung, der Grablege und der Auferstehung verbunden. Erst gegen Ende des 16. Jahrhunderts tauchten säkulare Motive in der traditionellen Ikonographie auf. Das bekannteste Beispiel ist das letzte Abendmahl Veroneses für San Giovanni e Paolo in Venedig.[231]

---

[225] Otto Donner von Richter: Jerg Ratgeb 1892, S. 39f. und Achilles August von Lersner: Chronica 1706, S. 118.

[226] Walter K. Zülch: Jerg Ratgeb 1943, S. 189; vgl. auch Johann Georg Battonn: Oertliche Beschreibung der Stadt Frankfurt am Main. Bd. 5. Frankfurt 1869, S. 145.

[227] Ebenda.

[228] Staatsarchiv Darmstadt, C 1, Nr. 28, Geschlechterchronik, Bd. 1, fol. 355.

[229] Taddeo Gaddi, um 1360. Museo del Opera di Santa Croce, Florenz. Andrew Ladis: Taddeo Gaddi: Critical Reappraisal and Catalogue Raisoneé. London 1982, Nr. 23, S. 171-182. Farbabb. S. 6f.

[230] Weitere Abendmahldarstellungen in Refektorien: Leonardo da Vinci: Abendmahl, 1495-97. Santa Marie delle Grazie, Mailand; Pomposa 1317/18 oder 1337; Taddeo Gaddi: Abendmahl, um 1360. Museo del Opera di Santa Croce, Florenz; Andrea del Castagno: Abendmahl, 1429, Sant' Apollonia, Refektorium, Florenz; Dominico Ghirlandaio: Abendmahl, um 1480. Chiostro di Ognissanti, Florenz und San Marco, Florenz.
Vgl. auch Wolfgang Braunfels: Abendländische Klosterbaukunst. Köln 1969, S. 194-198; Creighton E. Gilbert: Last Suppers and their refectories. In: The pursuit of holiness in late medieval and renaissance religion; papers from the University of Michigan Conference (Ed. Charles Trinkaus). Leiden 1974, S. 371-407.

[231] Paolo Veronese: Abendmahl, 1573. 5,55 x 12,8 m. Refektorium San Giovanni e Paolo, Venedig. Emerich Schaffran: Der Inquisitionsprozeß gegen Paolo Veronese. In: Archiv für Kulturgeschichte 42 (1960), S. 178-193.

Das Einfügen trivialer Details, wie eines Hundes, rief die Inquisition auf den Plan. Unter diesem Blickwinkel fällt die einzigartige Stellung von Ratgebs Wandbild um so mehr ins Auge.

Da die Ausstattung des Sommerrefektoriums sich erheblich von gängigen Raumfassungen von Refektorien unterscheidet und zu großen Teilen vom städtischen Patriziat finanziert wurde, stellt sich die Frage, ob sie und in erster Linie Ratgebs Wandbild nicht von der Gestaltung städtischer Repräsentationsräume beeinflußt wurde. Allerdings ist von der Ausstattung profaner Räume zu Beginn der Neuzeit kaum etwas erhalten. Das meiste wie z. B. der Baseler Rathaussaal[232] von Hals Holbein dem Jüngeren ist nur durch Zeichnungen und Fragmente rekonstruierbar. Es läßt sich jedoch ab 1500 nördlich der Alpen eine Welle der Neudekorationen von Rathäusern und Kommunalpalästen feststellen. Gründe der Neugestaltung sind meist in der Baufälligkeit der älteren Gebäude zu finden, oder die Neudekorationen standen in unmittelbarem Zusammenhang mit politischen Ereignissen wie etwa der Abhaltung eines Reichtags oder von Wahlen, dem Empfang des Reichsoberhauptes und diplomatischer Gäste oder der Bestätigung alter Privilegien. Die Welle der Neudekorationen ab 1500 ging einher mit einer Ablösung tradierter Bildformen. Zählten bislang die Darstellung des Kampfes der Tugenden und Laster oder der Disput von Weisen und Philosophen mit Spruchbändern zum gängigen Repertoire von Rathausdekorationen,[233] versuchte man sich nun an der Darstellung historischer Exempla. Anhand der historischen Beispiele sollten die besonderen Werte und Tugenden vermittelt werden, die für eine gute Regierung nötig waren. Dem didaktischen Anspruch entsprechend, wurde selten auf begleitende Inschriften verzichtet. Die Vorstellung der Humanisten, daß von den historischen Erzählungen eine erzieherische Wirkung ausgehe, kam dem Wunsch der Kommunalpolitiker nach Außendarstellung entgegen.[234]

Die Idee, die Ratgebs Wandgemälde zu Grunde lag, zeigt sich demnach inhaltlich durchaus von den Innendekorationen kommunaler Gebäude inspiriert. Auch hier hofft man durch die Darstellung von Geschichte als Exempla die Vermittlung moralischer Tugenden – allerdings Mönchs- und nicht Herrschertugenden – zu vermitteln. Auch bei Ratgeb tritt neben das Bild die Inschrift, die nicht mehr mittelalterlichen Gepflogenheiten entsprechend in Spruchbändern, sondern u. a. auf

---

[232] Heinrich Alfred Schmid: Die Gemälde von Hans Holbein d. J. im Basler Großratssaale. In: Jahrbuch der kgl. preuß. Kunstsammlungen 17 (1896), S. 73-96; Gert Kreytenberg: Hans Holbein d. J. – Die Wandgemälde im Basler Ratsaal. In: Zeitschrift des deutschen Vereins für Kunstwissenschaft 26 (1970) S. 77-100; Francois Maurer: Zu den Rathausbildern Hans Holbein des Jüngeren. In: Die Kunstdenkmäler des Kantons Basel-Stadt, Reprint Basel 1971, mit Nachträgen von F. Maurer, S. 517-609 und 765-776.

[233] Vgl. Genf, Altes Rathaus, Rathaussaal, Wandmalereien um 1555, die jedoch noch dem alten Typus von vier Weisen im Disput mit Justitia mittels Spruchbändern verpflichtet sind. Waldemar Deonna: La Justice à l'Hotel de Ville Genève et la frèsque des juges aux mains coupées. In: ZAK 11 (1950) S. 144-49; ders.: Les fresques de la Maison de Ville de Genève. In : ZAK 13 (1952), S. 129-159.

[234] Vgl. Susan Tripton: Res publica bene ordinata; Regentenspiegel und Bilder vom guten Regiment; Rathausdekorationen in der frühen Neuzeit. Hildesheim u. a. 1996 (=Studien zur Kunstgeschichte ; 104) S. 72f.

Teppichen ins Bild integriert wird. Die Verwendung des Teppichs als Schriftträger, auch wenn er nur gemalt ist, impliziert einen administrativen Zusammenhang.

Formale Ähnlichkeiten lassen sich, nicht zu letzt auf Grund des dezimierten Denkmälerbestandes, nicht nachweisen. Von besonderem Interesse wäre der Vergleich mit der Dekoration des Frankfurter Römers. Zu Beginn des 16. Jahrhunderts war noch die alte Ausstattung des Rathauses mit dem Quaternionenzyklus zu sehen. Die Ausstattung von 1415 zeigt das Quaternionensystem des Heiligen Römischen Reiches: Die Vertreter der Reichsstände, die in Vierergruppen – sogenannten Quaternionen – geordnet in hierarchischer Abfolge nach Rang und Stand die thronende Gestalt eines Kaisers umgeben. Eine Beeinflussung von Ratgebs Wandbild ist damit allein vom Thema der Römer-Ausstattung auszuschließen.[235] Keine andere überlieferte Rathausdekoration nördlich der Alpen läßt sich mit Ratgebs Ausstattung des Frankfurter Refektoriums vergleichen. So plaziert zwar Hans Schäuffelein in seinem Wandgemälde im Nördlinger Rathaus eine Geschichte aus dem Alten Testament in einer Landschaft.[236] Doch agieren dort die Figuren riesig groß im Vordergrund, während die Landschaft Hintergrund bleibt.

Wenn sich eine Abhängigkeit der Ausstattung des Refektoriums von öffentlichen profanen Raumfassungen nicht nachweisen läßt, bleibt die Frage, ob ein Vergleich mit der Ausstattung privater Repräsentationsräume möglich ist. Denn es läßt sich eine „Motivwanderung" von Themen und Ausstattungen der Rathäuser in die Repräsentationsräume der Patrizier feststellen. In Frankfurt ist eine solche Übernahme in der Dekoration der „Großen Stalburg", dem Haus des Frankfurter Bürgermeisters Claus Stalburg, überliefert,[237] die immer wieder mit Ratgeb in Verbindung gebracht wurde. Die Stalburg und all ihre Kunstschätze sind nicht mehr erhalten, da die deutsch-reformierte Gemeinde 1788 das Haus abriß. Der Frankfurter Patrizier Claus Stalburg der Jüngere ließ 1496 das Haus errichten und im oberen Geschoß mit einem Zyklus ausmalen. Auf Grund der wohl engen persönlichen Beziehung zu Ratgeb nimmt man an, daß die verlorenen Gemälde von ihm stammen könnten.[238] Auch waren die Bilder der Stalburg, wie bei Ratgeb üblich, mit erläuternden Inschriften versehen.[239] Die Verse überliefert Batton in seinen Beschreibungen der Stadt Frankfurt.[240] Das Gemälde selbst beschreibt er nicht. Aus den Versen weiß man zumindest die Inhalte der Darstellungen: Zuerst sah man die Coriolan-Sage, es folgte eine Legende vom Kaiser, dessen Sohn das Kind einer

---

[235] Dies., S. 302-310. Dort auch die ältere Literatur.

[236] Karl Gräbner/Adam Horn: Stadt Nördlingen. München 1981. Nachdruck der Ausgabe München 1941. (=Die Kunstdenkmäler von Schwaben und Neuburg; Bd. 2), S. 198, Abb. 198.

[237] Anna Maria Cetto: Der Berner Trajans- und Herkinbaldteppich. Bern 1966, S.118.

[238] Aus einem erhaltenen Brief Ratgebs an Stalburg weiß man, daß der Patrizier und der Maler sich persönlich kannten. Stalburg gab wohl auch mit der Stiftung der Anbetung der Könige im Kreuzgang der Karmeliter den Anstoß zur Ausmalung desselben und empfahl Ratgeb als Maler. Vgl. auch Walter Karl Zülch: Jerg Ratgeb 1943, S. 169.

[239] Ute-Nortrud Kaiser: Jerg Ratgeb 1985, S. 66.

[240] Johann Georg Battonn: Oertliche Beschreibung der Stadt Frankfurt am Main. Bd. 5. Frankfurt 1869, S. 82-88.

Witwe getötet hat, begnadigt wird, aber als Sühne die Witwe heiraten muß. Den Abschluß bildete die furchtbare Geschichte eines ungerechten Richters. Ob sich Ratgebs Wandbild im Refektorium der Karmeliter formal an die Darstellungen in der Stalburg anlehnte und ob die Gemälde tatsächlich von ihm stammten, läßt sich heute nicht mehr feststellen.

Wenngleich die Frankfurter Patrizier die Ausstattung des Refektoriums finanzierten und den Saal nutzten, ist eine Anlehnung an die Dekoration profaner Räume nicht nachweisbar. Neben den Patriziern trat die Frankfurter Annenbruderschaft als Stifter des Wandgemäldes auf. Doch obwohl die Karmeliter die Gründung der Bruderschaft initiierten und die eigene Gründungslegende, die auf dem Bild geschildert wird, eng mit der Annenlegende verknüpften,[241] wird die Annenthematik völlig aus dem Wandbild ausgeblendet. Dieser Verzicht zeigt, daß auch die Annenbruderschaft keinen Einfluß auf die Gestaltung des Programms nahm. Vielmehr wird auch hier wie beim städtischen Patriziat die Finanzierung durch einen Nutzungsanspruch und andere Privilegien sowie durch eine jenseitige Vergeltung etwa durch den Einschluß ins Gebet des Konvents honoriert worden sein.

In einem anderen Medium, der niederländischen Buch- und Tafelmalerei, sucht Schmidt-Linsenhoff die Voraussetzungen für Ratgebs Bilderfindung. Die flachen Bildbühnen in Architekturgehäusen in den beiden Prophetenleben-Erzählungen setzen nach Schmidt-Linsenhoff Memling voraus, der in seinen beiden Panoramatafeln Kindheit[242] und Passion Christi[243] das Simultanbild mit architektonischer Episodengliederung als experimentelle Sonderform entwickelte. Die linke Hälfte des Bildes und insbesondere die Martyriumsszenen ständen hingegen Bosch näher. Sie relativiert ihre Einschätzung, indem sie zwar die Inspiration der Erzählweise durch die Niederländer betont, gleichzeitig auf die unterschiedliche malerische Auffassung hinweist.[244]

---

[241] Emerentia war nach Ps-Cyrill eine geistige Freundin der Mönche auf dem Karmel. Als ihre Eltern sie verheiraten wollen, wendet sie sich an die Eremiten. Durch göttliche Vision erfährt sie, daß sie heiraten soll, da aus ihr die Mutter Gottes geboren werden sollte. Nach dieser Legende waren die Karmeliter die ersten, die den Willen Gottes bezüglich seiner Inkarnation erfuhren. Sie kannten durch göttliche Offenbarung die Großmutter Jesu. Als einziger Bettelorden konnten die Karmeliter durch die legendäre Figur der Emerentia behaupten, sie hätten Jesu und seine Familie gekannt. Vgl. Dörfler-Dierken: Die Verehrung der heiligen Anna im Spätmittelalter und früher Neuzeit, Kapitel 4.4, S. 146 ff.
Der Annen-Altar (Tempera auf Tannenholz, um 1490. Frankfurt, Historisches Museum. Gemälde des Historischen Museums Frankfurt am Main. Bearbeitet von Wolfram Prinz. Frankfurt 1957, S. 26ff.) setzt diese legendäre Beziehung der Karmeliter mit der Familie Jesu ins Bild. Dargestellt ist Emerentia, wie sie durch Vermittlung der Prophetensöhne den göttlichen Willen bezüglich ihrer Eheschließung erfährt, ebenso wie Anna, die ihre Familie den Brüdern auf dem Karmel vorstellt. Es fehlen natürlich nicht die legendären Gründer des Ordens Elias und Elisäus, ebensowenig wie die unbefleckte Maria im Leib ihrer Mutter Anna.

[242] Hans Memling: Kindheit Jesu, 1480. Eiche, 81 x 189 cm. Alte Pinakothek München. Max Friedländer: Die altniederländische Malerei. Bd. 6: Memling und Gerard David. Berlin 1928, Nr. 33. Dirk DeVos: Hans Memling; the complete works. London 1994. Nr. 38, S. 173-179.

[243] Hans Memling: Passion, 1470-1471. Eiche, 56,7 x 92,2 cm. Galleria Sabauda, Turin. Max Friedländer: Memling und David 1928, Nr. 34; Dirk DeVos: Memling, Nr. 11, S. 105-109.

[244] Viktoria Schmidt-Linsenhoff: Ordenspropaganda 1985, S. 169.

Obwohl Ratgeb ein Landschaftspanorama gestaltet, ist er kein Landschafter. Er malt keine „Natur“ und orientiert sich nicht am tatsächlichen Aussehen der historischen Stätten. Anfang des 16. Jahrhunderts war das Wissen um die Landschaft und Städte Palästinas durch Reisende und durch topographische Aufzeichnungen verbreitet. Ratgeb benutzt landschaftliche Versatzstücke zur Strukturierung der Erzählung. Schmidt-Linsenhoff dagegen charakterisiert Ratgebs „Landschaft“ als „einen von historischer und sakraler Bedeutung überfrachteten Kultort.“[245] Die Darstellung von Natur stehe in der Tradition der Ikonographie der Eremiten-Landschaft. Die Schilderung der Umgebung gehöre als Attribut zu Elias und Elisäus, die als alttestamentliche Prototypen der frühchristlichen Einsiedler gelten. Die Landschaft erläutere attributiv die Mentalität sowohl der Propheten als auch der Karmeliter als Eremitenorden.[246] Im Gegensatz zur nordischen Tradition leben die Eremiten bei Ratgeb nicht in einem dichten, nordischen Wald, sondern in einem Gebirge. Als Beispiel für eine vergleichbare Auffassung der Eremitenlandschaft nennt Schmidt-Linsenhoff die italienischen Thebais-Bilder, wie etwa die Tafel in den Uffizien.[247] Dort wird das Leben der heiligen Wüstenväter mit kleinmaßstäblichen Figuren kollektiv in einer Gebirgsdarstellung dargestellt. Vermittelt wurde diese Tradition durch französische Buchmalerei und deutsche Holzschnittillustrationen, wie das „Buch der Heiligen Altväter.“[248] Obwohl meines Erachtens die Landschaft bei Ratgeb weniger attributiv als erzählstrukturierend ist, ist der Hinweis auf die Thebais-Bilder nicht uninteressant. Viel naheliegender als der Vergleich mit Gherardo Starnia ist der mit der Thebais von Bonamico Buffalmacco auf dem Camposanto in Pisa,[249] da es sich um dasselbe Medium handelt. Die Charakterisierung des Thebais-Freskos (Abb. 10) als offene Komposition deren vielen einzelnen Episoden sich nicht einem fortlaufenden Erzähfluß fügen, könnte ebenso für den rechten Teil des Wandbildes im Refektorium der Karmeliter stehen.[250] Anders als Buffalmacco erzählt Ratgeb seine Geschichte nicht gleichförmig wie in einem Buch. Der Italiener gliedert die Bildfläche in drei horizontale Bildzonen und reiht Szene an Szene. Die Leserichtung der einzelnen Zonen läuft dabei immer von links nach rechts. Ratgeb verwischt die horizontale Gliederung und löst die lineare Erzählstruktur auf. Er erzählt seine Geschichte eher in einem Auf und Ab. Doch die Auffassung und die Funktion der Landschaft sind dieselbe. Obwohl auf den ersten Blick der Eindruck einer Berglandschaft entsteht, handelt es sich mitnichten um die Darstellung von „Natur,“ sondern landschaftliche Versatzstücke dienen einerseits der Szenen-Trennung und

---

[245] Dies., S. 169.

[246] Dies., S. 170; Leonie von Wilkens/Ilse Wirth: Einsiedler. In: RDK, Stuttgart 1958, Bd. 4, S. 33.

[247] Anonymer Florentinischer Meister (Gherardo Starnia? Pietro Lorenzetti?): Thebais. Tempera, um 1420. 80 x 216 cm. Galleria degli Uffizi, Florenz. Gli Uffizi. Catalogo Generale. Florenz 1979, S. 487, p. 1479.

[248] Vitae Patrum. Der Altväter Leben. Erschienen Augsburg, Anton Sorg. 25 Sept. (Mittwoch vor Michaelis) 1482.

[249] Bonamico Buffalmacco: Thebais, 1330-1345. Camposanto, Pisa. Luciano Bellosi: Buffalmacco il Trionfo della Morte. Turin 1974. H.B.J. Maginnis: Luciano Bellosi: Buffalmacco il Trionfo della Morte (Rezension). In: Art Bulletin 58 (1976), S. 126ff.

[250] Eva Frojmovic: Eine gemalte Eremitage in der Stadt; die Wüstenväter im Camposanto zu Pisa. In: Malerei und Stadtkultur in der Dantezeit. Hg. Hans Belting/Dieter Blume. München 1989, S. 202.

andererseits der Zusammenbindung aller Episoden zu einem Ganzen. Die meisten Szenen sind in Pisa abgeschlossene Einzelbilder ohne direkte Beziehung zum benachbarten Schauplatz. Die Funktion der Syntax und Untergliederung übernehmen landschaftliche Requisiten wie Bäume und Felsen. Statt von Rahmen werden die Einzelbilder von „Landschaft" gerahmt. Indem Buffalmacco über das obere Register den Himmel malt, das untere Register mit einem Fluß abschließen lässt und ansteigende Bergpfade zur Szenentrennung nutzt, entsteht der Eindruck eines riesigen Landschaftspanoramas, ebenso verfährt Ratgeb.
Neben derselben Auffassung und Funktion von Landschaft fällt eine weitere Gemeinsamkeit ins Auge. Beide setzen ausführliche, erzählende Inschriften ins Bild. Frojmovic beschreibt die einzelnen Szenen in Pisa als bloße Stenogramme aus Heiligenviten, die beim Betrachter die Kenntnis des ganzen Textes voraussetzen. Dank der Inschriften und Attribute waren die Personen zwar identifizierbar, aber ohne Vertrautheit mit der Vita war der Betrachter nicht imstande, das Stenogramm zur vollständigen Geschichte zu ergänzen. Dasselbe Phänomen tritt uns bei Ratgeb entgegen. Die einzelnen Szenen sind zwar größtenteils durch die beigefügte Quelle identifizierbar, doch steht vielfach eine Szene für eine ganze Geschichte. Ohne Kenntnis des Textes bzw. der Geschichte bleibt das Bild Fragment.
Bleibt die Frage, ob Ratgeb die Fresken im Camposanto in Pisa gesehen hat. Eine Italienreise des Künstlers ist in der kunsthistorischen Literatur immer wieder diskutiert worden. Schon Walter Zülch sah Ratgebs Kunst durch einen Aufenthalt in Italien und durch die Auseinandersetzung mit der oberitalienischen Wandmalerei geprägt.[251] Auch Alfred Wolters geht von einer Italienreise des Malers aus, da er Einflüsse von Carpaccio im Wandgemälde des Refektoriums ausmacht.[252] Die Prozession der Mönche auf das Schiff erinnert auch Kissling an Carpaccio oder Bellini.[253] Denkbar wäre auch die Kenntnis der italienischen Wandmalerei durch Mittelsmänner wie den Frankfurter Patrizier und Fernhandels-Kaufmann Claus Stalburg oder durch Druckgraphik.
Eva Frojmovic gelang es, die Bildfindung der Thebais im Camposanto von Pisa nachzuzeichnen. Der Maler stand vor dem Problem, daß die Ikonographie der Thebais in der italienischen Wandmalerei völlig neu war. Bekannt waren nur Textsammlungen unterschiedlicher Herkunft, die unter dem Titel „Vitae Patrum" firmierten. Im Laufe des 14. Jahrhunderts führten die neuen Orden in ihren Predigten neue Methoden der Laienbildung ein, indem sie ihre Argumentation durch anschauliche Beispielerzählungen unterstützten. Die Vitae Patrum war zu diesem Zweck besonders geeignet, da sie in stereotype Bestandteile zergliedert und dann in die Predigt eingefügt werden konnte. Alle Episoden des Wandbildes sind in solchen Exemplasammlungen vertreten. Der Maler mußte die Vielzahl einzelner Exempla zu einem riesigen Wandgemälde vereinigen, dazu stand ihm kein fertiges Schema zu Verfügung. Frojmovic wies nach, daß der Künstler verschiedene Bildmotive aus byzantinischen Handschriften in seinem Fresko verwendete. Durch die Einfügung

---

[251] Karl Walter Zülch: Jerg Ratgeb 1943, S. 127 und 195.
[252] Alfred Wolters: Jerg Ratgebs Vermächtnis 1959, S. 19.
[253] Hermann Kissling: Probleme um Jörg Ratgeb 1976, S. 188ff.

landschaftlicher Versatzstücke verband er die einzelnen Bilder und erweckte den Anschein eines einheitlichen Panoramas:

„Die eigentümlich offene Komposition des Freskos läßt m.E. durchaus noch erkennen, daß den Malern statt einer einheitlichen Komposition ein Buch voller Bildformeln zur Verfügung stand. Diese wurden in Pisa neu kombiniert; (...). Erst die Landschaft gibt den neu zusammengefügten Bildepisoden den Anschein eines einheitlichen Bildpanoramas."[254]

Ratgeb stand vor einem recht ähnlichen Problem. Er sollte auf einem Wandbild verschiedene Episoden aus dem Leben des Elias und des Elisäus erzählen. Zyklische Darstellungen des Themas gab es nur in Büchern, wie etwa der Wenzelsbibel.[255] Neben Darstellungen des Elias als Zeugen der Apokalypse und der Verklärung Christi waren es die typologischen Darstellungen, die in erster Linie durch Bücher wie die Armenbibel oder die Bible moralisée verbreitet wurden, die das Bild des Elias prägten. Ratgeb konnte für einige der Episoden aus dem Leben der Propheten auf solche typologischen Darstellungen, wie etwa die Himmelfahrt des Elias oder die Begegnung mit der holzsammelnden Witwe zurückgreifen. Andere Szenen hat der Maler in der Auseinandersetzung mit den biblischen Texten selbst entwickelt. In der Regel sind dies jene Bilder, die sich nicht durch große Prägnanz auszeichnen, wie etwa das Treffen von Elias und Ahab. Um all diese Szenen zu einem einheitlichen Bild zusammenzufassen, bedient auch Ratgeb sich verschiedener landschaftlicher Versatzstücke. Allerdings ordnet er die Szenen nicht in einzelne Bildstreifen, sondern verteilt sie freier im Raum. Diese freie Verteilung lehnt sich sicherlich an die Erzählweise der Niederländer an.

4.2.6 Die Inschriften

Die Inschriften auf dem Wandbild unterscheiden sich sowohl in der Form als auch in der Funktion. Gängig ist im Spätmittelalter die Stifterinschrift. Über dem Türsturz ist ein Blatt gemalt auf dem zu lesen steht: „DIE WIRDIG BRUDERSCHAFT SANTA ANNA HAT LASEN MALE(N) DIS REFATORIUM. 1517." Die Stiftungsinschrift ist im Gegensatz zu allen anderen ausgeschriebenen Inschriften des Bildes in Deutsch. Sie richtet sich somit an ein wesentlich breiteres Publikum. In erster Linie wird sie sich direkt an die Stifter, die Mitglieder der Annenbruderschaft, gewendet haben. Wer waren die Mitglieder der Frankfurter Annenbruderschaft?

---

[254] Eva Fromjmovic: Eremitage 1989, S. 209.

[255] Österreichische Nationalbibliothek Cod. 2759-64. Die Wenzelsbibel; vollständige Faks.-Ausg. Der Codices Vindobonenses 2759-2764 der Österreichischen Nationalbibliothek Wien. Graz (=Codices Selecti ; Bd. 70). Dazu: Hedwig Heger: Kommentar. Graz 1998.

Die Stifter: Die Frankfurter Annen-Bruderschaft

Die Verehrung der Mutter Mariens, der Heiligen Anna, kam erst im Spätmittelalter auf. Auch Annenbruderschaften sind vor 1480 kaum belegt, bei den überlieferten handelte es sich um einzelne Klerikerkonvente und Klöster. Die Frankfurter Bruderschaft war die erste Laienbruderschaft unter dem Patronat der Mutter Mariens. Gegründet wurde sie 1479 auf Initiative des Frankfurter Karmeliterpriors Rumolt Laupach.[256] Was den Prior zu diesem Schritt bewog, kann nur vermutete werden. Es fällt auf, daß zu dieser Zeit mehrere Annenlegenden entstanden, die eine Verbindung zwischen Maria, deren Mutter Anna und Großmutter Emerentia einerseits und den Mönchen des Karmel andererseits postulierten.[257]
Gestiftet wurde die Frankfurter Bruderschaft am 8. September 1481.[258] Um die Neugründung zu fördern, beauftragte der Prior den Benediktinerabt und Humanisten Johannes Trithemius mit einer Schrift zum Lobe der Heiligen Anna und der Bruderschaft. „De laudibus sanctissime matris Anne“ erschien 1494 und verkündete in zahlreichen Auflagen das Annenlob und das Lob der Frankfurter Annenbruderschaft.[259] Auch der Ordenshistoriograph Oudewater erwähnt in seiner Ordensgeschichte „Liber tremerestus de principio et processu ordinis Carmelitici“ die Annenbruderschaft in Frankfurt und wirbt für die Gründung weiterer Bruderschaften.
Dank solcher Unterstützung entwickelte sich die Frankfurter Bruderschaft rasch. Ist sie bei ihrer Gründung noch an einem Altar im Inneren der Klosterkirche beheimatet,[260] erbaut die Bruderschaft bald eine neue Kapelle, die im April 1494 durch den Mainzer Weihbischof Georgius von Bersabe geweiht wurde.[261] Anlaß für

---

[256] Laupach beantragte am 2. Mai 1479 beim Generalkapitel eine noch zu gründende lokale Annenbruderschaft der Bruderschaft des Ordens zu inkorporieren. Stadtarchiv Frankfurt a. M., Karmeliter-Akten und Urkunden (Rep. 194), Nr. 122; Angelika Dörfler-Dierken: Vorreformatorische Bruderschaften der hl. Anna. Heidelberg 1992. (=Abhandlungen der Heidelberger Akademie der Wissenschaften, Philosophisch-historische Klasse; Jg. 1992, Abh. 3), S. 88.

[257] Dörfler-Dierken kann drei Annenlegenden für diesen Zeitpunkt nachweisen, S. 146ff.

[258] Abgedruckt in: Heinrich Hubert Koch: Karmeliterkloster 1912, S. 42f.; Stadtarchiv Frankfurt a. M., Karmeliter-Akten und Urkunden (Rep. 194), Nr. 126.
Die bischöfliche Genehmigung wurde erst am 1. Juli 1493 erteilt, aber schon am 27. September 1491 bestätigte Papst Innocenz VIII. die Bruderschaft und bedachte sie mit einem Ablaß. Beide Urkunden abgedruckt bei Heinrich Hubert Koch: Karmeliterkloster 1912, S. 86 und S. 81. Vgl. a. Stadtarchiv Frankfurt a. M., Karmeliter-Akten und Urkunden (Rep. 194), Nr. 158 u. 159.

[259] Klaus Arnold: Johannes Trithemius (1462-14516) Würzburg 1971, S. 103ff.; Angelika Dörfler-Dierken: Die Verehrung der heiligen Anna im Spätmittelalter und früher Neuzeit. Göttingen 1992 (=Forschungen zur Kirchen und Dogmengeschichte; 50), S. 177ff.

[260] Vgl. Stiftungsurkunde 1489 gewährte Kardinallegat Raimund Peraudi einen 100tägigen Ablaß für diese Annenkapelle. Stadtarchiv Frankfurt a. M., Karmeliter-Akten und Urkunden (Rep. 194), Nr. 148.

[261] Heinrich Hubert Koch: Karmeliterkloster 1912, S. 25.
Am 1. Juli 1495 erlangt die Bruderschaft eine Indulgenz für den Besuch der neuen Kapelle von Bischof Wilhelm von Eichstätt. Stadtarchiv Frankfurt a. M., Karmeliter-Akten und Urkunden (Rep. 194), Nr. 172, abgedruckt in Heinrich Hubert Koch: Karmeliterkloster 1912, S. 88f.

den Neubau war sicherlich auch, daß der Bruderschaft ein Jahr zuvor der Erwerb einer großen Annen-Reliquie aus Lyon gelang.[262]
Da die Annenbruderschaft in die Bruderschaft des Frankfurter Karmeliterklosters inkorporiert war, bestand eine enge Beziehung zwischen dem Kloster und der Bruderschaft, die mit zahlreichen Rechten verbunden war. So war der Bruderschaft erlaubt, den Annentag innerhalb des Klosterbereichs mit einer Sakramentsprozession zu begehen.[263] Über weitere Rechte und Pflichten berichtet der Vertrag von 1501 zwischen dem Kloster und der Bruderschaft: Die Kapelle durfte stets für Andachten gebraucht werden und die Mitglieder durften auch dort beerdigt werden. Zudem verpflichtete sich das Kloster, die toten Bruderschaftsmitglieder am Sterbehaus abzuholen.[264] In diesem Vertrag erfährt man auch näheres über die Mitglieder der Annenbruderschaft, sie werden als „vil wohlgeachtete kaufleute, kremer, bürger und ander frawen und manspersonen uß vil nation landen und stetten" bezeichnet.[265] Schmidt-Linsenhoff bezeichnet die Mitglieder als „überwiegend auswärtige Kaufleute aus den Handelsstädten Süddeutschlands, der Schweiz und Frankreichs, vor allem aus den niederländischen Städten Antwerpen, Mecheln, Utrecht und Brüssel."[266] Der geschnürte Warenballen und die Waage des Wappens würden die Mitglieder der Bruderschaft als Kaufleute des Fernhandels ausweisen. In diesem Kontext wirkt die deutsche Stifterinschrift doch befremdlich. Natürlich werden auch die ausländischen Kaufleute der deutschen Sprache, zumindest fragmentarisch, mächtig gewesen sein, da sie in Frankfurt Handel trieben. Die Verwendung des Deutschen mag hier eher der Memoria der Stifter gedient haben. In der mittelalterlichen Vorstellung bleibt der Stifter über seinen Tod hinaus durch den Personenverband, den er mit seiner Stiftung konstituiert hat, in einer fortbestehenden Beziehung zu den Lebenden. Die materiell Geförderten gedachten während des Gebets oder des Mahls des Stifters oder der Stiftergruppe. Die Nennung des Stifternamens war dabei Ausdruck nicht nur eines „Toten-Gedenkens" im modernen Sinne der „Erinnerung," sondern die Bekundung der gegenwärtigen Gemeinschaft des Verstorbenen in einem tatsächlich bestehend gedachten Personenverband mit den Verwaltern und Begünstigten.[267] Demnach richtete sich die Stiftungsinschrift an alle, die im Refektorium speisten. Durch die Verwendung des Deutschen erreichte man eine größere Anzahl, die der Bruderschaft gedenken konnte.[268] Obwohl die

---

[262] Auch hier ging die Initiative wieder von Laupach aus. Nach Koch unterstützte aber auch der Frankfurter Magistrat die Bitte um eine Reliquie in zwei Schreiben an den Prior in Lyon. Vgl. Heinrich Hubert Koch: Karmeliterkloster 1912, S. 32. Text der Schenkungsurkunde abgedruckt bei: Ders., S. 83-86.

[263] Ders., S. 40.

[264] Stadtarchiv Frankfurt a. M., Karmeliter-Akten und Urkunden (Rep. 194), Nr. 201.

[265] Kurt Köster: Pilgerzeichen und Wallfahrtsplaketten von St. Adrian in Gerardsbergen. In: Städeljahrbuch, N. F. 4 (1973), S. 106.
Bei der Unterzeichnung des Vertrages waren 21 Bruderschaftsmeister zugegen, als Herkunftsorte werden neben Frankfurt Nürnberg, Straßburg, Damscheid, Köln, Lyon, Luzern, Sagan, Mainz, Mecheln, Utrecht, Speyer und Ulm genannt. Vgl. a. Heinrich Hubert Koch: Karmeliterkloster 1912, S. 32f.

[266] Viktoria Schmidt-Linsenhoff : Ordenspropaganda 1985, S. 162.

[267] Stiftungsrecht. In: Handwörterbuch zur deutschen Rechtsgeschichte: HRG. Bd. 4. Berlin 1990, S. 1982.

[268] Daß gerade die Inschrift mit der Namensnennung und das Wappen des Stifters die Memoria bewirkten, verdeutlicht der Fakt, daß z.B. in Ulm dem reformatorischen Bildersturm nicht alle Bilder zum Opfer fielen.

Ordensregeln auf eine strenge Einhaltung der Klausur drängten, war die öffentliche Zugänglichkeit des Klosters wie bei allen Bettelorden nahezu unbeschränkt. Das Refektorium diente nicht nur den Brüdern als Speisessaal, sondern wurde auch als Tagungsraum und für öffentliche Festmähler genutzt.

Schon auf dem Barbara-Altar in Schwaigern verwendete Ratgeb Namensbeischriften, die als Auszeichnung gebraucht wurden. Auch im Wandbild des Refektoriums verwendet der Maler Namensinschriften in diesem Sinne. Im dritten Erzählabschnitt, wird einer der Brüder durch den Schriftzug „S. Gerhard" aus der Anonymität der übrigen Karmeliter herausgehoben und individualisiert. Die Auszeichnung des Heiligen durch die Namensbeischrift läßt auf ein besonderes Verhältnis der Frankfurter Karmeliter zum Heiligen Gerhard schließen. Unklar ist, worin dieses bestand. Im vierten Bildblock wird Ludwig der Heilige durch die Inschrift „S. LUDOVICUS REX FRANCIE" benannt. Seine Auszeichnung ist durch seine herausragende Stellung sicher gerechtfertigt. Schmidt-Linsenhoff sieht in der Auszeichnung durch die Inschrift eine Überhöhung Ludwigs zum Retter des Karmeliterordens. Möglicherweise sei diese als Hommage des Frankfurter Karmeliterklosters an den französischen König Franz I. zu verstehen, dessen Anwartschaft auf die Kaiserwürde bereits 1517, zu Lebzeiten Kaiser Maximilians diskutiert wurde.[269]

Nicht nur Personen auch Orte benennt Ratgeb mittels Inschriften. Die heiligen Stätten, der „FONS HELIE" und die „SPELUNCA HELIE" werden schriftlich bezeichnet. Bei der Darstellung des Berges Karmel im Heiligen Land verzichtet Ratgeb auf eine Beschreibung des Ortes durch bildliche Mittel wie etwa durch die Vegetation oder die Architektur. Eine einzige Palme und der Rundbau am Gipfel des Berges können als Hinweise auf den außereuropäischen Charakter gelten. Ratgeb geht es nicht um die Schilderung realer Landschaft, die einer Identifizierung des Bildortes dienen könnte. Deshalb verwendet er Inschriften, um den Ort des Geschehens zu kennzeichnen. Die Verfolgung der Karmeliter findet genau an jenem heiligen Ort statt, an dem der Prophet Elias lebte. Ratgeb verknüpft so das Leben des Elias mit der Ordensgeschichte der Karmeliter und betont damit die nicht unumstrittene Behauptung der Karmeliter einer ununterbrochenen Tradition ihres Ordens seit Elias.

In das Landschaftspanorama hängen über der Verfolgung und der Einschiffung der Karmeliter zwei gemalte rote Teppiche mit umfangreichen Inschriften. Es handelt sich um freie Varianten von Passagen aus der Ordenschronik des Johannes

Entfernt und zerstört wurden nur die Darstellungen Gottes und seiner Heiligen, weil die Reformer Götzenbilder darin sahen. Die Wappen und Inschriften der Stifter blieben hingegen unversehrt. Vgl. Hartmut Bookmann: Mäzenatentum am Übergang vom Mittelalter zur Reformationszeit. In: Stadt und Mäzenatentum Sigmaringen 1997. (=Stadt in der Geschichte, Bd. 23), S. 44; ders.: Die Gegenwart des Mittelalters. Berlin 1988, S. 22.

[269] Dies., S. 32.

Paleonydorus.[270] Wahrscheinlich sind die Texte vom Prior des Klosters, Haman von Fleckenboel, verfaßt worden. Die Inschriftenteppiche waren so stark zerstört, daß die Inschriften nicht mehr lesbar waren. Bei der Restaurierung in den 80er Jahren rekonstruierte man sie anhand der Ordenschronik des Jacob Milendunck aus dem Jahre 1643/46.[271] Die Teppiche sind in Trompe-l'oeil-Manier gemalt. Sogar die Ösen in der Wand, an der sie scheinbar festgebunden sind, hat Ratgeb nicht vergessen. Wie die anderen Inschriften des Bildes sind sie nicht direkt ins Bildgeschehen gemalt, sondern auf eigene, abgegrenzte, gemalte Bildträger geschrieben. Ratgeb verwendet Zettel, Banderolen, Tafeln und Teppiche als Schriftträger. Auf diese Weise unterscheidet er zwei Ebenen: Die der Bilderzählung und die des Textes. Besonders deutlich wird dies bei den Inschriftenteppichen sowohl formal als auch inhaltlich. Das Wandgemälde öffnet sich wie ein Panoramablick aus einem Fenster. Diese Illusion wird durch die gemalte steinerne Brüstung verstärkt. Vor diesem Fenster, genau auf der ästhetischen Grenze hängen die Teppiche mit den Inschriften. Auch inhaltlich bilden die Geschichte, die durch Worte und die Geschichte, die durch Bilder erzählt wird, zwei Ebenen. Der Text ist dabei genauer und ausführlicher als das Bild. Bei der Einschiffung der Karmeliter nach Europa lässt Ratgeb den mariologischen Aspekt des Textes außer Acht, auch auf die Darstellung der Taten des Königs im Heiligen Land verzichtet er. Zudem suggeriert der Maler, daß der gesamte Orden mit Ludwig emigrierte, was sowohl den historischen Tatsachen als auch dem Bericht auf dem Teppich widerspricht, der nur „einige Brüder“ erwähnt.
Auch bei der Verfolgung der Karmeliter sind Bild und Text nicht deckungsgleich. So wird die Verfolgung der Karmeliter im Heiligen Land im Text durch Jahres-, Orts- und Namensangaben spezifiziert. Der Text unterscheidet mehrere Verfolgungswellen unter den Persern, Arabern und Sarazenen. Die bildliche Darstellung zieht all diese Überfälle über mehrere Jahrhunderte durch verschiedene Unterdrücker an verschiedenen Orten zu einem Ereignis zusammen. Gleichzeitig werden die Folterungen wesentlich drastischer und ausführlicher als im Text geschildert. Darüber hinaus verbindet der Text die Geschichte des Ordens mit dem göttlichen Heilsplan. Im ersten Inschriftenteppich wird die Verfolgung der Karmeliter als Erfüllung der göttlichen Prophezeiung dargestellt, wenn es heißt:

> „Die Klöster vernichteten sie bis auf den Grund, und es wurde erfüllt, was Jesaias, 16, geweissagt hat: und die Freude und der Jubel wird vom Karmel genommen werden, und Jeremias, 48: verschwunden ist Freude und Jubel von dem Karmel.“

Bewußt wird hier nicht der Quelle entsprechend zitiert, denn die angeführte Stelle bezieht sich nicht auf die Karmeliter und den Karmel, sondern sie berichtet von der Zerstörung Moabs. Die Verwendung der lateinischen Sprache und der Kapitalis, der

[270] Johannes Paleonydorus: Liber tremerestus de principio et processu ordinis Carmelitici. Mainz 1497, S. 149, 150 und 164.

[271] Jacob Milendunck: Chronicon Universae. In: Scriptae et Monumentae Jacobi Milendunck, Carmelitae, 1643/46, Stadtarchiv Frankfurt a. M. Karmeliterbücher, Rep. 199, Nr. 44, fol 415f ; ders.: Chronicon speciale Frankfurter Stadtarchiv, Karmeliterbücher, Rep. 199, Nr. 46, fol 98r.

seit Beginn des 16. Jahrhunderts gebräuchlichen Inschriftenform, betonen den offiziellen Charakter der Inschrift, ebenso wie die Teppiche als Schriftträger. Sie akzentuieren den Denkmalcharakter des Wandgemäldes. Die Geschichte des Ordens wird aus dem eher privaten Medium des Buchs in das öffentliche Medium der Wandmalerei übertragen, und die Schrift wird zur Inschrift.

Im ersten und zweiten Erzählblock des Wandbildes verwendet Ratgeb Inschriften, die am besten als Quellenbelege bezeichnet werden können. Die Historia des Propheten und seines Schülers wird in den Büchern der Könige geschildert. Ratgeb erzählt die Geschichte in vielen einzelnen Szenen und jeder ist solch ein Quellenvermerk beigegeben. In der Regel verwendet er gemalte Zettel, die ober- oder unterhalb der Szene plaziert sind. Einige Male versucht er, die Banderole ins Bild zu integrieren, indem er sie z. B. an eine Wand heftet. In wenigen Fällen weicht er von der Form des gemalten Zettels ab. Die Form der Quellenangabe selbst ist immer die gleiche, es wird das Buch und das Kapitel genannt, während auf die Sätze verzichtet wird. So ist es möglich, einzelne Szenen als zusammengehörig zu erkennen, nicht aber ihre Reihenfolge.
Die Identifikation einzelner Szenen ist oft schwierig ist, da einige Darstellungen unspezifisch sind. Ratgebs Erzählstil erweist sich zudem als problematisch für das Verständnis. Dies wurde schon auf der Haupttafel des Barbara-Altars deutlich. Ratgeb breitet zum einen die Geschichte in zahlreichen Szenen aus und zum anderen hält er sich nicht an eine lineare Erzählung. Ohne erkennbare Erzählstruktur sind die Szenen in ein Landschaftspanorama gestellt. Schon bei der Darstellung der Barbara-Legende stößt Ratgeb mit seinem Erzählstil an die Grenzen des Nachvollziehbaren, obwohl er sich dort auf dreizehn Szenen beschränkt, die Handlung in Erzählstreifen gegliedert ist und die Legende im 16. Jahrhundert als allgemein bekannt gelten kann. Die Lebensgeschichte des Elias und Elisäus war nie so populär wie der Barbara-Stoff. Zudem vermehrt Ratgeb die Zahl der Szenen explosionsartig und löst jede Linearität der Handlung auf. Die Erzählung springt vor und zurück, vom oberen Bildrand an den unteren und umgekehrt. In diesem Chaos der Bilderzählung dienen die Quellenangaben als Lesehilfe. Der Betrachter kann zumindest erkennen, welche Szenen zusammengehören. Die Textquellen dienen der Identifikation der Szene und der Strukturierung der Handlung.[272]

Es stellt sich die Frage, von wem und in welcher Weise das Wandbild rezipiert wurde. Das Refektorium war zunächst der Ort, an dem die Klostergemeinschaft sich zum gemeinsamen Mahl versammelte. Es wäre falsch, sich diese Gemeinschaft als homogene Gruppe vorzustellen. Innerhalb des Ordens gab es Unterschiede sozialer und bildungsbedingter Art. Die Mehrheit der einfachen Brüder war weder des Lateinischen mächtig, noch in der Lage, die deutsche Sprache zu lesen oder zu schreiben. Von den Patres wurden zumindest rudimentäre Kenntnisse des Lateins und

---

[272] Diese Funktion beschreibt auch Wallis. Mieczyslav Wallis: Inscriptions in paintings. In: Semiotica 9 (1973), I, S. 9f.

die Befähigung der Lese- und Schreibfähigkeit gefordert. Daneben gab es hochgebildete gelehrte Karmeliter.
Außerdem wurde das Refektorium auch von der Bürgerschaft und der Annenbruderschaft genutzt. Der Großteil dieser Laien gehörte zum Patriziat der Stadt oder waren Kaufleute. Diese dürften in der Lage gewesen sein, Deutsch zu lesen, während sie Latein sicher nur in Ausnahmefällen verstehen konnten.
Weit verbreitet ist nach wie vor die Vorstellung, ein Bild sei einfacher zu verstehen als ein Text, da es mit einer universellen ästhetischen Sprache arbeite. Die berühmte Aussage Gregor des Großen, Bilder seien die Bibel für die Illiteraten, scheint diese Idee zu vermitteln. Gerade im Falle von Ratgeb ist diese Vorstellung, daß die Illiteraten alleine seine Bilder rezipiert und verstanden hätten, Grundlage, im Maler einen Sozial-Revolutionär auf Seite der Bauern zu sehen. Bei der Beschreibung ist deutlich geworden, daß ein Verstehen des Dargestellten alleine durch die Betrachtung kaum möglich ist. Ratgeb stößt an die Grenzen des Mediums, da er sich nicht an eine lineare Bilderzählung hält. Er hat Schwierigkeiten, Szenen, Landschaften, Menschen etc. zu individualisieren und somit eindeutig erkennbar zu machen. Bei der Darstellung einer Geschichte, die in ihrer textlichen Vorlage in erster Linie durch verbale Kommunikation gekennzeichnet ist, beschränkt er sich meist darauf, Kommunikationssituationen darzustellen, aber das Thema der Kommunikation zu ignorieren. Wenn der Betrachter die Darstellung verstehen möchte und den Lauf der Handlung nachvollziehen will, muß er demnach die Geschichte kennen oder deren Text vermittelt bekommen. Im Falle des Wandbildes kann man davon ausgehen, daß die Lebensgeschichte des Elias in Grundzügen bekannt war. Wichtige Szenen konnten wiedererkannt werden, da sie weit verbreitet waren. Diese wurden im System der Typologie als Präfigurationen zum Leben Christi betrachtet. Die Lebensgeschichte des Elisäus war eher unbekannt. Ebenso kann die Geschichte der Verfolgung des Karmeliterordens, die Bezüge zu Ludwig dem Heiligen, sowie die Vorstellung einer ununterbrochenen Ordensgeschichte seit Elias nicht als allgemein bekannt vorausgesetzt werden. Eine alleinige Betrachtung ohne Anleitung ist daher kaum in Betracht zu ziehen. Wenn man sich vergegenwärtigt, daß das Wandbild im Refektorium angebracht ist, und während des Essens Lesungen aus der heiligen Schrift oder Heiligenlegenden üblich waren, gewinnt die Rezeption des Bildes an Kontur. Neben dem Bild stand der Text, der Vorleser konnte die „leeren Stellen“ in der Geschichte des Bildes füllen und den Blick des Betrachters lenken.

4.3 Der Kreuzgang

Nach innen zum Hof öffnen sich die Wände des Kreuzgangs in Spitzbogen. Die profilierten Pfeiler erheben sich auf einer 0,8 m hohen Sockelmauer. Dort wo die Spitzbogen an die Pfeiler ansetzen, sind Wappenschilde von Stiftern angebracht. Die Spitzbogen waren mit Maßwerk gefüllt, das wie die Pfeiler und Bogen aus Sandstein war. Die umlaufenden Gänge des Kreuzganges waren nicht überwölbt, sondern flach gedeckt. Der gesamte Kreuzgang wurde kurz nach seiner Entstehung mit Wandmalereien verziert, mit Ausnahme größerer Teile der Südwand, wo die Widerlagepfeiler der anstoßenden Klosterkirche, Verbindungstüren zur selben und die Ausbuchtungen einer Wendeltreppe die ebene Wandfläche unterbrachen. Durch eine farbige Fassung wurden auch diese in die Ausstattung des Kreuzgangs integriert. Der Gemäldezyklus begann erst in einer Höhe von 1,65 m über dem Fußboden. Die Fläche zwischen dem Boden und den Bildern war ebenfalls bemalt. In illusionistischer Weise war eine rote Draperie scheinbar an gemalten Säulen und Basen befestigt. Über den Vorhang malte Ratgeb eine breite Steinbrüstung und um die Täuschung perfekt zu machen, plazierte er darauf Früchte, Tiere, Geräte und Wappenschilde. Unterhalb lief ein breites Band, auf der die Namen der Stifter vermerkt wurden. Unter den Wandgemälden waren Bronzeepitaphe von Verstorbenen, da der Kreuzgang als Grablege diente. Der Karmeliterprior Jacobus Milendunck ließ diese im 17. Jahrhundert abnehmen, zerschlagen und verkaufen. Er wollte damit das inzwischen protestantisch gewordene Frankfurter Patriziat treffen.[273] Die flach gedeckte Decke des Kreuzganges war ebenfalls bemalt: Vor einem blauen Hintergrund, der von Vögeln bevölkert war, hingen Früchte durch Scheinarchitekturen.[274]

Ratgeb begann mit der Anbetung der Könige für Claus Stalburg auf der Südwand.[275] Das Bild ist nur noch in einer Aquarellkopie von Christian Becker aus dem 19. Jahrhundert überliefert,[276] da das Original in den 80er Jahren des 19. Jahrhunderts einem Wanddurchbruch zum Opfer fiel. Die Kopie überliefert auf dem Türsturz die

---

[273] Ute-Nortrud Kaiser: Jerg Ratgeb 1985, S. 133.
Abschrift der Epitaphe bei: Achilles August von Lersner: Chronica 1706, S. 119ff. Lersner kopierte auch die Stifterinschriften unter den Gemälden und listet sie fälschlicherweise unter den Epitaphe auf.

[274] Kaiser weist daraufhin, dass die Spielerei mit dem aus dem Hebräischen und Arabisch stammenden Wort „Karmel" – der Baumgarten – hier vorgeführt wurde, indem Ratgeb das Wort im Hinblick auf die Deutung als Obstgarten auflöste. Vgl. Ute-Nortrud Kaiser: Jerg Ratgeb 1985, S. 133.

[275] Johann David Passavant: Die Anbetung der Könige, Wandmalerei in dem Kreuzgang des ehemaligen Carmeliterklosters zu Frankfurt a. M. In: Archiv für Frankfurter Geschichte und Kunst 8 (1858), S. 107-112, Otto Donner von Richter: Jerg Ratgeb 1892, S. 58f.; Guido Schoenberger: Ratgeb-Studien. In: Städeljahrbuch Bd. 5 (1926), S. 59ff.; Fried Lübbecke: Jerg Ratgeb; die Fresken im Karmeliterkloster zu Frankfurt am Main. In: Das Kunstwerk 1 (1946/47), S. 20-34; Roswitha Mattausch-Schirmbeck: Die Anbetung der Könige. In: Jörg Ratgeb's Wandmalereien im Frankfurter Karmeliterkloster 1987, S. 38-41.

[276] Christian Becker: Anbetung der Könige, nach 1850. Aquarell, zwei zusammengefügte Blätter, 31,4 x 67,5 cm. Städelsches Kunstinstitut und Städtische Galerie, Graphische Sammlung, Frankfurt a. M., Inv.-Nr. Z 24 066 und Z 24 067. Abbildung in: Ute-Nortrud Kaiser: Jerg Ratgeb 1985, Abb. G 2.

Signatur „R“ und die Jahreszahl 1514. Die Stifterinschrift unter dem Gemälde lautete hingegen „Claus Stalberg, Margareta von Rein sein husfruw. 1515“ Obwohl das Bild vor Beginn des übrigen Zyklus gemalt wurde, darf es nicht isoliert gesehen werden. Schon hier finden sich für den übrigen Zyklus typische Gestaltungsweisen, insbesondere was die Inschriften angeht: Ratgeb gebraucht neben der Stifterinschrift unter dem Bild, Prophetenzitate und Tituli, die in dichterischer Form Gedanken zum Inhalt der Darstellung formulieren.

Der eigentliche Zyklus setzte auf der Westwand links in der Ecke oberhalb einer spitzbogigen Tür mit der Vertreibung aus dem Paradies ein. Auch dieses Bild ist nur in Kopien erhalten.[277] Im Gegensatz zur Anbetung der Könige, die nur eine zeitliche Ebene besitzt, kombiniert Ratgeb bei den folgenden Bildern verschiedene Zeiten und Handlungen. Seine Vorliebe für die Verbindung einer großen Haupt- mit mehreren kleinen Nebenszenen im Hintergrund wurde schon beim Barbara-Altar immanent. Allerdings werden im Kreuzgang die Szenen nicht durch eine Geschichte oder eine Hauptperson zusammengehalten, sondern durch die Typologie. Eine Hauptszene aus dem Neuen Testament (Antitypus) wird von einer oder mehreren Szenen aus dem Alten Testament (Typus) begleitet, die als Verheißung der Geschehnisse im Neuen Testament verstanden werden können. Neben diesen beiden Ebenen gibt es die Zone der Propheten, die im oberen Register das Geschehen kommentieren. Wie bei der Anbetung der Könige werden die Szenen auf der Westwand von Tituli begleitet, die den Inhalt in dichterischer Form zusammenfassen. Die letzte Ebene, die der historischen Jetzt-Zeit entsprach, ist die der Stifter. Verbunden und gleichzeitig voneinander separiert werden die einzelnen Hauptszenen durch eine gemalte Phantasiearchitektur.

An die Vertreibung schlossen sich auf der Westwand Szenen der Annenlegende, des Marienlebens und die Kindheitsgeschichte Jesu an. Die Nordwand ist heute in einem wesentlich schlechteren Zustand als die Westwand. Sie zeigte das öffentliche Leben Christi sowie seine Passion. Nicht überliefert sind die Malereien der Ost- und Südwand. An der Ecke, wo beide zusammenstießen, muß das Jüngste Gericht gewesen sein. Denn Hüsgen, der die Wand noch gesehen haben muß, bevor sie im 18. Jahrhundert abgerissen wurde, erwähnt, daß „laut einer Inschrift im Eck am jüngsten Gericht“[278] der Malergeselle Jerg Glasser dort bestattet war.[279]

---

[277] J. G. Bauer: Schöpfung der Welt, der Tiere und des Menschen, Paradies, Sündenfall und Vertreibung. Frankfurt a. M., und Städelsches Kunstinstitut und Städtische Galerie, Graphische Sammlung, Inv.-Nr. 24068; F. Felner: Gottvater aus dem Sündenfall. Frankfurt a. M., Städelsches Kunstinstitut und Städtische Galerie, Graphische Sammlung Inv.-Nr. 57474; C. Kappes: Schöpfung der Welt (...) Kupferstich nach der Zeichnung von J. B. Bauer, Frankfurt a. M., Städelsches Kunstinstitut und Städtische Galerie, Graphische Sammlung Inv.-Nr. C 490; vgl. auch Johann David Passavant: Die Schöpfungsgeschichte, Wandgemälde von Schwed in dem Kreuzgang des ehemaligen Carmeliterklosters zu Frankfurt a. M. In: Archiv für Frankfurter Geschichte und Kunst 6 (1854), S. 175-178; Otto Donner von Richter: Jerg Ratgeb 1892, S. 63f.

[278] Heinrich Sebastian Huesgen: Artistisches Magazin: enthaltend Das Leben und die Verzeichnisse der Werke hiesiger und anderer Kuenstler; nebst Einem Anhang von allem Was in oeffentlichen und Privat-Gebaeuden der Stadt Frankfurt Merkwuerdiges von Kunst-Sachen ... zu sehen ist; wie auch Einem Verzeichniss aller hiesigen Kuenstler Portraiten. Frankfurt 1790, S. 492.

4.3.1 Literaturbericht

Der Frankfurter Chronist Lersner[280] ging davon aus, daß die Fürsten und Bischöfe, die 1519 zur Königswahl nach Frankfurt gereist waren, die Ausmalung des Kreuzganges initiierten. Er kopierte die Stifternamen unter den Bildern, hielt sie aber für Epitaphien. Der Name Ratgebs war im 18. Jahrhundert nicht mehr bekannt und Lersner schrieb die Gemälde einem J.K.M.Z. Schwed zu. Diesem folgten Hüsgen[281] und Passavant[282] bis Donner von Richter[283] den verschollenen Künstlernamen wiederentdeckte. Nachdem er 1882 die Gemälde der West- und Nordwand abzeichnete, veröffentlichte er zehn Jahre später die Zeichnungen und die erste kunsthistorische Auseinandersetzung mit dem Kreuzgang. Er schreibt den gesamten Zyklus, die Anbetung der Könige, sowie die Ausschmückung des Refektoriums einem Künstler zu, den er anhand von Quellen als Jerg Ratgeb identifiziert.

In Anlehnung an Stange[284] arbeitet Guido Schönberger[285] Motive der italienischen Frührenaissance heraus. Als erster erkennt er den typologischen Aufbau der Gemälde und deren inhaltliche Anlehnung an die Armenbibel. Die freiere Kompositionsweise sieht er von flandrischen Bildteppichen inspiriert.

Wenn auch Zülch[286] die Anregung durch flandrische Teppiche nicht ausschließt, betont er mehr das illusionistische Moment der Malerein mit ihren Scheinarchitekturen, die er von der Malerei der italienischen Frührenaissance inspiriert sieht. Er charakterisiert Ratgeb als „barocken“ Vollender der sterbenden Gotik.[287]

Die Restaurierungen in den 30er Jahren und nach dem Zweiten Weltkrieg lösten mehrere Veröffentlichungen aus, die in erster Linie die Geschichte der Gemälde aufrollen und die Vorgehensweisen der Restauratoren offenlegen.[288]

Fraenger untersucht die Gemälde des Kreuzgangs nur exemplarisch nach Stoff, Form und persönlichem Gehalt, wobei dieser durch die Einstellung des Malers diktiert wurde.

---

279 Die Inschrift ist zerstört, aber bei Lersner überliefert. Achilles August von Lersner: Chronica 1706, S. 119: „Ao dom. MDXVI uf Bartholomai starb der bescheiden Jerg Glasser von Bamberg, ein Malers-Gesell dieses Creuzgangs, der hie begraben leit, bit Got vor sein end aller Gläubigen Seelen.“

280 Achilles August von Lersner: Chronica 1706, S. 118ff.

281 Heinrich Sebastian Huesgen: Artistisches Magazin 1790, S. 492.

282 Johann David Passavant: Die Schöpfungsgeschichte 1854, S. 175-178; ders.: Die Anbetung der Könige 1858, S. 107-112.

283 Otto Donner von Richter: Jerg Ratgeb 1892; Otto Donner von Richter: Untersuchungen über mittelalterliche Wandmalereien in Frankfurter Kirchen und Klöstern. In: Mittheilungen an die Mitglieder des Vereins für Geschichte und Alterthumskunde in Frankfurt a. M., Bd. 6 (1881), S. 421-474.

284 Alfred Stange: Jörg Ratgeb 1924, S. 195-208.

285 Guido Schoenberger: Ratgeb-Studien. In : Städeljahrbuch 5 (1926), S. 65ff.

286 Walter Karl Zülch: Jerg Ratgeb 1943, S. 165-197.

287 Ders., S. 195.

288 Kurt Wehlte: Wiederherstellungsarbeiten 1938, S. 236-252; Alfred Wolters: Schicksale 1938-40, S. 226-235; Fried Lübbecke: Jerg Ratgeb 1946/47, S. 20-34; Alfred Wolters: Jerg Ratgebs Vermächtnis1959, S. 12-20; H. Tomaschek: Wiederbeginn der Konservierung 1959, S. 20-25.

Die Restaurierung in den 80er Jahren initiierte die Ausstellung „Spurensicherung.“[289] Im Katalog interpretiert Kaiser die Dekoration des Kreuzgangs als Abbild des Paradieses.
Mattausch-Schirmbeck[290] streicht besonders die kirchenpolitischen Interessen des Karmeliterordens hervor, die im Programm thematisiert werden. Neben den Belangen der Programmentwerfer sieht sie in der Ablehnung der optimistischen Aufbruchsstimmung der humanistischen Zeitgenossen, die sich in der Drastik und Phantastik manifestiert, den persönlichen Gehalt des Künstlers.[291]

4.3.2 Beschreibung

4.3.2.1 Verlorenes – nur in Kopien Erhaltenes

Einige der Verlorenen Szenen der West- und Nordwand sind zumindest durch Kopien aus dem 19. Jahrhundert überliefert. Der Zyklus begann mit der Schöpfungsgeschichte[292] auf der Westwand. Die Vertreibung aus dem Paradies als Hauptszene wird von mehreren kleinen Szenen im Hintergrund begleitet. Die zeitlich erste Episode ist der Aufstand der Engel und der Sturz der Aufrührer aus dem Himmel. Es folgt die Erschaffung Adams, während die Tiere bereits die Welt bevölkern und anschließend die Erschaffung Evas. Gott segnet ihren Bund, doch Eva erliegt der Versuchung durch die Schlange und pflügt die verbotene Frucht vom Baum der Erkenntnis. Die letzte Szene im Hintergrund zeigt Adam und Eva, die sich vor dem Zorn Gottes verstecken. Kommentiert wird die Vertreibung von einem Propheten, der dem Betrachter eine Tafel mit seinen Worten entgegenstreckt. Eine zweite Prophezeiung schwingt auf einem Schild an der Decke. Daneben begleiten die Stifterinschrift und ein Titulus das Bild.[293]
Die sich anschließenden Szenen der Annenlegende sind nur in den Nachzeichnungen Otto Donner von Richters überliefert (Abb. 11 a).[294] Spielten die Ereignisse im Paradies in einer Landschaft, beginnt Ratgeb nun mit der Konstruktion phantastischer Bauten, die den Episoden Raum bieten. Dabei wird jeweils eine Szene von der nächsten durch eine Säule getrennt, so daß einzelne Bildfelder entstehen. Jedes dieser Bildfelder beherbergt eine Hauptszene. Die erste Szene des Annenlebens war schon

[289] Ute-Nortrud Kaiser: Jerg Ratgeb 1985, S. 131.
[290] Roswitha Mattausch-Schirmbeck: Die Wandmalereien im Kreuzgang. In: Jörg Ratgeb's Wandmalereien. 1987, S. 37-129.
[291] Dies., S. 46.
[292] J. G. Bauer: Schöpfung der Welt, der Tiere und des Menschen, Paradies, Sündenfall und Vertreibung. Aquarell. Städelsches Kunstinstitut und Städtische Galerie, Graphische Sammlung, Frankfurt am Main, Inv.-Nr. 24068; F. Felner: Gottvater aus dem Sündenfall. Aquarell. Städelsches Kunstinstitut Städtische Galerie, Graphische Sammlung, Frankfurt am Main, Inv.-Nr. 57474; C. Kappes: Schöpfung der Welt (...). Kupferstich. Historisches Museum, Graphische Sammlung, Frankfurt am Main, Inv.-Nr. C 490 (Donner Tafel 2); vgl. auch Johann David Passavant: Die Schöpfungsgeschichte 1854, S. 175-178; Otto Donner von Richter: Jerg Ratgeb 1892, S. 63f.
[293] Die Stifterinschrift und alle weiteren Inschriften des Bildes siehe Anhang. Inschriften. Kreuzgang, Nr. 1.
[294] Otto Donner von Richter: Jerg Ratgeb 1892, Tafel 3.

zu Richters Zeiten zerstört, nur die kleinen Episoden des Hintergrundes konnte der Maler überliefern: Das Opfer Joachims und die Vermählung von Maria und Josef. [295] Der Begegnung an der Goldenen Pforte[296] als Hauptszene folgt Mariae Tempelgang. [297] Die drei Episoden des Hintergrunds spielen zeitlich vor dem Tempelgang. Ein Engel verkündet Joachim die Geburt einer Tochter, Anna betet um die Geburt eines Kindes und schließlich die Geburt Mariae. Die Verkündigung an Maria[298] ist die erste Geschichte aus dem neuen Testament als Hauptszene, sie wird noch von einer weiteren Szene des Marienlebens, der Heimsuchung begleitet. Neu ist, daß zum ersten Mal ein Typus als Szene auftaucht: Gedeon und das goldene Vlies. Bereits auf die Geburt Mariens wies ein Typus hin. Doch dieser war nur eine Inschrift auf einer Tafel „Hanna empfing und gebar." Begleitet werden alle Hauptszenen von Propheten. Sie haben es sich im Gebälk der Phantasiebauten bequem gemacht und präsentieren ihre Weissagungen auf Schildern und Tafeln. Ebenso fehlen nie der Titulus und die Stifterinschrift.

Von den verlorenen Bildern der Westwand überliefert Donner von Richter die Szene Jesus vor Hannas[299] und die Kreuzigung[300], von der bereits damals nur noch das obere Drittel erhalten war. Im Gegensatz zur Westwand fehlen bei diesen Szenen die Typen und die Tituli. Nur die Propheten weisen auf die Geschehnisse des Neuen Testaments hin. Natürlich zeigen auch hier die Stifterinschriften, wer die finanziellen Mittel für den jeweiligen Wandabschnitt aufbrachte.

4.3.2.2 Erhaltenes

Das erste erhaltene Bild des Zyklus ist die Anbetung des Kindes (Abb. 11 b + 12 a).[301] Zwischen zwei Säulen entwickelt sich als dreistöckige Phantasiearchitektur der Stall von Bethlehem.

Josef und Maria beten kniend das Christuskind an, das auf einer Windel auf einem Säulenstumpf liegt. Zwischen ihnen drängen sich Ochs und Esel nach vorne. In der Galerie warten bereits die Hirten mit ihren Gaben. Links ist der bewölkte Himmel aufgerissen und Engel umschweben die Huldigung „GLORIA IN EXCELSIS DEO ET IN TERRA PAX." Vom Stall führen zwei Stufen nach unten, an der unteren ist das Schild mit dem Bildmotto angenagelt. Nach hinten öffnet sich das Gebäude in eine Landschaft, wo ein Mann vor einer Lichterscheinung betend niedergesunken ist. Eine Tafel identifiziert die Szene als Moses vor dem brennenden Dornbusch. Oben wird der Stall von einem Turm bekrönt, in dem drei Propheten stehen. Davids Worte stehen auf einer Tafel an der Brüstung. Jesaja präsentiert seine Prophezeiung auf

---

[295] Inschriften des Bildfeldes siehe Anhang. Inschriften. Kreuzgang, Nr. 2

[296] Inschriften des Bildfeldes siehe Anhang. Inschriften. Kreuzgang, Nr. 3.

[297] Inschriften des Bildfeldes siehe Anhang. Inschriften. Kreuzgang, Nr. 4.

[298] Inschriften der Verkündigung siehe Anhang. Inschriften. Kreuzgang, Nr. 5.

[299] Inschriften des Bildfeldes siehe Anhang. Inschriften. Kreuzgang, Nr. 31.

[300] Inschriften der Kreuzigung siehe Anhang. Inschriften. Kreuzgang, Nr. 42.

[301] Inschriften siehe Anhang. Inschriften. Kreuzgang, Nr. 6.

einer Thorarolle. An der rechten Säule haftet ein Zettel mit der Aufschrift VIRGA AARONIS FLORUIT.

Beim folgenden Abschnitt fällt der Blick in einen Innenraum, der in zwei Geschosse unterteilt ist. Im unteren wird Jesus gerade beschnitten. [302] Im oberen Geschoß findet in einem blauen Zelt ebenfalls eine rituelle Handlung, wahrscheinlich eine Darbringung statt. [303]

Bei der Anbetung der Könige (Abb. 11 b + 12 b)[304] und der folgenden Szene weicht Ratgeb von seinem bisherigen Schema – die Episode des Neuen Testaments im Vordergrund mit dazugehörigem Titulus, eine Szene aus dem Alten Testament klein im Hintergrund und die Propheten im oberen Register – ab. Er verzichtet auf den Titulus und holt die Propheten in den Bildvordergrund. Im oberen Register, das die Propheten geräumt haben, thront König Salomon. Zu seiner Rechten ist die Königin von Saba niedergekniet, um ihm zu huldigen. Links ist ein Orientale von seinen Dienern begleitet, vor dem König auf die Knie gesunken.

Der Stifter der Darbringung war Heinrich von Rhein.[305] Auch hier ist der Prophet vom oberen Register in den Bildvordergrund gekommen und lehnt zwischen Tür und Säule an der Brüstung. Er blättert in einem Buch, während er das Geschehen über ihm im Auge behält. Er präsentiert dem Betrachter nicht seine Weissagung, sondern nur den entsprechenden Beleg „LEVITE 12."[306] Neben der Darbringung wird eine zweite Szene aus dem Neuen Testament dargestellt, die Weissagung der Prophetin Hanna. Im oberen Register vollziehen ein Priester ebenfalls ein Reinigungsopfer.[307]

Bei der Flucht nach Ägypten[308] (Abb. 12 c) reitet Maria auf einem schwer bepackten Esel mit dem Kind in ihren Armen. Ein schwarzer Reisehut schützt sie. Josef ist ebenfalls mit Hut und Handschuhen für die Reise ausstaffiert. Ein Waldstück trennt den Vorder- vom Hintergrund mit einer wehrhaften Stadt. Dort eilt eine Soldatenschar in ein Tor, während eine Frau aus einem Turm einen Mann abseilt. An der rechten Säule heftet ein Zettel, der die Szene als Flucht Davids identifiziert. Weiter vorne zieht ein einsamer Wanderer seines Weges. Ein Schild, das an einen Baumstumpf genagelt ist, klärt uns auf, daß es Jakob auf der Flucht vor seinem Bruder Esau ist.

Eine Frau, die dem Betrachter den Rücken zuwendet, beobachtet eine grausige Szene: Die Soldaten des Herodes töten gegen den Widerstand der Mütter die unschuldigen Kinder[309] Das Gemetzel setzt sich im Hintergrund, nur getrennt durch einige Büsche,

[302]Inschriften der Beschneidung siehe Anhang. Inschriften. Kreuzgang, Nr. 7.

[303] Es könnte sich um die Darstellung Samuels handeln (1. Samuel 1, 24-28).

[304] Inschriften siehe Anhang. Inschriften. Kreuzgang, Nr. 8.

[305] Die Stifterinschriften und alle weiteren Inschriften siehe Anhang. Inschriften. Kreuzgang, Nr. 9.

[306] In Levitikus 12 werden die Vorschriften Moses, die bei der Geburt eines Kindes einzuhalten sind, überliefert. So müssen Jungen am achten Tag beschnitten werden, außerdem soll ein einjähriges Schaf als Brandopfer und eine Taube als Sühneopfer für den Priester dargebracht werden. Wenn eine Frau die Mittel für ein Schaf nicht aufbringen kann, kann sie auch zwei Tauben darbringen.

[307] In der Biblia Pauperum und im Speculum Humanae Salvationis begleitet die Darstellung Samuels als Typus die Szene (1. Samuel 1, 24-28). Da eine Bezeichnung fehlt und auch die Beschneidung von einer alttestamentlichen Darstellung begleitet wird, ist die Identifizierung nicht eindeutig.

[308] Inschriften des Bildfeldes siehe Anhang. Inschriften. Kreuzgang, Nr. 10.

[309] Inschriften des Bildfeldes siehe Anhang. Inschriften. Kreuzgang, Nr. 11.

fort. An einem felsigen Berghang schlagen Bewaffnete auf Männer in weißen Gewändern ein, während daneben ein Ritter sich unbeteidigt auf seine Hellebarde stützt. Ein Cartellino am Deckenbalken identifiziert die Szene als Mordtat Sauls, der die Priester des Herrn umbringen läßt. Der Inschriftenstreifen nennt einen zweiten Typus, Athalia, die die ganze Nachkommenschaft der königlichen Familie ausrotten läßt. Die Szene muß oben rechts am Gipfel des Hangs dargestellt sein, heute sind nur noch schemenhaft einige Figuren zu erkennen.
Die apokryphe Legende, daß die Statuen der heidnischen Götter zerfielen, als das Christuskind vorbeigetragen wurde, schließt sich an.[310] Unterhalb des Bildes haftet ein Zettel, [311] dessen Text sich auf den schlafenden Josef bezieht, der zur nächsten Szene gehört. Beide Szenen, Götzensturz und Heimkehr, werden durch die Figur des Josef miteinander verbunden.
Der letzte erhaltene Bildabschnitt der Westwand ist die Heimkehr aus Ägypten.[312] Im Hintergrund spielen zwei Szenen aus dem Alten Testament, die nur noch schemenhaft zu erkennen sind. Die vordere identifiziert ein Schriftband als Befehl des Engels an Jakob, in seine Heimat zurückzukehren. Der Quellenvermerk der zweiten Episode ist zerstört. Ein Mann kniet auf einem Hügel. In der Armenbibel wird der Heimkehr aus Ägypten die Geschichte von David, dem befohlen wird, nach Sauls Tod heimzukehren, zugeordnet.
Das sich anschließende letzte Stück der Westwand ist bei einem Wanddurchbruch völlig zerstört worden. Es wird den zwölfjährigen Jesus im Tempel dargestellt haben.[313]

Auf der Nordwand werden das öffentliche Leben Christi und seine Passion aufgerollt. Das erste Stück ist anhand der Nachzeichnungen Donner von Richters[314] und der Diadokumentation rekonstruiert (Abb. 12 d). Ratgeb durchbricht auf der Nordwand seine bisherige strenge Wandgestaltung, bei der jeweils ein Bildfeld für einen Anti-Typus durch zwei Säulen begrenzt wird. Der erste Abschnitt der Nordwand zeigt ein Landschaftspanorama, das links und rechts durch einen turmartigen Bau beendet wird. Doch bietet dieser Bereich gleich fünf Episoden aus dem Neuen Testament Platz, die nicht mehr in abgegrenzten Bildfeldern spielen: Vor einer Tür verabschiedet sich Jesus von seinen Eltern.[315] Der Abschied ist ein erzählender Teil und kein Anti-Typus, daher fehlen der Typus und die Prophetensprüche. Die Propheten auf dem Balkon gehören zur Taufe Jesu. Ratgeb verzichtet zwar auf die Säulen zur Trennung, dennoch separiert er die Taufe vom Abschied. Die Protagonisten – in beiden Fällen Jesu – wenden sich den Rücken zu, und ein goldenes Geländer setzt eine Zäsur. Die senkrechte Stütze des Geländers ersetzt die Bildfeld

310 Inschriften des Bildfeldes siehe Anhang. Inschriften. Kreuzgang, Nr. 12.
311 Inschriften. Kreuzgang, Nr. 13.
312 Der Prophetenspruch und alle weiteren Inschriften der Heimkehr siehe Anhang. Inschriften. Kreuzgang, Nr. 13.
313 Fragmente der Inschriften und die Stifterinschrift siehe Anhang. Inschriften. Kreuzgang, Nr. 14.
314 Otto Donner von Richter: Jerg Ratgeb 1892, Tafel 7.
315 Alle Inschriften des Abschieds siehe Anhang. Inschriften. Kreuzgang, Nr. 15.

trennende Säule. Vom Turmbau führen einige Treppenstufen nach unten zum Jordan. Dort steht Jesus bis zu den Knien im Wasser. Am gegenüberliegenden Ufer kniet auf einer Erdscholle erhöht Johannes und tauft Christus, indem er ihm Wasser über den Kopf schöpft. Auf der Brüstung wenden sich zwei Engel Jesus anbetend zu. Am Himmel erscheint Gottvater in einem Wolkenkranz auf eine Sphaira gestützt. In Form einer Aureole sind um ihn herum seine Worte[316] geschrieben.
Der Jordan schlängelt sich nach hinten, im Bildmittelgrund steht ein Mann mit einem Turban im Fluß und gießt sich mit der Hand Wasser über den Kopf. Eine Tafel wies auf die Textquelle, die nicht mehr erhalten ist. Doch die Szene ist auch ohne Quelle zu identifizieren: Elisäus heilt den aussätzigen Feldherrn Naeman. Im Hintergrund spielt wahrscheinlich eine weitere Geschichte aus dem Alten Testament, die Flucht der Israeliten durch das rote Meer. Drei Propheten auf dem linken Turm kommentieren die Szene. Die Szene wird von der nächsten, der Versuchung, durch eine abgebrochene Säule getrennt. Diese nimmt damit das Motiv der Bildfeldtrennung durch die Säulenpaare der Westwand wieder auf.
Der Typus zur Versuchung[317] spielt groß im Vordergrund: An der Brüstung lehnen zwei Männer. Der rechte ist an seiner Kleidung als Jäger zu erkennen. Mit ausladenden Gesten redet er auf seinen Partner ein und berührt die Schale, die dieser hält. Zwischen den beiden flattert eine Banderole mit der Quellenangabe, die die Szene identifiziert: Jakob führt Esau mit einem Essen in Versuchung. Der erliegt dem Angebot und verkauft für das Linsengericht sein Erstgeburtsrecht. Die darüber liegende Szene aus dem Neuen Testament zeigt Christus, der durch den Satan versucht wird. Durch die Körperhaltung signalisieren die beiden Akteure Versuchung und Abweisung. Christus hat die Hände vor dem Leib zusammengelegt und dreht sich soweit wie möglich von seinem Gesprächspartner weg. Vor allem das Gesicht wendet er ab, um keinen Blickkontakt aufzunehmen. Der Teufel dagegen lehnt sich nach vorne und hält sein Opfer fest im Blick. Der Satan erscheint nicht als Gehörnter mit einem Bocksfuß oder in Tiergestalt, sondern in der zeitgenössischen Tracht eines Juden mit einem Gebetsschal über dem Kopf. Um den pejorativen Charakter zu verstärken, wird er durch das Schachbrett unter dem Arm und die Kette mit den Spielsteinen als Hasardeur gebrandmarkt. Hinter Christus liegt ein Reh, das zur Taufe hinüber schaut. In der zweiten Versuchungsszene im Hintergrund erscheint der Satan als geflügelter, schwarzer Gehörnter. Er schwebt vor Christus, den er auf den Gipfel eines Berges gebracht hat, in der Luft und versucht, ihn zum Sprung in die Tiefe zu verleiten. Engel umkreisen Jesus.
An der Balkendecke kündet eine Tafel SPECIOS(US) FOR(M)A PRE FILIIS HO(M)I(N)U(M). PS 44.[318] Diese gehört zur Verklärung Jesu. Abweichend von der bisherigen Anordnung der Hauptszenen nebeneinander liegt diese oberhalb der Versuchung. Im Mittelgrund spielt die Geschichte von den Jünglingen im Feuerofen. Die Szene im Hintergrund – drei stehende und eine kniende Person – ist nur anhand der Quellenangabe zu identifizieren. Abraham wirft sich Gott zu Füßen, der ihm als

---

[316] Alle Inschriften der Taufe siehe Anhang. Inschriften. Kreuzgang, Nr. 16.
[317] Alle Inschriften des Bildfeldes siehe Anhang. Inschriften. Kreuzgang, Nr. 17.
[318] Übersetzung und alle Inschriften der Verklärung siehe Anhang. Inschriften. Kreuzgang, Nr. 18.

drei Männer erscheint. Beide Episoden gehören als Typus zur Verklärung. An der Brüstung des rechten Turms stehen zwei Propheten. Der vordere kommentiert mit seinem Schild die Versuchung.[319] Der hintere gehört zur Verklärung.
Von der folgenden Szene[320] ist nur ein dreieckiger Torgiebel und schemenhaft eine Gestalt mit einem weißen Kopftuch erhalten. Völlig zerstört ist das Bildfeld, das Johannes Thoes von Warbergk, Kantor und Kanonikus der Kirche St. Stephan und der Heiligen Maria in Mainz,[321] stiftete. Es folgt heute eine Tür; in diesem Bereich sind keine Malereien überliefert.[322] Rechts der Tür ist noch das obere Eck einer Tribüne mit zwei Propheten zu erahnen. Anhand der Prophezeiungen kann auf die beiden dargestellten Szenen geschlossen werden:[323] Dem Einzug nach Jerusalem folgt der Beschluß des Hohen Rates, Christus zu töten.
Das Gastmahl im Hause des Simeon[324], ist so gut wie völlig zerstört, ebenso wie die Episode von Judas, der sich als Verräter anbietet.[325] Die sich anschließende Szene bei der die architektonische Rahmung und die Propheten fehlen ist im Vordergrund völlig zerstört, doch dank einer Tafel, die von der Decke baumelt, kennt man das Thema:[326] Der Abschied Jesu von seiner Mutter. Die Geschichte stammt aus der mystischen Literatur des 12. Jahrhunderts, daher gibt es keinen Typus und keine Propheten.
Die nächsten drei Episoden spielen in einem Gebäude, dabei ist die erste völlig zerstört.[327] Die beiden anderen Episoden sind die Fußwaschung[328] und das letze Abendmahl[329] Eine Figur und eine Banderole ohne Inschrift im Hintergrund zeigen, daß auch die Fußwaschung von einem Typus begleitet war, der heute verloren ist.
Die Karmeliter selbst stifteten[330] das Gebet Christi am Ölberg. Die nächsten beiden stark zerstörten Wandfelder bildeten wohl eine große Szene, die Gefangennahme Jesu am Ölberg.[331] Links sind noch die Köpfe von Christus und Judas, der gerade Jesus einen Kuß als Zeichen des Verrats auf die Wange gibt, erhalten. Im Hintergrund umarmen sich ebenfalls zwei Personen, dabei stößt der rechte der anderen von hinten

---

[319] Anhang. Inschriften. Kreuzgang, Nr. 17.
[320] Anhang. Inschriften. Kreuzgang, Nr. 19.
[321] Anhang. Inschriften. Kreuzgang, Nr. 20.
[322] Zu Zeiten Donner von Richters muß es noch zwei Türen gegeben haben, die er abzeichnete. Rund um die beiden spitzbogigen Türen liefen folgende Stifterinschriften: ARNOLDT DANSCHEID VON UCKEL UND AHLHEID SEIN HAUSFRAW. Um den zweiten Bogen: BLASIUS VON HOLTZHAUSEN KATHRIN FROSHIN SEIN MUTTER. Vgl. Otto Donner von Richter: Jerg Ratgeb 1892, Tafel 8, vgl. auch Achilles August von Lersner: Chronica 1706, S. 119. Siehe auch Inschriften. Kreuzgang, Nr. 21 und 22.
[323] Anhang. Inschriften. Kreuzgang, Nr. 21 und 22.
[324] Stifterinschrift und alle weiteren Inschriften des Bildfeldes siehe Anhang. Inschriften. Kreuzgang, Nr. 23.
[325] Prophetensprüche und Stifterinschrift siehe Anhang. Inschriften. Kreuzgang, Nr. 24.
[326] Anhang. Inschriften. Kreuzgang, Nr. 25.
[327] Stifterinschrift und alle weiteren Inschriften des Bildfeldes siehe Anhang. Inschriften. Kreuzgang, Nr. 26. Mattausch-Schirmbeck vermutet, daß hier die Vertreibung der Geldwechsler aus dem Tempel erzählt wurde, da diese in der Biblia Pauperum vorkomme. Vgl. Jörg Ratgeb's Wandmalerein, S. 75.
[328] Donner überliefert noch die vollständige Inschrift, die in zwei Zeilen geschrieben war. Vgl. Anhang. Inschriften. Kreuzgang, Nr. 27. Dort auch alle weiteren Inschriften des Bildfeldes.
[329] Anhang. Inschriften, Kreuzgang, Nr. 28.
[330] Inschrift siehe Anhang. Inschriften. Kreuzgang, Nr. 29.
[331] Anhang. Inschriften, Kreuzgang, Nr. 30 u. 31.

ein Schwert in den Rücken. Ein Schild identifizierte die Begegnung, doch die Inschrift ist verloren.[332] Auf der rechten Bildhälfte sind die Kriegsknechte versammelt, die Christus abführen. Im Hintergrund laufen einige Personen erschreckt davon, einer ist nackt.[333]

Ein Gebäude ist wieder der Schauplatz für die drei folgenden Episoden. Das linke Bildfeld[334] ist heute bis auf einen schmalen Farbstreifen völlig zerstört. Zu Zeiten von Donner von Richter war das Feld noch intakt, der es auch in seinen Nachzeichnungen überliefert.[335] Im Mittelteil des Gebäudes verhört Kaiphas Christus. Der Hohepriester ist von seinem Thron aufgesprungen und reißt erregt mit beiden Händen sein Gewand vor der Brust auf. Hinter dem Thron hat sich eine Schar Rabbiner versammelt. Einer liest von einem Rotulus die Anklage, während rechts zwei verschwörerisch in ein Gespräch vertieft sind. Neben Christus am Fuße des Throns stehen zwei Männer, die sich mit einem Schwurgestus (ausgestreckter Zeige- und Ringfinger) an den Kopf tippen.[336] Über dem Thron erhebt sich ein Pfeiler, der eine Plattform trägt. Auf dieser haben sich winzig klein eine Anzahl Menschen versammelt. Eine weiß gekleidete Frau wird von Soldaten zu einem Mann in der Mitte geführt, während rechts zwei alte Männer schwören, indem sie sich die Finger vor den Kopf halten. Ein Schild bezeichnet die Szene als Susanna, die von den Alten verleumderisch angeklagt wird.[337]

Die nächste Hauptszene ist wieder völlig zerstört und stellte wahrscheinlich die Verspottung Jesu durch die Wächter dar. Noch erhalten ist klein im Hintergrund die Verleugnung Jesu durch Petrus.[338]

Es folgt das Verhör durch Pilatus[339] und das durch Herodes[340]. Vage sind im Hintergrund einige kleine Gestalten zu sehen (Abb. 12 e).[341]

Das nächste Bildfeld ist heute deutlich größer. Es umfaßt zwei Episoden, die nicht durch architektonische Versatzstücke, sondern durch die Wendung der Bildakteure getrennt werden.[342] In der Mitte ist Christus mit nach hinten gebundenen Armen an

[332] In der Biblia Pauperum werden dem Judaskuß zwei Szenen aus dem Alten Testament zugeordnet, einmal Jakob tötet Abner (2. Könige 3, 2. Samuel, 3) und zum anderen Tryphon überfällt Jonathan. Nach der Darstellungstradition handelt es sich bei der Szene im Hintergrund um erster. Vgl.: Henrik Cornell: Biblia pauperum. Stockholm 1925, S. 274.

[333] Im Hintergrund ist die Flucht der Anhänger Jesu abgebildet. Markus (14,50ff.) berichtet: Da verließen ihn alle und flohen. Ein junger Mann aber, der nur mit einem leinenen Tuch bekleidet war, wollte ihm nachgehen. Da packten sie ihn; er aber ließ das Tuch fallen und lief nackt davon.

[334] Stifterinschrift siehe Anhang. Inschriften, Kreuzgang, Nr. 32.

[335] Kapitel 4.3.3.1: Verlorenes – nur in Kopien Erhaltenes.

[336] Anhang. Inschriften, Kreuzgang, Nr. 33.

[337] DANIEL 13. Die Frau ist Susanna, die von den Alten verleumderisch angeklagt wird.

[338] Anhang. Inschriften, Kreuzgang, Nr. 34.

[339] Anhang. Inschriften, Kreuzgang, Nr. 35.

[340] Prophetenspruch siehe Anhang. Inschriften, Kreuzgang, Nr. 36.

[341] Wahrscheinlich handelt es sich hier um eine Szene aus dem Alten Testament, Elisäus der wegen seiner Kahlköpfigkeit von Kindern verhöhnt wurde. 2. Könige 2,23ff. Donner überliefert RX 25.

[342] Es ist fraglich, ob die heutige Stifterzuordnung mit der einstigen übereinstimmt. Glaubwürdiger erscheint eine Einteilung analog der architektonischen Gliederung und eine entsprechende Stifter-Zuweisung. Damit wären auch die Bildfelder die Conrat Beern und das folgende annähernd gleich groß. Möglicherweise war

eine dicke Säule gefesselt und er wird von den Schergen ausgepeitscht.[343] Rechts unten an der Säule, hockt Christus in sich zusammengesunken ein zweites Mal. Die Dornenkrone lastet schwer auf seinem gesenkten Kopf. Obwohl die Hände vor dem Leib gefesselt sind, hat man ihm ein Szepter in die Hand gedrückt. Nun sind es nicht mehr die Soldaten, die ihn quälen, sondern das gemeine Volk, das auf ihn eindrischt.[344] Im Hintergrund wird Ijob, der nackt auf einem Hügel kauert, von seiner Frau verspottet, während sich von hinten der Teufel mit Flügeln und Hörnern nähert.[345]
Das Ecce Homo hat noch einen Typus klein im Hintergrund: Einige Personen stürmen mit erhobenen Armen auf zwei in ein Gespräch Vertiefte zu. Eine Banderole[346] identifiziert das Paar als Daniel und den König Kyrus. Der Prophet beweist dem Herrscher, daß sein Gott Bel bloß eine Statue ist und seine Priester Betrüger sind.
Die Annenbruderschaft stiftete die nächsten beiden Bildfelder: Christus wird von der Schergen abgeführt[347] und Pilatus wäscht seine Hände in Unschuld.
Die Kreuztragung Christi ist im unteren Bereich so gut wie völlig zerstört, ebenso wie die Szene im Hintergrund.[348]
Den letzten Teil der Nordwand stifteten Mitglieder der Familie Gronenberger. Den Beginn machten Stefan Gronenberger und seine Frau[349] mit der Kreuzannagelung. Die Szene ist bis auf den Propheten völlig zerstört, der sich aus einer fensterartigen Öffnung hinausbeugt.[350]

4.3.3 Vorbilder

Der Kreuzgang gehört mit zu den am spätesten errichteten Bauteilen, er entstand zu einer Zeit, als die Blütezeit der Kreuzgänge vorüber und ein Funktionswandel eingetreten war. Er war zunächst strenger Klausurbereich. Dies spiegelt sich in anderen europäischen Sprachen wider, in denen das Wort für „Kreuzgang“ bedeutungsgleich ist mit der Gesamtarchitektur „Kloster“[351] und sich vom lateinischen „claustrum“ ableiten läßt. Im Leben der Mönche war der Kreuzgang sowohl eine Weg- als auch Aufenthalts-Architektur, die profan und sakral genutzt wurde. Er erschloß den Klausurbereich im täglichen Leben und wurde gleichzeitig als Prozessionsweg genutzt. Als Verweilraum diente er profanen Tätigkeiten wie Wäschewaschen, Haarschneiden, Spielen und Gesprächen, aber auch Aktivitäten mit

---

die Stifterinschrift des folgenden Feldes zweizeilig, wie die anderen Stifterinschriften, die von Geistlichen gestiftet wurden.
[343] Anhang. Inschriften, Kreuzgang, Nr. 37.
[344] Anhang. Inschriften, Kreuzgang, Nr. 38.
[345] Ijob 2.
[346] Daniel 14.
[347] Anhang. Inschriften, Kreuzgang, Nr. 40.
[348] Alle Inschriften siehe Anhang. Inschriften, Kreuzgang, Nr. 41.
[349] Stifterinschrift siehe Anhang. Inschriften, Kreuzgang, Nr. 42.
[350] Anhang. Inschriften, Kreuzgang, Nr. 42.
[351] franz.: cloître; engl.: cloister; ital.: chiostro; portug.: claustro.

liturgischem Charakter wie Lesen, Meditieren, Heiligen- und Totenandachten, rituellen Waschungen, lehrhaften Unterweisungen sowie der Geißelung straffälliger gewordener Mitglieder.[352] Mit der Entwicklung vom gemeinsamen Dormitorium zur Einzelzelle, durch die eine Trennung der klösterlichen Lebensbereiche entstand, verlor der Kreuzgang im 15. Jahrhundert seine zentrale Funktion für die Mönche. Er wurde daher mehr und mehr den Besuchern geöffnet, besonders in den Klöstern der Bettelorden. Der Kreuzgang des Karmeliterklosters war zu Beginn des 16. Jahrhunderts kein Bereich der Klausur mehr, sondern er wurde in vielfältiger Weise von der Frankfurter Bürgerschaft und den auswärtigen Handelsherrn genutzt. Von Bedeutung war er als Prozessionsweg und Beerdigungsstätte. So wurde der Annenbruderschaft gestattet, am Annenfest eine sakramentale Prozession innerhalb der Klosterräume[353] abzuhalten und der Barbarabruderschaft ihre Toten im Kreuzgang beizusetzen.[354] Auch anderen Bürgern stand der Kreuzgang als Grabplatz offen, so ist einer der Gesellen Ratgebs, der während der Arbeiten verstarb, dort begraben worden. Einige der Stifter des Wandgemäldes nutzten ihren Bildabschnitt als Epitaph, wie etwa Georg Frosch.[355]
Die Multifunktionalität des Kreuzgangs als Raum spiegelt sich im Fehlen einer verbindlichen „Kreuzgang-Ikonographie“ wider. Ursprünglich als schlichter Umgang eingerichtet, wurde er schon bald mit Figurenschmuck an Säulen und Kapitellen ausgestattet. Wandmalerei im Kreuzgang finden sich in Italien seit Beginn des 14. Jahrhunderts. Obwohl es keine Standard-Ikonographie gibt, griff man meist auf christologische Themen, Szenen aus dem Marienleben oder Szenen aus der Vita des Ordensgründers zurück.[356] Der Verzicht der Karmeliter im Kreuzgang ihre Ordenslegende aufzurollen und diese stattdessen im Refektorium malen zu lassen, spricht dafür, daß beide Ausstattungen gemeinsam geplant wurden und einem einheitlichen Konzept unterliegen.

In der Toskana hat sich eine Anzahl vollständiger oder zumindest umfangreicher Kreuzgangausstattungen erhalten: Fra Angelico malte im Kloster San Marco in Florenz unter anderem auch im Kreuzgang.[357] Die Malereien befinden sich in den Lünetten über den Türen, d. h. die Bildfelder waren durch die Architektur des Kreuzgangs begrenzt im Gegensatz zu Frankfurt, wo Ratgeb eine riesige ungeteilte Wandfläche zur Verfügung stand. Diese ungeteilte Wandfläche entstand durch die flache Decke. Die gewölbten Decken früherer Kreuzgänge gliedern dagegen auch die Wand durch die Lünetten der Gewölbe.

---

[352] Rolf Legler: Der Kreuzgang: ein Bautyp des Mittelalters. Frankfurt a. M. 1989 (zugl. Diss. München 1984), S. 207-211.

[353] Heinrich Hubert Koch: Das Karmeliterkloster zu Frankfurt am Main. 13. bis 16. Jahrhundert. Frankfurt am Main 1912, S. 40.

[354] Ders., S. 36.

[355] Vgl. auch Jörg Ratgeb‘s Wandmalereien. 1987, S. 52-90 und S. 111-117.

[356] Luca Signorelli: Leben des Hl. Benedikt, 1497-98. Fresko. Monte Oliveto Maggiore; Andrea del Sarto: Leben Johannes des Täufers, 1514-26. Fresko. Florenz, Chiostro dello Scalzo.

[357] William Hood: Fra Angelico at San Marco. New Haven 1993; Paolo Morachiello: Beato Angelico Gli affreschi di San Marco. Milano 1995.

Der Chiostro Verde in S. Maria Novella in Florenz wurde von mehreren Künstlern u. a. von Ambrogio di Baldese und Paolo Uccello ausgemalt.[358] Auch hier sind die Bildfelder durch die Architektur des Kreuzgangs vorgegeben gewesen. Eine Unterteilung der Fläche durch gemalte Architekturen wie bei Ratgeb war daher nicht nötig. Die Gedrängtheit des Bildprogramms erforderte, mehrere Geschichten in einem Bildfeld zu plazieren. Uccello greift zu einer völlig anderen Lösung als Ratgeb. Durch den Einsatz der Perspektive trennt er verschiedene Episoden in einem Bildfeld. In den Genesis-Szenen schafft er mittels zweier Fluchtpunkte eine Dualität in der Bildkomposition. Auch bei Luca Signorellis Benedikt-Zyklus in Monte Oliveto Maggiore und Andrea del Sartos Johannes-Geschichte in Chiostro dello Scalzo in Florenz sind die einzelnen Bildfelder durch die Architektur des Kreuzgangs festgelegt. Die gemalte Architektur im Bild muß nicht die Aufgabe der Szenentrennung übernehmen und ist nach perspektivischen Gesetzen aufgebaut. Neben den formalen Divergenzen stehen die inhaltlichen. Keiner der italienischen Zyklen hat ein typologisches Programm.

Diesseits der Alpen ist keine vergleichbare Kreuzgangausstattung erhalten. Viele Kreuzgänge, wie etwa der des zisterziensischen Klosters Maulbronn[359] waren nur an den Decken verhalten mit ornamentaler Rankenmalerei verziert, andere, wie etwa der Kreuzgang des Bamberger Domes, hatten ein skulpturales Programm. Es hat auch hier ausgemalte Kreuzgänge gegeben, doch sind diese zerstört. So war der Kreuzgang von St. Bartholomäus in Frankfurt mit der Passionsgeschichte bemalt. Nach dem Dombrand 1867 wurde er mitsamt den Freskenresten abgerissen.[360] Bis auf einige Beschreibungen des 19. Jahrhunderts[361] und Fotos[362] ist nichts von den Malereien überliefert. Soweit es sich aus diesen Fragmenten schließen läßt, sind hier ähnliche Unterschiede auszumachen. Die Wandfläche war durch die Architektur gegliedert und damit einzelne Bildfelder vorgegeben. Es wurden keine gliedernden gemalten Architekturen verwendet. Der Zyklus war kein typologischer, d. h. es mußten keine verschiedenen Ebenen in einem Bildfeld zusammengefaßt werden.

---

[358] Umberto Baldini (Hg.): Santa Maria Novella; Kirche, Kloster und Kreuzgänge. Stuttgart 1982, S. 134-155.

[359] Johannes Wilhelm: Die Wandmalereien in der Kirche und in der Klausur des Klosters Maulbronn. In: Maulbronn: zur 850jährigen Geschichte des Zisterzienserklosters. Hrsg. von Landesdenkmalamt Baden-Württemberg. Stuttgart 1997 (=Forschungen und Berichte der Bau- und Kunstdenkmalpflege in Baden-Württemberg; Bd. 7), S. 425-455.

[360] Elisabeth de Weerth: Der Streit um die Restaurierung des Frankfurter Domkreuzgangs; ein Fall der Denkmalpflege im 19. Jahrhundert. In: Archiv für Frankfurter Geschichte und Kunst 61 (1987), S. 281-298. Korrektur des Abbildungsteils in Archiv für Frankfurter Geschichte und Kunst 62 (1993), S. 461ff.

[361] Johann David Passavant: Die Anbetung der Könige, Wandmalerei in dem Kreuzgang des ehemaligen Carmeliterklosters zu Frankfurt a. M. In: Archiv für Frankfurter Geschichte und Kunst 8 (1858), S. 110; Wilhelm Lotz: Kunsttopographie Deutschlands. Cassel 1862, Bd. 1, S. 212; Friedrich Gwinner: Kunst und Künstler in Frankfurt am Main vom dreizehnten Jahrhundert bis zur Eröffnung des Städelschen Kunstinstituts. Frankfurt am Main 1862, S. 476; Ernst F. A. Münzenberger: Der Kreuzgang am Dome zu Frankfurt am Main; was er war und was aus ihm werden soll. Frankfurt a. M. 1876, S. 53ff.

[362] Elisabeth de Weerth: Domkreuzgangs 1993, Abb. 12.

Wenn ein Vergleich von Ratgebs Kreuzgangmalerei mit der Ausstattung anderer Kreuzgänge negativ ausfällt, stellt sich die Frage, ob andere Vorbilder zu ermitteln sind.

Bereits Guido Schoenberger wies auf gewisse Ähnlichkeiten mit der Biblia Pauperum (Abb. 13), in der ebenfalls die einzelnen Szenen durch architektonische Kompartimente getrennt werden und ober- und unterhalb von Prophetenbüsten mit Spruchbändern begleitet werden. Er sah aber auch die Unterschiede in der Kompositionsweise. Während in der Biblia Pauperum stereotyp der Antitypus von zwei Typen gerahmt ist, ordnet Ratgeb die Szenen neben-, über- oder hintereinander. Außerdem verzichtet er häufig auf einen der beiden Typen und begnügt sich mit der Angabe der Prophetenstelle.[363]
Der typologische Aufbau der meisten Szenen ist unbestritten und die Vermutung liegt auf der Hand, daß dem Entwerfer des Programms ein Exemplar einer Armenbibel als Anregung diente. Bei näherer Untersuchung fallen weitere Abweichungen auf: In der Regel besteht die Biblia Pauperum aus dreiunddreißig Kapiteln analog zu den Lebensjahren Christi. Allein die noch bekannten Szenen zählen fast schon vierzig, d. h. die Ausmalung ging weit über den Themenkreis der Armenbibel hinaus. Auf der Westwand beginnt der Zyklus mit der Entstehung der Welt, daran schließt sich die Annenlegende an. Die Biblia Pauperum setzt erst mit der Kindheitsgeschichte Jesu, mit der Verkündigung an Maria, ein. Die ersten vier Szenen des Kreuzgangs gehören nicht zum Repertoire der Biblia Pauperum. Sie lehnen sich nur an die Gestaltung der typologischen Szenen an. Die Berücksichtigung der Annenlegende verwundert wenig, da die Karmeliter, und vor allem die Frankfurter Karmeliter unter Romuald von Laupach, den Annenkult systematisch förderten. In die Gründungslegende des Ordens war der apokryphe Legendenkreis um die Heilige Sippe integriert.[364] Entsprechend ihrer hohen Wertschätzung im Frankfurter Karmel stehen die Szenen aus dem Leben der Heiligen Anna im Vordergrund, während die Episoden mit Maria im Hintergrund spielen. Die Szenen der Westwand, die die Jugend Christi schildern, lehnen sich inhaltlich und formal am weitesten an die Biblia Pauperum an. Aber bereits hier nimmt sich Ratgeb künstlerische Freiheiten, indem er im Vergleich zur Armenbibel die Reihenfolge der Szenen ändert[365] oder bei der Darbringung im Tempel gleich drei Szenen aus dem Neuen Testament schildert. Die Gestaltung der Nordwand weicht nicht nur stilistisch stark von der Westwand ab. Die Architekturen und damit die schematische Bildfeldeinteilung tritt zurück, während die Figuren mehr Raum fordern. Die Aufteilung innerhalb der Bildfelder ändert sich. Die eher starre Dreiteilung der Westwand – die noch Parallelen zur Biblia Pauperum aufweist – mit

[363] Guido Schoenberger: Ratgeb-Studien 1926, S. 68.

[364] Emerentiana, die Mutter der Anna, suchte Elias, den vorgeblichen Gründer des Karmeliterordens auf, um ihn zu fragen, ob sie sich dem Wunsch ihrer Eltern zu heiraten, fügen soll. In einer Vision wurde dem betenden Elias offenbart, daß Emerentiana Anna, die Stammutter Christi gebären würde.
Vgl. auch Kurt Köster: Pilgerzeichen 1973; Wolfram Prinz: Gemälde des Historischen Museums Frankfurt am Main. Frankfurt a. M. 1957, S. 26ff.

[365] In der Biblia Pauperum folgt auf die Flucht nach Ägypten und dem Sturz der Götzen der bethlehemitische Kindermord. Ratgeb zieht den Kindermord vor den Götzensturz.

dem Antitypus im Vordergrund, dem Typus im Hintergrund und den Propheten im oberen Bildfelddrittel, löst sich auf. Die Unterschiede zur Biblia Pauperum überwiegen auf der Nordwand. Das erste Bild der Nordwand, der Abschied von den Eltern (Abb. 12 d), ist weder eine Szene der Biblia Pauperum noch typologisch aufgebaut. Es gibt keine Typen, keine Propheten und keinen Titulus. Ohnehin fehlen die Tituli, die auf der Westwand die Bilder begleiten, auf der Nordwand gänzlich. Die Verabschiedung von den Eltern ist nicht die einzige „erzählende Szene" auf der Nordwand. Der Abschied von Maria und wahrscheinlich auch die sich anschließende Episode sind eingeschobene, nicht typologisch aufgebaute Szenen, die den Fluß der Handlung stützen.

Ratgebs Erzählstil entwickelt sich auf der Nordwand weiter. Er bringt die Bilder in einen erzählerischen Verlauf, indem er nicht typlogisch aufgebaute Szenen einfügt und die architektonischen Bildfeldtrennung reduziert, darüber hinaus knüpft er den Erzählstrang fester, indem er immer wieder dieselben Protagonisten in den Bildern auftreten läßt. Neben der Hauptfigur Christus sind die Schergen, aber auch Nebenpersonen, wie Pilatus oder der Ankläger, der aus einem Rotulus vorliest, oder Gegenstände mehrfach abgebildet und stärken so den Verlauf der Handlung.

Neben den „erzählenden" Szenen gibt es weitere, die nicht zum Repertoire der Biblia Pauperum gehören. Ratgeb hat die Passion extrem ausgeweitet. In der Armenbibel liegen in der Regel zwischen dem Judaskuß und der Kreuztragung drei Szenen: Christus vor Pilatus, Ecce Homo und Dornenkrönung,[366] bei Ratgeb dagegen zehn.[367] Im Gegenzug kennt die Biblia Pauperum Szenen, die Ratgeb nicht berücksichtigt, auch die Reihenfolge ist nicht kongruent.[368] Nicht nur die Wahl der Antitypen ist unterschiedlich. Ratgeb weicht auch bei den alttestamentlichen Typen und häufiger bei den Prophetenstellen von den traditionellen Inhalten der Biblia Pauperum ab.

Neben den inhaltlichen Divergenzen stehen die formalen: Kaum eine der Hauptszenen im Kreuzgang lehnt sich vom Aufbau an die Armenbibel an. Der mediale Unterschied wird an dieser Stelle immanent: Hier eine riesige Wandfläche dort eine kleine Buchseite, die vom Text dominiert wird. Neben der Trennung der Typen von den Antitypen ist es vor allem die geringe Zahl der Bildakteure, die typisch für die Armenbibel ist. Ratgeb bevorzugt vielfigurige Szenen und integriert den Typus ins Bildfeld. So wird der bethlehemitische Kindermord in der Biblia Pauperum als Gegenüberstellung des Herodes und einer oder mehrerer Frauen gezeigt, zwischen beiden Polen ein Knecht, der die Kinder ermordet.[369] Bei Ratgeb

---

[366] In einzelnen Handschriften, vor allem der sog. Londoner Gruppe, finden sich auch weitere Szenen wie die Geißelung oder die Händewaschung des Pilatus. Das Verhör durch Pilatus kann auch durch das Verhör durch Hannas oder Herodes ersetzt werden. Die typologischen Beziehungen bleiben dabei die gleichen.

[367] Nach dem Verrat durch Judas die Gefangennahme Christi, Jesus vor Hannas, Jesus vor Kaiphas, die Verspottung durch die Wächter, Christus vor Pilatus, Christus vor Herodes, Geißelung, Verspottung durch das Volk, Ecce Homo, Pilatus wäscht seine Hände in Unschuld und dann erst die Kreuztragung.

[368] So folgt in der Biblia Pauperum nach der Verklärung das Gastmahl bei Simeon, Christus weint über Jerusalem, Einzug in Jerusalem und Reinigung des Tempels. Soweit anhand der Inschriften heute noch feststellbar ist, erzählt Ratgeb nach der Verklärung den Einzug in Jerusalem, den Beschluß der Pharisäer, Christus zu töten und erst dann das Gastmahl bei Simeon.

[369] Henrik Cornell: Biblia pauperum. Stockholm 1925, S. 260.

fehlt der Herrscher, und er zeigt mehrere Knechte in einer wahren Tötungsorgie. Entgegengesetzt werden diesen die Trauer der Mütter und deren verzweifelter Versuch, die eigenen Kinder zu retten.
Auch beim Sturz der Götzen, weicht er von der Gestaltung der Armenbibel ab. Dort sitzt die Madonna mit dem Kinde links, ein oder mehrere Götzenbilder stehen auf dem Pfeiler in der Mitte und Josef rechts.[370] Bei Ratgeb ziehen Maria, das Kind auf ihren Armen, und Josef an einer Götzenstatue vorbei. Die Zerstörung des Idols bleibt nicht unbemerkt, sondern wird von einem heidnischen Priester und zwei weiteren Ungläubigen mit Bestürzung registriert. Diese zwei Beispiele mögen genügen. Sie ließen sich problemlos vermehren. Gerade in den Passionsszenen steigert Ratgeb seine Bilder zu Massenszenen, die nicht mehr mit dem personell stark reduzierten Geschehen der Biblia Pauperum zu vergleichen sind.
Diese Großartigkeit der Passionsszenen sieht Kaiser durch das spätmittelalterliche Passionsspiel beeinflußt:

> „Da wir von der Tatsache ausgehen können, daß Ratgeb seit 1514 möglicherweise auch bereits früher, in Frankfurt war, muß er auch die letzte Aufführung des Frankfurter Passionsspieles erlebt haben. Dieses unmittelbare Erleben scheint in starkem Maße auf die künstlerische Komposition der Nordwand sich ausgewirkt zu haben. Die starke Betonung der Rahmung der einzelnen Szenen, die ädikulaförmigen Aufbauten, erinnern an die gemalten Rückwände, die bei Passionsspielen verwendet wurden."[371]

Wenn auch stark angezweifelt werden muß, daß der Maler der letzten Aufführung des Frankfurter Passionsspiels 1506 beiwohnte,[372] ist doch die Idee der Beeinflussung durch Passionsspiele interessant. Neben dem personellen Zuwachs der Szenen,

---

[370] Ders., S. 259.
[371] Ute-Nortrud Kaiser: Jerg Ratgeb 1985, S. 135.
[372] Kaiser geht sehr ungenau mit den Daten um. Sie impliziert, daß das Frankfurter Passionsspiel 1514 aufgeführt wurde, was nicht der Fall war. Das Spiel kam 1506 das letzte Mal zur Aufführung. 1515 wird es nicht gestattet. Kaiser postuliert zwar auch einen Aufenthalts Ratgebs 1506 im Rhein-Main-Gebiet. Mit dieser Meinung steht sie jedoch alleine und kann sie nicht belegen. Der Maler Ratgeb wird zudem erst 1510 mit dem Barbara Altar in Schwaigern faßbar. Auch wenn er die letzte Aufführung des Frankfurter Passionsspiels 1506 gesehen hätte, erklärt dies nicht den stilistischen Wechsel zwischen West- und Nordwand. Da der Kreuzgang erst 1515 begonnen wurde und somit auch die Westwand von der Aufführung beeinflußt worden wäre.
Zum Frankfurter Passionsspiel: Johannes Janota: Frankfurter Dirigierrolle – Frankfurter Passionsspiel. Tübingen 1997 (=Die hessische Passionsspielgruppe; Bd. 1); Bernd Neumann: Geistliches Schauspiel im Zeugnis der Zeit; zur Aufführung mittelalterlicher religiöser Dramen im deutschen Sprachgebiet. 2 Bde. München 1987; Richard Froning (Hg.): Das Drama des Mittelalters. Die lateinischen Osterfeiern und ihre Entwicklung in Deutschland. Die Osterspiele. Die Passionsspiele. Weihnachts- und Dreikönigsspiele. Fastnachtsspiele. Stuttgart 1891/92. Reprint Darmstadt 1964; Edith Wenzel: „Do worden die Judden alle geschant;" Rolle und Funktion der Juden in spätmittelalterlichen Spielen. München 1992 (=Forschungen zur Geschichte der älteren deutschen Literatur; Bd. 14) Zugl. Berlin Habil-Schrift; Natascha Bremer: Das Bild des Juden in den Passionsspielen und in der bildenden Kunst des deutschen Mittelalters. Frankfurt u. a. 1986 (=Europäische Hochschulschriften; Reihe 1, Deutsche Sprache und Literatur; Bd. 892).

könnten die Verrohung der Charaktere, die Stärkung der Rolle der Propheten,[373] die Ausweitung der Passionsszenen sowie die antijüdischen Tendenzen auf der Nordwand in diese Richtung weisen. So sind die spätmittelalterlichen Passionsspiele und gerade das Frankfurter immer wieder als Exempel eines Antijudaismus herangezogen worden.[374] Während auf der Westwand keine antijüdischen Tendenzen festzustellen sind muß die Darstellung des Teufels in der Versuchung Christi als Jude und Spieler in diesem Sinne gesehen werden.

Auch die ausführliche Schilderung der Passion findet ihre Parallele im Frankfurter Passionsspiel, allerdings ist die Erzählung wesentlich breiter als bei Ratgeb. So ist der Verleugnung des Petrus, die im Passionsspiel weitläufig geschildert wird,[375] auf dem Wandbild nur eine Hintergrundszene eingeräumt. Andere Szenen wie die Reue des Judas fehlen in der Darstellung. Auch im direkten Vergleich des Textes des Spiels mit den Bildern werden die Unterschiede offenbar. Ratgeb malt zwei falsch schwörende Zeugen vor Kaiphas, der Text erwähnt drei. Den vier Kriegsknechten im Text stehen drei Schergen auf dem Bild gegenüber.

Exemplarisch soll das Verhör vor Herodes im Text[376] und im Bild verglichen werden, um die Abweichungen zu verdeutlichen: Im Spiel begrüßt Herodes neben den Juden als Ankläger Christi auch die beiden Hohenpriester Hannas und Kaiphas. Synagogus, der Wortführer der Juden, klagt Christus vor Herodes an. Dieser wendet sich mehrfach an Christus, der jedoch beharrlich schweigt. Auch als der Diener des Herodes sein Wort an ihn richtet, bleibt er stumm. Da Herodes nichts aus Jesus herausbringt, schickt er ihn zu Pilatus zurück, nachdem er ihn in ein weißes Gewand, als Zeichen seiner Schande gekleidet hat.

Auf dem Wandbild wird Christus von drei Schergen vor Herodes gezerrt (Abb. 12 e). Das Personal ist bei Ratgeb ein anderes. Es fehlen die Hohenpriester Hannas und Kaiphas, sowie die Sklaven des Herodes. Die Juden, die im Spiel eine wichtige Rolle spielen, bleiben im Bild im Hintergrund. Die Rolle der Bösewichte haben dort die Schergen übernommen, die der Text nicht erwähnt. Auch das weiße Gewand Christi berücksichtigt das Bild nicht.

---

[373] Wie in der Frankfurter Dirigierrolle beginnt das Frankfurter Passionsspiel mit einem Prophetenvorspiel. Augustinus in der Funktion eines Regens ludi läßt die Propheten als Zeugen für die Menschwerdung und den Sühnetod Christi auftreten. Frankfurter Passionsspiel V.1-332, Edith Wenzel: Rolle der Juden 1992, S. 58-65.

[374] Natascha Bremer: Bild des Juden 1986; Carla Dauven-van Knippenberg: Maria Magdalena als Katalysator des Antijudaismus im Frankfurter Passionsspiel (1493). In: Dies. (Hg.): So wold ich in fröiden singen. Festgabe für Anthonius H. Touber zum 65. Geburtstag. Amsterdam u. a. 1995, S. 161-68; Winfried Frey: Der vergiftete Gottesdienst; zur Funktion von Passionsspielen in der spätmittelalterlichen Stadt am Beispiel Frankfurt am Main. In: Der fremdgewordene Text: Festschrift für Helmut Brackert zum 65. Geburtstag. Hg. Silvia Bovenschen. Berlin u. a. 1997, S. 202-217; ders.: Gottesmörder und Menschenfeinde; zum Judenbild in der deutschen Literatur des Mittelalters. In: Die Juden und ihre mittelalterliche Umwelt. Hg. Alfred Ebenbauer u. a. Wien u. a. 1991, S. 35-51; ders.: Passionsspiel und geistliche Malerei als Instrument der Judenhetze in Frankfurt am Main um 1500. In: Jahrbuch des Institus für Deutsche Geschichte (Tel Aviv) 13 (1984), S. 1-57.

[375] V 2526-2543; 2548-2565; 2598-2629.

[376] V 2823-2914.

Inhaltlich zeigt sich Ratgeb mehr von der Biblia Pauperum beeinflußt als von den Passionsspielen. Es soll nicht ausgeschlossen werden, daß gewisse Züge wie etwa die antijüdischen Tendenzen oder die Verrohung der Charaktere auf die Gestaltung abfärbten, sie gehen aber nicht über das übliche hinaus. Inwieweit die Aufführungen, insbesondere die Kostümierung und der Bühnenaufbau, sich im Wandgemälde widerspiegeln, läßt sich heute nicht mehr feststellen.

Das Problem, daß sich diesseits der Alpen heute keine vergleichbare Kreuzgangausstattung findet, dürfte sich zu Beginn des 16. Jahrhunderts nicht viel anders dargestellt haben. Ratgeb selbst wird zwar sicher Erfahrungen im Bereich der Wandmalerei gesammelt haben, doch dürften sich diese auf kleinere Flächen beschränkt haben. Noch bei der Anbetung für Claus Stalburg sieht man „dem Bild in allen Ecken an, daß sich der Maler noch nicht sicher fühlte. Er tastete sich in der zehn Meter breiten Fläche erst zurecht.“[377] Beim Zyklus kam erschwerend hinzu, daß einerseits die gesamte Wandfläche in gleich große Kompartimente geteilt wurde, die jeweils von einem Stifter oder einer Stiftergruppe finanziert wurden, aber andererseits die Geschichte sich als fortlaufendes Band abrollen sollte. Bereits Schoenberger hatte die Idee, daß Ratgeb sich von einem anderen Medium, der Teppichkunst, Anregungen holte. Dies lag insofern nahe, da es üblich war, große Wandflächen sowohl in sakralen als auch in profanen Räumen mit Teppichen zu behängen. Allgemein wird die Beeinflussung der Wandmalerei durch die Teppichkunst als gegeben betrachtet.[378]
Schoenberger grenzt die Vorbilder auf die Teppiche der Schule von Tournai ein, deren Stil geprägt ist durch fortlaufend dicht gedrängte Figurenszenen neben- und untereinander, die durch Landschaft verbunden und durch Architekturgehäuse getrennt werden (Abb. 14). Auch im Detail, d. h. in der Architektur mit ihren unreinen Renaissanceformen und den Beischriften sieht er Vergleichbares.[379]
Überzeugend ist die Parallele der das Bildfeld gliedernden Architekturen. Hier wie da phantastische Architekturen, deren Hauptelemente prächtige Säulen sind, die durch verschiedene Bauformen überwölbt werden, aber perspektivische Gesetze außer acht lassen. Allerdings kennt Ratgeb verschiedene Bildgründe und vermittelt so den Eindruck von Nähe und Ferne. Anders die Wandteppiche, die nur einen, den vorderen Bildgrund kennen und die gleich große Personengruppen übereinander staffeln. Damit verbunden ist ein Horror vacui. Dicht an dicht drängen sich Figuren an Figuren zwischen Architekturen. Verbleibende leere Flächen werden mit floralen Motiven ausgefüllt. Der Eindruck ist ein eindimensionaler. Ratgeb arbeitet dagegen immer wieder mit illusionistischen Tricks und überschreitet bewußt die optische Grenze. Auch der Einsatz von Inschriften ist bei Ratgebs Wandmalerei und den Teppichen nicht vergleichbar. Auf den Teppichen läuft der Text ober- oder unterhalb

---

377 Wilhelm Fraenger: Jörg Ratgeb. 1981, S. 78.
378 Eva Galosy: Die Verwendung des gewirkten Bildteppichs im profanen Bereich ab 1400. Diss. Wien 1963 (masch.sch.), S. 89.
379 Guido Schoenberger: Ratgeb-Studien 1926, S. 68.

der Bilder und bildet eine zweite Ebene. Der Maler hingegen versucht, die Inschriften samt ihrer Träger ins Bild zu integrieren.
Wenn kein eindeutiges Vorbild für den Kreuzgang-Zyklus ausgemacht werden kann, mag dies zum einen an der Überlieferungslage liegen, zum anderen muß man Ratgeb durchaus die Qualität zubilligen, aus verschiedenen Anregungen etwas Eigenes kreiert zu haben.

4.3.4 Text und Bild

Ratgeb setzt eine Vielzahl von Quellenangaben auf den Wandgemälden des Kreuzgangs ins Bild, doch gerade bei den Hauptszenen verzichtet er darauf, nur bei dreien teilt er seine Quelle mit: Die Darbringung im Tempel (Abb. 11 b) begleitet ein Schild, das auf das Lukas-Evangelium weist.[380] Im Vergleich von Bild und Text fällt auf, daß Ratgeb zwar alle Protagonisten – Jesus mit seinen Eltern, Hanna und Simeon – zeigt, daß das Bild und der Text dennoch nicht deckungsgleich sind. Der Text setzt den Schwerpunkt auf den Erlösungsaspekt der Welt durch Christus, der sowohl von Hanna als auch von Simeon verkündet wird. Ratgeb stellt das Reinigungsopfer der Eltern in den Vordergrund. Auch in der Wahl des Typus, ein Reinigungsopfer in alttestamentlicher Zeit, und des Prophetenwortes wird der Fokus auf die Gesetzestreue des göttlichen Handelns gelegt. Diese Betonung konnte schon festgestellt werden, sie ist eine der Grundaussagen, die dem Programmentwerfer wichtig war. Dies verwundert wenig, da den Karmelitern daran gelegen war, die Kontinuität zwischen Altem und Neuem Testament zu betonen, da sie sich auf den alttestamentlichen Propheten Elias als Gründer berufen. Die Bildfindung ist also kaum in der Auseinandersetzung mit dem Text direkt entstanden, sondern das Programm hat die Gestaltung bestimmt, wie etwa die Festlegung der Vorder- und Hintergrundszenen. Dabei hat Ratgeb eine selbstständige Komposition entwickelt, die von der gängigen Darstellungstradition abweicht, bei der Maria und Simeon die Hauptpersonen sind, während Josef nur eine Nebenrolle spielt. Schilling unterscheidet dabei den auf den Hypapante-Bildtypus zurückgehenden Typ, bei dem Maria – meist von links – auf Simeon zutritt und ihm das Kind überreicht, sowie Abbildungen, bei denen die Handlung vor einem Altar spielt und der Priester des Tempels mit der Person des Simeon verschmilzt, um den kultischen Brauch zu betonen (Abb. 15 a).[381] Bei Ratgeb knien Josef und Maria gleichberechtigt links und rechts des Hohepriesters, der das Kind in seinen Armen dem Betrachter präsentiert. Abgeleitet ist das Kompositionsmuster von der Vermählung Josefs mit Maria aus Dürers Marienleben (Abb. 15 b).[382]

---

[380] Lk 2.
[381] Gertrud Schilling: Ikonographie der christlichen Kunst. Bd.1. Inkarnation, Kindheit, Taufe, Versuchung, Verklärung, Wirken und Wunder Christi. Gütersloh 1966, S. 102.
[382] Albrecht Dürer: Marienleben, Vermählung Mariens. Holzschnitt, 1502-1510. Joseph Meder: Dürer-Katalog 1932, 194, Erwin Panofsky: Dürer 1948, Nr. 302; Karl Adolf Knappe: Dürer 1964, 232.

Bei der Flucht nach Ägypten und der Heimkehr (Abb. 12 c) wird die Quelle ebenfalls genannt.[383] Ratgeb verzichtet auf die Traumepisode und zeigt nur Josef, der Maria und das Kind auf einem Esel wegführt. Er fügt sich in die zeitgenössische Darstellungstradition ein, was sich vor allem in der Berücksichtigung der Reisekleidung Mariens widerspiegelt (Abb. 15 c).[384]
Bei den anderen Vordergrundszenen werden keine Quellen genannt. Ein Vergleich mit den dazugehörigen Texten des Neuen Testaments ist dennoch möglich, was an einigen Szenen exemplarisch vorgeführt werden soll:
Die Beschneidung Christi (Abb. 12 a) erwähnt nur der Evangelist Lukas: „Als acht Tage vorüber waren und das Kind beschnitten werden sollte, gab man ihm den Namen Jesus, den der Engel genannt hatte, noch ehe das Kind im Schoß seiner Mutter empfangen wurde."[385] Weder der Vorgang mit den Anwesenden noch der Schauplatz wird geschildert. Ratgeb muß sich mit anderen Darstellungen des Themas auseinandergesetzt haben. Der Bildtypus des thronenden Rabbis mit dem nackten Kind auf dem Schoß, der vor ihm kniende Mochel oder die Kerzenträger sind Motive, die sich immer wieder nachweisen lassen[386] und auf Dürers Holzschnittfolge des Marienlebens zurückgehen (vgl. Abb. 15 d).[387] Interessant ist die Berücksichtigung sowohl der Beschneidung als auch der Darbringung. Da beide thematisch verwandt sind, wird oft nur eines der Ereignisse gezeigt. Durch die Darstellung beider Szenen werden wiederum die Gesetzestreue des göttlichen Handelns und die Kontinuität zwischen Altem und Neuem Bund betont.

Auf der Nordwand ist bei keiner der Hauptszenen eine Quelle überliefert. Die erste Szene, der Abschied Jesu von seinen Eltern, basiert nicht auf der Bibel. Die Taufe Christi (Abb. 12 d) schildern alle vier Evangelisten.[388] Im Vergleich zwischen Bild und Texten fällt auf, daß die Taube des Heiligen Geistes, die alle vier Evangelisten erwähnen, im Bild nicht zu sehen ist. Möglicherweise fehlt sie auch auf Grund des schlechten Erhaltungszustandes. Die betende Haltung Christi kann auf Lukas zurückgeführt werden. Viele Details des Bildes, wie die Kleidung des Johannes, der Taufritus mit dem Übergießen mittels einer Schale und die adorierenden Engel erwähnen die Evangelien nicht, sie sind aber fester Bestandteil der bildlichen Tradition. So tauchen die Engel bereits im 5./6. Jahrhundert auf Darstellungen der Taufe auf.[389] Ein ungewöhnliches Detail ist der Hirsch, der unterhalb von Johannes

---

[383] Matthäus 2.

[384] Vgl. z. B. Albrecht Dürer: Marienleben, Flucht nach Ägypten, 1503/4. Joseph Meder: Dürer-Katalog 1932, 201, Erwin Panofsky: Dürer 1948, Nr. 309; Karl Adolf Knappe: Dürer 1964, 239.

[385] Lk 2,21.

[386] Vgl. z. B. Hans Holbein d. Ältere: Beschneidung Christi vom Kaisheimer Altar, 1502. Fichte, 180 x 82 cm. Alte Pinakothek München. Norbert Lieb/Alfred Stange: Hans Holbein der Ältere. München 1960, Kat.-Nr. 21, Abb. 77.

[387] Albrecht Dürer: Marienleben, Beschneidung, 1503/4. Joseph Meder: Dürer-Katalog 1932, 198; Erwin Panofsky: Dürer 1948, Nr. 306; Karl Adolf Knappe: Dürer 1964, 236. Vgl. auch Gertrud Schilling: Ikonographie, Bd. 1, S. 100.

[388] Mt 3,13-17; Mk 1,9-11; Lk 3,21-22; Jo 1,29-34.

[389] Günter Ristow führt die adorierenden Engel auf andere Stellen in den Evangelien, die vom Herabsteigen dienender Engel berichten, wie etwa bei der Versuchung Christi, her. Auch der erste Petrusbrief nennt die

liegt. Er könnte schon zur folgenden Szene gehören, aber durch seine Ausrichtung zur Taufe hin wird seine Zugehörigkeit deutlich. Der Hirsch, der sich am Wasser des Jordan erquickt, ist ein eher seltenes Motiv bei der Taufe Christi. Es geht zurück auf den Psalm „Wie der Hirsch lechzt nach frischem Wasser, so lechzt meine Seele, Gott, nach dir."[390] Er wird auch auf Grund einer Legende des Physiologos als Sinnbild der Taufe verstanden. Beim Trinken aus einem Pfuhl mit dem Wasser des Verderbens habe ein Hirsch eine Schlange geschluckt und sich vergiftet, so daß er sein Geweih (Lichtsymbol) verlor. Zu einer Quelle gewiesen, trank er das klare Wasser, welches ihn wieder heilte, so daß er sein Geweih zurückgewann. Die Legende stellt dem trüben Wasser, in dem die Schlange lebt, als Todessymbol das reine Quellwasser als Wasser des Lebens und der Taufe gegenüber. Nach einer anderen Version der Legende spuckt der Hirsch die Schlange wieder aus und zertritt sie, was sich auf die Überwindung des Satans bezieht.[391] Diese zweite Version der Legende könnte die Stellung des Hirsches, der hinter dem Christus der Versuchung liegt, aber zur Taufe hin blickt, erklären. Er gehört sowohl zur Taufe als auch zur Versuchung und verbindet beide Szenen.

Von der Versuchung durch den Teufel berichten Matthäus[392] und Lukas.[393] Dreimal führt der Satan Christus in Versuchung. Zunächst schlägt er in der Wüste dem hungernden Christus vor, Steine in Brot zu verwandeln, dann bringt er ihn auf das Dach des Tempels und will ihn zum Hinunterspringen animieren, damit ihn die Engel retten. Schließlich bietet er Jesus auf einen Berg die Herrschaft über die Welt an.[394] Im Gegensatz zum Text findet die erste Versuchung nicht in der Wüste statt, es läßt sich nicht mit Gewißheit sagen, ob überhaupt die erste Versuchung als Hauptszene dargestellt ist, da ein Stein fehlt, den Christus zu Brot verwandeln soll. Die nach unten weisende Hand des Versuchers ist durch das Auflehnen am Stock begründet. Durch Mimik und Gestik wird eine Versuchungssituation angedeutet, aber was der Teufel Christus vorschlägt, bleibt im Dunkeln. Man könnte meinen, er wolle ihn zu einem Glücksspiel überreden, da er Spielbrett und Steine dabei hat. Die Versuchungsszene im Hintergrund verschmilzt die beiden anderen Episoden. Christus steht auf einem Berg, den der Teufel umschwirrt, Engel fliegen über ihm. Der Teufel

---

Engel als Zeugen beim Herabsteigen des Himmlischen Geistes (1 Petr 1,12) Die dienenden Engel findet er weiter in Texten von Ephrem dem Syrer, Johannes Chrysostomos (Jacques Paul Migne: Patrologiae cursus completus. Series graeca. Bd. 50, Sp. 801), Proklos (Jacques Paul Migne: Patrologiae cursus completus. Series graeca. Bd. 65, Sp. 717f.) und Basileus von Caesarea (Jacques Paul Migne: Patrologiae cursus completus. Series graeca. Bd. 29, Sp.763f.). Wie bei der Ankunft eines weltlichen Herrschers würden die Engel als Gefolge den Himmelskönig begleiten, zum Zeugnis seiner in der Jordantaufe sichtbar werdenden Weltherrschaft. Günter Ristow: Die Taufe Christi. Recklinghausen 1965, S. 24.

[390] Psalm 42, 2. Beispiel einer Abbildung eines Hirschen bei der Taufe Christi in der Pontianus-Katakombe, 6. Jahrhundert. Rom. Klaus-Dieter Dorsch/Hans Reinhard Seeliger: Römische Katakombenmalerei im Spiegel des Photoarchivs Parker. Dokumentation von Zustand und Erhaltung 1864-1994. Münster 2000, S. 138, Abb. 27 a/b; Lovis Perret: Catacombes de Rome. Bd. 3. Architecture, peintures murales. 1851, Tafel LII.

[391] Gertrud Schilling: Ikonographie. Bd. 1, S. 141.

[392] Mt 4,1-11.

[393] Lk 4,1-13.

[394] Bei Lukas sind die zweite und dritte Versuchung in anderer Reihenfolge erzählt.

stachelt Christus zum Sprung in die Tiefe an, damit die Engel ihn sicher zur Erde geleiten können. Diese Versuchung spielt im Neuen Testament auf dem Dach des Tempels, während der Satan Christus auf dem Berg die Weltherrschaft offeriert.
Die Tendenz, daß Ratgeb sich bei den Wandgemälden im Kreuzgang nicht direkt mit dem Text der Evangelien auseinandersetzte, sondern durch das Programm und die Tradition der Darstellung gebunden war, setzt sich fort. Eine Ausnahme scheint zunächst die Gefangennahme Jesu am Ölberg und der Verrat des Judas zu sein. Eindeutig kann hier die Quelle benannt werden, denn man sieht im Hintergrund einen Mann nackt davon rennen. Diese Geschichte erzählt nur Markus: „Da verließen ihn alle und flohen. Ein junger Mann aber, der nur mit einem leinenen Tuch bekleidet war, wollte ihm nachgehen. Da packten sie ihn, er aber ließ das Tuch fallen und lief nackt davon.“[395] Allerdings schildert auch Dürer die Szene im Hintergrund der Gefangennahme bei der Großen Passion (Abb. 16 a),[396] so daß auch eine Beeinflussung durch die Grafik möglich ist. In der Gestaltung der Szene mit einer Vielzahl von Schergen in zeitgenössischer Gewandung und Bewaffnung, die als groteske, rohe Gestalten auftreten, zeigt Ratgeb sich eindeutig in der Tradition der Darstellung.
Auch beim Ecce Homo, um ein letztes Beispiel zu nennen, ist Ratgeb durch die bildliche Überlieferung gebunden, die sich in den letzten Jahrzehnte des Mittelalters entwickelt: Christus hat den Purpurmantel umgehängt, aber der gegeißelte Körper ist entblößt. Er steht oft vornüber gebeugt und hat meist die Arme vor dem Körper gefesselt. Antipodisch der Christus-Pilatus-Gruppe gegenübergestellt erscheint das die Kreuzigung fordernde Volk.[397] Auch Motive wie der von einem Mann hochgehobene Mantel Christ, um dessen Elend zur Schau zu stellen, finden sich immer wieder auf anderen Darstellungen (Abb. 16 b),[398] während der Text dazu schweigt. Trotz der Beeinflussung durch die bildliche Tradition hat Ratgeb eigene Ansätze. Durch die Gestik versteht er, vieles zu verdeutlichen. So zeigt die nach unten weit ausholende rechte Hand des Pilatus mit dem leicht schräg geneigten Kopf seine Ratlosigkeit über die Schuld Christi. Die Volksmenge zeigt durch die erhobenen und über Kreuz gelegten Finger und Hände, daß sie von Pilatus die Kreuzigung Christi fordert.

Bei der Untersuchung der Hauptszenen und ihrer Beziehung zu den ihnen zugrundeliegenden Texten fiel auf, daß Ratgeb nur bei drei Bildern seine Quelle nannte, bei weiteren konnte der Evangelientext ermittelt werden. Der Maler erzählt das Leben Jesu, aber seine Geschichte basiert nicht ausschließlich auf einem einzigen Text. Er verwendet die Texte aller vier Evangelien sowie der apokryphen Literatur. So kann es passieren, daß zwei direkt nebeneinander liegende Bildfelder und zwei

---

[395] Markus 14,50-52.
[396] Albrecht Dürer: Große Passion, Gefangennahme, 1510. Joseph Meder: Dürer-Katalog 1932, 116; Erwin Panofsky: Dürer 1948, Nr. 227; Karl Adolf Knappe: Dürer 1964, 186.
[397] LCI, Bd. 1, Freiburg 1968, Sp. 559.
[398] Vgl. z. B.: Hieronymus Bosch: Ecce Homo, 1470-80. Öl auf Holz, 75 x 61 cm. Städelsches Kunstinstitut und Städtische Galerie, Frankfurt a. M.

zeitlich aufeinander folgende Episoden auf unterschiedlichen Evangelien basieren, so z. B. die Gefangennahme Christi auf dem Markus-Evangelium und das sich anschließende Verhör durch Hannas auf dem Text von Johannes. Die Annahme, daß die Auswahl der Szenen auf der Biblia Pauperum beruht, erwies sich als falsch. Die Vorgabe, aus welchen Szenen der Zyklus besteht, und ob diese im Vorder- oder Hintergrund spielen, muß vielmehr vom Entwerfer des Programms stammen. An einigen Stellen wurde dies deutlich, wenn besondere Anliegen der Karmeliter wie die Kontinuität zwischen Altem und Neuem Testament nachgewiesen werden konnten. Es ist fraglich, ob sich Ratgeb für die Hauptszenen direkt mit den Texten des Neuen Testaments auseinandergesetzt hat, da mehr Differenzen als Kongruenzen aufgezeigt werden konnten. Bei den in der christlichen Kunst weit verbreiteten Szenen aus dem Leben Jesu war der Rahmen durch die Tradition der Darstellung eng gesteckt.

Die Hauptszenen werden von weiteren Episoden im Hintergrund begleitet. Von diesen stammen die meisten aus dem Alten Testament. Die Quellenangabe fehlt hier nie, es sei denn auf Grund des schlechten Erhaltungszustandes. Auch hier soll exemplarisch das Verhältnis von Text und Bild vorgestellt werden:
Die Verkündigung an Maria wird vom Vlieswunder des Gedeon begleitet, als Sinnbild für die zukünftige Erlösung und die Jungfräulichkeit Mariens (Abb. 11 a). Im Bild kniet Gedeon in Ritterrüstung auf einem Hügel, das Vlies liegt vor ihm, und ein Engel im Himmel deutet darauf hinab. Der Text[399] erwähnt weder das Niederknien noch das Nahen des Engels. Auch breitet Gedeon das Vlies nicht auf einem Hügel, sondern auf der Tenne aus. Er steht im direkten Dialog mit Gott und natürlich war der Held des Alten Testaments nicht als Ritter gekleidet. Ratgeb hat sich nicht mit dem Text auseinandergesetzt, sondern er steht in der Tradition der Darstellung, dies zeigt auch die Berücksichtigung des Engels, den er von einer bildlichen Vorlage übernommen hat (Abb. 17).[400]
Der bethlehemitische Kindermord wird von zwei Typen begleitet, einmal Saul läßt die Priester töten und zum anderen rottet Atalia die königliche Nachkommenschaft aus. Letztere Episode muß rechts im Hintergrund gespielt haben und ist heute nur noch schemenhaft zu erkennen. Die zweite Szene, die Tötung der Priester, nimmt fast das gesamte obere Drittel des Bildfeldes ein. In einem wilden Gemetzel bringen Soldaten unterhalb eines Rundtempels eine Schar weiß gekleideter Männer um, an der Seite steht ein Soldat in prächtiger Rüstung. In den Bildern der Biblia Pauperum taucht dieser Beobachter, Saul, immer auf.[401] Ratgeb hat sich demnach mit bildlichen Vorlagen auseinandergesetzt, die Übernahme Sauls wirkt wie ein Fremdkörper. Die Ähnlichkeit der Szene mit der Verfolgung der Karmeliter auf dem Wandgemälde im Refektorium fällt ins Auge und ist gewollt. Der Vergleich mit dem Text[402] zeigt große Unterschiede. Im Buch Samuel ist es allein der Edomiter Doeg, der die Priester des Herrn erschlägt. Nicht nur die Quelle ist genannt, ein Zitat begleitet als

[399] Richter 6.
[400] Vgl. LCI, Bd. 2, Sp. 125 und Henrik Cornell: Biblia pauperum. Stockholm 1925, S. 253.
[401] Ders., S. 261.
[402] 1 Samuel 22,6-23.

Überschrift das Geschehen: „Abjatar berichtete David, daß Saul die Priester des Herrn umgebracht habe.“[403] Auch dieser Text und das Bild sind nicht kongruent, sie bilden zwei zeitlich aufeinander folgende Ebenen. Das Bildgeschehen findet früher statt. Man sieht das Gemetzel, nicht aber den Priestersohn, der David von dem Morden erzählt.

Die Malerei der Nordwand ist gravierend zerstört. Sind die Antitypen und die Propheten noch zu erkennen, sind die kleinen Szenen aus dem Alten Testament fast völlig zerstört. An einigen Stellen kann man noch erkennen, daß es Typen gegeben hat, da sich die Banderolen, wenn auch ohne Inschrift, erhalten haben. Die Verklärung Christi hat zwei Typen, zum einen, Abraham und die Engel und zum anderen, die Männer im Feuerofen. Der Text der letzteren Geschichte[404] erzählt in allen Einzelheiten die Herstellung eines goldenen Kultbildes durch Nebukadnezar und dessen Verehrung. Drei Juden weigern sich, das Idol anzubeten und wurden daher als Strafe in einen Feuerofen geworfen. Doch während die Folterknechte ein Opfer der Flammen wurden, konnte das Feuer den Juden nichts anhaben. Nebukadnezar erkennt vier statt der drei Männer im Ofen und läßt daraufhin die Juden aus dem Ofen und erkennt ihren Gott an. Das Bild kann und will nicht diese gesamte Handlungsfülle erzählen und konzentriert sich auf die Szene im Ofen. Denn dieser Moment ist der für die mittelalterliche Typologie entscheidende. Die Verklärung bezieht sich auf die Dreieinigkeit Gottes, und die Geschichten aus dem Alten Testament führen Begebenheiten vor, in denen einer als Repräsentant für die Einheit von dreien steht. Bei den Juden im Ofen „macht ein Vierter, nämlich Christus, die Einheit aus, in welcher die drei aufgehen.“[405] Deshalb ist auch beim zweiten Typus genau jener Moment gewählt, in dem Gott als drei Männer dem Abraham erscheint und sich dieser vor ihm niederwirft.[406] Im Gegensatz zum Text erscheint Gott in der Form von drei Engeln. Der Eindruck, Ratgeb habe sich eher mit bildlichen Vorlagen als dem Text auseinandergesetzt, festigt sich beim Vergleich mit den Bildern der Biblia Pauperum. Dort werden die von der Seite kommenden Engel von Abraham gewöhnlich in kniender Stellung empfangen. Manchmal stehen sie auf einem Hügel (Abb. 13).[407]

Wie bei den Szenen aus dem Neuen Testament stellte sich beim Vergleich der Bilder mit den Texten heraus, daß Ratgebs Bilder teilweise stark von den biblischen Berichten abweichen. Einige Male spielte das Geschehen auf dem Bild nach der Erzählung aus dem Alten Testament, etwa bei der Episode von Moses und dem brennenden Dornbusch. Differenzen zwischen Bild und Text, wie etwa die fehlende Schilderung der Handlung, des Ortes oder des Aussehens der Akteure, gibt es immer wieder. Gerade solche Details wurden durch die bildliche Tradition der Darstellung festgelegt. Im Gegensatz zu den großen Hauptszenen, zeigte sich Ratgeb bei der

---

[403] 1 Samuel 22,21. Vgl. auch Anhang Inschriften.

[404] Daniel 3.

[405] Henrik Cornell: Biblia pauperum. Stockholm 1925, S. 268.

[406] Gen 18.

[407] Henrik Cornell: Biblia pauperum. Stockholm 1925, S. 267.

Komposition der Typen häufig abhängig von der Biblia Pauperum. Dies mag daran liegen, daß die Geschichten aus dem Alten Testament seltener abgebildet wurden und wenn, dann gerade auf Grund ihres typologischen Bezugs. Zudem war der mediale Unterschied bei den kleinen Hintergrundszenen nicht von solcher Bedeutung wie bei den Hauptszenen. Im Gegenteil war eine Beschränkung auf wenige Akteure, wie bei den Bildern der Biblia Pauperum, der Übersichtlichkeit des Erkennens dienlich.

4.3.5 Die Inschriften: Stifterinschriften, Tituli, Schriften bei den Typen, Prophetensprüche, weitere Texte

Wichtiger Bestandteil der Wandmalereien des Kreuzganges sind die Inschriften, die sich in der Form unterscheiden und verschiedene Funktionen übernehmen. Auf einer gemalten Borte, die ehemals zwischen den Bildfeldern und der gemalten Draperie verlief, waren die Namen der Stifter angebracht. Die Stifterinschriften sind heute nicht mehr im Original erhalten. Sie sind nach den Abschriften von Donner von Richter rekonstruiert, die Inschriften der heute völlig zerstörten Süd- und Ostwand überliefert Lersner in seiner Chronik.[408]

Die Dekoration des Kreuzganges finanzierte kein einzelner Stifter, sondern die Wandfläche wurde in gleich große Abschnitte geteilt, und diese wurden von verschiedenen Stiftern übernommen. Die Stifter bildeten keine homogene Gruppe. Mattausch-Schirmbeck unterscheidet nach ihrem unterschiedlichen sozialen Rang Patrizier, Karmeliter und andere Geistliche, Adlige, Ritter, Bruderschaften und die vier Reichsfürsten.[409] Grob kann man die Stifter in Kleriker und Laien trennen. Diese Unterscheidung treffen auch die Inschriften durch die Wahl der Sprache: Die der Laien sind in Deutsch gehalten, während für die Kleriker die lateinische Sprache vorbehalten war. Neben der Sprache unterscheiden sie sich durch die Formulierungen. Bei den Laien wird in der Regel stereotyp nur der Stiftername und daran anschließend der Name der Gattin mit dem Zusatz „SEIN HUSFRAW“ genannt, während die Stifterinschriften der Kleriker wesentlich ausführlicher sind und die Stellung oder Beziehung zu den Frankfurter Karmelitern erwähnen.[410] Auch die Sterbedaten oder die Aufforderung, für die Stifter zu beten, finden sich dort. Darüberhinaus differenzieren die Stifterinschriften auch sozial. Der Rolle der Frau im späten Mittelalter entsprechend, wird diese immer nur in ihrer Verbindung zu einem Mann – in der Regel ist dies der Ehemann – genannt und nie als selbstständige Person. Nur einmal taucht im Zyklus eine Stifterin auf, Katharin Frosch. Diese wird nicht in ihrer Rolle als Ehefrau, sondern als Mutter von Blasius von Holzhausen definiert.

Weiterhin fällt auf, daß bei Conrad Beer und den Eschborns die Frauen nur mit Vornamen genannt werden und nicht mit ihrem Mädchennamen. Beide Familien gehörten nicht zum alteingesessenen Patriziat der Stadt Frankfurt. Mattausch-

[408] Achilles August von Lersner: Chronica 1706, S. 119.

[409] Jörg Ratgeb's Wandmalereien 1987, S. 111-127.

[410] Vgl. z. B. Anhang. Inschriften. Kreuzgang, Nr. 10 F, Nr. 20 F, Nr. 27 F, Nr. 32 F.

Schirmbeck vermutet, daß beide Familien einer Gesellschaftsschicht angehörten, in der die quasi dynastische Ehe der Elite der Patrizier keine Rolle mehr spielte.[411] Beide Familien stammen aus dem Umkreis der Frankfurter Großhändler: Die Eschborns verdienten ihr Geld mit dem Metzgerhandwerk und Viehtrieben, während die Beers eine aus Friedberg stammende Krämerfamilie waren.

Die Tituli

Die Geburt Christi, die Beschneidung, die Flucht aus Ägypten und den Kindermord auf der Westwand begleiten Tituli, lateinische Distichen, die den Inhalt des Bildes kommentieren. Sie sind auf gemalte Tafeln geschrieben, von denen keine der anderen gleicht. Bei der Anbetung und der Beschneidung hängen die Tafeln an der unteren Kante der Platte, auf der die Bildakteure agieren. Bei der Flucht nach Ägypten lehnt die Tafel an der steinernen Brüstung und der das Bildfeld begrenzenden Säule, während sie beim Kindermord an solch einer Säule hängt. Auch die nicht mehr erhaltenen Bilder der Westwand, die Erschaffung der Welt und die Verkündigung, wurden von Tituli begleitet, ebenso die große Anbetung von Claus Stalburg auf der Südwand. Die Tituli sind durch ihre Träger vom Bildgeschehen unterschieden. Sie bilden eine eigene Ebene, die vor der ästhetischen Grenze des Bildes liegt. Die Geschichten aus der Bibel spielen sich hinter den Tafeln mit den Tituli ab. Diese stehen somit dem Betrachter näher als das biblische Geschehen und vermitteln zwischen beiden.
Nicht nur formal differieren die Tituli und das Bildgeschehen durch verschiedene Ebenen, sondern auch inhaltlich. Die Schöpfungsgeschichte ist untertitelt mit:

> „Der Allmächtige ... (schuf) die Erde, das Meer und alle Arten – Mit höchster Weisheit schuf er ihn sich selbst ähnlich und gab ihm mit göttlicher Vorsehung den Namen „Mensch" zu tragen – Er bestimmte ihn überall als den König aller Lebewesen, dem sich alles unterwirft."[412]

Der Text schildert die Ausgangssituation, die Erschaffung der Welt, die Gottähnlichkeit des Menschen und dessen Herrschaft über die Welt. Das Bild betont die negativen Folgen: Der Hochmut der Engel führte zu ihrem Sturz aus dem Himmel, und die Neugier der Menschen gipfelte mit der Vertreibung aus dem Paradies.

Die Tafeln mit den Tituli kommen heute nur auf der Westwand vor, die Nordwand kennt keine Tituli. Donner vermutet, daß der Verfasser „durch Verlassen des Klosters oder durch den Tod an weiteren Ergüssen"[413] gehindert wurde. Die Tituli sind als Eigentum des Dichters vom Maler durch Anbringen des Monogramms auf den gemalten Schildern gekennzeichnet worden. Jede der erhaltenen Tafeln ist mit „R +

[411] Jörg Ratgeb's Wandmalereien im Frankfurter Karmeliterkloster 1987, S. 119
[412] Lateinischer Text im Anhang. Inschriften, Kreuzgang, Nr. 1 A.
[413] Otto Donner von Richter: Jerg Ratgeb 1892, S. 82

S“ signiert. Der Titulus der großen Anbetung von Claus Stalburg stammte von einem anderen Dichter, der mit „P. F.“ signierte.
Die Tituli übernehmen im Bild keine Funktion. Zwar geben sie in einigen Fällen zusätzliche Informationen, wie das Ziel der Reise, oft passen sie nicht recht stimmig zum Bild, wie etwa bei der Erschaffung der Welt. Durch die gemalte fremde Signatur zeigt Ratgeb, daß die Tituli und die Bilder nicht vom selben Künstler stammen und als zwei getrennte Werke betrachtet werden müssen. Diesen Umstand berücksichtigt er auch, indem er die Tituli auf eigene Bildträger schreibt, die er nicht ins Bildgeschehen integriert, sondern sie auf einer anderen bildlichen Ebene vor der ästhetischen Grenze ansiedelt.

Anstelle des Titulus oder zu dessen Ergänzung verwendet Ratgeb auf der Westwand auch Textstellen aus dem Neuen Testament. Die Darbringung im Tempel wird statt des Titulus von einem Text aus dem Lukas-Evangelium[414] begleitet, der auf einer gemalten Tafel über der Szene steht. Neben dem Text vermerkt Ratgeb hier die Quelle.
Bei der Flucht nach Ägypten wird der Titulus durch eine Stelle aus dem Neuen Testament ergänzt. Auf der Treppe, die sich zwischen den Bildfeld begrenzenden Säulen spannt, eilt eine Gestalt im Kapuzenmantel empor und greift mit der Rechten an eine Tafel, die am Bildrand angenagelt zu sein scheint, und dreht sie leicht zu sich hinab, um die Quellenangabe „MATH 2“ zu betrachten. Dieses obere Bildfelddrittel ist die Zone der Propheten aus dem Alten Testament. Ratgeb weicht gravierend von seinem Kompositionsschema ab, wenn er eine Tafel mit einer Quellenangabe aus dem Neuen Testament dort plaziert. Diese Tafel mit der Quellenangabe darf nicht alleine betrachtet werden. Auf der unteren Brüstung zwischen dem Kindermord und der Heimkehr aus Ägypten wird der schlafende Josef von einem Engel geweckt. Der Betrachter kann nicht hören, was der Engel dem Schlafenden ins Ohr flüstert. Daher stehen die Engelsworte[415] auf einem Zettel, der über Josef an der Wand heftet. Die Quellenangabe dieses Zettels und die auf der Tafel im Bereich der Propheten stimmen überein. Durch die Achse zwischen beiden Quellenangaben werden so die drei Bildfelder Flucht nach Ägypten, Kindermord und Heimkehr zusammengebunden. Die Textstellen aus dem Neuen Testament übernehmen neben den Aufgaben der Tituli weitere, bildimmanente Funktionen. Sie verbinden mehrere Szenen zu einer Geschichte und knüpfen so einen Erzählstrang.

---

[414] Sie brachten das Kind nach Jerusalem, um es dem Herrn zu weihen. Lukas 2. Vgl. auch Anhang. Inschriften, Kreuzgang, Nr. 9.
[415] Steh auf, nimm das Kind und seine Mutter und geh nach Israel. Siehe auch Anhang. Inschriften, Kreuzgang, Nr. 13.

Schriften bei den Typen

Den zentralen Szenen aus dem Neuen Testament werden Begebenheiten aus dem Alten Testament zugeordnet. Diese werden als Vorstufe oder Ankündigung verstanden, die im Neuen Testament erfüllt oder vollendet wird. Auf der Westwand werden dem Antitypus in der Regel ein oder zwei Typen zugeordnet, die sich klein im Hintergrund abspielen. Auf der Nordwand ist heute nur noch bei einigen Szenen der Typus erhalten. Auf Grund des schlechten Erhaltungszustandes läßt sich nicht mehr sagen, ob die Zahl der Typen auf der Nordwand wirklich reduziert wurde oder ob diese nur auf die Überlieferung zurückzuführen ist.
Jeder Typus wird von einem Schriftträger, meist einem Zettel oder einem Schild, begleitet. Ratgeb hat manchmal versucht, diese ins Bild zu integrieren, so ist z. B. bei der Flucht Jakobs die Tafel an einen Baumstumpf angenagelt. Auf der Westwand kombinieren einige der Tafeln das lateinische Zitat aus dem Alten Testament mit der Belegstelle, etwa bei der Königin von Saba. Es gibt freiere Zusammenfassungen des biblischen Textes, die von der Belegstelle begleitet werden[416] und die Benennung des Protagonisten in Kombination mit der Quelle,[417] schließlich Inschriftenträger, die sich auf die Quellenangabe beschränken. Auf der Nordwand sind nur noch letztere erhalten. Die Tendenz, das vollständige Zitat durch die Belegstelle zu ersetzen, ist bereits auf der Westwand zu beobachten.

Die Inschriftentafeln bei den Typen haben verschiedene Funktionen. Sie dienen zunächst der Kennzeichnung und Identifikation. Anders als bei der Biblia Pauperum, wo die Typen von den Antitypen durch trennende Bildelemente und einem stereotypen Bildaufbau getrennt sind, integriert Ratgeb die Typen in die neutestamentlichen Szenen. Die Unterscheidung wird im Bild eher unterdrückt. Um die Typen zu erkennen, führt Ratgeb die Inschriftentafeln ein, die sie gleichzeitig identifizieren. Bei der Beschreibung wurde deutlich, daß die Szenen aus dem Alten Testament teilweise schwer zu ersehen sind, schon deshalb, weil sie klein im Hintergrund spielen. Oft sind die Darstellungen nicht eindeutig, so etwa der Flucht Davids, der an einer Mauer hinuntergelassen wird. Es könnte sich bei der Szene auch um die Flucht des Saulus aus Damaskus handeln.[418] Durch die Quelle wird die Szene eindeutig identifiziert.

Die Schrifttafeln können Szenen ersetzen. Die Geburt Mariens wird von dem Spruch „Hanna empfing und gebar"[419] begleitet. Hanna wird als Vorbild für Anna betrachtet, denn wie diese war sie zunächst kinderlos und erst nach langem Warten empfing sie Samuel. Auch bei der Geburt Christi wird der Typus durch eine Inschrift vertreten. Auf einem Zettel steht: „Virga Aaronis floruit,"[420] es wird aber kein blühender

[416] Etwa bei Mariae Tempelgang. Vgl. Anhang. Inschriften, Kreuzgang, Nr. 4 C.
[417] Die Flucht Davids. Vgl. Anhang. Inschriften, Kreuzgang, Nr. 10 C 2.
[418] Vgl. z. B. Flucht des Paulus auf dem Barbara-Altar. Abb. 3 i.
[419] Vgl.a. Anhang. Inschriften, Kreuzgang, Nr. 4.
[420] Anhang. Inschriften, Kreuzgang, Nr. 6.

Aronsstab abgebildet. Die Inschrift ersetzt das Bild. Die Geschichte aus dem Alten Testament, daß ein abgeschnittener Zweig blüht und Früchte trägt, gilt als Sinnbild für die jungfräuliche Geburt Mariens.

Die Prophetensprüche

Alle Hauptszenen, bis auf die eingeschobenen erzählenden Szenen, werden von Propheten begleitet, die mit ihren Sprüchen das Geschehen kommentieren. Mit Ausnahme der Anbetung der Heiligen Drei Könige und der Darbringung bevölkern die weisen Männer die Bildfeld gliedernde Architektur im oberen Bilddrittel. Sie sitzen auf Kapitellen, lehnen sich von Balkonen und argumentieren hinter Brüstungen. Ihre Weissagung präsentieren sie auf gemalten Bildträgern wie Rotuli, Büchern, Schildern, Zetteln, Fahnen oder Bannern. Nicht nur die Schriftträger variieren, sondern auch deren Form. Kein Schild gleicht dem anderen, und auf der Nordwand wird dieser Aufwand nochmals gesteigert. Überwiegen auf der Westwand noch einfache Formen, sind die Schilder der Nordwand phantasievoll und prächtig mit Quasten, Fransen, Glocken oder Girlanden verziert. Die Prophezeiungen sind auf diese Schriftträger in Kapitalis geschrieben, neben dem Spruch nennt Ratgeb die Belegstelle.

Die Funktion der Prophetensprüche ist in erster Linie eine inhaltliche. Das Programm des Kreuzganges ist ein typologisches und setzt eine Vorstellung der Heilsgeschichte aus beiden Testamenten voraus. Das Alte Testament wird als Ankündigung des Neuen Testaments verstanden, das Neue Testament dagegen als Erfüllung. Neben den Typen, Personen oder Ereignissen des Alten Testaments, die auf die Antitypen, die neustestamentlichen Heilstatsachen, weisen, stehen die Propheten, die diese voraussagen. Neben dieser Prophezeiung können die Sprüche weitere Funktionen übernehmen, wie bereits im ersten Bild: Die Vertreibung aus dem Paradies ist keine Geschichte des Neuen Testaments, sondern des Alten Testaments. Die Prophetensprüche, die die Szene kommentieren, stammen ebenfalls aus dem Alten Testament, es handelt sich hier nicht um ein typologisches Bild. Die Integration der Prophetensprüche dient der Angleichung an den restlichen Zyklus und somit der Vereinheitlichung. Die Warnung aus dem Buch Deuteronomium „So werdet ihr dafür ausgetilgt werden, daß ihr nicht auf die Stimme des Herrn, eures Gottes, gehört habt“[421] kommentiert die Vertreibung aus dem Paradies, ist aber zugleich als Mahnung an den Betrachter zu verstehen. „Adam ist mein Vorbild von Jugend an“[422] scheint dem zu widersprechen, da Adam nicht auf Gott gehört und der Versuchung nachgegeben hat. Der Spruch bezieht sich in erster Linie auf die Rolle des Propheten, der sich selbst als Bauer in der Nachfolge Adams sieht, der von Gott berufen worden ist.[423] Außerdem wird hier auf die Typologie zwischen Jesus und Adam hingewiesen,

[421] Anhang. Inschriften, Kreuzgang, Nr. 1 D 1.
[422] Anhang. Inschriften, Kreuzgang, Nr. 1 D 2.
[423] Ähnlich definiert auch der Prophet Amos sich. Vgl. Amos 7,14.

die schon Paulus[424] prägte. So wird das erste Bild mit dem folgenden Zyklus verbunden.

Neben den typologischen Funktionen nutzen die Karmeliter die Prophetensprüche auch im Sinne einer Ordenspropaganda. Die Prophezeiung Jesajas „Wie der junge Mann sich mit der Jungfrau vermählt (...) und wie der Bräutigam sich freut über die Braut,“[425] die die Begegnung an der Goldenen Pforte begleiten, nutzt Ratgeb auch auf dem Herrenberger Altar, allerdings kommentiert sie dort die Vermählung Mariens. Er arbeitet mit einer Parallelisierung Annas und Marias sowie der Geburt Mariens und der Christi. Die Betonung der Rolle Annas war im Interesse der Karmeliter, die ihre eigene Gründungslegende mit der Annenlegende verquickten. Ebenso steht der Spruch „Bestraf‘ die Frevel, so daß man von ihm nichts mehr findet“[426] im Dienste karmelitischer Propaganda, der in der Argumentation um die Unbefleckte Empfängnis Mariens genutzt wird.[427] Mit „Isaac betete zum Herrn für seine Frau, denn sie war kinderlos geblieben,“[428] wird die Geschichte des Alten Testaments von Isaac und seiner Frau mit der Situation von Joachim und Anna parallelisiert. Noch weiter in der Werbung für die Karmeliter geht Ratgeb bei der Kreuzannagelung, wenn er nicht nach der Quelle zitiert bei „Man soll an ihm kein Gebein zerbrechen.“[429] Obwohl Ratgeb als Quelle Exodus 12,46 angibt, verwendet er den Wortlaut des Johannes-Evangeliums, das bereits den Spruch als Voraussage des Alten Testaments aufführt. Ratgeb zitiert hier nach dem Neuen Testament, um die Kontinuität zwischen Altem und Neuem Testament zu betonen, was im Interesse der Karmeliter war.

Auch die Betonung der Sakramente in vielen Prophetensprüchen war im Sinne der Karmeliter, die im Wettstreit mit anderen Orden um die Spendung der Sakramente sich positionieren wollten. So wird bei den Worten Ezechiels „Ich gieße reines Wasser über euch aus, dann werdet ihr rein“ und Jesajas „Ihr werdet Wasser schöpfen voll Freude aus den Quellen des Heils“,[430] die die Taufe Christi begleiten, der Akt des Wassergießens mit der Taufhandlung parallelisiert. Außerdem wird die Bedeutung des Sakraments der Taufe für die Christen betont. Erst durch die Taufe wird der Mensch frei von der Erbsünde. Deshalb war man der Ansicht, daß ungetaufte Kinder nicht in den Himmel aufgenommen wurden und verweigerte ihnen daher auch ein Begräbnis in geweihter Erde. Die Reinigung von der Sünde durch die Taufe wird auch bei den Worten Sacharjas „An jenem Tag wird eine Quelle fließen zur Reinigung der Sünden“[431] hervorgehoben.

---

[424] Röm 5, 1 Kor 15.
[425] Anhang. Inschriften, Kreuzgang, Nr. 3 D 1.
[426] Anhang. Inschriften, Kreuzgang, Nr. 3D 2.
[427] Vgl. Kapitel 4.3.6 Weitere Texte.
[428] Anhang. Inschriften, Kreuzgang, Nr. 3 D 3.
[429] Anhang. Inschriften. Kreuzgang, Nr. 43 D 2.
[430] Anhang, Inschriften, Kreuzgang, Nr. 16 D.
[431] Ebenda.

Einzelne Bildfelder können durch die Sprüche enger verbunden werden. Den Tempelgang Mariens begleitet „Ich sehe einen erblühten Mandelzweig."[432] In der Vision teilt Gott dem Jeremias mit, daß er ausersehen ist und sichert ihm seinen Beistand zu. Analog wird die Wahl Mariens betont. Das Bild des erblühenden Zweiges impliziert gleichzeitig eine große Zukunft. Beim Herrenberger Altar nutzt Ratgeb dasselbe Zitat, dort wird es aber auf die Vermählung Mariens bezogen, da nach der Legende Josefs Stab ausschlug und ihn als Gatten Mariens kennzeichnete. Dies klingt hier sicher auch mit an und weist zurück auf die Vermählung zwei Bildfelder davor. Die einzelnen Bilder werden so enger miteinander verbunden. Ähnlich wird bei der Flucht nach Ägypten verfahren. „Er kommt nach Ägypten. Vor seinem Angesicht zittern die Götter"[433] sagt die Flucht nach Ägypten voraus. Gleichzeitig wird auf den Götzensturz zwei Bildfelder weiter verwiesen. Ein weiteres Mal wird der Erzählstrang durch die Prophetensprüche enger geknüpft. Darüberhinaus kann die Bilderzählung durch die Prophetensprüche ausgeweitet werden. Beim Verhör durch Hannas kommentiert „Sie reden zu mir mit falschen Zungen, umgeben mich mit Worten voll Haß"[434] die Situation. Der zweite Prophetenspruch „Sie schlagen den Richter Israels mit dem Stock ins Gesicht"[435] erschließt sich nicht so leicht. Nur Johannes berichtet vom Verhör durch Hannas.[436] Als Jesus dem Hohenpriester antwortet, schlägt ihm einer der Knechte ins Gesicht. Auf diesen Schlag, der im Bild nicht dargestellt ist, bezieht sich die Prophezeiung. Der Spruch weitet die Bilderzählung aus. Darüber hinaus ist er im Kontext zu lesen. Er ist der erste Satz der Verheißung des messianischen Herrschers bei Micha, der fortfährt: „Aber du, Betlehem-Efrata, so klein unter den Gauen Judas, aus dir wird einer hervorgehen, der über Israel herrschen soll."[437] Micha kündet die Geburt des messianischen Herrschers in Bethlehem an. Es wird so auf die Geburt Christi zurückgewiesen.

Interessant ist, daß einzelne Sprüche sowohl beim Kreuzgang als auch beim Herrenberger Altar genutzt werden, sie begleiten aber nicht immer dieselben Szenen, sondern können auch unterschiedliche Geschichten kommentieren. Im Kreuzgang verwendet Ratgeb die Inschrift „Den Heiligen Israels haben sie verschmäht"[438] bei der Kreuzigung, beim Herrenberger Altar bei der Geißelung. In Frankfurt wird somit auf die Geißelung zurückgewiesen. Es wird deutlich, daß einige der Sprüche, die die Passion begleiten, durchaus verschiedenen Szenen zugeordnet werden können, gerade solche, die allgemeiner den Schmerz und das Leiden artikulieren.

---

432 Anhang. Inschriften, Kreuzgang, Nr. 4 D 1.
433 Anhang. Inschriften, Kreuzgang, Nr. 10 D.
434 Anhang. Inschriften, Kreuzgang, Nr. 32 D.
435 Ebenda.
436 Jo 18,12-17.
437 Micha 5,1.
438 Anhang. Inschriften, Kreuzgang, Nr. 43 D und Anhang. Inschriften, Herrenberger Altar, linker Innenflügel, Geißelung.

Tendenziell läßt sich feststellen, daß die Schrifttafeln mit den Prohezeiungen auf der Nordwand häufiger alleine stehen und nicht mehr von Propheten präsentiert werden. Bereits bei der Darbringung auf der Westwand ersetzt die Belegstelle den gesamten Spruch. Doch dort hält der Prophet noch seine Tafel mit der Belegstelle, auf der Nordwand steht die Tafel mit der Weissagung öfter alleine und wird nicht von einem Weisen präsentiert. Der Spruch tritt an die Stelle des Propheten und vertritt ihn, etwa beim Gastmahl im Hause des Simeon.

Es fragt sich, ob die Prophetenworte als wörtliche Rede zu verstehen sind. Meines Erachtens spricht dagegen schon die sehr materielle Form der Schriftträger, auf denen die Prophezeiungen stehen. Auch die Nennung der Quelle macht deutlich, daß hier keine wörtliche Rede gedacht sein kann. Schwer vorstellbar ist, daß z. B. Jesaja seine gesprochene Weissagung mit dem Verweis auf das eigene Buch abschließt. Im Vergleich mit anderen Inschriften des Kreuzgangs offenbart sich, daß die Sprüche keinesfalls als wörtliche Rede zu verstehen sind. So umkreisen die Engel bei der Geburt Christi am Himmel die Worte „Gloria in excelsis deo et in terra pax" (Abb. 11b + 12a). Aus dem Evangelientext erfahren wir, daß diese Worte von den Engeln gesprochen wurden:

> „Und plötzlich war bei dem Engel ein großes himmlisches Heer, das Gott lobte und sprach: Verherrlicht ist Gott in der Höhe, und auf Erden ist Friede bei den Menschen seiner Gnade."[439]

Das heißt, auch auf dem Bild sind die Worte der Engel als wörtliche Rede zu betrachten. Ratgeb verzichtet auf einen Schriftträger, die Worte stehen als gesprochene im Raum. Dasselbe Phänomen begegnet uns bei der Taufe Christi. Der Himmel reißt auf, Gott erscheint, und ihn umkreist sein Ausspruch „Hic est filius meus..." Auch hier stehen die Worte nicht auf einem Schriftträger, sondern als gesprochene Worte im Raum. Dementsprechend können die Prophetensprüche nicht als wörtliche Rede verstanden werden. Wie die Tituli bilden sie eine eigene Ebene, die sich von der Bildebene der neutestamentlichen Szenen unterscheidet. Sie ist sowohl zeitlich als auch inhaltlich eine andere als die der Hauptszenen. Diese sind, mit Ausnahme der Eingangsszene, Episoden aus dem Leben Jesu bzw. Mariens, die im Neuen Testament oder in der apokryphen Literatur geschildert werden. Die Propheten sind Personen des Alten Testaments. Ihre Sprüche werden als Voraussage des Geschehens des Neuen Testaments verstanden. Die Inschriften übernehmen hier eine völlig neue Funktion, sie verbinden das Alte mit dem Neuen Testament und stellen typologische Bezüge her. Dabei ergänzen sich zu Beginn noch das Bild des Propheten und seine Worte, im Verlauf des Wandbildes emanzipiert sich der Text soweit, daß er auch alleine stehen kann und den Propheten als Person ersetzen kann. Ratgeb erkennt die Überlegenheit der Schrift für die Prophezeiungen an. Steht bei den Typen noch das Bild im Vordergrund, dominiert bei den Weissagungen der

[439] Lk 2,13f.

Propheten eindeutig das Wort. Ratgeb rückt damit seine Wandbilder in die Nähe eines anderen Mediums, die des Buches. Aus diesem Bereich stammt auch eine Anregung für das malerische Programm: In der Biblia Pauperum wird ebenfalls das neutestamentliche Bild mit den Vorhersagen der Propheten konfrontiert.

Weitere Texte

Neben den Szenen aus dem Neuen Testament und den sie begleitenden Typen aus dem Alten Testament gibt es im Zyklus an verschiedenen Stellen Szenen aus der apokryphen Literatur, etwa die Kindheitsgeschichte Mariens oder der Abschied Jesu von seinen Eltern. Auch bei diesen Episoden hat Ratgeb Inschriften verwendet. So hängt an der Brüstung unterhalb der Verlobung von Maria und Josef eine Tafel mit einer Aufschrift.[440] Im Gegensatz zu den Textstellen aus dem Alten oder Neuen Testament fehlt hier die Quellenangabe. Die Inschrift dient der Identifizierung der Szene. Bei der Beschreibung wurde deutlich, daß Ratgeb bei den Marien-Szenen keinen Wert auf die Logik der zeitlichen Abfolge legt, so ist die Verlobung Mariens auf einem Bildfeld vor deren Geburt. Um die Verlobung als Verlobung Marias und Josefs zu identifizieren, ist eine Bezeichnung daher unabdingbar.

An einer Stelle im Zyklus nutzte Ratgeb eine Inschrift, um einen Ort näher zu bezeichnen. Sie ist heute nicht mehr erhalten, aber durch eine Zeichnung von Otto Donner von Richter überliefert (Abb. 11a). Die Tür, unter der sich Anna und Joachim begegnen, wird im Umlauf als Goldene Pforte ausgewiesen. Die Singularität dieser Benennung und die bisher gemachten Beobachtungen legen die Vermutung nahe, daß die Begegnung an der Goldenen Pforte eine besondere Bedeutung hat. Eine zweite Inschrift oberhalb der Pforte, die durch einen prächtigen vegetabilen Rahmen hervorgehoben wird,[441] bestätigt diese Annahme. Es handelt sich weder um einen Titulus, eine identifizierende Inschrift noch um eine Stelle aus dem Alten oder Neuen Testament. Obwohl kein biblischer Text vorliegt, wird die Quelle genannt; das Zitat stammt aus „De Civitate Dei“ von Augustinus. Allerdings ist nur der erste Teil des Satzes „der Mensch konnte durch seine Sünde den göttlichen Heilsplan nicht durchkreuzen“ wirklich von Augustinus. Den zweiten Teil des Satzes „nach welchem von Ewigkeit bestimmt war, daß die heilige Jungfrau unbefleckt empfangen sollte“ wird man vergeblich im Werk des Augustinus suchen. Mit diesem Zitat, das dem Kirchvater hier in den Mund gelegt wird, um es quasi von höchster Stelle zu autorisieren, nehmen die Karmeliter Stellung im Streit um die unbefleckte Empfängnis Mariens. In der frühmittelalterlichen Kirche war man der Auffassung, Maria sei wie jeder Mensch mit der Erbsünde behaftet empfangen worden, aber durch die Gnade Gottes im Mutterleib von der Sünde befreit worden. Der Franziskaner Johannes Duns Scotus widersprach im 13. Jahrhundert der herrschenden Lehre und erklärte, daß Maria ohne Sünde empfangen worden sei. Der Streit polarisierte die

---

[440] DESPONSATO MARIAE ET JOSEPH.

[441] Anhang. Inschriften, Kreuzgang, Nr. 3 E 2. Vgl auch Sancti Aurelii Augestini: De Civitate Dei. Libri XI-XII. Turnholti 1955 (=Corpus Christianorum Series Latina; Bd. XLVIII), S. 431.

Kirche. Die Dominikaner vertraten die alte Lehrmeinung, während die Franziskaner sich zu den Theorien von Scotus bekannten. Auf deutschem Boden griffen in den Streit der Frankfurter Dominikaner Wigand Wirt und der Sponheimer Abt Johannes Trithemius ein. Die Karmeliter standen im Streit um die unbefleckte Empfängnis auf Seiten des Johannes Trithemius, denn die Unbefleckte Empfängnis Mariens stellte auch deren Mutter Anna in ein besseres Licht. Die Frankfurter Karmeliter setzten sich für eine Förderung des Annenkultes ein, war doch die eigene legendäre Ordensgeschichte mit der Vita der Heiligen Anna verquickt. Der Frankfurter Prior Rumolt Laupach gab bei Trithemius die Schrift „De laudibus sanctissime matris Anne" zur Verherrlichung der Mutter Mariens in Auftrag, womit sich der Kreis schließt. Die Differenz um die unbefleckte Empfängnis zog jedoch gerade in Frankfurt noch weitere Kreise. Dort eskalierte der Streit im Jahre 1500 zwischen dem Dominikaner Wigand Wirt und dem Stadtpfarrer Conrad Hensel. Wirt ging soweit, die Predigt seines Kontrahenten zu stören. Im Laufe der Streitigkeiten kam es zu einem Prozeß, bei dem der Dominikaner-Provinzial für Deutschland, Peter Syber, den Stadtpfarrer anklagte. Obwohl prominente Frankfurter Patrizier, wie Jakob Heller, sich auf die Seite der Dominikaner stellten, gewann der Stadtpfarrer, der erfolgreich von Sebastian Brant, dem Autor des „Narrenschiffs," verteidigt wurde.[442]

[442] Vgl. Georg Eduard Steitz: Der Streit um die unbefleckte Empfängnis der Maria zu Frankfurt a. M. im Jahre 1500 und sein Nachspiel in Bern 1509. In: Archiv für Frankfurter Geschichte und Kunst, N.F. 6 (1877), S. 1-35.

5 Der Herrenberger Altar

5.1 *Die Stiftskirche in Herrenberg und die Brüder vom gemeinsamen Leben*

Nicht nur auf Grund ständiger Sanierungsarbeiten – der Berghang auf dem die Kirche steht, bewegt sich und verformt die Kirche seit ihrer Entstehung – ist die Baugeschichte der Herrenberger Stiftskirche nicht unumstritten:[443] Der heutige Bau hatte einen Vorgänger, eine Kapelle, die Maria geweiht war. Die baugeschichtlichen Untersuchungen legen eine Grundsteinlegung um 1200 nahe. Dem steht entgegen, daß die Stadt Herrenberg unter Pfalzgraf Rudolf I. (1251-77) erst um 1260 gegründet wurde. Janssen hält es für wahrscheinlich, daß der erste Bau in der Regierungszeit des Grafen entstand. Der einzige Teil der ersten Kirche, dessen Fertigstellung sicher steht, ist der Chor, geweiht wurde sie spätestens 1284.[444] Nachdem Herrenberg Residenzstadt war, wurde ein Umbau nötig, da der Patronatsherr im Westwerk eine repräsentative Turmempore wünschte. Diese Umgestaltung war wahrscheinlich 1293 abgeschlossen, da der Bau mit seinen Altären in diesem Jahr erneut geweiht wurde.
In einer zweiten Bauphase bis 1328 wurden der Chor, das Westwerk mit Südturm, die Schiffsarkaden und die Langhausmauer errichtet. Das Gebäude erhielt ein Dach mit flacher Holzdecke. Bei der Vollendung gab es wohl statische Probleme auf Grund des unsicheren Baugrundes, und man war gezwungen, das Kirchenschiff zu erhöhen. Die ursprünglich als Basilika geplante Kirche wurde zur Hallenkirche.

Nach Gründung eines Kollegiatstifts 1439 begann die dritte Bauphase mit der Errichtung des Nordturms. Auch im Inneren vollzog sich mit dem Bau des Lettners eine einschneidende Änderung. Die letze Phase des inneren und äußeren Ausbaus der Kirche fällt in die Zeit der Brüder vom gemeinsamen Leben oder Frater- bzw. Kappenherren, wie sie auch genannt werden.

Auf Initiative des Landesherrn Graf Eberhard im Bart wurde das Chorherrenstift 1481 an die Brüder vom gemeinsamen Leben übergeben. Ihren Ursprung hatte die Gemeinschaft in den Niederlanden, wo Ende des 14. Jahrhunderts die geistliche

---

[443] Eduard Krüger: Die Stiftskirche in Herrenberg. Stuttgart 1928; Hans Klaiber: Über die frühe Gotik in Herrenberg und Esslingen. In: Württembergische Vierteljahresschrift für Landesgeschichte (1936) S. 245ff.; Hans Koepf: Kunstgeschichtliche Würdigung der Herrenberger Stiftskirche. In: Erich Haage: Die Stiftskirche zu Herrenberg. Herrenberg 1952, S. 21ff.; Adolf Schahl: Die Stiftskirche zu Herrenberg. Sonderdruck aus der Heimatbeilage des Böblinger Boten „Aus Schönbuch und Gäu" (Nr. 11f 1966) Böblingen 1967; Roman Janssen: Die Baugeschichte; eine Klarstellung aus der Sicht der Quellen. In: Die Stiftskirche in Herrenberg 1293-1993 (Herrenberger Schriften ; Bd. 5). Herrenberg 1993, S. 326-350; Ehrenfried Kluckert: Zur Baugeschichte der Stiftskirche aus kunsthistorischer Sicht. In: Die Stiftskirche in Herrenberg 1293-1993 (Herrenberger Schriften ; Bd. 5). Herrenberg 1993, S. 331-360.

[444] Ablaß vom 22. März 1284, WUB 8, S. 443, Nr. 3323; s. a. Roman Janssen: Baugeschichte 1993, S. 330.

Reformbewegung der Devotio Moderna entstand.[445] Daß die Brüderbewegung auch in Württemberg Fuß fassen konnte, ist nicht zuletzt auf das Engagement des Landesherrn zurückzuführen, dessen besonderes Anliegen die Reform des Kirchen- und Klosterlebens war.[446] Als Träger und Vermittler kirchlicher Reformen erschienen ihm die Brüder vom gemeinsamen Leben geeignet. Im Mai 1477 wurde die Pfarrkirche in Urach den Fraterherren übergeben und nur vier Jahre später erfolgte die Übergabe des Stifts Herrenberg. Diese gestaltete sich nicht unproblematisch, da die Stiftsherren weder ihre Pfründe noch ihre wesentlich freiere Lebensweise aufgeben wollten.

Wichtiges Kriterium des Zusammenlebens der Brüder vom gemeinsamen Leben war die vollkommene Gütergemeinschaft. Die Brüder sollten unter einem Dach leben und ihren Lebensunterhalt durch Handarbeit verdienen. Gabriel Biel, der Wegbereiter der Bewegung in Württemberg, bezeichnete die Lebensform als „Mittelweg des Lebens, als Alternative zwischen dem Mönchtum und dem Stand der Weltpriester."[447]

Das Wirken der Fraterherren wurde im November 1517 in Württemberg beendet. Sie wurden Opfer des kirchlichen, sozialen und wirtschaftlichen Umbruchs in der Regierungszeit Herzog Ulrichs von Württemberg. Durch die Aufhebung der Gemeinschaft konnte er die frei werdenden Pfründe zur Finanzierung seiner Hofkapelle verwenden.[448] Die Herrenberger Niederlassung wurde wieder in ein Chorherrenstift umgewandelt unter der Leitung Benedikt Farners. Der Propst der Fraterherren, Johannes Rebmann, war bereits am 10. Juli verstorben. Außer der Leitung änderte sich damit personell nur wenig. Elf der neuen Stiftsherren waren ehemalige Brüder.[449]

---

[445] Reinhold Mokrosch: Devotio Moderna. In: Theologische Realenzyklopädie. Bd. 8, Berlin 1981, S. 605-616; Erwin Iserloh: Devotio moderna. In: Hubert Jedin (Hg.): Handbuch der Kirchengeschiche. Bd. 3.2. Freiburg 1968, S.516-538; Ernst Barnikol: Brüder vom gemeinsamen Leben. In: Die Religion in Geschichte und Gegenwart. Bd. 1. Tübingen 1957 (3. Aufl.), Sp. 1434-1435; Robert Stupperich: Brüder und Schwestern vom gemeinsamen Leben. In: Lexikon des Mittelalters. Bd. 2. München 1983, Sp. 733-736; ders.: Brüder vom gemeinsamen Leben. In: Theologische Realenzyklopädie. Bd. 7, Berlin 1981, S. 220-225; Kaspar Elm: Die Bruderschaft vom gemeinsamen Leben; eine geistliche Lebensform zwischen Kloster und Welt, Mittelalter und Neuzeit. In: Ons Geestelijk Erf 59 (1985), S. 470-496.

[446] Otto Meyer: Die Brüder des gemeinsamen Lebens in Württemberg (Diss. Tübingen 1913). In: Blätter für württembergische Kirchengeschichte NF. 17 (1913), S. 97-138; NF. 18 (1914), S. 142-160; Wilfried Schöntag: Die Anfänge der Brüder vom gemeinsamen Leben in Württemberg; ein Beitrag zur vorreformatorischen Kirchen- und Bildungsgeschichte. In: Archiv für Diplomatik 23 (1977), S. 459-485; ders.: Die Kanoniker und Brüder vom gemeinsamen Leben in Württemberg. In: Rottenburger Jahrbuch für Kirchengeschichte 11 (1992), S. 197-208.

[447] Gerhard Faix: "Kein Mönch zu sein und dennoch wie ein Mönch leben." In: Die Stiftskirche in Herrenberg 1293-1993. (Herrenberger Schriften ; Bd. 5). Herrenberg 1993, S. 65.

[448] Eugen Schneider: Die Aufhebung der Kappenherren in Württemberg. In: Blätter für württembergische Kirchengeschichte 1 (1886), S. 13-15; Wilfried Schöntag: Die Aufhebung der Stifte und Häuser der Brüder vom gemeinsamen Leben in Württemberg; ein Vorbote der Reformation? In: Zeitschrift für württembergische Landesgeschichte 38 (1979), S. 82-96.

[449] Gerhard Faix: Kein Mönch 1993, S. 76; Otto Schmid: Das kirchliche Leben Herrenbergs vor der Reformation. In: Blätter für württembergische Kirchengeschichte, N.F. 40 (1936), S. 234.

Während der kurzen Phase ihres Schaffens in Herrenberg veränderten die Brüder vom gemeinsamen Leben das Aussehen und die Ausstattung der Stiftskirche grundlegend.
Sie begannen mit Arbeiten am Glockenturm und der Einwölbung des Kirchenschiffs. Nach nur kurzer Pause fuhr man mit dem südlichen Schiffsportal dem darüberliegenden städtischen Archiv und der Südsakristei fort.[450]
Die Stiftskirche präsentierte sich zur Zeit der Fraterherren als dreischiffige Halle mit Westwerk, die von zwei achteckigen Türmen gekrönt war und im Inneren eine Turmempore beherbergte. Ein dreifach gegliederter Staffeltrakt führte zum Triumphbogen und dem Chor. Auf der Nord- und Südseite des Chores war jeweils eine Sakristei angefügt. Getrennt wurde der Chor vom Schiff für die Laien durch einen Lettner. Neben dem Westwerk erfolgte der Zugang zum Schiff über das Brauttor an der nördlichen Langseite, sowie durch das Südportal, das Wortzeichen.
Wichtige Akzente setzten die Brüder in der Innenausstattung, deren Hauptelemente das Chorgestühl, die Kanzel, die Fensterverglasung des Chores und der Hochaltar waren.

5.1.1 Das Chorgestühl

Neben dem Hochaltar war das Chorgestühl[451] das wichtigste Ausstattungsteil, das in der Zeit der Kappenherren in Auftrag gegeben wurde. Beide bezogen sich in ihren Aussagen aufeinander und waren in ein ikonographisches Gesamtprogramm eingebunden, das auf der Theologie der Brüder vom gemeinsamen Leben basierte. Das Gestühl wurde vor dem Retabel in Auftrag gegeben zur Amtszeit des zweiten Propstes, Johannes Rebmann, der auch noch die Aufstellung in der Kirche erlebte. Das Gestühl, wie es sich heute im Chor der Stiftskirche präsentiert, spiegelt nicht mehr die ursprüngliche Aufstellung wieder, wie Janssen nachweisen konnte.[452] Im Zuge des Bildersturms wurde es 1537 abgebrochen, auseinander genommen und zusammen mit den Tafeln des Hochaltars in der Turmhalle des Westwerks magaziniert. Während des Interims 1548 wurde es auf Druck der spanischen Truppen ohne Kenntnis des originalen Zustandes wieder aufgestellt. Auf die Hilfe der Schickhardt-Söhne, beide Schreiner in der Nachfolge ihres Vaters, wurde

[450] Roman Janssen: Baugeschichte 1993, S. 349.
[451] Carl Alexander Heideloff: Die Kunst des Mittelalters in Schwaben; Denkmäler der Baukunst, Bildnerei und Malerei. Stuttgart 1855, S. 6; E. Stolz: Die Bilder und Inschriften des Chorgestühls der Herrenberger Stiftskirche. In: Rottenburger Monatsschrift für praktische Theologie 12 (1928/29), S. 33-42; Luise Böhling: Die spätgotische Plastik im württembergischen Neckargebiet. Reutlingen 1932, S. 96ff.; Jürgen Wolf: Christof von Urach. Diss. Freiburg i.Br. 1971, S. 52-75; E. Haage: Die Stiftskirche zu Herrenberg und ihre entscheidende Botschaft heute. Herrenberg 1983, S. 14-24, S. 44f., S. 48; Margitta Bauer: Das Chorgestühl der Herrenberger Stiftskirche. Magisterarbeit Tübingen 1987 (ungedruckt Ms); Roman Janssen: Wie war das Chorgestühl konzipiert? In: Die Stiftskirche zu Herrenberg 1293-1993. Herrenberg 1993. (=Herrenberger Schriften ; Bd. 5), S. 455-508; Anneliese Seeliger-Zeiss: Die Inschriften des Landkreises Böblingen. Wiesbaden 1999 (=Die deutschen Inschriften; Bd. 47; Heidelberger Reihe; Bd. 13), S. 94-104.
[452] Roman Janssen: Chorgestühl 1993, S. 455-508.

verzichtet.[453] Da sich in der Mitte des 16. Jahrhunderts die Bilderfeindlichkeit in Württemberg gelegt hatte, beließ man das Gestühl auch nach Ende des Interims im Chor. Die heutige Aufstellung ist Resultat des Wiederaufbaus im Jahre 1548. Spätere Eingriffe waren ein Anstrich mit weißer Ölfarbe 1817 und die Neuordnung der Pulte im Zuge der Restaurierung Ende des 19. Jahrhunderts.
Ausgehend von der Beobachtung, daß die Christusfigur und mit ihr der erste Sitz des Chorgestühls, heute auf der linken, niedriger bewerteten Seite und am entferntesten vom Hochaltar liegt, rekonstruiert Janssen die alte Aufstellung, indem er die beiden Gestühlsblöcke vertauscht und dreht.[454]

Das Chorgestühl besteht aus zwei einreihigen Gestühlsblöcken an den beiden Längswänden des Chores und einem Dreisitz, der aber nicht zum ursprünglichen Bestand gehört. Das Gestühl ist mit Schnitzwerken am Dorsale, an den Pulten und Wangen, sowie mit Pultbüsten und Handknäufen geschmückt. Über den Sitzen zieht sich eine Reihe von Reliefs hin, die im Wechsel Apostel und Propheten zeigen. Beide Personengruppen tragen Spruchbänder, dabei sind auf denen der Apostel in Minuskeln Sätze des Glaubensbekenntnisses geschrieben, auf denen der Propheten in Majuskeln Worte aus dem Alten Testament, die auf den voranstehenden Satz des Credos Bezug nehmen. Weitere Inschriften begleiten die Bildwerke. Neben der Signatur und den Inschriften auf den Banderolen der Apostel und Propheten sind etwa in den Büchern der Kirchenväter auf der Vorderseite der Betpulte Zitate eingeschnitzt.[455]

5.2 Geschichte und Auftraggeber

Die Entstehungsgeschichte des Retabels läßt sich dank eines reichen Quellenmaterials relativ gut rekonstruieren. Der erste Beleg findet sich in den Rechnungsbüchern des Jahres 1516/17 und besagt, daß der Stadtschreiber einen Vertrag in zweifacher Ausfertigung über „die fassung der tafel uff dem fronaltar"[456] angefertigt hat. Zur Ostermesse 1518 soll Ratgeb in Frankfurt, wo er immer noch bei den Karmelitern beschäftigt ist, Farben kaufen. Das Stift überweist dem Rechnungsführer dafür 52 Gulden, die aber nicht ausgezahlt werden.[457] Im Sommer kommt der Maler selbst nach Herrenberg, wo hundert Gulden „uff das verding der

[453] Abbau und Wiederaufbau wird in der Herrenberger Chronik beschrieben: Gottlieb Friedrich Hess: Chronik Herrenberg. Hs Stadtarchiv Herrenberg. Vgl. auch Stuttgart, WLB Cod. Hist. F 278, Bd. 2, S. 1644ff.
[454] Anneliese Seeliger-Zeiss: Inschriften 1999, S. 101; vgl. auch Roman Janssen: Chorgestühl 1993, S. 455-508.
[455] Zu den Inschriften. Vgl. Anneliese Seeliger-Zeiss: Inschriften 1999, S. 94-104.
[456] Ute-Nortrud Kaiser: Jerg Ratgeb 1985, S. 282, Nr. 1; Lisa de la Mare Farber: Herrenberg 1989, S. 319; Roman Janssen: Warum wurde der Altar zweimal aufgebaut? 1993, S. 549.
[457] Ute-Nortrud Kaiser: Jerg Ratgeb 1985, S. 282, Nr. 2; Lisa de la Mare Farber: Herrenberg 1989, S. 320; Roman Janssen: Warum wurde der Altar zweimal aufgebaut? 1993, S. 550.
Der Eintrag ist in den Rechnungsbüchern unter „Einnahmen" nicht unter „Ausgaben" geführt.

tafel, im geben uff Bartlome a[nn]o [15]18."[458] Der weitere Verlauf der Arbeiten ist zwar durch Quellen belegt, die aber unterschiedlich interpretiert werden. In der Regel wird die Jahreszahl 1519 auf dem Retabel als Fertigstellungstermin angesehen,[459] dementsprechend wird der Eintrag „8 Schilling 6 Heller zwen tag Roß und taglon und zerung, als ich die maler beruft hab zu besichtigung der taffel" [460] aus dem Jahre 1519, nicht nur von Fraenger als Besichtigungstermin der im Großraum Herrenberg lebenden Malerkollegen zur Begutachtung des fertigen Werkes interpretiert[461] und die Zahlungen an Ratgeb nach 1519 als Abschlagszahlungen. Ausgehend von der Beobachtung, daß Ratgeb für die Herstellung des Retabels bei einer Fertigstellung im Jahre 1519 weniger als ein halbes Jahr Arbeitszeit zur Verfügung gestanden hätte, unterzog Roman Janssen die Quellen einer erneuten Untersuchung. Er rekonstruiert eine wesentlich längere Arbeitszeit und einen gestaffelten Aufbau des Retabels. Demnach wäre Ratgeb im Spätsommer 1519 erst mit der Hälfte des Auftrags fertig gewesen, mit zwei Tafeln. Um die kirchlichen Feste Weihnachten, Ostern und Pfingsten nicht ohne Hochaltar feiern zu müssen, habe der Probst die beiden fertigen Tafeln an den vorhandenen Schrein anbringen lassen. Die für 1519 vermerkte „Besichtigung und Handlung" interpretiert er sowohl als Festakt zur Aufstellung des halbfertigen Retabels als auch als technische Beratung über den Zweitaufbau mit dem Herrenberger Schreiner Heinrich Schickhardt. In der folgenden Zeit habe Ratgeb die fehlenden Tafeln gemalt und frühestens vor Weihnachten 1520 und spätestens vor Ostern 1522 wäre der Altar vollständig aufgebaut worden.[462] Auf diesen späteren Fertigstellungstermin weise auch die liturgische Komplettierung des Altars, seine Ausrüstung mit Stangen und Vorhängetüchern für die verschiedenen Gelegenheiten des Kirchenjahres, im Rechnungszeitraum 1520-22 und 1523/24.[463] Für diese These spricht, daß Ratgeb wahrscheinlich 1519 noch in Frankfurt beschäftigt war, da die Kurfürsten erst in diesem Jahr ihre Stiftungen tätigten als sie zur Wahl in der Reichsstadt weilten. Zudem gibt es auch im Karmeliterkloster den Fall, daß eine Jahreszahl nicht den Abschluß einer Arbeit markiert. Bei der Anbetung der Könige für Claus Stalburg waren zwei Jahreszahlen angebracht, wobei nur die eine als Schlußsignatur verstanden werden kann.

Lange stand das Retabel nicht in der Stiftskirche. Bereits 1537 wurde es abgebrochen, nachdem auf dem Uracher Konvent die Abschaffung der Altäre, des Bildschmucks und Kirchengeräts beschlossen wurde. Während der Besetzung der Stadt durch katholische, spanische Truppen wurde der Altar 1548 zwangsweise wieder aufgestellt, allerdings ohne den Schrein. Kaum waren die Spanier 1552 wieder abgerückt, verhängten die Protestanten als neue Eigentümer der Kirche das Retabel

---

[458] Ute-Nortrud Kaiser: Jerg Ratgeb 1985, S. 282, Nr. 3; Lisa de la Mare Farber: Herrenberg 1989, S. 232; Roman Janssen: Warum wurde der Altar zweimal aufgebaut? 1993, S. 550.

[459] Vgl. u. a. Edeltraut Rettich/Rüdiger Klapproth: Alte Meister. Staatsgalerie Stuttgart 1992, S. 344;. Lisa de la Mare Farber: History of the Herrenberg Alterpiece. In: Ute-Nortrud Kaiser: Jerg Ratgeb 1985, S. 292

[460] Ute-Nortrud Kaiser: Jerg Ratgeb 1985, S. 284, Nr. 15; Roman Janssen: Warum wurde der Altar zweimal aufgebaut? 1993, S. 550.

[461] Wilhelm Fraenger: Jörg Ratgeb 1981, S. 103f.

[462] Roman Janssen: Warum wurde der Altar zweimal aufgebaut? 1993, S. 547f.

[463] Ders., S. 540.

mit Tüchern, um die Kosten für einen neuerlichen Abbruch zu sparen. Neben dem Schrein sind bei diesem Hin und Her auch das Gesprenge und Teile der Predella verloren gegangen. Die Aufnahme in die Denkmalliste 1840 führte fünf Jahre später zu einer Instandsetzung unter Verzicht auf das Gesprenge. Donner von Richter entdeckte das Werk 1890 und reihte es in das Oeuvre Ratgebs ein. Im gleichen Jahr verkauften Stiftungsrat und Bürgerausschuß von Herrenberg das Werk für 5000 Mark an die Staatssammlung Vaterländischer Altertümer „mit Rücksicht auf die teilweise unschönen Bilder, die vielfach ans Profane grenzen und gegen christliche Pietät verstoßen, und im Hinblick darauf, daß der Hochaltar der Anbringung eines Glasgemäldes im Mittelfenster des Chors hinderlich im Wege steht."[464]
1924 kam das Retabel schließlich ins Museum der bildenden Künste in Stuttgart, der heutigen Staatsgalerie.

Die Frage nach den Auftraggebern gliedert sich in zwei Teile. Es gilt zu unterscheiden zwischen den Stiftern, d. h. Personen oder Personengruppen, die finanzielle Mittel zur Verfügung stellten, und den Auftraggebern, denjenigen, die den Anstoß zur Herstellung gaben und für die Konzeption des Programms zuständig waren. Stifter und Auftraggeber müssen nicht identisch sein. Die Stifter können aus den Quellen ermittelt werden, dabei lassen sich drei Gruppen voneinander abgrenzen, die Mittel zur Verfügung stellten: Das Stift, die Stadt Herrenberg und diverse private Stifter, unter ihnen prominente Bürger wie der Bürgermeister Hans Brenner und die Gattin des ehemaligen Bürgermeisters Marx Hiller. Bei der Durchsicht der Zuwendungen wird deutlich, daß ein Hauptteil des Finanzvolumens von 983 Pfund, das Ratgeb für die Tafeln bekam, von den Klerikern bereit gestellt wurde. Im Vergleich dazu nehmen sich die gestifteten 33 Pfund der Stadt[465] und die Beträge der privaten Stifter – Hans Brenner spendete 70 Pfund[466] – gering aus, was zeigt, daß weder die Privatleute noch die Stadt als Auftraggeber in Frage kommen. Dem widerspricht, daß in der Herrenberger Chronik, die der Vogt Gottlieb Friedrich Hess zu Beginn des 18. Jahrhunderts zusammenstellte, der Bürgermeister Hans Brenner als Auftraggeber des Retabels bezeichnet wird.[467] Farber stellte klar, daß Brenner nicht nur auf Grund der im Hinblick auf die Gesamtsumme relativ niedrigen Stiftung nicht als Auftraggeber gelten kann. Auch der Zeitpunkt seiner Stiftung zwischen 1518 und 1519 spricht gegen ihn als Initiator, da der Vertrag über das Retabel spätestens im November 1517 unterzeichnet wurde.
Es bleiben die Kleriker, die auch das größte Finanzvolumen zur Verfügung stellten. Mit dieser Feststellung ist der Auftraggeber jedoch noch nicht ermittelt. Denn im Zeitraum, der zwischen Auftragsvergabe und Fertigstellung lag, hob Herzog Ulrich von Württemberg die Gemeinschaft der Brüder vom gemeinsamen Leben auf und wandelte sie in ein weltliches Chorherrenstift um. Es wäre möglich, daß die Brüder

[464] Wilhelm Fraenger: Jörg Ratgeb 1981, S. 247.
[465] Lisa de la Mare Farber: Herrenberg 1989, Appendix C, Nr. 15.
[466] Dies., Apendix A 1518-1519, fol 5v (9): „It(em) xx.lb von hanns brenner (...) an tafel geben."
[467] Gottlieb Friedrich Hess: Chronik Herrenberg. Hs Stadtarchiv Herrenberg. Vgl. auch Stuttgart, WLB Cod. Hist. F 278, Bd. 2, S. 1221 und S. 1433.

unter ihrem Propst Johannes Rebmann den Altar in Auftrag gaben.[468] Dafür spricht, daß die Auftragserteilung noch zu Zeiten der Fraterherren an Ratgeb erging. Zudem gehört das Retabel zu einer Serie von Ausstattungsgegenständen, die von den Brüdern gestiftet wurden und die die Ikonographie verbindet. Allerdings ist es zu einem Zeitpunkt begonnen und fertiggestellt worden, als Rebmann schon tot und die Gemeinschaft der Brüder aufgelöst war. Daher sieht Fraenger die Stiftsherren unter Benedict Farner als Auftraggeber.[469] Betrachtet man die Zusammensetzung des Chorherrenstifts, so fällt auf, daß sich die personelle Besetzung im Vergleich zu den Fraterherren kaum verändert hat. Bei der Auflösung der Gemeinschaft wurde jeder der Brüder einzeln gefragt, ob er der Umwandlung zustimme und als Stiftsherr am Ort bleiben möchte. In Herrenberg stimmten elf der sechzehn Brüder zu und traten dem Chorherrenstift bei, zwei stellten weitere Bedingungen und nur drei lehnten ab. Unter diesem Gesichtspunkt erscheint es nicht ungewöhnlich, daß der Auftrag noch zu Zeiten der Brüder vergeben wurde, aber von den Stiftsherren ohne Konzeptionsänderung fortgeführt wurde.[470] Die Institution hatte sich gewandelt, aber die Menschen, die sie bildeten, waren die selben geblieben.

5.3 Literaturbericht

Das Retabel der Herrenberger Stiftskirche wurde erstmals im Zuge der Neubewertung des Mittelalters, dem Beginn der Denkmalpflege und der Inventarisierung im 19. Jahrhundert erwähnt.[471] Zu diesem Zeitpunkt zählte es zu den anonymen Werken, die Zuschreibung an Jerg Ratgeb gelang erst Otto Donner von Richter.[472] Obwohl zur gleichen Zeit Eugen Schneider[473] die Entdeckung machte, daß der Maler in den Bauernkrieg involviert war und 1526 gevierteilt wurde, stieß der Altar damals auf wenig Interesse.[474] Erst zu Beginn des 20. Jahrhunderts setzte mit Georg Dehio[475] und Alfred Stange[476] die kunsthistorische Diskussion ein, in der es zunächst um eine stilistische Einordnung ging.

---

468 Ute-Nortrud Kaiser: Jerg Ratgeb 1985, S. 26 + S. 279; Helmut Maier: Vor 500 Jahren. Die Brüder vom Gemeinsamen Leben in Herrenberg. Auszug aus dem Einwohnerbuch Herrenberg und Umgebung. 2. Aufl. Karlsruhe 1983, S. 9; Hermann Findeisen: Der Herrenberger Hochaltar. In: Festschrift zur 700 Jahrfeier der württembergischen Oberamtsstadt Herrenberg. Herrenberg 1929, S. 54.

469 Wilhelm Fraenger: Jörg Ratgeb 1981, S. 68.

470 Otto Schmid: Das kirchliche Leben Herrenbergs vor der Reformation 1936, S. 234; Lisa de la Mare Farber: Herrenberg 1989, S. 106-111.

471 Eduard Paulus: Schwarzwaldkreis. Inventar. Stuttgart 1897. (=Die Kunst- und Altertumsdenkmale im Königreich Württemberg; Bd. 2), S. 111, 505; Beschreibung des Oberamts Herrenberg/Württemberg/Statistisch-Topographisches Bureau. Unveränd. photomechan. Nachdr. [d. Ausg.] Stuttgart 1855. Magstadt b. Stuttgart, 1965, S. 111; Carl Alexander Heideloff: Die Kunst des Mittelalters in Schwaben. Stuttgart 1855, S. 1-7, Tafel II.

472 Otto Donner von Richter. In: Kunstchronik und Kunstmarkt 18 (1883), S. 482f.; ders.: Jerg Ratgeb. In: Archiv für christliche Kunst 11(1883) S. 22 f.; ders.: Jerg Ratgeb. 1892, S. 87-99.

473 Eugen Schneider: Georg Rathgeb. In: Württembergische Vierteljahreshefte für Landesgeschichte 6 (1883) S. 263.

474 Eine der wenigen Ausnahmen: Heinrich Merz: Jörg Ratgeb und sein Altarwerk in der Stiftskirche zu Herrenberg. In: Christliches Kunstblatt 27 (1885) Nr. 2, S. 17-24.

475 Georg Dehio: Kunsthistorische Aufsätze. München 1914, S. 141f.

Um die historische Komponente erweiterte Josef Forderer[477] den Blick auf den Altar, indem er die schriftlichen Quellen mit einbezog. Im Gegensatz zu Forderer, der Ratgeb als „Revolutionär in der Form, nicht aber in dem Inhalt“[478] sah, wuchs im Rahmen eines erstarkten Nationalismus und der Umbewertung des Bauernkrieges die Tendenz, den Stil Ratgebs biographisch zu begründen. Da der Herrenberger Altar im Gegensatz zu den anderen Werken Ratgebs gut erhalten und leicht zugänglich war, manifestierte sich gerade an ihm diese Überzeugung.[479]

Wilhelm Fraenger beschäftigte sich sowohl mit der Geschichte als auch der Rekonstruktion des Retabels. Dennoch sieht er das Werk als „Ratgebs eigentliches Zeitbekenntnis, worin er all die dumpfe Drangsal und die flackernde Gewaltsamkeit, das Zwangvolle und jäh Entfesselte, das Überständige und Überstürzte, mit einem Wort: das sprunghaft Ungewisse jener Wendezeit zusammenfaßte.“[480] Obwohl Fraenger heftig kritisiert wurde,[481] blieb sein Einfluß vor allem auf die populäre Literatur ungebrochen.[482]

„Ein Großteil der Literatur erschöpft sich darin, in oberflächlicher Weise Ratgebs tragisches Ende, die Vierteilung, und seine expressive Darstellungsweise zu parallelisieren.“[483]

Eine Ausnahme bildete ein Artikel von Heinz Spielmann.[484] Es gelang ihm, an den Herrenberger Tafeln nachzuweisen, daß Ratgeb die geometrische Proportionslehre kannte, er sich aber im Zweifelsfall zugunsten eines mittelalterlich orientierten Glaubens gegen das moderne System entschieden habe.

---

476 Alfred Stange: Jörg Ratgeb 1924, S. 195-208.

477 Josef Forderer: Jerg Ratgeb und sein Herrenberger Altar. Festbeilage der Tübinger Chronik, 20. Juli 1929; ders.: Jörg Ratgeb und sein Herrenberger Altar. In: Tübinger Blätter, N.F. 21 (1930), S. 17- 27.

478 Josef Forderer: Jörg Ratgeb 1930, S. 27.

479 Vgl. u. a.: Wilhelm Hausenstein: Jörg Ratgeb. In: Frankfurter Zeitung und Handelsblatt 69, Nr. 883, erstes Morgenblatt, vom 26.11.1924, S. 1-3; ders.: Jörg Ratgeb. In: Meister und Werke; gesammelte Aufsätze zur Geschichte und Schönheit bildender Kunst vom Mittelalter bis zur Gegenwart. München 1930, S. 25-32; Georg Schwarz: Jerg Ratgeb. In: Hochland 36 (1938/39). Bd. 2, S. 81-84.

480 Wilhelm Fraenger: Jörg Ratgeb 1981, S. 105.

481 Christine Anhalt: Rezension zu Wilhelm Fraenger. In: Zeitschrift für Kunstgeschichte 39 (1976), S. 236-239; Heinrich Burg: Rezension zu Wilhelm Fraenger. In: Bildende Kunst 23 (1975), S. 151-3; Bruno Bushart : Jörg Ratgeb. (Rezension zu Wilhelm Fraenger) 1974, S. 272-279; ders. In: Pantheon 33 (1975), S. 80; Siegfried Epperlein: Rezension zu Wilhelm Fraenger. In: Deutsche Literaturzeitung 95 (1974), S. 740-744; Rolf E. Keller: Rezension zu Fraenger. In: Zeitschrift für Schweizerische Archäologie und Kunstgeschichte 40 (1983), S. 152f.; Hermann Kissling: Probleme um Jörg Ratgeb 1976, S. 169-200.

482 Vgl. u. a. Hildegard Bürgin-Kreis: Die Geisselung Christi auf dem Herrenberger Altar von Jerg Ratgeb. In: Münster 2 (1948/49), S. 272-279; Heinz Rudolf Fuhrmann: Jerg Ratgeb, der Maler, und sein Herrenberger Altar. In: Bruno Bushart/Heinz Rudolf Fuhrmann: Jörg Ratgeb. Der Maler des Herrenberger Altars. Sonderdruck von "Aus Schönbuch und Gäu," Heimatbeilage zum Böblinger Boten. Böblingen 1959, S. 18-24; Herbert Zschelletzschky: „...des Pauernkrieges und Hertzog Ulrichs halber;“ Jörg Ratgeb, Maler und Kanzler der Bauern, zum 450. Todesjahr. In: Bildende Kunst 24 (1976), S. 522-525; Ruth Schussmann: Jörg Ratgeb, Maler und Revolutionär. In: Casella-Riedel Archiv 61(1978) Nr. 4, S. 12-15; Horst Keil: Jörg Ratgebs Herrenberger Altar. In: Evangelisches Gemeindeblatt für Württemberg 74 (1979) Nr. 14, S. 12-13.

483 Gerhard Faix: Jerg Ratgeb 1997, S. 81.

484 Heinz Spielmann: Jerg Ratgebs Interpretation der platonischen Proportionslehre im Herrenberger Altar. In: Beiträge zur Kunst des Mittelalters; Festschrift für Hans Wentzel zum 60. Geburtstag. Berlin 1975, S.193-198.

Wie sehr die Rezeption Ratgebs auf Deutschland beschränkt war, zeigte der Versuch Arthur Burkhards,[485] den Herrenberger Altar dem angelsächsischen Publikum bekannt zu machen.

Neue Sicht auf den Maler und sein Werk sollten zwei Ausstellungen[486] geben, die besonderes Augenmerk auf die Geschichte, die Rekonstruktion und die Auftraggeber richteten. Zur selben Zeit waren es Einzelaspekte des Altares, die untersucht wurden. Karlheinz Lang forschte auf dem Gebiet der Farbe[487] und Gertrud Roth-Bodjadzhiev[488] widmete sich der Bedeutung der Vögel.

Einen stark auf die Interpretation der Quellen basierenden Ansatz verfolgte Lisa de la Mare Farber.[489] Im Gegensatz zur Frankfurter Ausstellung gelang es ihr, Ratgeb zu entmystifizieren und sein Werk im geschichtlichen Kontext neu zu betrachten. Dieser Anstoß von außen belebte auch in Deutschland die Diskussion erneut. Stark beeinflußt von der Arbeit Farbers zeigt sich der Katalog der Stuttgarter Staatsgalerie.[490] Rudolf Veit steht noch in der Tradition von Fraenger, wenn er zeitgeschichtliche Aspekte und subjektive Stellungsname Ratgebs sucht.[491]

Auch Janssen untersuchte die schriftlichen Quellen erneut, kommt aber zu anderen Ergebnissen in der Rekonstruktion und im zeitlichen Ablauf.[492] Daneben widmete er sich der ikonographischen Interpretation des Retabels und setzt dieses in Bezug zum Chorgestühl der Stiftskirche.[493]

Eine völlig neue Strategie verfolgte 1996 das Kunstprojekt „In ein anderes Licht gerückt." In der Herrenberger Kirche wurde der Altar mittels 3D Technologie projiziert. Gleichzeitig fand am Institut für Architekturgeschichte zusammen mit dem CAD Labor der Uni Stuttgart ein Seminar „Der Herrenberger Altar im Virtuellen Raum" statt. An der Fachhochschule für Druck und Medien in Stuttgart wurde ein interaktiver Film mit den Erzählstrukturen der Ratgeb-Geschichten entwickelt und in den virtuellen Kunstraum eingeblendet. Die Ergebnisse wurden zunächst im Internet und später als CD-ROM veröffentlicht.[494]

Das Expertengespräch „Integrale Kunstbetrachtung mit neuen Medien – Der Chorraum zu Herrenberg" förderte 1997 den interdisziplinären Gedankenaustausch. Im selben Jahr wies Gerhard Faix die Vorstellung von Ratgeb als Revolutionär am Beispiel der Geißelungstafel des Herrenberger Altars erneut zurück.[495]

---

[485] Arthur Burkhard: The Herrenberg Altar by Jörg Ratgeb. München 1965.

[486] Jerg Ratgeb. Leben und Werk. Zu einer Ausstellung der Stadt Herrenberg im April 1976. Herrenberg 1976; Ute-Nortrud Kaiser: Jerg Ratgeb 1985.

[487] Karlheinz Lang: Die Farbe bei Jörg Ratgeb. Diss. Frankfurt 1982.

[488] Gertrud Roth-Bojadzhiev: Studien zur Bedeutung der Vögel in der mittelalterlichen Tafelmalerei. Köln 1985, S. 69-77.

[489] Lisa de la Mare Farber: Jerg Ratgeb and the Herrenberg Alterpiece. Diss. Princeton 1989.

[490] Edeltraut Rettich/Rüdiger Klapproth: Alte Meister. Staatsgalerie Stuttgart 1992, S. 321-345.

[491] Rudolf Veit: Heilsgeschichte und Zeitgeschichte 1991, S. 5-18.

[492] Roman Janssen: Warum wurde der Altar zweimal aufgebaut? 1993, S. 533-551.

[493] Roman Janssen: Schrift 1993, S. 509-532.

[494] www.architektur.uni-stuttgart.de/lehre/labor/ratgeb/Ratgeb.html
Konrad Burgbacher/Gerhard Faix/Ingrid Krupka (Hg.): In den Wirren des Bauernkrieges, 2001.

[495] Gerhard Faix: Jerg Ratgeb 1997, S. 81-102.

Bedingt durch die weitreichende Verwendung von Inschriften wurde der Herrenberger Altar in das Inventar der deutschen Inschriften aufgenommen.[496]

5.4 Rekonstruktion

Als Donner von Richter 1890 den Altar entdeckte, war dieser nicht mehr im originalen Zustand. Er beschreibt ihn als Flügelaltar, dessen Mitteltafel aus zwei Teilen bestand und auf der Vorder- und Rückseite bemalt war, ebenso wie die beiden Flügel.[497] Obwohl Donner den Zustand wohl für den ursprünglichen hielt, fielen ihm entscheidende Unstimmigkeiten auf. Besonders die Tatsache, daß das Retabel auch auf der Rückseite mit hochwertigen Gemälden geschmückt war, merkt er an.[498]
Alfred Stange zog aus diesen Unstimmigkeiten die Konsequenz und rekonstruierte das Retabel analog zum Isenheimer als doppelflügligen Altar mit einem geschnitzten Mittelschrein.[499] Neben der Komposition sprächen auch die Scharniere dafür, daß auch die inneren Flügel beweglich waren. Die erhaltenen Quellen deuten ebenfalls auf einen traditionellen Schreinaltar hin, da mehrfach von „sarch“, d. h. der Predella, und dem „ußzug“, dem Gesprenge, die Rede ist.
Wilhelm Fraenger lehnte diese Rekonstruktion eines traditionellen Flügelretabels ab und plädierte für eine starre Bilderwand, die aus zwei Tafeln gebildet und von einem Flügelpaar gerahmt wurde, so daß sie zu zwei Schauseiten von je vier Tafeln zu entfalten sei.[500] Fraengers Rekonstruktion wurde einhellig abgelehnt. Bereits Bushart faßte in seiner Rezension die wichtigsten Argumente zusammen: Eine zweigeteilte Mitteltafel, bei der jede Hälfte gesondert gerahmt sei, sei ebenso absonderlich, wie die Tatsache, daß die auf das Kirchenpatrozinium sich beziehenden Tafeln des Marienlebens auf der schwer zugänglichen Rückseite des Retabels plaziert waren. Hinzukäme, daß die zeitliche Reihenfolge der Marientafeln verkehrt gewesen sei, mit der Beschneidung auf der linken und der Vermählung Mariens auf der rechten Seite.[501]
Farber[502] zielte in ihrer Kritik vor allem auf die mangelnde Berücksichtigung der Verhältnisse vor Ort bei der Lokalisierung des Retabels. Davon abgesehen weise die diffizile Verwendung von goldenen und schwarzen[503] Inschriften darauf hin, daß der Altar ein doppeltes Flügelpaar hatte. Die Tafeln mit den goldenen Inschriften flankierten den Schrein analog zum Goldgrund des traditionellen Retabels, um eine Steigerung bei fortschreitender Öffnung zu erzielen.[504] Zudem liefen die Inschriften

---

[496] Anneliese Seeliger-Zeiss: Inschriften 1999, S. 106-113.
[497] Otto Donner von Richter: Jerg Ratgeb 1892, S. 88.
[498] Ders., S. 98.
[499] Alfred Stange: Jörg Ratgeb 1924, S. 202.
[500] Wilhelm Fraenger: Jörg Ratgeb 1981, S. 104.
[501] Bruno Bushart: Jörg Ratgeb. (Rezension Fraenger) 1974, S. 277.
[502] Lisa de la Mare Farber: History of the Herrenberg Altarpiece. In: Ute-Nortrud Kaiser: Jerg Ratgeb 1985, S. 291; dies.: Jerg Ratgeb and the Herrenberg Alterpiece. Diss. Princeton 1989, S. 121f.
[503] Ehemals silber, aber oxidiert.
[504] Lisa de la Mare Farber: History. In: Ute-Nortrud Kaiser: Jerg Ratgeb 1985, S. 291.

des Apostelabschieds über beide Flügel und konnten nur gelesen werden, wenn die Tafeln nebeneinander lagen und nicht wie bei Fraenger die Marientafeln flankierten.[505]

Mit der Verwerfung der Thesen Fraengers war man bezüglich der Rekonstruktion des Original-Zustandes noch keinen Schritt weiter. Die Quellen schweigen über einen Auftrag und Zahlungen an einen Bildschnitzer. Dieser Umstand in Kombination mit der Tatsache, daß der Auftrag an Ratgeb von einer „fassung der tafel uff dem fronaltar" spricht, legen den Verdacht nahe, daß der Maler neue Flügel für einen schon bestehenden älteren Schrein anfertigte. Traugott Schmolz hat anläßlich einer Ausstellung über Ratgeb die Frage nach dem Schrein gestellt. Ausgehend von der Überlegung, daß nach dem gemalten Bildgeschehen im Schrein eine Geburts-, Anbetungsszene oder eine Marienkrönung plaziert gewesen sein muß, lenkte er den Blick auf einen Bericht des Kunsthistorikers Carl Alexander Heideloff, der 1808 in einem Winkel des Turms der Herrenberger Stiftskirche eine beschädigte, geschnitzte Tafel entdeckt hatte.[506] Heideloff zeichnete die Tafel und veröffentlichte sie als Titelbild seines Werks „Die Kunst des Mittelalters in Schwaben"[507] , in dem er sie wie folgt beschreibt:

„Dasselbe enthält als Hauptdarstellung in einem Bogen unter einem zierlichen Baldachin die Mutter Gottes, den göttlichen Sohn auf dem Arm, im Strahlenglanze der Sonne, in den sich Rosengewinde flechten, auf der Mondsichel stehend und umschwebt von zwei anbetenden Engeln. Zu ihren Füssen knien die Stifter des Bildes in betender Stellung, Graf Ludwig von Württemberg, der Vater Eberhards im Bart, und gegenüber dessen Gemahlin, Mechthilde, eine curpfälzische Prinzessin, beide von ihren Schutzpatronen (...) umgeben. Über dem Bogen in den Ecken zwischen dem Rahmen erscheinen niedliche Engel mit Spruchbändern, auf denen der englische Gruß steht. In dem Rahmen sieht man auf Konsolen unter Baldachinen rechts die heilige Margaretha und Dorothea, links die heilige Barbara und den Ritter St. Georg. Diese geschnitzte Holztafel hatte eine Höhe von 8 und eine Breite von 5 Fuss und war mit Geschmack und vielem Verständnis der mittelalterlichen Polychromie bemalt."[508]

Schmolz kann plausible Argumente anführen, daß die von Heideloff publizierte Tafel den Mittelteil des Herrenberger Altars bildete. Die Größe und die Darstellung Mariens als Patronin der Stiftskirche weisen auf den Hochaltar als ehemaligen Standort, ebenso wie die Abbildung des Gründers des Stifts, Graf Ludwig von Württemberg. Gerade das Stifterbild könnte erklären, warum die Stiftsherren den Schrein für den neuen Hochaltar übernommen und nicht durch einen neuen ersetzt

---

[505] Lisa de la Mare Farber: Herrenberg 1989, S. 122.
[506] Traugott Schmolz: Der Herrenberger Hochaltar. In: Jerg Ratgeb. Leben und Werk. Zu einer Ausstellung der Stadt Herrenberg im April 1976. Herrenberg 1976, S. 6.
[507] Carl Alexander Heideloff: Die Kunst des Mittelalters in Schwaben. Stuttgart 1855.
[508] Ders., S. 7.

haben. Darüber hinaus nehmen die gemalten Flügel stilistische Details der Tafel auf.[509]

Farber verwirft die Idee der Weiterverwendung des alten Retabels und meint, daß ein neues Mittelteil mit geschnitzten Figuren hergestellt wurde. Sie stützt ihre Argumentation auf die erhaltenen Quellen. „It[em] viii noppen geben vorn krist als man die alt[en] tafel abgebrochen und die nuwen uffgesetzt hat“[510], soll heißen, daß der alte Altar, möglicherweise die Tafel mit der Mondsichelmadonna, abgebrochen und der neue aufgestellt wurde. Auch den ersten Eintrag in die Rechnungsbücher „fassung der tafel uff dem fronaltar“ spreche dafür, daß Ratgeb neue Skulpturen gefaßt habe.[511] Allerdings fehlt für diese Schnitzwerke jeder Hinweis in den Quellen. Im Katalog der Staatsgalerie gibt man sich vorsichtig und vermutet, daß im Schrein eine Madonna von je zwei Heiligen flankiert wurde, worauf das Patronat Beatae Mariae Virginis weise.[512] Faix und Janssen haben in den letzten Jahren erneut die These Schmolz unterstützt.[513]

Neben der Frage nach dem Schrein steht die nach der Predella. Erhalten sind drei Tafeln: Das Schweißtuch der Veronika und zwei Weihrauch schwingende Engel.[514] Fast einstimmig werden diese für die Rückwand der Predella gehalten, die geschnitzte Skulpturen enthielt.[515] Der Eintrag „4 Pfund und 5 Schilling It[em] Thuma[n] Maler[n] vo[n] aine[n] nuw[en] Creutz vnd den stendelln under der staffell, vnd dem brust bild zu bessern“[516] wurde bereits von Forderer und Schmid als Beleg für die Rekonstruktion der Predella mit geschnitzten Figuren und der gemalten Vera Icon auf der Schreinrückseite angeführt.[517] Einen Schritt weiter geht Fraenger, wenn er das Brustbild und die „Stendelln“ als Büste Christi umringt von den zwölf Aposteln interpretiert.[518] Die Darstellung Christi im Kreis der Apostel war eines der

---

[509] Traugott Schmolz: Der Herrenberger Hochaltar 1976, S. 6f.

[510] Ute-Nortrud Kaiser: Jerg Ratgeb 1985, S. 283, Nr. 9; Lisa de la Mare Farber: Herrenberg 1989, S. 328; Roman Janssen: Warum wurde der Altar zweimal aufgebaut? 1993, S. 550..

[511] Lisa de la Mare Farber: Herrenberg 1989, S.123ff.

[512] Edeltraut Rettich/Rüdiger Klapproth: Alte Meister. Staatsgalerie Stuttgart 1992, S. 328.

[513] Roman Janssen: Schrift 1993; Gerhard Faix: Jerg Ratgeb 1997, S. 85ff.; Konrad Burgbacher/Gerhard Faix/Ingrid Krupka (Hg.): In den Wirren des Bauernkrieges, 2001.

[514] Stuttgart, Staatsgalerie Inv.-Nr. 1523 e; Leimfarben auf Tannenholz; Vera Icon 65 x 70 cm; linke Engelstafel 65 x 92 cm; rechte Engeltafel 65 x 94,5 cm.

[515] Otto Schmid: Aus Herrenberg um die Wende des Mittelalters. In: Festschrift zur 700 Jahrfeier der württembergischen Oberamtsstadt Herrenberg. Herrenberg 1929, S. 47; Josef Forderer: Jörg Ratgeb und sein Herrenberger Altar. 1930, S. 26; Bruno Bushart: Jörg Ratgeb (Rezension Fraenger) 1974, S. 278, Wilhelm Fraenger: Jörg Ratgeb 1981, S. 99; Katalog der Staatsgalerie Stuttgart. Stuttgart 1957, S. 211-13; Katalog der Staatsgalerie Stuttgart: Alte Meister. Stuttgart 1962, S. 158-60; Edeltraut Rettich/Rüdiger Klapproth: Alte Meister. Staatsgalerie Stuttgart 1992, S. 328 u. 343.

[516] Anhang. Quellen, Nr. 8 E, p.38f (7).

[517] Otto Schmid: Aus Herrenberg 1929, S. 47; Josef Forderer: Jörg Ratgeb und sein Herrenberger Altar 1930, S. 26.

[518] Wilhelm Fraenger: Jörg Ratgeb 1981, S. 99.

gängigen Themen spätmittelalterlicher Predellen, so etwa beim Isenheimer oder beim Blaubeurener Altar.[519]

Den gemalten Christuskopf auf dem Schweißtuch der Veronika versteht Bruno Bushart unter dem Begriff „Brustbild," auch er lokalisiert die Gemälde auf die Rückseite der Predella mit dem Hinweis, daß das Jüngste Gericht in Begleitung der Vera Icon zu den gängigen Programmen der Rückseiten schwäbischer Retabeln gehöre.[520]

Farber hingegen bezieht den Eintrag der Armenkastenrechnung nicht auf den Hochaltar.[521] Sie lokalisiert die drei Tafeln nicht auf die Rückseite der Predella, sondern sieht sie als bewegliche Flügel derselben. Der Umstand, daß die drei Tafeln als separate Teile überdauert hätten, spräche dafür, daß sie beweglich waren, d. h. Flügel zum Schutz und zur Inszenierung der Predellenfiguren.[522] Für die Lokalisierung auf die Vorderseite sprächen ferner ikonographische Gründe. Die Weihrauchfaß schwingenden Engel links und rechts der Vera Icon gehörten nicht zum Standard-Repertoire und wären nur zu erklären, wenn man sie mit der Meßliturgie in Verbindung brächte. Da die eucharistische Wandlung vor dem Altar stattgefunden hätte, müßten auch die Engel auf dieser Seite plaziert gewesen sein.[523]

Diese Plazierung der drei Tafeln auf der Vorderseite der Predella wurde im Katalog der Staatsgalerie erneut verworfen, mit dem Hinweis, daß sowohl ikonographische Gepflogenheiten als auch der stilistische und technologische Befund für eine Anbringung auf der Rückseite sprächen.[524]

Akzeptiert man die Rekonstruktion des Herrenberger Altars als doppeltem Wandelaltar, dessen zwei Doppelflügel einen geschnitzten Schrein bedeckten, ergibt sich eine gestaffelte Öffnung des Retabels mit drei Zuständen. Bei geschlossenem Retabel war der Abschied der Apostel sichtbar. Bei der ersten Öffnung, wenn die Außenflügel geöffnet und die Innenflügel geschlossen blieben, entfaltete sich die Passion Christi vom letzten Abendmahl, über die Geißelung und die Kreuzigung bis zur Auferstehung. Bei vollständig geöffnetem Retabel wurde der geschnitzte Schrein sichtbar, der von der Beschneidung und der Vermählung Mariens flankiert wurde.

---

[519] Wie häufig das Thema in der Predella vorkommt zeigt das beschreibende Verzeichnis der schwäbischen Schnitzaltare von Marie Schütte. Marie Schütte: Der Schwäbische Schnitzaltar. Straßburg 1907 (=Studien zur deutschen Kunstgeschichte; Bd. 91).

[520] Bruno Bushart: Jörg Ratgeb. (Rezension Fraenger) 1974, S. 278.

[521] Lisa de la Mare Farber: Herrenberg 1989, S. 144-153.

[522] Dies., S. 155f.

[523] Auch Janssen tendiert eher zu einer Lokalisierung der Tafeln auf der Vorderseite, da die Vera Icon gut zum Passionsprogramm gepasst hätte, ebenso wie die Engel, deren Rauchfässer Gebete symbolisieren. Vgl. Roman Janssen. Schrift 1993, S. 528, Anm. 26.

[524] Edeltraut Rettich/Rüdiger Klapproth: Alte Meister. Staatsgalerie Stuttgart 1992, S. 328 u. 343.

5.5 Beschreibung

Erhalten sind heute vom Herrenberger Altar[525] noch vier doppelseitig bemalte Flügel und die dreiteilige Predellenrückwand. Die Flügel haben noch ihre Originalrahmung, die mit Frührenaissance-Dekorationen und Versen aus dem Alten und Neuen Testament versehen ist.[526] Die beiden Flügel, die einst direkt an den Schrein anschlossen, sind von einer schmalen, rechteckigen Tafel bekrönt, die bei geschlossenem Schrein eine Erhöhung desselben verdeckte. Diese zeigt auf Vorder- und Rückseite das Monogramm Ratgebs und die Jahreszahl 1519. Sie ist noch original gerahmt. An den Aufsatz schließen links und rechts Zwickelfüllungen mit der Verkündigung an Maria an. Es sind spätere Hinzufügungen, da sie sowohl vom Material[527] als auch vom Stil und der künstlerischen Qualität vom Retabel abweichen. Möglicherweise sollten sie den Verlust des Gesprenges mildern. Wahrscheinlich sind die Tafeln mit der Verkündigung zu identifizieren, für die Max Schickhard 1548-49 einen Auftrag erhielt.[528]

Wenn beide Flügelpaare geschlossen waren, wurde der Abschied der Apostel[529] sichtbar (Abb. 18 a). Der Abschied der Apostel zieht sich über zwei Flügel, der Bildraum ist tendenziell als durchgängig gedacht, aber die Rahmung der Tafeln setzt eine starke optische Barriere. Sie besteht an drei Seiten aus einer schwarzen, gekehlten Profilleiste direkt am Bildfeld, die unten auf einem schwarzen Schrägsims steht und von einer breiten dunkelroten Leiste umfaßt ist. Auf dieser befindet sich ein silbernes Inschriftenband, auf dem in schwarzer frühhumanistischer Kapitalis Inschriften aufgemalt sind. Gerahmt werden die Bänder von gravierten goldenen Ornamenten. Zusätzlich zur optischen Barriere der Rahmung fehlen kompositorische Elemente, die die beiden Tafeln zusammenbinden. Weder der Weg, die Insel, noch das Rasenstück der linken Tafel wird rechts weitergeführt.
Ein schmaler Weg mit einigen Rasenflecken bildet das Proszenium, auf dem sich sieben der Apostel voneinander verabschieden. Anders als beim Schwaigerner Altar ist die Komposition nicht so symmetrisch aufgebaut, was auch die ungerade Zahl der Protagonisten im Bildvordergrund zeigt. Hinter dem Prozenium beginnt das Meer, das erst am Bildhorizont endet und durch ein Gebirge gebildet wird. Am linken und rechten Bildrand führt ein Weg nach hinten zu einer Stadt auf einem Berggipfel. Die restlichen fünf Apostel sind dort bereits auf der Wanderschaft. Wie auf dem Barbara-Altar befüllen zwei an einer Quelle ihre Wasserflaschen. Die Apostel sind mit Wanderstäben, Provianttaschen und Trinkflaschen für die Reise gerüstet. Einige

525 Stuttgart, Staatsgalerie. Inv.-Nr. 1523 a-e; Gesamtmaße: ca. 400 x 675/680 cm (geöffnet), 400 x 342 cm (geschlossen). Mischtechnik auf Tannenholz.
526 Alle Inschriften sind im Anhang aufgeführt.
527 Fichte statt Tanne.
528 Hans Rott: Quellen und Forschungen zur südwestdeutschen und schweizerischen Kunstgeschichte im 15. und 16. Jahrhundert. Bd. 2: Alt-Schwaben und die Reichsstädte. Stuttgart 1934, S. 219; Vgl. auch Lisa de la Mare Farber: History 1985, S. 292; Lisa de la Mare Farber: Herrenberg 1989, S. 119f.
529 H 270cm, B 147cm.

haben ihre Gewänder hochgegürtel, um besser ausschreiten zu können. Alle tragen sie Zeittracht. Besonders ärmlich wirkt Philippus. Seine Hosen sind zerrissen, und er zieht barfuß seines Weges.
Jeder Apostel ist anhand einer Inschrift zu identifizieren. In roter Kapitalis steht sie zu Füßen eines jeden, nur bei den hinteren ist der Name über der Person plaziert. Anders als in Schwaigern hat sich Ratgeb auf zwölf Apostel beschränkt, da er Paulus nicht in die Schar aufnimmt.

Bei einmal geöffnetem Altar wurde eine Schauwand mit vier Passionsszenen sichtbar, beginnend mit dem letzten Abendmahl über die Geißelung und die Kreuzigung bis zur Auferstehung. Durch eine einheitliche Farbigkeit, die sich deutlich von der des Apostelabschieds abhebt, werden die vier Tafeln zusammengebunden. Die Farben sind greller, und Ratgeb arbeitet mit ausgeprägten Weißhöhungen, die die Helligkeit deutlich mitbestimmen. Alle vier Tafeln haben dieselbe Rahmung wie der Apostelabschied, die Rahmenleisten der beiden mittleren sind aber deutlich breiter.

Den Raum, in dem sich die Jünger zum letzten Abendmahl (Abb. 18 b)[530] versammelt haben, überwölbt ein hölzernes Tonnengewölbe. Es ist vorne so abgeschnitten, daß man auf die Schnittfläche blickt, die die ästhetische Grenze bildet. Obwohl der Betrachter frontal auf die Tischgesellschaft und auf Christus blickt, schaut er leicht schräg von links in den Raum, so kann er an der linken Wand einen Wandschrank sehen, dessen Tür leicht geöffnet ist und den Blick auf das Innere frei gibt. Der runde Abendmahlstisch steht auf einer dicken steinernen Platte, die über die ästhetische Grenze hinausragt. Der Wirt und Judas haben jeweils nur einen Fuß auf der Bodenplatte, während der andere in der Luft hängt. So werden beide von der Gruppe der Heiligen um den Tisch abgesondert. Unterschieden werden sie von den Jüngern auch durch die Kleidung, sie tragen Zeittracht im Gegensatz zu den antikischen Gewändern der Apostel. Judas wird zusätzlich durch die gelbe Farbe seiner Kleider, die roten Haare und die Spielkarten, die ihm aus der Tasche fallen, pejorativ gekennzeichnet. Er beugt sich gerade mit geöffnetem Mund über den Tisch, um den Bissen Brot zu empfangen, dem Christus ihm reicht. Eine Fliege schwirrt dabei aus seinem Rachen. Die übrigen Jünger, alles verschrobene Gestalten, nehmen kaum Notiz vom Geschehen. Sie unterhalten sich, starren ins Leere, einer schnäuzt sich sogar.
Aus dem Fenster fällt der Blick auf eine Landschaft. Links ziehen winzige Bewaffnete heran. Sie sind im Begriff, einen Fluß zu überqueren und nähern sich dem Garten Gethsemane, wo Christus mit flehend zum Gebet erhobenen Händen kniet. Von all dem nichts bemerkend schlafen Petrus, Jokabus und Johannes im Garten.

[530] H 274 cm, B 147 cm.

Auf der zweiten Tafel[531] (Abb. 18 c) hat Ratgeb mehrere Passionsszenen in einer phantastischen Architektur zusammengefaßt. Wie bei der Darstellung des Abendmahls bilden zwei Marmorsäulen am linken und rechten Bildrand, die einen Rundbogen tragen, die ästhetische Grenze. Nach hinten öffnet sich ein nach allen Seiten offener Rundbau mit zwei Galerien. Auf der oberen verhört Pilatus Christus. Von der Galerie führt eine Freitreppe nach unten, an deren Kopf Pilatus den gefesselten Christus der tobenden Menschenmenge präsentiert. Im Vordergrund spiel zwei Szenen: Christus ist mit den Händen nach hinten um eine dicken Säule gebunden. Zusätzlich hat man ihn mit einem Halseisen an diese gekettet. Die Säule steht genau in der Bildmitte, und obwohl sie monumental wirkt, hat sie keinen sicheren Stand. Mit der Basis steht sie weiter hinter, während das Kapitell am Bildrand und an der ästhetischen Grenze liegt. Die Schräge der Säule betont damit das nach Vorne-hängen Christi. Das graue Lendentuch Christi ist eng um den Körper geschlungen und am oberen Rand mit dem Wort LEVITICUS 6 verziert. Unterhalb der Säule sitzt Christus zusammengesunken ein weiteres Mal. Die Schergen setzen ihre Folterungen fort und verhöhnen den Geschundenen. Mit dem Holzschaft einer Peitsche wird die Dornenkrone fest auf den Kopf gedrückt.

Vor einem weißen Kalksteingebirge ragen unter einem dunklen Himmel die drei Kreuze empor (Abb. 18 d).[532] Im Mittelgrund liegt Jerusalem. Von dort ziehen zwei Wege nach vorne. Von rechts kommen Johannes und die heiligen Frauen, während von links sich der Kreuzigungszug aus der Stadt bewegt. Die beiden Wege vereinigen sich und führen in der Bildmitte auf das Kreuz Christi zu. Am Wegrand ragt rechts ein Felsblock mit einer Grabkammer empor, davor wird der tote Christus in einen steinernen Sarkophag gelegt. Am Kopfende verharren zwei der Frauen und Maria, die in den Armen von Johannes zusammenbricht. Am Fußende kniet weinend Maria Magdalena. Zeitlich folgt die Szene der Grablegung der Kreuzigung, die im Bildvordergrund spielt. Die drei Kreuze ragen aus felsigem Boden empor. Das Kreuz Christi ist frontal ausgerichtet und nimmt fast die gesamte Bildhöhe und -breite ein. Die Kreuze der Schächer ragen schräg nach hinten. Christus ist tot, sein Kopf ist zur Seite gefallen und Blut fließt aus seiner Seitenwunde unter dem Lendentuch durch bis auf den Boden. Im Gegensatz zu den beiden Schächern hängt Christus wie schmerzlos am Kreuz, sein Körper ist nicht verdreht, das Gesicht nicht verzerrt, und auch das Lendentuch ist ohne Bewegung um den Leib gelegt. Wie schon auf der vorherigen Tafel ist es mit der Inschrift LEVITICUS 6 versehen. Über dem Kopf Christi hängt die Inschriftentafel, die ihn hebräisch, griechisch und lateinisch als „Jesus von Nazareth, König der Juden“ bezeichnet. Unter dem Kreuz stehen zwei trauernde Frauen und Johannes, der Maria stützt. Maria Magdalena kniet unter dem Kreuz und umklammert den Stamm.

---

[531] H 262 cm, B 142,5 cm.

[532] H 262 cm, B 142,5 cm.

Die Auferstehung[533] (Abb. 18 e) spielt im Vordergrund auf einer leicht erhöhten Erdscholle. Sie fällt nach vorne leicht ab, und der Betrachter schaut von oben darauf. Die Szene erhält so zwei gegenläufige Bewegungen: Christus, der vertikal nach oben schwebt, und die Soldaten, die nach unten aus dem Bild heraus fallen. Am oberen Rand der Erdscholle ragt das Grab Christi empor: Ein massiver Felsblock, in den eine Tür geschlagen wurde, die mit vier roten Wachssigeln immer noch verschlossen ist. Christus schwebt in Mannshöhe vor dem Felsgrab. Rechts durchbricht ein Lichtstrahl die Wolkendecke, in dem zwei Posaunen blasende Engel in Richtung Erde stürzen. Aufgeschreckt taumelt einer der Soldaten nach vorne. Im Lauf dreht er sich nach hinten um und hebt die Hand geblendet vor das Gesicht. Seltsam zusammengewürfelt ist seine Kleidung, ebenso wie die seiner Kameraden. Der eine starrt erschreckt den Auferstandenen an, während der andere das Bewußtsein verloren hat. Zwischen den Wächtern liegen neben einem Krug auf dem Boden verstreute Karten und Münzen.
Rechts im Mittelgrund begegnet Maria Magdalena Christus als Gärtner und zwei Frauen verlassen durch ein steinernes Tor den Garten.
Den tiefen Horizont bildet ein Gebirge. Links davor liegt eine Stadt mit einem Rundbau, der von Grabsteinen umstanden ist. Schemenhafte kleine Menschen laufen mit erhobenen Armen umher.

Wenn das Retabel vollständig geöffnet wurde, bekamen die Gläubigen den Schrein flankiert von der Vermählung Mariens und der Beschneidung Jesu zu sehen. Beide Tafeln entsprechen sich in ihrer warmen, gedeckten Farbigkeit. Beim mittelalterlichen Flügelretabel bewirkte die Verwendung von Gold und Lüster einen überirdischen Glanz, die bei der letzten Öffnung einer Inszenierung himmlischen Geschehens gleichkam. Ratgeb bricht hier mit der Tradition, da er keine Goldgründe verwendet. Im Gegenteil ist die Farbigkeit gedämpfter und entspricht eher der der Außenseiten. Möglicherweise war ihm an einer Angleichung oder sogar Subordination an den Schrein gelegen. Wenn Ratgeb im Bild auf die Verwendung von Gold verzichtet, verwendet er es als Reminiszenz an die mittelalterliche Tradition aber als Hintergrund für die Inschriften. Die Rahmung der beiden Innentafeln setzt sich deutlich von der der anderen Tafeln ab. Der Rahmen ist sowohl plastisch als auch malerisch gegliedert. Die Basisleiste ist höher als die seitlichen Rahmenstücke und zweifach durch einen Schrägsims abgetreppt, dessen Profil von dem gemalten Sockel im Bild wieder aufgenommen wird. Der untere Schrägsims ist dunkelrot mit goldenen Akzenten gefaßt. An der Stirnseite läuft zwischen beiden Schrägen die Hauptinschrift auf einem goldenen Band. Die seitlichen Inschriftenbänder sind zwischen goldenen Elementen aufgespannt. Die Inschriften selbst sind im Gegensatz zu den anderen Tafeln silbern auf goldenem Grund.

Durch Phantasiearchitekturen hat Ratgeb bei der Vermählung Mariens (Abb. 18 f)[534] verschiedene Bildräume geschaffen: Vorne spielt die Vermählung der Gottesmutter

[533] H 270 cm, B 147 cm.
[534] H 262 cm, B 142,5 cm.

unter einem großen Rundbogen. Maria kniet fast in der Mitte. Die Rechte wird ihr von dem Rabbiner in die Hand ihres Bräutigams Josef gelegt, der links von ihr kniet. Hinter Maria blickt ein Mann in einem roten Gewand frontal zum Betrachter. Am linken Bildrand hinter Josef steht ein hagerer alter Mann und ein zweiter, der ein rotes Kleid und eine Kappe trägt und nach links aus dem Bild herausschaut.
Auf der rechten Seite strömen aus einem rundbogigen Tor die Tempeljungfrauen. Unklar ist ihre Stellung im Raum. Diejenige mit dem blauen Mantel und dem goldenen Geldbeutel steht mit den Füßen deutlich weiter vor Josef, doch sie ist wesentlich kleiner und es wirkt eher, als ob sie hinter der Bodenplatte im Bildmittelgrund steht.
Im Hintergrund spielen drei weitere Szenen. Die zeitliche Abfolge der Szenen beginnt mit der Begegnung an der Goldenen Pforte und dem Tempelgang Marias, springt dann nach vorne zur Vermählung um im Hintergrund mit der Heimsuchung zu enden.

Ratgeb hat auf der Tafel mit der Beschneidung (Abb. 18 g) [535] wieder den Bildraum durch eine phantastische Scheinarchitektur in verschiedene Zonen unterteilt, in denen sich drei Szenen abspielen. Unter einem großen Rundbogen wird im Bildvordergrund Christus beschnitten. Die Akteure agieren auf einer Bodenplatte, auf die der Betrachter von oben schaut. Unklar ist, ob sie direkt unter dem Bogen liegt, da unter diesem sich bereits die folgende Szene abspielt. Ratgeb spielt mit dieser Unsicherheit des Raumes, indem er den Mantel des Mochels über die ästhetische Grenze, die von dem Gitter der Bodenplatte gebildet wird, fallen läßt.
Hinter der Beschneidung führt eine Treppe von links nach rechts zu einem Altar. Obwohl sie hinter der ersten Szene liegt, ist sie genau unter dem Inneren des Rundbogens plaziert, der die Beschneidung überwölbt. Am oberen Ende neben dem Altar hält der greise Simeon das Christuskind im Arm. Vor dem Altar knien Josef und Maria, die zwei Täubchen in ihren Händen hält und auf einen Stock gestützt kommt hinter den beiden die greise Hanna die Treppe empor.
Im Hintergrund erstreckt sich die Tempelanlage. Auf einem schmalen Weg ziehen Josef und Maria auf einem Esel nach Ägypten.

[535] H 261 cm, B 142,5 cm.

5.6 Text und Bild

Bereits auf der Außenseite des Barbara-Altars bildete Ratgeb den Abschied der Apostel ab. Anders als dort stellt der Maler hier dem Bild Zitate aus der Schrift entgegen, aber nur die Inschrift auf dem unteren Rahmen hat Quellencharakter. Es ist eine Passage aus dem Markus-Evangelium, der Auftrag an die Apostel, das Evangelium in der Welt zu verkünden. Wie schon beim Apostelabschied in Schwaigern festgestellt,[536] ist der Bericht des Evangelisten wenig bildhaft, und viele Details, die das Bild vermittelt, müssen aus anderen Quellen stammen. Motive wie die sich umarmenden Apostel, das Abwischen der Tränen, das Auffüllen der Flasche an der Quelle und der einsam seines Weges ziehenden Apostel werden auch in Herrenberg genutzt. Da diese in anderen Darstellungen nachgewiesen werden konnten, spricht viel für eine Beeinflussung durch die bildliche Tradition (Abb. 4).
Im Vergleich zum Apostelabschied des Barbara-Altars fallen neben kompositorischen und stilistischen Unterschieden weitere Differenzen ins Auge: In Herrenberg sind es nur zwölf Apostel, sie haben keine Nimben, daher steht ihr Name zu ihren Füßen, und das Missionsgebiet wird nicht erwähnt. Die Berücksichtigung des Paulus, der diffizile Umgang mit den Nimben und die Berücksichtigung der Missionsgebiete konnte aus dem Gesamtzusammenhang in Schwaigern erklärt werden. Es bleiben zwei gravierende Unterschiede: Zum einen die Landschaft und zum anderen der Verzicht auf die Erscheinung Christi, an Stelle dessen ein Regenbogen am Horizont aufleuchtet. Weder das Markus-Evangelium und die apokryphen Apostellegenden erwähnen einen Regenbogen beim Abschied der Apostel, noch finden sich bildliche Parallelen. Eine inhaltliche Begründung erschien daher plausibel. Fraenger schildert die Landschaft als bedrohlich und deutet sie als apokalyptisches Szenario, in diesem Zusammenhang zeuge der Regenbogen für Ratgebs häretische Tendenzen:

> „Seitdem die apostolische Wanderschaft der friedlichen Waldenser von den Taboriten übernommen und als „regnum reparatum hominum viantium“ – als „wiederhergestelltes Reich der (apostolisch) wandernden Menschen“ – zur Kampflosung erhoben worden war, hat das waldensische Leitbild revolutionäre Aktualität erhalten. Jetzt ging es darum, vor Errichtung des tausendjährigen Friedensreiches erst alle „Ungerechten“ auszurotten. In diesem Sinne ist der Regenbogen – das künftige Fahnenzeichen Thomas Müntzers – zu verstehen. Er ist nach Genesis, Kapitel 9, Vers 13-14, das Wahrzeichen des neues Bundes, den Gott – nach der Vernichtung aller Ungerechten durch die Sintflut – mit der gereinigten Gemeinde der Gerechten schloß. In der wiedertäuferischen Glaubenswelt maß man den Grundfarben des Regenbogens eine apokalyptische Bedeutung zu: Sein Blau bezeichnet die *Sintflut*, sein Rot den nah bevorstehenden *Weltbrand* und sein Grün die *neue Erde*.“[537]

---

[536] Vgl. Kapitel 3.5.

[537] Wilhelm Fraenger: Jörg Ratgeb 1981, S. 75.

Im Kontext der Landschaft interpretiert auch Farber den Regenbogen. Die Inschrift auf dem oberen Rahmen „IN OMNEM TERRAM“ sieht sie in der Landschaft Ratgebs illustriert. Die zweite Passage des Zitats „EOREUM ET FINES ORBIS TERRE VERBA EORUM“ übersetzt sie „and their words unto the ends of the world.“ Am Ende der Welt, am Tag des letzten Gerichts würde der Regenbogen als Zeichen für Gottes Bund stehen.[538] Diese Deutung beruht auf einem Übersetzungsfehler. „Fines orbis terre“ ist die „Grenze des Erdkreises“ und nicht das „Ende der Zeit.“ Die Interpretation des Regenbogens im Zusammenhang mit dem Weltende entbehrt sowohl bei Fraenger als auch bei Farber der Überzeugung. Nichts kennzeichnet die Landschaft apokalyptisch. Sie unterscheidet sich bis auf den Regenbogen kaum von anderen Landschaftdarstellungen desselben Themas etwa des Apostelabschieds aus Aschaffenburg (Abb. 4).[539] Auch andere Deutungen des Regenbogens wären möglich: So wäre er als Sinnbild Mariens denkbar, da der Altar der Jungfrau Maria geweiht war. So sagt Maria in den Offenbarungen der Heiligen Brigitta von Schweden:

> „Und darum stehe Ich in beständigem Gebete über der Welt, wie *der Regenbogen über den Wolken*, der beide Enden niedersenkend die Erde zu berühren scheint. Unter diesem himmlischen Bogen verstehe Ich also Mich selber, die Ich zu den Erdbewohnern Mich herabneige, die Guten, wie die Bösen mit meinem Gebete berührend.“[540]

Schon Bonaventura verglich Maria mit dem Regenbogen:

> „Es ist aber in dem Regenbogen eine blaue Farbe, die dem Wesen der Jungfräulichkeit entspricht, und auch eine rötliche, welche die Gestalt der Liebe kennzeichnet; die wässerige weist hin auf das Merkmal Deiner Reinheit und Demut, die Gott in Dir erwählt hat. Als Regenbogen in den Wolken des Himmels wirst Du erkannt, die Du uns aufleuchtend erleuchtest, allen Elenden Vorbilder an Sitten gibst.“[541]

Grünewald nutzte 1517/19 bei der Stuppacher Madonna u. a. den Regenbogen als Mariensymbol.[542] Denkbar wäre auch eine Interpretation als Sinnbild der

---

[538] Lisa de la Mare Farber: Herrenberg 1989, S. 244f.

[539] Abschied der Apostel, Ende 15. Jh. Lindenholz 146cm x 153 cm. Staatsgalerie Aschaffenburg. Ausgestellt in der Stiftskirche St. Peter und Alexander in Aschaffenburg.

[540] Offenbarungen der Heiligen Brigitta von Schweden, Buch 3, Kapitel 10. Übersetzung: Himmlisches Manna für heilsbegierige Seelen; aus den Offenbarungen der heil. Brigitta gesammelt und nach der römischen Ausgabe vom Jahre 1628 aus dem Lateinischen übersetzt von C. E. Schmöger. Regensburg 1883, S. 279.

[541] Laus virgines 6, 469 „Est in arcu caeruleus color, qui virginitatis typum gerit: et rubeus etiam, qui caritatis formam notat: puritatis tuae demonstrat aqueus notam et humilitatis, quam elegit in te deus. Nubibus coeli cerneris arcus, quae nos illuminas refulgens morum miseris exempla cunctis seminas.“

[542] Lottlisa Behling: Neue Forschungen zu Grünewalds Stuppacher Maria. In: Pantheon 24 (1968), S. 11-20.

Dreifaltigkeit[543] oder als Ersatz für die Erscheinung Christi, der den Aposteln den Auftrag zur Missionierung gibt, so wie auf dem Barbara-Altar. Ohne Beleg, ob Ratgeb sich hier auf einen bestimmten Text bezieht, bleibt jede Deutung spekulativ.

Anders als beim Apostelabschied nennt Ratgeb beim letzten Abendmahl (Abb. 18 b) keine Belegstelle aus dem Neuen Testament. Alle vier Evangelien schildern das letzte Abendmahl.[544] Ratgeb stellt den Moment dar, als Jesus Judas als Verräter entlarvt. Er reicht ihm einen Bissen Brot, Judas beugt sich gierig dem Brot entgegen und in seinen geöffneten Mund schwirrt eine Fliege. Die Bilderzählung entspricht damit dem Johannes-Evangelium.[545] Der Satan figuriert bei Ratgeb in Form einer Fliege. Der Maler bezieht sich damit auf den Teufelsnamen Beelzebul, den Herrn der Fliegen.[546] Auch andere Details des Textes finden ihre Entsprechung auf der Tafel. Doch es gibt auch Divergenzen. Motive wie den Wirt, der sich nach der Kanne beugt, der schneuzenden Apostel, sowie Details des Raumes, der Kleidung und der Speisen sucht man vergeblich im Text des Evangeliums. Gerade diese „alltäglichen" Dinge forderten immer wieder zu einer Suche nach versteckten Bedeutungen im Sinne von Panofskys „disguised symbolism" heraus. Im verschütteten Rotwein erkennt Farber eine Anspielung auf das verschüttete Blut Christi.[547] Roth-Bodjadzhiev interpretiert in diesem Zusammenhang auch den kleinen Vogel, den sie als Bluthänfling identifiziert, als Hinweis auf die Passion.[548] Das Schneuzen des Apostels versteht Bushart schließlich als Sinnbild für die Reinigung von der Sünde.[549]
Es stellt sich auch hier die Frage, ob Ratgeb überhaupt Texte vorlagen oder ob er nicht vielmehr in der Tradition der Darstellung steht. Motive wie der Teufel, der in Form einer Fliege in Judas einfährt, lassen sich auf anderen Darstellungen nachweisen,[550] ebenso wie der schneuzende Apostel.[551] Die zentrale Christusfigur mit der zum Redegestus erhobenen Rechten, der auf seinem Schoß schlafende Johannes und die sich paarweise unterhaltenden Apostel gehören zum ikonographischen Programm ebenso wie die pejorative Kennzeichnung des Judas durch die gelbe Kleidung und die roten Haare.

---

[543] Basilius der Große: Brief Nr. 38.5 an Gregor, den Bruder über den Unterschied von Wesen (Usia) und Existenz (Hypostase). In: Basilius (Caesariensis). Briefe. Bd. 1. Stuttgart 1990. (=Bibliothek der griechischen Literatur; Bd. 32: Abteilung Patristik), S. 87f.

[544] Mt 26,17-30; Mk 14,12-26; Lk 22,7-38; Jo 13,17-30.

[545] Jo 13,26f.

[546] 2. Könige 1,5; Mt 10,25. Vgl. auch Alfonso di Nola: Der Teufel. Wesen, Wirkung, Geschichte. München 1990, S. 199ff.

[547] Dies., S. 197.

[548] Gertrud Roth-Bojadzhiev: Bedeutung der Vögel. 1985, S. 72.

[549] Bruno Bushart, Bruno: Jörg Ratgeb 1959, S. 14.

[550] Hans von Köln/Meister des Ehrenfriederdorfer Altars: Ehrenfriedersdorfer Altar, Abendmahl, 1512. Stadtkirche, Ehrenfriedersdorf. Ingo Sander: Spätgotische Tafelmalerei in Sachsen. Dresden 1993, S. 190-201, Tafel 41 und 43.

[551] Letztes Abendmahl, zwischen 1500 und 1510. Holz, 98,5 cm x 91,5 cm. Rotterdam Museum Boymans-van Beuningen, Abb. in: Wilhelm Fraenger: Jörg Ratgeb 1981, Tafel 19; Meister I. A. von Zwolle: Das letzte Abendmahl, ca. 1485. Kupferstich, 347 x 288 mm Einf.; 357 mm Pl. 8 Exemplare u. a. Berlin, Dresden, Nürnberg, Wien. Vgl. Max Lehrs: Geschichte und kritischer Katalog des deutschen, niederländischen und französischen Kupferstichs im XV. Jahrhundert. Bd. 7. Wien 1930, S. 180ff.

Die Szene „Christus am Ölberg“ besteht aus zwei Teilen, dem Anmarsch der Häscher und dem Gebet Christi. Nur die Synoptiker berichten vom Gebet Christi am Ölberg.[552] Dabei sind die Erzählungen bei Markus und Matthäus übereinstimmend und weichen vom Lukas-Evangelium ab. Johannes berichtet nur vom Gang zum Ölberg, um gleich zur Gefangennahme überzugehen.[553] Ratgeb verwendet Motive aus allen Texten und seine Darstellung entspricht der Zeit. Bis etwa 1300 kann man zwei verschiedene Bildtypen, die sich an den jeweiligen Evangelientexten orientieren, unterscheiden, den „Matthäus-Markus-Typus“ und „Lukas-Typus.“ Seit dem 14. Jahrhundert mischen sich beide Bildtypen so stark, daß man von einem einheitlichen Schema sprechen kann.[554]
Die Abhängigkeit von anderen Darstellungen läßt sich auch an der Gestaltung der Landschaft festmachen. Bis auf die Nennung des Ölbergs schweigen die Synoptiker zum Ort des Geschehens. Johannes erwähnt den Bach Kidron. Einen Fluß gibt es auch auf der Herrenberger Tafel. Der Gethsemane ist bei Ratgeb durch einen steil aufragenden Felsen gekennzeichnet und wird von der übrigen Landschaft durch einen Holzzaun abgetrennt. Diese Charakterisierung des Ölbergs setzt sich seit dem 14. Jahrhundert durch, so ist z. B. bereits beim Meister von Wittingau[555] der Ölberg sowohl durch den felsigen Grund als auch durch den Zaun bestimmt. Den Felsen erklärt Dieter Munk mit dem Wunsch den Ort als „mystische Gebetslandschaft“ zu charakterisieren:

> „Der abgegrenzte Gebetsbezirk wurde entweder als umzäunter Garten Gethsemane dargestellt, oder aber, wie in der Mehrzahl der Beispiele, als herausragende Bodenerhöhung, die den Betenden der Welt entrückt. Die besondere Bedeutung des Berges als mystischer Gebetsort wird außer durch das Gebet am Ölberg auch durch die Verklärung auf dem heiligen Berg und die Bergpredigt bewiesen.“[556]

Bei der Gestaltung der Teilnehmer orientierte sich Ratgeb ebenfalls an Bildern, da die Evangelientexte dazu keine Angaben machen. Die Charakterisierung der Jünger, wie etwa der jugendliche Johannes, der alte Petrus, sowie der Pilger Jakobus, entspricht den gängigen ikonographischen Typen.

Auf der Geißelungstafel (Abb. 18 c) sind neben der Geißelung das Verhör durch Pilatus, die Dornenkrönung und das Ecce Homo dargestellt. Das Verhör durch Pilatus ist die chronologisch erste Szene. Auf der Balustrade sind Christus und Pilatus in ein

---

[552] Mt 26,36-46; Mk 14,32-42; Lk 22,39-46.

[553] Jo 18,1.

[554] Maria Bartmuss: Die Entwicklung der Gethsemane-Darstellung um 1400. Diss. Halle 1935.

[555] Meister von Wittingau: Christus am Ölberg, um 1380-90. Temperamalerei auf Fichte, 132 x 92 cm. Prag, Národni Galerie. Abb. In: Jiri Kotalik (Hg.): Die Nationalgalerie in Prag. Bd 1. Sammlung der alten europäischen Kunst; Sammlung der alten böhmischen Kunst. Hanau 1989, S. 261.

[556] Dieter Munk: Die Ölberg-Darstellung in der Monumentalplastik Süddeutschlands; Untersuchung und Katalog. Diss. Tübingen 1986, S. 75.

Gespräch vertieft. Die Vernehmung ist gekennzeichnet durch die aktive Rolle des Pilatus, während Christus mit gesenktem Kopf schweigt. Ratgebs Bild kombiniert Merkmale von mindestens zwei Texten: Das Schweigen Christi bei Matthäus[557] und Markus[558] und das Verhör unter Ausschluß der Öffentlichkeit durch Pilatus im Inneren des Gebäudes, wie es Johannes[559] schildert. Auch die Legenda Aurea hebt das Schweigen Christi hervor. Ob Ratgeb beim Motiv des Schweigens auf Textquellen zurückgegriffen hat, bleibt offen, da es in der bildenden Kunst seit dem 14. Jahrhundert verbreitet ist.[560] Er selbst hat schon im Kreuzgang des Karmeliterklosters Christus beim Verhör durch Pilatus schweigend mit gesenktem Kopf dargestellt.[561]

Nach dem Verhör übergibt Pilatus Jesus den Soldaten zur Geißelung. In den Evangelien wird der Vorgang selbst nicht geschildert, nur der Befehl des Pilatus wird überliefert.[562] Ratgeb zeigt sich von zeitgenössischen Darstellungen der Geißelung, die sich durch die Drastik und Grausamkeit der Schergen auszeichnen, beeinflußt.

Ausführlicher berichten die Evangelisten von der Verspottung durch die Soldaten.[563] Besonders die Texte von Matthäus und Markus kommen der Darstellung nahe. Aber er ist auch hier durch die Tradition der Darstellung gebunden. Seit dem späten 13. Jahrhundert wird Christus bei der Dornenkrönung immer sitzend dargestellt.[564] Die Hände sind ihm über Kreuz vor dem Leib zusammengebunden oder er stützt sich auf sie, um nicht zusammenzubrechen. Als Spottszepter fungiert ein Ast, Rohrstock, Binsenkolben oder Palmzweig, den er in seiner Rechten hält oder der ihm von einem Schergen gereicht wird, und er trägt den roten Spottmantel. Auch die Art und Weise der Peinigung findet ihr bildliches Äquivalent. Das Niederdrücken der Dornenkrone mittels einer oder mehrerer langer Stangen gehört seit dem 13. Jahrhundert zum Standardrepertoire der Dornenkrönung.[565] Die Charakterisierung der Schergen entspricht dem Zeitstil.

Nach der Geißelung, der Dornenkrönung und der Verspottung stellt im Johannes-Evangelium Pilatus Christus mit den Worten „Ecce Homo – Sehet, welch ein Mensch" zur Schau.[566] Der Text arbeitet in erster Linie mit wörtlicher Rede. Beeinflußt zeigt sich der Maler wieder von anderen Darstellungen. Besonders in

---

557 Mt 27,11-14.
558 Mk 15,1-15.
559 Jo 18,28-38.
560 Vgl. auch Andrea Blochmann: Pilatus 2000.
561 Vgl. vorne.
562 Mt 27,26; Mk 15,15; Jo 19,1.
563 Mt 27,28-30; Mk 15,17-19; Jo 19,2.
564 LCI, Bd. 1, Sp. 515.
565 Erste Darstellung: Psalter in Besancon; Bibl. Municipale ms. 54, fol. 12v. Abb. In RDK, Bd. IV, Sp. 319, Abb.3. Vgl. u. a. Meister E. S.: Dornenkrönung in: Max Lehrs: Geschichte und kritischer Katalog des deutschen, niederländischen und französischen Kupferstichs im XV. Jahrhundert. Bd. 2 Wien 1910, Nr. 41, Abb. Tafel 58; Nr. 146.
566 Jo 19,4-5.

Albrecht Dürers Stich aus der großen Passion (Abb. 16 b)[567] finden sich Parallelen. Christus, der sich mit vor den Leib gefesselten Händen und gesenktem Kopf nach vorne beugt und der hinter ihm stehende Soldat bzw. Diener, der ihm den Mantel lüftet, sind übernommen.

Auf der dritten Passionstafel (Abb. 18 d) kombiniert Ratgeb die Kreuzigung mit der Kreuztragung und der Grablege. Von der Kreuztragung berichten alle vier Evangelisten. Markus[568] und Matthäus[569] erzählen von der Begegnung mit Simon von Kyrene, den die Soldaten zwingen, das Kreuz Christi zu tragen. Johannes dagegen betont, daß Jesus sein Kreuz selbst zur Schädelstätte trug.[570] Keiner der Drei erwähnt die Schächer im Zug nach Golgatha, ebensowenig wie die übrigen Anwesenden. Der Bericht bei Lukas ist in dieser Hinsicht der ausführlichste. Er nennt Simon von Kyrene, die beiden Schächer und eine große Menschenmenge, die dem Zug folgte, unter ihnen auch die weinenden und klagenden Frauen.[571] Auf dem Bild sind beiden Schächer ebenfalls auf dem Weg zur Richtstätte. Neben den Beteiligten des Zuges sind mehrere der Zuschauer zu erkennen: Maria Magdalena und Johannes, der Maria stützt. Ein Motiv, das auf die Meditationes Vitae Christi des Pseudo-Bonaventura zurückgeht.[572] Die Darstellung ist mit keinem der Texte deckungsgleich. Jesus ist gerade unter dem Kreuz zusammengebrochen, das Simon von Kyrene ihm tragen hilft. Wie in der spätmittelalterlichen Mystik werden hier die beiden biblischen Erzähltraditionen verbunden in dem Sinn, daß Christus unter der Last des Kreuzes zusammenbricht und Simon von Kyrene gezwungen wird, das Kreuz mitzutragen.[573] Alle angesprochenen Abweichungen vom Neuen Testament müssen keine direkte Auseinandersetzung mit weiteren Texten zugrunde liegen, da sie zum festen ikonographischen Programm gehören. Gegen Ende des 15. Jahrhunderts entsteht der neue Typus des unter dem Kreuz gefallenen Christus.[574] Die verschiedenen Motive, wie der hilfreichen Simon, der Zug der Frauen, der Hauptmann und die Schächer werden zu einem Bild zusammengefügt. Große Verbreitung erfuhr das Thema durch die Passionsaltäre sowie die Druckgraphik.

Auf die Kreuztragung folgt die Kreuzigung als Hauptszene. Ratgebs Bild muß auf dem Johannes-Evangelium basieren,[575] dies zeigt bereits die Wahl der Rahmeninschriften. Die obere und rechte Inschrift sind aus dem Alten Testament und

---

[567] Albrechr Dürer: Große Passion/Ecce Homo. Holzschnitt, 1496-1510 / Joseph Meder: Dürer-Katalog 1932, 118; Erwin Panofsky: Dürer 1948, Abb. 229; Karl Adolf Knappe: Dürer 1964, 188.
[568] Mk 15, 20b-22.
[569] Mt 27,31b-33.
[570] Jo 19, 16b-17.
[571] Lk 23,26-32.
[572] Isa Ragusa: Meditationes on the life of Christ. Princeton 1961, S. 332.
[573] Jane Campbell Hutchison: The master of the Housebook. New York 1972, S. 28.
[574] Vgl. auch Ute Ulbert-Schede: Das Andachtsbild des kreuztragenden Christus in der deutschen Kunst; von den Anfängen bis zum Beginn des 16. Jahrhunderts; eine ikonographische Untersuchung. Diss. München 1961.
[575] Jo 19,16b-30.

werden im Johannes-Evangelium zitiert, in dessen Wortlaut auch Ratgeb sie heranzieht, um die Kontinuität zwischen Alten und Neuen Testament zu zeigen.[576] Dargestellt ist das Ende. Christus und die beiden Schächer sind tot, aus der Seitenwunde Christi fließt Blut und Wasser. Maria Magdalena kniet am Fuß des Kreuzes, das Volk und die Soldaten haben sich verlaufen und nur noch die Marien und Johannes verharren unter dem Kreuz. Damit stimmt die Darstellung mit dem Bericht des Johannes überein. Allerdings ist bei Ratgeb eine weitere Maria abgebildet. Auch Details des Textes wie die dreisprachige Inschriftentafel berücksichtigt der Maler. Neben dieser Beeinflussung durch den Text des Johannes-Evangeliums gibt es auch bildliche Traditionen, die Ratgeb aufgreift, wie etwa Maria Magdalena, die am Fuß des Kreuzes kniet und dieses mit beiden Händen umklammert oder den Schädel Adams. Desgleichen sondert er die Schächer in einen guten und einen bösen. Diese Unterscheidung geht auf das Lukas-Evangelium zurück, dort verhöhnt einer der beiden Mitgekreuzigten Jesus.[577] Sie ist jedoch so verbreitet in der bildenden Kunst, daß mit einer direkten Textbeeinflussung nicht gerechnet werden braucht.

Den Abschluß der Kreuzigung bildet die Grablege. Matthäus[578] und Markus[579] berichten, daß Josef von Arimathäa den Leichnam Jesu in ein Leintuch wickelte und ihn in ein Felsengrab legte, das er mit einem Stein verschloß. Als weitere beobachtende Anwesende werden Maria Magdalena und die anderen Marien aufgezählt. Bis auf die Namensnennung der Frauen gleichen die Erzählungen der von Lukas[580] Die Version des Johannes unterscheidet sich von der der Synoptiker.[581] An der Bestattung sind Josef und Nikodemus beteiligt, nicht aber die Frauen. Statt eines Tuches werden Binden und Öle verwendet und das Grab wird nicht explizit als Felsengrab beschrieben.[582] Die Grablege bei Ratgeb kombiniert Details beider Versionen, fügt aber auch eigenes hinzu. Wie bei den Synoptikern wird Jesus mit einem Tuch in einem Felsengrab bestattet. Neben Josef und Nikodemus aus dem Johannes-Evangelium sind auch die Frauen anwesend. Keiner der Texte erwähnt Johannes, der die zusammenbrechende Maria stützt.

Auf der vierten Passionstafel (Abb. 18 e) hat Ratgeb die Auferstehung Christi mit der Auferstehung der Toten und dem Noli me tangere verbunden. Der Prozess der Auferstehung wird in keinem der Evangelien geschildert, er geschieht unbeobachtet und erst am Ostermorgen wird das leere Grab entdeckt.[583] Ratgeb zeigt die

[576] Jo 19,36f.
[577] Lk 23,39-43.
[578] Mt 27,57-60.
[579] Mk 15,42-47.
[580] Lk 23,50-56.
[581] Jo 19,38-42.
[582] Weitere Quellen: Acta Pilati 11,3. In: Edgar Hennecke/ Wilhelm Schneemelcher: Apokryphen, Bd. 1, S. 341; Bartolommeo Sorio: Cento Meditazioni di S. Bonaventura; Sulla Vita di Gesù Cristo; Volgarizzamento antico Toscano Testo di Lingua Cavato dai Manoscritti. Roma 1847, Bd. 2, S. 184-96.
[583] Mt 28,1-10; Mk 16,1-8; Lk 24,1-9; Jo 20,1-18.

Auferstehung als Vision: Christus schwebt vor dem immer noch versiegelten Felsengrab. Die Darstellung des Auferstandenen greift nicht auf Texte, sondern auf Bilder zurück. Immer wieder wurde als Vergleichsbeispiel der Auferstandene des Isenheimer Altars[584] herangezogen,[585] doch der Typus des schwebenden Christus wurde bereits im 14. Jahrhundert in Italien entwickelt.

Links im Hintergrund liegt eine Stadt mit einem runden Gebäude und mehreren Grabsteinen. Schiller hat die Szene als Auferstehung der Toten identifiziert.[586] Matthäus beschreibt, was passiert als Jesus am Kreuz stirbt:

„Da riß der Vorhang im Tempel von oben bis unten entzwei. Die Erde bebte, und die Felsen spalteten sich. Die Gräber öffneten sich, und die Leiber vieler Heiligen, die entschlafen waren, wurden auferweckt. Nach der Auferstehung Jesu verließen sie ihre Gräber, kamen in die Heilige Stadt und erschienen vielen."[587]

In der bildenden Kunst wird die Auferstehung der Toten als Einzelbild um das Jahr 1000 mehrfach dargestellt, allerdings nicht mehr im 15. und 16. Jahrhundert.[588] Es ist daher zweifelhaft, daß Ratgeb den älteren ikonographischen Typ kannte. Sein Bild muß daher direkt vom biblischen Text inspiriert worden sein.[589]
Rechts der Auferstehung ist das Noli me tangere plaziert, das nur der Evangelist Johannes beschreibt.[590] Ratgeb orientierte sich aber wieder an bildlichen Darstellungen und nicht am Text. Sehr ähnlich in der Komposition ist z. B. dieselbe Szene aus Dürers Kleiner Holzschnitt-Passion.[591]

Der Schrein wurde bei geöffnetem Retabel links von der Vermählung Mariens (Abb. 18 f) und rechts von der Beschneidung flankiert. Da die Evangelien kaum etwas über die Gottesmutter berichten, ist man bei der Vermählung Mariens auf apokryphe Texte angewiesen. Wichtigste Quelle für das Marienleben ist das Protoevangelium des Jakobus und das Pseudo-Matthäus-Evangelium. Populär wurden die Apokryphen im Mittelalter durch religiöse Volksbücher, deren wichtigstes die Legenda Aurea war. Ratgeb nennt seine Quelle nicht, und auf Grund der unübersichtlichen Quellenlage ist es nicht möglich, die Bilder auf ihre Textnähe zu untersuchen.
Es geht Ratgeb nicht um die Schilderung von historischer Geschichte, sondern vielmehr um Repräsentation. Zwei Besonderheiten fallen ins Auge: Bei einer Vermählung handelt es sich um einen Akt, an dem ein Mann und eine Frau

[584] Matthias Grünewald: Isenheimer Altar, Auferstehung Christi, 1512-1515. Öl auf Holz, 265 cm x 141 cm, Musée d'Unterlinden Colmar. Abb. In: Wilhelm Fraenger: Jörg Ratgeb 1981, Nr. 93.
[585] Wilhelm Fraenger: Jörg Ratgeb 1981, S. 118.
[586] Gertrud Schiller: Ikonographie. Bd. 3, S. 66ff.
[587] Mt 27,51-53.
[588] Üblich ist die Auferstehung der Toten allerdings im Rahmen von Darstellungen des Letzten Gerichts.
[589] Lisa de la Mare Farber: Herrenberg 1989, S. 223.
[590] Jo 20,14-18.
[591] Albrecht Dürer: Kleine Holzschnittpassion/ Noli me tangere. Holzschnitt, 1510. Joseph Meder: Dürer-Katalog 1932, 156, Erwin Panofsky: Dürer 1948, Nr. 267 ; Karl Adolf Knappe: Dürer 1964, 285.

gleichberechtigt beteiligt sind. Dementsprechend wird die Vermählung Mariens in der Kunst in der Regel stark symmetrisch dargestellt, etwa in Dürers Marienleben (Abb. 15 b).[592] Ratgeb verschiebt Josef und den Priester nach links, damit Maria genau im Zentrum der Tafel ist. Sie ist damit zur Hauptakteurin geworden, da ihr der Altar geweiht war, entspricht dies ihrer Rolle.
Hinter Maria steht ein Mann in einem roten Gewand und einer dunklen Kappe. Mit der rechten Hand umfaßt er die Gottesmutter. Er unterstreicht damit noch einmal die besondere Rolle Mariens. Gleichzeitig wird durch diese Geste und seine Nähe zur Gottesmutter seine eigene Position herausgehoben. Schon Donner von Richter deutete den Mann als Stifter,[593] Farber identifizierte ihn als Benedikt Farmer, den ersten Probst der Stiftsherren, die die Brüder vom Gemeinsamen Leben ablösten.[594] Die Einbeziehung des Stifters an so prominenter Stelle in das Handlungsgeschehen zeigt, daß es Ratgeb hier nicht um textnahe Erzählung ging.
Im Hintergrund spielen drei weitere Ereignisse, die alle vor der Vermählung stattfinden. Die Begegnung an der Goldenen Pforte wird ebenfalls nicht in der Bibel geschildert. Ratgeb hat sich nicht an den apokryphen Texten orientiert, so wird im Protoevangelium des Jakobus Joachim von seiner Herde begleitet, und die Begegnung findet direkt unter der Türe statt.[595] Vielmehr wird er von anderen Darstellungen beeinflußt worden sein. Prägenden Einfluß auf die Kunst hatte der durch Giotto geprägte Begegnungstypus.

Beim Tempelgang Mariens zeigt die Darstellung Analogien zur apokryphen Literatur. Die Legenda Aurea erzählt, daß zum Tempel, der auf einem Berg lag, fünfzehn Stufen analog zu den Stufenpsalmen führten. Als man die erst dreijährige Maria auf die unterste Stufe stellte, eilte sie ohne Hilfe hinauf.[596] Ratgebs Tempel liegt nun zwar nicht auf einem Berg, doch erreicht man ihn über eine große Freitreppe. Ratgeb weicht in zwei wichtigen Details vom Text ab. Die Treppe hat keine fünfzehn Stufen, und bei Maria handelt er sich kaum um eine Dreijährige. Demnach wird auch hier eher an eine Beeinflussung durch die bildliche Tradition zu denken sein, etwa durch Dürers Marienleben (Abb. 15 e).[597] Außerdem war Ratgeb daran gelegen, die Tafel mit dem Marienleben kompositionell zusammen zu binden. Dies geschieht unter anderem dadurch, daß er die Handlungsorte wiederholt und die Komposition einzelner Szenen angleicht. So blickt man bei der Beschneidungstafel (Abb. 18 g) auf die gleiche Tempelanlage, nur von einer anderen Seite.

---

592 Albrecht Dürer: Marienleben, Vermählung Mariens. Holzschnitt, 1502-1510. Joseph Meder: Dürer-Katalog 1932, 194, Erwin Panofsky: Dürer 1948, Nr. 302; Karl Adolf Knappe: Dürer 1964, 232.
593 Otto Donner von Richter: Jerg Ratgeb 1892, S. 108.
594 Lisa de la Mare Farber: Herrenberg 1989, S. 112-117.
595 Protoevangelium des Jakobus 4,4.
596 Richard Benz: Die Legenda Aurea des Jacobus de Voragine. 11. Aufl. Gerlingen, 1993, S. 681.
597 Albrecht Dürer: Marienleben, Mariae Tempelgang. Holzschnitt, 1502-1510. Joseph Meder: Dürer-Katalog 1932, 193; Erwin Panofsky: Dürer 1948, Nr. 301; Karl Adolf Knappe: Dürer 1964, 231.

Die Heimsuchung ist die einzige Szene der Tafel, die in der Bibel geschildert wird.[598] Doch auch hier ist die bildliche Tradition bindend. Ratgeb stellt den sogenannten „Umarmungs-Typ“ dar. Obwohl der Text eine Umarmung nicht erwähnt, ist der Typus seit dem 6. Jahrhundert in der Kunst verbreitet.

Von den Evangelisten erwähnt nur Lukas die Beschneidung (Abb. 18 g),[599] doch er schildert weder den Vorgang, die Anwesenden noch den Schauplatz. Dafür muß Ratgeb auf andere Quellen zurückgegriffen haben. Farber meint, er hätte Kenntnisse des jüdischen Ritus der Beschneidung, da die abgebildeten Objekte und Kleidungsstücke zeitgenössische Judaica widerspiegeln. Die Kenntnisse des jüdischen Ritus muß Ratgeb nicht aus eigener Anschauung gewonnen haben, eine Übernahme aus anderen bildlichen Darstellungen erscheint wahrscheinlich.

Wie im Kreuzgang des Karmeliterklosters wird auf dem Herrenberger Altar neben der Beschneidung die Darstellung berücksichtigt. Die wichtigste Quelle ist wieder der Bericht des Evangelisten Lukas, der sich in fünf Teile gliedert: Das Reinigungsopfer Mariä, die Darstellung Jesu, die Begegnung von Jesus und Simeon, die Weissagung Simeons und die Begegnung mit der Prophetin Hanna.[600] Ratgeb nennt hier auf dem linken Rahmen seine Quelle: TULER(UN)T IESUM I(N) IERUSALE(M) UT SISTERE(N)T EU(M) DV(MIN)O – LUCE 2 -LEVITI(CI)-12.[601] Er zeigt damit, daß er den Fokus auf die Darstellung Christi legt, die anderen Teile der Geschichte klingen gleichwohl mit an. In der Person des Hohepriesters wird Simeon dargestellt und damit auf seine Weissagungen verwiesen. Hinter Maria und Josef kommt Hanna heran, durch ihre Anwesenheit wird die Geschichte weiter erzählt und ihre Prophezeiung miteingeschlossen. Ratgeb nimmt auch Bezug auf Maria Reinigung, denn Maria hält in den Händen zwei Tauben, ihr Reinigungsopfer.

Von der Flucht nach Ägypten erzählt nur der Evangelist Matthäus.[602] Doch Ratgeb folgt dem durch die Kunst tradierten Bildtypus, den er schon im Karmeliterkloster in Frankfurt darstellte.[603]

Die Tendenz, daß Ratgeb sich bei der Darstellung der Szenen aus dem Leben Christi und Mariens stark von der bildlichen Tradition und weniger von Texten geprägt zeigt, ließ sich auch bei der Untersuchung des Herrenberger Altars feststellen. Nur bei zwei Episoden nennt Ratgeb überhaupt seine Quelle aus dem Neuen Testament. Allerdings haben diese Zitate kaum Belegcharakter, denn sowohl der Apostelabschied als auch die Beschneidung werden wenig bildhaft in der Bibel geschildert. Die Texte

598 Lk 1,39-43.
599 Lk 2,21.
600 Lk 2,22-38.
601 Sie brachten Jesus nach Jerusalem, um ihn dem Herrn darzustellen.
602 Mt 2,13-23.
603 S. Vorne. Vgl. auch Albrecht Dürer: Marienleben, Flucht nach Ägypten, um 1503/04; Joseph Meder: Dürer-Katalog 1932, 201; Erwin Panofsky: Dürer 1948, Nr. 309; Karl Adolf Knappe: Dürer 1964, 239; Abb. 15.

übernehmen hier andere Funktionen, was im Folgenden zu untersuchen ist. Einzig bei der Kreuzigung Christi und der Auferstehung der Toten konnte eine Beeinflussung durch den Text der Evangelien nachgewiesen werden.

5.7 Inschriften

Auf den Tafeln

Nur auf einigen Tafeln verwendet Ratgeb Inschriften: Beim Apostelabschied kennzeicnet der Name jeden Apostel. Auch beim Apostelabschied auf dem Barbara-Altar begleiten Inschriften die Jünger. Doch die Inschriften unterscheiden sich in Form und Funktion. In Herrenberg haben die Apostel keine Heiligenscheine, ihr Name ist daher nicht in den Nimben wie in Schwaigern, sondern zu ihren Füßen plaziert. Der Buchstaben „S“ vor den Namen kürzt „Sankt“ oder „Sanctus“ ab. In Schwaigern fehlt die Bezeichnung „Sankt“ als Teil des Namens, statt dessen werden die Missionsgebiete genannt. Ratgeb kann auf den Zusatz verzichten, da die Nimben sie als Heilige kennzeichnen. In Herrenberg ersetzt das „S“ den Heiligenschein und zeigt, daß es sich bei den Männern um Heilige handelt. Dies mag auch nötig sein, denn Ratgeb betont die Schlichtheit der Kleidung und der Ausrüstung der Apostel. So wandert Philippus barfuß und mit zerrissenen Hosen los. Die Betonung der Bescheidenheit der apostolischen Lebensweise war sicher im Sinne der Auftraggeber, der Brüder vom Gemeinsamen Leben, die für sich eine apostolische Lebensweise proklamierten.[604] Damit beim Betrachter auf Grund der ärmlichen Kleidung und bedingt durch das Fehlen der Nimben nicht der Eindruck entsteht, es handele sich um den Abschied gewöhnlicher Männer, nutzt Ratgeb die Inschriften, um sie als Heilige, als zwölf Apostel, auszuzeichnen.

Beim letzten Abendmahl hängt aus dem Wandschränkchen mit den Majolikagefäßen ein Zettel auf dem in gotischer Minuskel einige Buchstaben und Wortfragmente stehen. Fraenger[605] entziffert und ergänzt die ersten beiden Worte als „Item sume“, eine Formel, die die Eingangsfloskel ärztlicher Rezepte bildete. Im Zusammenhang mit den Majolikagefäßen, die in Apotheken als Vorratsbehälter dienten, scheint dies adäquat. Offen bleibt, was verordnet wird. Das verschriebene Medikament setzt sich aus den Buchstaben „spm“ und „an“ zusammen, was Fraenger zu „spiritum animae“ ergänzt. Der „spritus animalis“ ist in der Pneumalehre der antiken Naturphilosophie und Medizin der Inbegriff des „Lebensgeistes“ und der „Seelenkraft.“ Die Verordnung beziehe sich auf das letzte Abendmahl, das sich unterhalb des

---

[604] Vgl. Gerhard Faix: Gabriel Biel und die Brüder vom Gemeinsamen Leben; Quellen und Untersuchungen zu Verfassung und Selbstverständnis des Oberdeutschen Generalkapitels. Tübingen 1999. (=Spätmittelalter und Reformation: NR; Bd. 11), S. 63 u. S. 144; Gabriel Biel: Tractatus De communi vita clericorum, fol 1v, 2v, 3r/v, 5v, 5v/6r, 8r.

[605] Wilhelm Fraenger: Eine medizinische Allegorie Jörg Ratgebs. In: Beiträge zur Sprachwissenschaft, Volkskunde und Literaturforschung; Wolfgang Steinitz zum 60. Geburtstag am 28. Februar 1965 dargebracht. Berlin 1965, S. 116-119; Wilhelm Fraenger: Jörg Ratgeb 1981, S. 66ff.

Arzneischränkchens abspielt. Der spiritus animalis sei für Ratgeb „ein Allheilmittel, das durch die Einsetzung des Abendmahles und dessen Lebenselexiers von Brot und Wein der ganzen Christenheit verliehen wurde.“[606]
Da die Lesung und Übersetzung nicht eindeutig ist, bleibt offen, ob sich die Inschrift wirklich auf das letzte Abendmahl bezieht. Es wäre möglich, daß die Schrift gar nicht lesbar sein sollte und mehr im Sinne einer Dekoration und Ausschmückung zu verstehen ist.[607] Denn es gibt noch mehr Inschriften, die Schrift nur imitieren und denen der tiefere Sinn fehlt. So sind auf dem Stirntuch des Mochel hebräisch wirkende aber sinnlose Schriftzeichen. Die Zeichen sollen nur hebräisch erscheinen und ihn als Juden[608] kennzeichnen. Analog sind auf der Kapuze des greisen Zacharias ebenfalls Chiffren, die hebräische Schrift imitieren.[609] Schließlich werden bei den Kreuztituli der beiden Schächer und Christi Schriftzeichen benuzt, die in der Formgebung hebräischen Buchstaben ähneln, aber unsinnig sind. Der Kreuztitulus Christi besteht neben der hebräisch wirkenden Inschrift aus einer griechischen und lateinischen. Da die griechische in der Formgebung unbeholfen ist und die Worte falsch getrennt werden, wird Ratgeb nicht über Griechisch-Kenntnisse verfügt haben, sondern sich einer Vorlage bedient haben.[610]

Sowohl auf der Tafel der Geißelung als auch der Kreuzigung ist das Lendentuch Christi mit der Inschrift „LEVITICUS 6“ verziert. Dort werden im Buch Leviticus die Opfervorschriften für Priester beschrieben. Es werden das Brandopfer, das Speiseopfer, das Opfer bei der Priesterweihe und das Sündopfer behandelt. Es ist besonders das Sündopfer auf das sich Ratgeb mit der Inschrift bezieht. Die Worte des Alten Testaments deuten das Geschehen typologisch. Mit dem von den Propheten verheißenen Messias wird das alte Priestertum abgelöst. Christus stirbt für die Menschen am Kreuz und tilgt mit seinem Blut die Sünde, er selbst wird zum Sündopfer für die Menschheit. Bereits Paulus hat in seinem Brief an die Hebräer die Parallele zwischen den Opfern des Alten Bundes und dem Blut Christi, das er am Kreuz vergossen hat, um die Sünden der Menschen zu tilgen, gezogen.[611] Da der erste Bund mit Blut in Kraft gesetzt wurde, indem Moses junge Stiere und Böcke schlachtete, das Volk mit Blut besprengte und damit reinigte, muß auch der neue Bund mit Blut besiegelt werden. Meist wird der Tod Christi aber mit Leviticus 17,11, dem Typus des Opfers als stellvertretende Genugtuung, in Verbindung gebracht und nicht mit Leviticus 6. Janssen meint, daß diese Wahl bewußt geschah, um auf die

[606] Wilhelm Fraenger: Allegorie 1965, S. 117; Wilhelm Fraenger: Jörg Ratgeb 1981, S. 67.
[607] Der Versuch solche unleserlichen Inschriften zu entziffern ist nicht neu. Vgl dazu u. a.: T. L. de Bruin: Die Rache Tomyris. In: Münster 13 (1965), S. 187-91; ders.: Inschriften auf alten religiösen Abbildungen. In: Münster 19 (1966), S. 401-404; ders.: Vier südflandrische Tafeln. In: Münster 20 (1967), S. 305-308; ders.: Anagrammatische Inschriften auf alten religiösen Abbildungen. In: Münster 21 (1968), S. 191-200. Kritische Betrachtung bei: Werner Arnold: Gemälde-Inschriften. In: Pantheon 34 (1976), S. 116-120.
[608] Fraenger liest hier: „t‘ obb‘ älohim äljon“ (Gnädig ist Gott der Höchste). Wilhelm Fraenger: Jörg Ratgeb 1981, S. 120.
[609] Anneliese Seeliger-Zeiss: Inschriften 1999, S. 107.
[610] Dies., S. 111.
[611] Heb. 9,13f.

Wandlung von Blut und Wein in Fleisch und Blut im Meßopfer, das das Opfer am Kreuz fortsetzt, hinzuweisen. Leviticus 6 faßt mit den Ritualen von Schuldopfer, Sündopfer und Speiseopfer die Haupttypen des Paschaopfers zusammen. Christus, der zugleich Opferer und Opfergabe ist, übernimmt die Rolle des Hohepriesters.[612]
Neben dieser inhaltlichen Bedeutung der Inschrift, die den Kreuzestod Christi typologisch mit dem Opfer des Alten Bundes verbindet und gleichzeitig dessen Überwindung verkündet, meint Farber, daß auch die blutbefleckte Kleidung der unter dem Kreuz Stehenden durch die Textstelle begründet ist. Dies könnte eine Allusion auf das Besprengen der Menge mit dem Opferblut des Alten Bundes sein, wie es in Leviticus 6 beschrieben wird.[613]

Die Inschriften auf den Rahmen

Auf allen vier Seiten der Rahmen laufen lateinische Inschriften, Zitate aus der Bibel. Bis auf zwei stammen sie aus dem Alten Testament. Neben dem Zitat nennt Ratgeb auch die Quelle. Er zitiert jeweils nur das Buch und das Kapitel, nicht den Satz. Die Inschrift der unteren Rahmenleiste ist größer, sie bezieht sich auf das Hauptthema der jeweiligen Tafel. Die anderen sind dem Uhrzeigersinn folgend links, oben und rechts angeordnet.[614]
Der Rahmen ist vom Bildgeschehen abgegrenzt und deutlich höher als die Tafel, er liegt vor der ästhetischen Grenze und bildet gleichsam ein Tor, das ins Bildgeschehen führt.

Der Abschied der Apostel läuft über zwei Bildtafeln, aber es fehlen kompositorische Elemente, die die Flügel zu einem Bildfeld zusammenbinden. Diese Aufgabe übernehmen die Inschriften. Die Zitate auf der oberen und unteren Leiste laufen über beide Tafeln und auch die Inschrift der Innenleisten (D1 links und B2 rechts) laufen über die Tafelgrenzen weiter und verklammern so die beiden Flügel. Die Hauptinschrift ist eines der beiden Zitate aus dem Neuen Testament. Im Markus-Evangelium erscheint der Auferstandene den elf übrig gebliebenen Jüngern und sendet sie in alle Welt, um das Evangelium zu verkünden, zu taufen, Dämonen auszutreiben und Kranke zu heilen. Anschließend wird er in den Himmel aufgenommen. Schon im vorherigen Kapitel wurde festgestellt, daß Bild und Text nicht dasselbe erzählen, der Text bringt neue Aspekte ins Bild und erweitert die Aussage. Der Auftrag an die Apostel ergeht vom Auferstandenen. Der Text verbindet damit nicht nur die beiden Tafeln des Apostelabschieds, sondern weist auch auf die Passion und die Auferstehung Christi, die bei der nächsten Öffnung des Retabels sichtbar werden.

---

[612] Roman Janssen: Schrift 1993, S. 524f.
[613] Lisa de la Mare Farber: Herrenberg 1989, S. 216.
Das Besprengen mit Blut war beim Opfer des Alten Bundes wohl üblich, wie in Exodus 24 beschrieben. Leviticus 6 scheint dieser Opferpraxis eher entgegen zu stehen, wenn es heißt „und wenn vom Blut etwas auf die Gewänder spritzt, soll die Stelle an einem heiligen Ort gewaschen werden." Lev. 6,20.
[614] Anhang. Inschriften.

Farber bemerkt, daß die Figur des Christus bei den Reliefs im Chorgestühl einzigartig sei. Er hält dort eine Banderole mit der Aufschrift: „Nicht ihr habt mich erwählt, sondern ich habe euch erwählt und dazu bestimmt, daß ihr euch aufmacht."[615] Christus hat die Apostel ausgewählt und ihnen befohlen, das Evangelium zu predigen. Es ist dieselbe Aufforderung wie bei Markus, und auf diese Weise werden Chorgestühl und Retabel miteinander verbunden.[616] Es gibt weitere Verbindungsglieder: Die Apostel des Chorgestühls halten Banderolen, auf denen Sätzen das Credo verkünden. Die Formulierung des Credos ging dem Apostelabschied voraus. Der Kirchenhistoriograph Rufus läßt die Apostel die Glaubenssätze gemeinsam formulieren bevor sie jeder für sich zur Mission aufbrachen.[617]

Die Inschrift der oberen Rahmenleiste ist ein Psalm des Alten Testaments: „Ihre Botschaft geht in die ganze Welt hinaus, ihre Kunde bis zu den Enden der Erde."[618] Der Psalm wird hier auf die Apostel und ihre Missionstätigkeit bezogen. Im Hymnus des Godescal für das Fest der Divisio Apostolorum, wird der Psalm ebenfalls verwendet.[619] Als Quelle vermerkt Ratgeb „PS 8," der Satz stammt aber nicht aus dem achten, sondern aus dem neunzehnten Kapitel der Psalmen. Es muß bedacht werden, daß die lateinische Zählung, mit der Ratgeb arbeitet, und die hebräische, nach der die heutige Übersetzung der Bibel zählt, voneinander abweichen. Bei den Psalmen 1-9 ist die Zählung gleich, bei den Psalmen 10-113 geht die hebräische Zählung um eins voraus. Damit wäre erklärt, wenn Ratgeb Psalm 18 zitiert hätte, nicht aber Psalm 8. Im neunzehnten Psalm wird das Lob der Schöpfung gesungen, im achten das Lob des Schöpfers. Unter den Psalmen des ersten Buches beziehen sich nur diese beiden auf die Schöpfung, sind also zusammen zu sehen. „PS 8" ist demnach hier nicht als Quellenangabe zu verstehen, sondern gibt eine weitere Textstelle an, die mitgelesen werden soll und damit die Aussage vertieft. Darüber hinaus wird durch den achten Psalm das Retabel ein weiteres Mal mit dem Chorgestühl verknüpft. Ambrosius beendet das Buch seiner Predigten über die Sakramente, aus denen er im Gestühl zitiert, mit einer Auslegung des achten Psalms.[620]

Auf der linken Rahmenleiste der linken Tafel ist ein Zitat aus dem Buch Jeremias zu lesen:

---

[615] Jo 15,16.

[616] Lisa de la Mare Farber: Herrenberg 1989, S. 265ff.

[617] Adolf Katzenellenbogen: The separation of the Apostles 1949, S. 86. Vgl. auch Lisa de la Mare Farber: Herrenberg 1989, S. 265ff.

[618] Ps 19,5.

[619] Guido Maria Dreves: Hymnographi Latini: Lateinische Hymnendichter des Mittelalters. 2. Serie: Analecta Hymnica Medii Aevi, Leipzig 1907, Bd. 50, S. 344ff.

[620] Roman Janssen: Schrift 1993, S. 513. Vgl. auch Ambrosius: De Sacramentis, de mysteriis. Über die Sakramente, über die Mysterien. Lateinisch/Deutsch. Übersetzt von Josef Schmitz Freiburg 1990. (=Fontes Christiani; Bd. 3), S. 205ff.: Buch 6,25.

„Ich will euch Hirten geben, die euch weiden sollen mit Lehre und Weisheit.“[621] Die Hirten der Kirche sind die Apostel. Ein Sinnbild, das auf die Worte des Auferstandenen an Petrus „Weide meine Schafe“[622] zurückgeht. Damit wird auch hier indirekt auf die Auferstehung und die erste Öffnung des Retabels verwiesen. Farber betont eine zweite Verbindung innerhalb des Altars. Auch die Inschrift zum letzten Abendmahl nutzt die Metapher vom Füttern und Ernähren, der Aufgabe des Hirten, als Hinweis auf die Eucharistie.[623]
Das dritte Zitat des Apostelabschieds läuft über beide Innenleisten. „Nimm dir zwölf Männer und sprich: Hebt aus dem Flußbett des Jordan zwölf Steine.“[624] Die Zahl Zwölf bezieht sich auf die Apostel. Das Zitat verbindet das Chorgestühl mit dem Retabel, da sowohl der Christus des Gestühls, als auch die Inschrift die Apostel als Auserwählte bezeichnen. Farber sieht in der Erwähnung des Jordans einen Hinweis auf den Taufauftrag, der neben dem Missionsauftrag im Markus-Evangelium an die Jünger ergeht. Der vollständige Text bei Josua könne zudem daraufhin weisen, daß die Apostel als Fundament der Kirche und Priesterschaft anzusehen seien.[625] Diese Idee sei auch in der Offenbarung zu finden.[626]
Das Zitat auf der rechten Leiste des rechten Flügels hat Ratgeb umgestellt und gekürzt, der Sinn wird dabei nicht geändert. Obwohl im Zitat selbst nicht explizit erwähnt, ist es wieder die Zwölfzahl der Stämme, die mit der Anzahl der Apostel in Verbindung gebracht wird. Neben dieser Deutung ist wahrscheinlich noch eine weitere impliziert, die auf die Kreuzigung Christi verweist und somit die Außenseiten mit den Innenseiten verbindet. Im Buch Numeri, aus dem Ratgeb hier zitiert, wird an dieser Stelle geschildert, wie Moses zwölf Männer als Kundschafter in das Land Kanaan schickt. Nach vierzig Tagen kommen sie beladen mit Früchten zurück, dabei tragen Zwei auf einer Stange eine riesige Rebe. Bereits von den Kirchenvätern wurde die Rebe an der Stange auf die Kreuzigung Christi bezogen. In der typologischen Kunst weist das Bild von den Kundschaftern mit der Traube als Typus auf die Kreuzigung, die Kreuztragung oder die Taufe Christi.[627]

Beim Abschied der Apostel verbinden die Inschriften auf den Rahmen zunächst die beiden Tafeln zu einem Bildfeld. Die Inschriften können jeweils auf die Apostel bezogen werden, dabei bedient man sich in der Regel der Zahl Zwölf als Analogie. Weiterhin wird in einigen der Zitate die Kreuzigung und Auferstehung Christi mitangedeutet, so werden die Außen- mit den Innentafeln verbunden. Darüber hinaus verknüpfen die Inschriften das Retabel mit dem Chorgestühl der Herrenberger Stiftskirche inhaltlich.

---

[621] Jer 3,15.
[622] Jo 21,17.
[623] Lisa de la Mare Farber: Herrenberg 1989, S. 246; Jesaja 53: „Höret mir doch zu und esset das Gute, so wird eure Seele am Fetten ihre Lust haben.“
[624] Jos 4,2f.
[625] Lisa de la Mare Farber: Herrenberg 1989, S. 248.
[626] Off 21, 14.: „Die Mauer der Stadt hat zwölf Grundsteine; auf ihnen stehen die zwölf Namen der zwölf Apostel.“
[627] Alois Thomas: Die Darstellung Christi in der Kelter. Düsseldorf 1936, besonders. S. 46-85 und 97-102.

Bei den Inschriften des Apostelabschieds fällt auf, daß die Anzahl der „Fehler" größer ist als auf den anderen Rahmen, wo höchstens einmal ein Buchstabe verschrieben ist. Dies ist hier kaum ein Zufall oder eine Nachlässigkeit, sondern ein Gestaltungsprinzip, denn auch beim Chorgestühl weisen die Väter-Texte gehäuft „Zitierfehler" auf.[628]

Viele der Inschriften auf den Rahmen des Herrenberger Altars verwendete Ratgeb bereits im Kreuzgang des Karmeliterklosters in Frankfurt, etwa die Inschriften der Kreuzigung, die Worte auf der oberen und rechten Leiste des letzten Abendmahls oder der linken Leiste der Geißelung. Dort wird mit „Es drückt mich nieder mein Schmerz und zunichte gemacht sind alle meine Glieder"[629] zunächst das physische Leiden Christi thematisiert. Man kann das Zitat aber auch im Kontext lesen. Im Buch Ijob wird geschildert, wie Gott dem Satan die Erlaubnis gibt, seinen gerechten Diener Ijob auf die Probe zu stellen. Ijobs Leiden gilt in der mittelalterlichen Typologie als Präfiguration der Passion Christi. In der Biblia Pauperum wird die Verhöhnung Ijobs durch seine Frau mit der Geißelung Christi gleichgesetzt. Eine weitere geläufige Gegenüberstellung ist Ijob von Schwären gekennzeichnet und Christus vor Pilatus. Dieses Verhör findet auf der Tafel im Hintergrund statt. Gerade im zitierten Kapitel des Buches Ijob beklagt Ijob den ungerechten Angriff Gottes. Der ungerechte Angriff auf Jesus ging von den Hohenpriestern aus. Wir sehen sie das Volk beim Ecce Homo anführen und aufwiegeln. Damit leitet die Inschrift auf der linken Leiste zum dritten Zitat über, das sich auf das Verhör vor Pilatus und das Ecce Homo bezieht. Die Inschrift des oberen Rahmens „Ihre Füße eilen zum Bösen" läuft auf der rechten Leiste weiter: „Und sie vergießen unschuldiges Blut." Als Quelle nennt Ratgeb „ESAIA 56", das Zitat stammt aber aus Jesaja 59,7. Janssen hält dies nicht für einen Irrtum des Malers, sondern um eine gewollte Ausweitung des Themas:

> „Das Kapitel Jesaja 56 beinhaltet nämlich die Verheißung an die Fremden und bindet theologisch ein. Zu Beginn lautet es: *Bald kommt von mir das Heil, meine Gerechtigkeit wird sich bald offenbaren.* Sein Schluß zielt auf die blinden Führer des Volkes. Vers 7 wird von Jesus unter bedeutungsvollen Umständen zitiert (Matthäus 21,13) und weist auf die Einladung aller Völker zum Gebet, das das Opfer, selbst im Tempel ablöst."[630]

Die Möglichkeit, daß Ratgeb hier nicht nach der Quelle zitiert, um die Aussage zu vertiefen, erscheint wahrscheinlich. Denn im Kreuzgang des Karmeliterklosters wird das Ecce Homo von derselben Prophetenstelle kommentiert, nur dort zitiert Ratgeb richtig. Außerdem gab es in Frankfurt ebenfalls mehrfach die Situation, daß ein scheinbar falscher Quellenbeleg zur Aussagenerweiterung benutzt wurde.

---

628 Roman Janssen: Schrift 1993, S. 514.
629 Ijob 16,7.
630 Roman Janssen: Schrift 1993, S. 511.

Bei der Kreuzigung liefern alle Inschriften Aspekte, die das Bild nicht liefert. So sagt auf dem linken Rahmen der Psalm die Tränkung mit Essig voraus: „Sie gaben mir Galle zur Speise und in meinem Durste tränkten sie mich mit Essig.“[631] Auf dem Bild liegt die Erquickung lange zurück, Christus ist tot, die Soldaten abgezogen und nichts erinnert an den Schwamm mit Essig und Galle. Die Mahnung auf dem oberen Rahmen „Ihr sollt ihm kein Bein brechen“[632] wurde durch die Geschehnisse bei der Kreuzigung erfüllt, so wie sie der Evangelist Johannes berichtet.[633] Die Soldaten zerschlugen die Beine der beiden Schächer, als sie zu Christus kamen, war dieser bereits tot, daher ließen sie seine Glieder heil und stachen ihm mit einer Lanze in die Seite, um seinen Tod festzustellen. Auf dem Bild ist zwar Jesus die Seite geöffnet worden, aber die Beine der Schächer sind unversehrt. Ratgeb hat nicht den Text illustriert, die Inschriften weiten das Bildgeschehen aus. Er hat hier nicht korrekt zitiert. Statt „und ihr sollt keinen Knochen des Paschalammes zerbrechen,“ wie es im Buch Exodus heißt, führt er den Wortlaut des Johannes Evangeliums an. Janssen sieht den Grund bei Johannes aufgeführt: „Denn das ist geschehen, damit sich das Schriftwort erfüllt.“ Dieselbe Konstellation findet sich auch beim Chorgestühl im Ausspruch des Propheten Joel, der nicht direkt, sondern im Wortlaut der Pfingstpredigt des Petrus zitiert wird. Neben dieser Verbindung zum Chorgestühl erkennt Janssen eine zweite. Der Evangelist Johannes zitiert neben der Stelle aus dem Buch Exodus ein zweites Schriftwort, Sacharija 12,10. Eben dieses findet sich im Gestühl zur entsprechenden Aussage des Symbolums oder Glaubensbekenntnisses.[634]
Das Hauptthema der Auferstehung ist: „Ich habe geschlafen und bin erwacht und wieder auferstanden.“ Die Quellenangabe „PS 2“ ist nicht korrekt, es handelt sich um Psalm 3,6. Die bisherige Praxis hat gezeigt, daß es sich hier kaum um einen Fehler handeln wird. Janssen sieht hier wieder die Verbindung zwischen Retabel und Chorgestühl geknüpft, denn Psalm 2,7 ist bereits in die Verheißung Davids am Chorgestühl einbezogen worden und durch die Wiederholung wird die Bedeutung für die Gesamtikonographie herausgestrichen.[635]
Der Spruch des Propheten Hosea „Er wird uns lebendig machen nach zwei Tagen und wird uns am dritten Tage auferwecken“[636] auf der linken Leiste kann zunächst ebenfalls auf die Auferstehung Christi weisen. Üblicherweise wird er als Präfiguration verwendet, etwa im Chorgestühl der Stiftskirche, wo dem Propheten Hosea der Apostel Thomas, dessen Text auf die Auferstehung am dritten Tag weist, gegenüber gestellt wird. Wieder dient die Rahmeninschrift der inhaltlichen Verbindung von Retabel und Chorgestühl. Die Stelle weist zugleich auf die Auferweckung der Toten im Bildhintergrund, die nach Matthäus den Kreuzestod Christi begleitete. Die Inschrift verbindet zum einen die Szenen Auferstehung Christi

---

[631] Ps 69,22.
[632] Ex 12,46.
[633] Jo 19,31-34.
[634] Roman Janssen: Schrift 1993, S. 512.
[635] Roman Janssen: Schrift 1993, S. 512.
[636] Hos 6,2.

und Auferweckung der Toten, zum anderen die beiden Tafeln Kreuzigung und Auferstehung, da die Auferweckung der Toten während der Kreuzigung geschieht.

„Es wird sich freuen der Bräutigam über die Braut, und der Jüngling wird wohnen mit der Jungfrau“[637] ist Hauptthema des Verlöbnis’ Mariens. Ratgeb zieht die Passage bei Jeremia zusammen und zitiert ungenau.[638] Janssen meint, das Verb „laetabitur“ sei im Anklang an eine Parallelstelle gewählt, ob dies Absicht oder ein Gedächtnisfehler war, möchte er nicht entscheiden.[639] Im Frankfurter Karmeliterkloster wählte er die Inschrift in derselben Form. Dies zeigt, daß Ratgeb bei der Auswahl der Inschriften neben dem Auftraggeber beteiligt war und auf einen eigenen Fundus an Prophetenworten zurückgreifen konnte. Die Inschrift des oberen Rahmens „Gesucht wird werden eine Sünde an ihm, doch sie wird nicht gefunden werden“[640] nutzte Ratgeb ebenfalls schon in Frankfurt bei der Begegnung an der Goldenen Pforte. Zunächst läßt sich schwer ein inhaltlicher Zusammenhang sehen. Bei der Untersuchung der Inschriften des Bildfeldes mit der Begegnung an der Goldenen Pforte in Frankfurt fiel auf, daß Ratgeb dort Augustinus falsch zitierte, um die Unbefleckte Empfängnis Mariens zu propagieren. Auch der Psalm wurde in der Argumentation für die Unbefleckte Empfängnis Mariens benutzt. In Frankfurt wies der Psalm auf die Begegnung an der Goldenen Pforte hin, hier bezieht er sich auf Maria und Christus allgemein. Die Unbefleckte Empfängnis Mariens wird im Psalm über Christus definiert, denn die Sünde ist an *ihm* nicht gefunden worden.

Auf der Tafel mit der Beschneidung zitiert das Hauptthema das Gesetzt, dem Josef und Maria folgen: „Ein Kind soll nach acht Tagen beschnitten werden.“[641] Es wird gezeigt, daß die Eltern Jesu den Gesetzen des Alten Bundes folgen, in dessen Tradition sie stehen. Allgemeiner wird auf die Kontinuität zwischen Alten und Neuem Testament hingewiesen.
Die Inschrift des linken Rahmens „Ihr nehmet den Kindern den Schmuck“[642] begleitet auch in Frankfurt die Beschneidung. Im Verlust des Schmucks wird der Verlust des Praeputiums vorausgesehen. Gleichzeitig weist der Spruch auf den Bethlehemitischen Kindermord. Herodes ließ alle Jungen bis zum Alter von zwei Jahren töten. Um Christus vor dem Statthalter zu schützen, fliehen Josef und Maria mit dem Kind nach Ägypten. Die Inschrift weist damit auf ein Ereignis, das die Flucht nach Ägypten erklärt und zeitlich zwischen der Darstellung und der Flucht liegt und nicht im Bild berücksichtigt ist. Auf diese Weise wird die Thematik des Bildes ausgeweitet. Ähnlich ist es bei der Stelle auf dem oberen Rahmen „Der Herr wird über Ägypten kommen, und die Götzen werden vor seinem Angesicht beben,“[643]

---

[637] Jes 62,5.
[638] Jes 62,5. Vgl. auch Anhang. Inschriften Herrenberger Altar.
[639] Roman Janssen: Schrift 1993, S. 514, Anm. 9 und Anhang S. 530.
[640] Ps 9,6.
[641] Gen 17,12.
[642] Micha 2,9.
[643] Jesaja 19,1.

die auf die abgebildete Flucht nach Ägypten weist, gleichzeitig die apokryphe Geschichte des Götzensturzes vorher sagt.
Eine Besonderheit bietet die Inschrift des rechten Rahmens. Hier taucht das zweite Zitat aus dem Neuen Testament auf: „Sie brachten Jesus nach Jerusalem, um ihn dem Herrn darzustellen,“[644] das mit der Stellenangabe „Levitikus 12“ kombiniert wird. Im Buch Levitikus werden die Reinigungsvorschriften für Wöchnerinnen behandelt. Das Gebot selbst wird auch bei Lukas im Anschluß an die auf dem Rahmen zitierte Stelle aufgeführt.[645] In der Inschrift weist der Typus (Levitikus) auf den Antitypus (Lukas), der zudem als Bild erscheint. Janssen meint, daß dies nicht ganz der Sinn sein kann, sondern der Typus zum Bild steht und der Evangelientext das Gesamtgeschehen zusammenfaßt, das die Geburt einschließt und Verkündigung durch das vorangehende Zitat zur Namensgebung miteinbindet.[646] Es bestehe hier eine Parallele zur Apostelteilung, wo das andere Zitat aus dem Neuen Testament verwendet wurde. Die Stelle leite zum Gestühl, konkret zur Verkündigung, die im Altar selbst nicht abgebildet ist. [647]

Bei den Inschriften auf den Tafeln ließen sich verschiedene Funktionen aufzeigen. Im Falle der Apostel dienen sie zunächst der Kennzeichnung, aber darüber hinaus zeichnen sie die Zwölf als Heilige aus. Vergleichbares ließ sich bereits beim Altar in Schwaigern und im Karmeliterkloster in Frankfurt nachweisen. Die Inschriften auf dem Lendentuch Christi betonen dagegen die Kontinuität zwischen Altem und Neuem Testament, da sie den Kreuzestod typologisch mit dem Opfer des Alten Bundes verbinden. Dieselbe Funktion übernehmen auch die Inschriften auf dem Rahmen, die das Geschehen auf den Tafeln typologisch deuten. Darüber hinaus konnten weitere Funktionen herausgearbeitet werden. Von besonderer Bedeutung sind die Inschriften bei der inhaltlichen Verklammerung des Retabels mit dem Chorgestühl im Rahmen einer Gesamtikonographie der Ausstattung der Stiftskirche im Sinne der Brüder vom Gemeinsamen Leben. Doch auch innerhalb des Retabels werden die Inschriften zur Verbindung benutzt, etwa bei den Flügeln des Apostelabschieds. Sie übernehmen hier Aufgaben der Bildkomposition. Auch weiten sie das gemalte Geschehen aus, etwa bei der Kreuzigung, wenn auf die Tränkung mit Essig angespielt wird, die nicht abgebildet ist. Wie diffizil Ratgeb die Inschriften zur Aussagenvertiefung nutzt, zeigte die Untersuchung der scheinbar falschen Quellenbelege.

Bei solch einem komplexen theologischen Programm stellt sich die Frage nach der Rezeption. Entgegen der Vorstellung, daß es Ratgeb mit „seiner Herrenberger Bilderpredigt auf die agitatorische Aufrüttelung und Aufreizung des Volkes“[648] angekommen sei, richtet sich der Altar gerade nicht an das „gemeine Volk.“ Er war

[644] Lk 2,22.
[645] Lk 2,23f.
[646] Roman Janssen: Schrift 1993, S. 519.
[647] Ebenda.
[648] Wilhelm Fraenger: Jörg Ratgeb 1981, S. 116.

für einen kleinen exklusiven, theologisch gebildeten Kreis, die Brüder vom Gemeinsamen Leben, gedacht. Dies zeigt schon der Aufstellungsort im Chor der Kirche, der vom Schiff der Laien durch den Lettner getrennt war.[649] Der Chorraum diente den Brüdern als Gottesdienstraum, hier kamen sie nicht nur zur Feier des Abendmahles, sondern auch zu den Stundengebeten zusammen. Das Programm des Chorgestühls und des Altars diente dabei sicher der meditativen Übung.[650] Neben dieser Vertrautheit mit dem Programm stand die theologische Bildung der Brüder. Nicht zuletzt deshalb erschienen sie Eberhard im Bart als geeignete Vermittler kirchlicher Reform, und er übertrug ihnen die Seelsorge und in Herrenberg wahrscheinlich auch das Schulwesen.[651] Schon Gabriel Biel forderte in seiner „Collatio di communi vita“ ein theologisches Studium, da nur ein Schriftkundiger die ihm übertragene Herde auf die Weide der rechten Wahrheit führen könne.[652] Zudem pflegten die Brüder den monastischen Brauch der Collationes, wobei Schriften der Kirchenväter oder die Heilige Schrift gemeinsam gelesen und diskutiert wurden, damit der Ertrag der privaten Andacht der Gemeinschaft zu Gute kam.[653]

---

[649] Gerhard Faix: Jerg Ratgeb 1997, S. 95.
[650] Roman Janssen: Schrift 1993, S. 529.
[651] Lisa de la Mare Farber: Jerg Ratgeb and the Herrenberg Alterpiece. Diss. Princeton 1989, S. 75ff.
[652] Gerhard Faix: Gabriel Biel 1999, S. 71.
[653] Ders., S. 164

6 Schluß

Ausgangspunkt dieser Arbeit war die Feststellung, daß Ratgeb dem Medium Schrift in seinen Bildern einen beachtlichen Raum zubilligt. Damit verbunden war die Hypothese, daß der Maler sich für seine Bilder mit bestimmten, rückführbaren Texten auseinandersetzte und die Darstellung diesen getreu folgt. Diese Vorstellung erwies sich als nicht haltbar. Den meisten Bildern liegt kein eindeutig zu bestimmender Text zugrunde. Andererseits waren auch bei jenen Bildern, denen ein Text zugeordnet werden konnte, deutliche Diskrepanzen erkennbar. Obwohl bei der Verfolgung und Emigration des Karmeliterordens die Erzählung als Inschrift ins Bild integriert ist, weichen beide merklich voneinander ab. Im Zyklus des Kreuzganges und beim Herrenberger Altar nennt Ratgeb bei einigen Szenen eine Quelle, doch auch dort sind Bild und Text nicht deckungsgleich. Daraus ließ sich zweierlei schließen: Zum einen müssen die ins Bild gesetzten Texte einer anderen Funktion als der Bilderzählung dienen. Ich werde darauf zurückkommen. Zum anderen lag der Verdacht nahe, daß Ratgeb andere Darstellungen zur Bildfindung nutzte. Die Geschichten aus dem Leben Jesu und seiner Mutter, sowie die Legenden so beliebter Heiliger wie der Barbara wurden unzählige Male abgebildet und hatten eine feste Darstellungstradition. Seit dem 15. Jahrhundert wurden sie besonders durch das neue Medium der Drucktechnik weit verbreitet. Es zeigte sich, daß Ratgeb bei diesen Bildern durch die bildliche Überlieferung gebunden war. Für einzelne Szenen ließen sich sogar explizit bildliche Vorlagen benennen. Eine Auseinandersetzung mit Texten kann für diese Bilder ausgeschlossen werden. Anders sieht es mit den Geschichten aus dem Leben des Elias und des Elisäus auf dem Wandbild im Refektorium des Karmeliterklosters aus. Einige der dargestellten Szenen aus der Vita des Elias waren als alttestamentliche Typen zu Ereignissen des Neuen Testaments ebenfalls weit verbreitet und durch die bildliche Tradition geprägt, etwa das Treffen mit der Witwe von Sarepta oder die Himmelfahrt des Elias. Für andere Episoden gab es hingegen keine bindenden bildlichen Überlieferungen, für diese hat Ratgeb eigene Darstellungen entwickeln müssen. Dies geschah in der Auseinandersetzung mit dem biblischen Text. Bei dieser Entwicklung neuer Bildtypen konnte man dem Maler gleichsam über die Schulter schauen. So hatte er mit der Schwierigkeit zu kämpfen, daß die Geschichten des Alten Testaments stark mit verbalen Mitteln wie dem Dialog arbeiten. Zunächst verwendete Ratgeb im Refektorium noch stereotype Darstellungen wie etwa zwei Menschen im Gespräch, doch im Verlauf der Arbeit gelang es ihm, die im Dialog behandelten Themen zu visualisieren, wenn er etwa beim Salbungsauftrag ein Salbgefäß überreichen ließ.

Neben der Klärung des Text-Bild-Verhältnisses stand die Untersuchung der im Bild integrierten Inschriften. Bedingt durch ihre unterschiedliche Funktion konnten verschiedene Typen von Inschriften herausgearbeitet werden. Beim Barbara-Altar verwendet Ratgeb Signatur, Bildmotto und Namensbeischriften. Bei diesen konnte neben der Funktion der Benennung der Akteure ein auszeichnender Charakter der Inschriften festgestellt werden. So wurde die Heilige Barbara mit unterschiedlichen

Nimben dargestellt, dabei wurde der Heiligenschein als Zeichen der „Heiligkeit" gesteigert, deren letzte Stufe die Namensbeischrift war. Dieser ehrende Charakter konnte auch bei den Darstellungen von Maria Magdalena und dem Apostel Paulus aufgezeigt werden. Auf diese Weise wurde die Mitteltafel mit den Flügeln verbunden. Darüber hinaus wurde beim Apostelabschied durch die Inschriften der Fokus auf die Missionstätigkeit gelegt, dem Hauptthema des Retabels, das auf allen Tafeln wiederkehrte.

Die Namensbeischriften nutzt Ratgeb auch auf dem Gemälde im Refektorium des Frankfurter Karmeliterklosters. Neben der inschriftlichen Benennung von Personen werden sie auch zur Kennzeichnung von Orten verwendet, auf diese Weise wird die Lebensgeschichte des Elias mit der Vertreibung der Karmeliter aus dem Heiligen Land verbunden und damit die nicht unumstrittene Behauptung einer ununterbrochenen Tradition des Ordens seit Elias postuliert. Im Vergleich zum Barbara-Altar ist die Anzahl der verwendeten Inschriften deutlich angestiegen. Neben den benennenden Inschriften und der Stifterinschrift werden den einzelnen Szenen Texte im Bild gegenübergestellt. Dabei sind zwei Formen zu unterscheiden. Die Lebensgeschichte des Elias und des Elisäus beruht auf Texten des Alten Testaments. Den Episoden wird jeweils eine Banderole mit dem Quellenbeleg beigegeben. Dieser identifiziert die Szene und strukturiert den Erzählablauf. Dies wird nötig, da die Darstellung teilweise unspezifisch ist und Ratgeb die Linearität der Handlung im Bild auflöste. Der Verfolgung und Emigration der Karmeliter wird auf einem gemalten Teppich Auszüge aus der Ordenshistoriographie entgegengestellt, dabei sind Bild und Text nicht deckungsgleich. Eine wichtige Rolle übernehmen die Inschriften der Teppiche im Sinne einer Ordenspropaganda. Die Geschichte des Ordens wird aus dem privaten Medium des Buches in das öffentliche Medium der Wandmalerei übertragen, und die Schrift wird zur Inschrift. Auf diese Weise wird der Denkmalcharakter des Bildes akzentuiert. Doch die Ordenspropaganda geht noch weiter, wenn in der Inschrift die Geschichte des Ordens mit dem göttlichen Heilsplan verknüpft wird und dabei bewußt ein nicht der Quelle entsprechendes Zitat in Kauf genommen wird.
Auf dieselbe Vorgehensweise wird im Kreuzgang des Klosters zurückgegriffen, wenn dem Heiligen Augustinus die Beglaubigung der Unbefleckten Empfängnis Mariens in den Mund gelegt wird. Neben diesem Kommentar zu einer kirchen- und stadtpolitischen Diskussion finden sich weitere Inschriften im Kreuzgang, die im Sinne einer Ordenspropaganda zu interpretieren sind. So klingt aus mehreren Prophetensprüchen ein gewisses Ressentiment gegen Juden heraus. Darüber hinaus fiel die besondere Betonung der Sakramente auf. Hier wird die Rezeption des Zyklus deutlich. Als Stadtseelsorger waren die Karmeliter für die Spende der Sakramente zuständig. Sie standen dabei in Konkurrenz zu den anderen Orden, etwa den Dominikanern. Der Kreuzgang selbst war neben der Kirche einer der Orte, der dieser Tätigkeit diente. Er war Grablege, und dort wurde die Beichte abgenommen. Wenn die Prophetensprüche die Funktion der Sakramente betonen, werden die Wandgemälde unter anderem didaktischen Zwecken gedient haben, und zwischen

dem Betrachter und dem Bild vermittelten die Karmeliter. Daß diese Vermittlung nötig war, zeigt allein die Verwendung der lateinischen Sprache. Im Dienste der Ordenspropaganda steht darüber hinaus die gesamte Ausstattung des Kreuzgangs mit dem vielschichtigen System von Inschriften. Das Programm ist ein typologisches, es betont die Kontinuität zwischen Altem und Neuem Testament. Die Aufwertung des Alten Testaments war im Sinne der Karmeliter, die sich mit Elias auf einen Propheten des Alten Bundes als Ordensgründer beriefen. In diesem typologischen System kommen den Inschriften diverse Aufgaben zu. Ratgeb verwebt jeweils in einem Bildfeld die beiden Ebenen des Alten und Neuen Testaments, die Inschriften kennzeichnen die Typen und Antitypen und identifizieren sie. In einigen Fällen kann sogar der Typus durch eine Inschriftentafel ersetzt werden. Neben den Typen weisen auch Propheten auf die neutestamentlichen Heilstatsachen hin. Ihre Prophezeiungen setzt Ratgeb als Inschriften ins Bild. Er erkennt die Überlegenheit der Schrift für die Prophezeiung an, er geht sogar noch weiter, wenn er den Propheten durch seine Worte ersetzt.

Neben den inhaltlichen Aufgaben kommen den Inschriften, insbesondere den Prophetensprüchen, auch bildimmanente Aufgaben zu. Sie dienen der Vereinheitlichung des Zyklus, wenn die Bilder aus dem Alten Testament dem typologischen Aufbau der Bilder aus dem Neuen Testament angepaßt werden. Die einzelnen Bilder werden durch die Inschriften, durch Verweise, enger verbunden, und so wird der Erzählstrang verdichtet.

Die Funktionen der Inschriften steigern sich nochmals beim Herrenberger Altar. Zunächst übernehmen sie die schon beobachteten Aufgaben: Die Namensbeischriften kennzeichnen nicht nur die Apostel, sondern zeichnen sie als Heilige aus. Die Inschriften des Lendentuchs betonen die Kontinuität zwischen Altem und Neuem Testament, ebenso wie die Inschriften auf dem Rahmen, die das Geschehen auf den Tafeln typologisch deuten. Im Rahmen einer Gesamtikonographie der Ausstattung der Stiftskirche dienen sie der inhaltlichen Verklammerung von Retabel und Chorgestühl, und auch innerhalb des Altarwerks werden sie als Bindungsglied genutzt.

Bereits im Kreuzgang in Frankfurt war die Tendenz festzustellen, daß Inschriften Bilder ersetzen können. In Herrenberg verzichtet Ratgeb darauf, den Typus zu malen, hier sind es allein die Inschriften, die das Bildgeschehen typologisch deuten. Die Schrift hat sich dem Bild gegenüber emanzipiert. Die Inschrift kann sogar Aufgaben der Bildkomposition übernehmen.

Inschriften in Bildern sind kein Phänomen, das sich nur bei Ratgeb nachweisen läßt. So grüßt bei nahezu jeder Verkündigung der Engel Maria mit den Worten „Ave Maria Gratia Plena." Berühmt ist Jan van Eycks Motto „ALC IXH XAN." Stifterinschriften, Namensbeischriften und Signaturen sind so weit verbreitet, daß eine Aufzählung unmöglich ist. Ratgeb verwendet nun aber nicht nur in einigen seiner Bilder Inschriften, sondern auf allen. Er hat ein System hinter diesem

Schriftgebrauch. Dieses ist ein singuläres Phänomen, es gehört zum Stil Ratgebs und kann nur aus diesem Zusammenhang erklärt werden.

Wo ist Ratgebs Stil einzuordnen? Die deutsche Kunst nach 1500 ist nicht einheitlich, sondern gekennzeichnet durch eine Vielzahl verschiedener Bewegungen, Tendenzen und Nuancen. Diese Problematik zeigt sich bereits in der begrifflichen Bezeichnung durch die Kunstgeschichte. So negiert der Begriff „Spätgotik" alle neuen Züge und interpretiert die Kunst der Zeit als Verfallsstil, als letzten Ausläufer der Gotik. „Deutsche Renaissance" ist als Übernahme einer Bezeichnung, die durch die italienische Kunst geprägt wurde, problematisch. Die Entwicklung in Italien und Deutschland verlief nicht zeitgleich und unterscheidet sich insbesondere durch die engere Verbindung Italiens zur Klassischen Antike. Der Vergleich des „Deutschen" mit dem „Italienischen" kennzeichnet die Benennung „Altdeutsche Kunst," die auf eine direkte Stilbezeichnung verzichtet und das Nationale hervorhebt. All diesen Bezeichnungen ist die Gefahr inne, daß sie eine Einheit des Kunstschaffens nach 1500 suggerieren. Eine differenzierte Sicht auf diese Epoche ermöglichte erst die Erfahrung des Expressionismus und daraus resultierend die Umbewertung des Manierismus. Wescher-Kauert stellte neben den konträren Bewegungen Gotik und Klassik als dritte Kraft die Antiklassik fest.[654] Von dieser dritten Kraft seien in ihrem persönlichen Stil sehr unterschiedliche Künstler wie Ratgeb, Breu, Baldung und Huber erfaßt worden, die aber ihre gemeinsame Gegnerschaft zur Kunstlehre Dürers und zu allen normativen Idealen der Klassik einte.

Werfen wir einen Blick zurück zum Herrenberger Altar und vergleichen die Vermählung Mariae mit dem Stich Dürers aus dem Marienleben. Der günstigste Blickpunkt bei Dürer (Abb. 15 b)[655] ist der frontale, da die Vermählung stark symmetrisch aufgebaut ist. Die Mittelachse bildet der Hohepriester, der die Hände von Josef und Maria ineinanderlegt, die ebenfalls genau auf dieser Achse liegen. Maria und Josef stehen im gleichen Abstand links und rechts des Priesters. Die Szene spielt vor einem großen Torbogen, der sie rahmt und den Blick ins Innere des Tempels freigibt. Die starke Betonung der Senkrechten in den Säulen, den gerade stehenden Personen und den glatt nach unten fallenden Falten, ebenso wie der Waagrechten durch die Schraffur vermittelt Klarheit und Ruhe.
Wie anders wirkt die Vermählung bei Ratgeb (Abb. 18 f). Bereits die Standorte der einzelnen Personen lassen sich nicht mit Gewißheit festlegen. Der Betrachter schaut von unten auf den großen Rundbogen, der auch hier die Szene überwölbt, und gleichzeitig von oben auf die Bodenplatte, auf der das Paar kniet. Es läßt sich nicht sagen, ob Maria und Josef unter oder vor dem Bogen knien. Der Raum ist nicht als Einheit komponiert, sondern aus mehreren Raumschichten hintereinander gefügt, wobei die Zwischenräume unklar bleiben. Dies ist kein Unvermögen, sondern

[654] H. Wescher-Kauert: Das Ende der altdeutschen Malerei und die antiklassische Strömung. In : Cicerone XVI (1924), S. 996.
[655] Albrecht Dürer: Marienleben, Vermählung Mariens. Holzschnitt, 1502-1510. Joseph Meder: Dürer-Katalog 1932, 194, Erwin Panofsky: Dürer 1948, Nr. 302; Karl Adolf Knappe: Dürer 1964, 232.

Absicht, da so die verschiedenen Personen, aber auch die unterschiedlichen Szenen getrennt werden. Allerdings gibt es daher keinen ruhigen Blickpunkt mehr, sondern das Auge wechselt ständig zwischen den einzelnen Schichten. Dies erklärt auch die jähe Abnahme des Maßstabes der Personen, der nicht durch ihre Stellung im Raum begründet sein kann. Abgesehen von der falschen Relation der Menschen untereinander, sind auch die Proportionen selbst nicht im Einklang.
Während Dürer seine Komposition symmetrisch aufbaut, arbeitet Ratgeb mit Asymmetrie. Die Hauptpersonengruppe ist gedreht, so daß die kniende Maria die Bildachse bildet, während der stehende Hohepriester zusammen mit Josef nach links gerückt wurde. Diese Betonung Mariens hat inhaltliche Gründe. Auch die Isokephalie bei Dürer wird aufgegeben, die Linien der Köpfe fallen nun von links nach rechts. Schaut man bei Dürer frontal auf den Bogen, der die Szene rahmt, ist er bei Ratgeb angeschnitten.
Auch bei den anderen Tafeln des Herrenberger Altars finden sich dieselben Phänomene. Scheint auf den ersten Blick bei der Kreuzigung (Abb. 18 d) eine starke Symmetrie durch das Kreuz Christi gegeben, löst sich dieser Eindruck auf, wenn man die Kreuze der Schächer betrachtet. Das Kreuz des guten Schächers steht hinter dem Kreuz Christi, während das Kreuz des bösen Schächers davor steht. Auch ist letzteres weniger in die Tiefe gedreht, daher blickt man auf den Bösen von vorne und auf den Guten von der Seite. Der Raum ist in Schichten aufgebaut, der Vordergrund gleicht einer schmalen Bühne. Das Gelände hinter den Kreuzen fällt zunächst mit einer nicht abzuschätzenden Neigung, um anschließend wieder anzusteigen. Die wechselnden Größenverhältnisse der Personengruppen werden durch ihre Zugehörigkeit zu verschiedenen Schichten begründet.
Auffallend ist die Farbigkeit des gesamten Retabels. Die Farben sind grell und leuchtend. Oft stehen Farben nebeneinander wie Rosa und Orange, die die schrille Wirkung noch unterstreichen und die übrigen Farben des Bildes überschreien. Ratgeb benutzt dieselben Farben für den Hintergrund und den Vordergrund. Selbst die Bemalung des Rahmens ist gleichwertig, so werden verschiedene Schichten zu einer unruhigen Dekoration zusammengeschmolzen. Stofflich sehr unterschiedliche Materialien werden in derselben Farbe gemalt. So sind beim letzten Abendmahl (Abb. 18 b) das nackte Bein des Judas, der verschüttete Wein, die Gewänder von zwei Aposteln sowie die Säule am Fenster und am Bildrand vom gleichen hellen Rosa. Das Grün der Gewänder des Wirts, von Johannes und einem weiteren Apostel unterscheidet sich nicht vom grünen Gras des Gethsemane. Die Farbe zersetzt das Bildgefüge. Ähnlich verhält es sich mit dem Licht. So wird bei der Auferstehung (Abb. 18 e) nicht nur Nebensächliches der Hauptszene, sondern auch die Nebenszene individuell beleuchtet. Der Blick wird abgelenkt, und dadurch wirkt das Bild unruhig.

Ratgeb arbeitet beim Herrenberger Altar mit stilistischen Mitteln, die eine starke Unruhe verursachen und Unsicherheit beim Betrachter auslösen. Er setzt sich damit bewußt von Albrecht Dürer ab, dessen Stiche er zwar für einige Kompositionen als Vorlage nutzt, aber abwandelt. Ruhe und Klarheit Dürers wird bei Ratgeb zu Unruhe und Unsicherheit. Dies ist nicht unproblematisch, denn Ratgebs Bilder sind religiöse

Bilder. Wenn er durch formale Mittel Unsicherheit beim Betrachter erzielt, wirkt sich diese Unsicherheit auch auf die inhaltliche Komponente, den religiösen Gehalt aus. Daß dieses Phänomen erlebt wurde, zeigt sich, als die Herrenberger Gemeinde im 19. Jahrhundert das Retabel an die Staatssammlung Vaterländischer Altertümer in Stuttgart verkaufte, mit dem Argument, die unschönen Bilder grenzten an das Profane und verstießen gegen christliche Pietät. Prälat Merz[656] brachte das Problem auf den Punkt, wenn er den Maler kritisierte, da in seinem Werk zwei Welten, zwei Richtungen, Idealismus und Realismus, die alten Stoffe und die neuen Formen unvermittelt aufeinander stoßen. Was Merz nicht sah, daß Ratgeb sich dieses Zwiespalts bewußt war, er aber ein System entwickelte, um den religiösen Gehalt sicherzustellen. Genau diese Aufgabe übernimmt die Schrift im Werke von Ratgeb. Sie sichert den inhaltlichen und vor allem den religiösen Gehalt. In einem Bild, das Unsicherheit vermittelt, gibt die Schrift und zwar das Wort Gottes dem Betrachter die Sicherheit zurück. Dort wo sich die Kunst auf die Form konzentriert und sich vom Inhaltlichen zurückzieht, macht sie Raum frei für die Schrift bzw. das Wort. Solange sich der Herrenberger Altar in seinem ursprünglichen Rezeptionsrahmen befand und die Stiftsherren neben die Betrachtung der Bilder die Diskussion über die biblischen Texte des Rahmens, die Meditation darüber und das Gebet stellten, konnte von einem inhaltlichen Defizit nicht gesprochen werden. Im Gegenteil, während das Auge durch die Raffinessen des Bildes herausgefordert und erfreut wurde, die Meditation angeregt wurde, konnte sich der Intellekt, aber auch der Glaube auf das Wort Gottes, das auf dem Rahmen zum Bild Bezug nahm, richten. Erst als der Sinn der Inschriften verloren ging, konnte der Altar christliche Gemüter beunruhigen. Dementsprechend erkannte Prälat Merz den kunsthistorischen Wert der Gemälde durchaus an, fühlte sich jedoch in seiner christlichen Pietät verletzt.

Mit der Tendenz, daß Schrift auch im Leben eines Künstlers eine immer größere Rolle spielt, ist Ratgeb Kind seiner Zeit. Albrecht Dürer und Jörg Breu führen Tagebuch, Niklaus Manuel Deutsch tauschte sogar die Feder gegen die Palette. Und schließlich wird selbst bei Dürer die sozialpolitische und ethische Bedeutung der Apostel von 1526[657] erst durch die Inschrift verständlich. Allerdings beruht der Schriftgebrauch bei Ratgeb, wie gezeigt werden konnte, auf seinem Stil und wurde zusammen damit entwickelt, ja er wurde selbst wieder zum Stilmittel.

Daneben ist Ratgebs Gebrauch von Schrift sicher auch als Strategie gegen die Gefahren einer Bildkritik zu verstehen. Bereits vor der Reformation wird die Kritik vor allem an der Fehlentwicklung in der kirchlichen Praxis (Bilderkult, Reliquienwesen etc.) sowie der Fiskalisierung und Kommerzialisierung der kirchlichen Verwaltung laut. Aus dieser Kritik entstanden bedeutende Reformbewegungen wie etwa die Windesheimer Kongregation und die Devotio Moderna. Auch im Umfeld Ratgebs sind diese Reformbestrebungen unübersehbar:

---

656 Heinrich Merz: Jörg Ratgeb und sein Altarwerk in der Stiftskirche zu Herrenberg. In: Christliches Kunstblatt 27 (1885), Nr. 2, S. 17-24.

657 Albrecht Dürer: Die vier Apostel, 1526. 204 x 74 cm. Alte Pinakothek, München.

Die Karmeliter, denen die Verweltlichung des Ordenslebens bewußt war und die sich auf eine weit zurückliegende Vergangenheit beriefen. Claus Stalburg, der vom Renaissancehumanismus geprägt, neben Klassikern der Antike wie Cäsar, Livius und Terenz auch kritische zeitgenössische Schriften sammelt, etwa über die Frankfurter Reform 1509 oder das „Narrenschiff" von Sebastian Brant.[658] Die Brüder vom Gemeinsamen Leben, die sich auf die apostolische Lebensweise beriefen und von Eberhart im Bart als Vermittler kirchlicher Reform eingesetzt wurden. Die Kritik an der mittelalterlichen Bildpraxis wird dem Maler nicht unbekannt gewesen sein, ebenso die Gefahr eines Bildersturms oder Bilderfrevels.[659] So stellt er auf dem Wandgemälde im Karmeliterkloster den Angriff auf ein Marienbild dar. Der Künstler entwickelte Strategien, um eine falsche Bildpraxis zu verhindern. So benutzt er nur auf seinem ersten Werk, dem Barbara-Altar, einen Goldgrund. Er arbeitet einerseits mit neuen Bildformen wie dem Historienbild und greift andererseits auf typologische Programme zurück, die stark intellektuell ausgerichtet sind. Im Rahmen dieser Strategien ist auch der Einsatz von Inschriften zu sehen. Durch die Quellenangaben und die Zitate aus der Bibel holt Ratgeb das Transzendente ins Bild. Im Johannes-Evangelium wird Christus mit dem *Logos* identifiziert, die Vulgata ersetzt den Term durch *Verbum – das Wort*: „Im Anfang war das Wort, und das Wort war bei Gott, und das Wort war Gott."[660]
Wallis weist daraufhin, daß lateinische Inschriften in einer toten Sprache verfaßt sind, die heiligen Büchern, der Liturgie, der Wissenschaft, dem Gesetz und der Diplomatie vorbehalten ist. Auf diejenigen, die des Lateins nicht mächtig waren, mußten sie eine starke emotionale Wirkung ausüben, gerade weil sie es nicht verstanden, aber ahnten, daß hier die sanktionierte Wahrheit verkündet wird.[661] Ratgeb gibt der Schrift ihren heiligen Charakter zurück. Er steht damit am Anfang einer Entwicklung, die im Zuge der Reformation in evangelischen Kirchen zu reinen Schriftaltären wie in der Spitalkirche in Dinkelsbühl[662] führt.

Bei aller Bedeutung, die den Inschriften im Werk Ratgebs zukommt, führt der Maler uns dennoch auch die trügerische Illusion der „Wahrheit" von Text vor Augen. Nicht nur einmal stimmen Zitat und Quellenbeleg nicht überein, damit verliert auch der Text seine Eindeutigkeit und öffnet sich der Interpretation des Rezipienten.

---

[658] Jörg Ratgeb's Wandmalereien im Frankfurter Karmeliterkloster. Hg. Stadt Frankfurt a. M. 1987, S. 115.
[659] Zur begrifflichen Differenzierung siehe: Sergiusz Michalski: Das Phänomen Bildersturm. Versuch einer Übersicht. In: Bob Scribner (Hrsg.): Bilder und Bildersturm im Spätmittelalter und in der frühen Neuzeit. Wiesbaden 1990. (=Wolfenbütteler Forschungen; Bd. 46), S. 69-124.
[660] Jo 1,1.
[661] Mieczyslav Wallis: Inscriptions in paintings. In: Semiotica 9 (1973), I, S. 12f.
[662] Abendmahlsalter, 1537. Dinkelsbühl, Ev.-luth. Spitalkirche. Felix Mader: Stadt Dinkelsbühl mit Einschluß von St. Ulrich. München 1931 (= Die Kunstdenkmäler von Mittelfranken; Bd. 4), S. 88-90.

Anhang

Die Inschriften

Die Wiedergabe der Texte erfolgt buchstabengetreu mit Ausnahme von *U* und *V*, die dem Lautwert entsprechend wiedergegeben werden. Ligaturen und enklavierte Stellungen von Buchstaben werden aufgelöst, hochgestellte Buchstaben im Original werden ebenso berücksichtigt. Kürzungen werden in runden Klammern aufgelöst, das Zeichen, das die Kürzung andeutet, fällt weg. Die Zeichensetzung ist mit den entsprechenden modernen Zeichen wiedergegeben. Lücken des Originals und deren Ergänzung werden in eckige Klammern gesetzt. Wörter deren Lesung unsicher ist, werden mit (?) markiert.

Barbara Altar

Inschrift auf dem unteren Rahmen
SPES PR[A]EMII SOLACIUM LABORIS
J M R 1510

Inschriften auf den Tafeln

Barbara-Tafel
SANCTA BARBARA (im Nimbus)

Magdalen-Tafel
MA[R]IA MAGTALE (im Nimbus)
SA[N]C[TA] MARIA MAGTALENA (im Nimbus)

Apostelabschied

PETRUS: R[O]MAM (im Nimbus)
PAULUS: GRE[C]IAM. (im Nimbus)
BARTHOLOMEUS: I[ND]IAM (im Nimbus)
ANDREAS [ACHA]IAM. (im Nimbus)
MATHEUS: ETHIOPIAM (im Nimbus)
THADDEUS: MESOPITA[M]IAM (im Nimbus)
JOHANNES: ASIAM (im Nimbus)
JACOBUS M[INOR]: JERU[SA]LEM (im Nimbus)
JACOBUS [MAJOR]: HISP[ANIAM] (im Nimbus)
THOMAS: PERSIAM [ET] IN[DI]AM (im Nimbus)
SIMON: EGIPTUM (Missionsgebiet im Nimbus, Name außerhalb)
PHILIPPUS: SICHIAM (Missionsgebiet im Nimbus, Name außerhalb)
MATTHIAS: JUD[E]AM (im Nimbus)

Das Refektorium im Karmeliterkloster

Auf der Westwand:

HIERE 9: QUIS DABIT CAPITI MEO AQUAS ET OCULIS MEIS FONTEM LACRIMARUM ET PLORABO DIE AC NOCTE FILIUM MEUM.

Auf dem Wandbild von Jerg Rageb:

Stifterinschrift:
DIE WIRDIG BRUDERSCHAFT SANTA ANNA HAT LASEN MALE(N) DIS REFATORIUM. 1517.

Die Inschriften der Teppiche sind stellenweise zerstört und nicht rekonstruierbar. Der Text folgt der Übersetzung von Donner von Richter:

1. Inschriftenteppich

AN(N)I D(OMINAT)U FLUXERA(N)T A CHRISTI NATIVITATE 537 HERACLIO IMPE(RA)TORE [...] TERRA S(AN)CTA CHRISTIA(N)ORUM MAX(IM)A P(ER)SECUCIO EADEM CALAMITATEM TE(M)PESTATE PLURES FR(ATR)ES CAR(M)ELI ORDI(NI)S VARIO MARTIRIO [...] MO(N)TE CAR(M)ELO I(N) MO(N)TE SIO(N) I(N) MO(N)TE CALVARIE I(N) IH(E)R(USA)L(E)M IUXTA PORTA(M) AUREA(M) IN MO(N)TE OLIVETI IN MO(N)TE EFFRAI(M) IN IERICHO [...] TEIVAVIT I(N) WALIM IN BETHA(N)IA IN VALLE IOSAPHAT I(N) CIVITATE ACHO(N) I(N) EBRO(N) I(N) CIVITATE SA(M)ARIA [...] PLURA ALTA LOCA SACRA
DEI(N)CEPS A(NN)O D(O)M(N)I 636 SURREXI(T) P(E)RFIDISSI(M)US HUMAR REX [...] DE MO(N)TE CARMELO MULTIS TOR(M)ENTORU(M) GE(NE)RIBUS MISERABILITER I(N)TER(F)E(C)IT ATQUE MO(N)ASTERII [...] 815 ET A(NN)O D(OMINI) 1248 ITE(RUM)Q(UE) A(NN)O D(O)M(IN)I 1289 ATQ(UE) A(NN)O D(O)M(IN)I 1290 HIS [...]VIRGI(N)IS MARIE L(O)CIS I(N) SUPRADICTIS ALISQ(UOD) MULTIS REPERTOS DIRIS CRUCIATI [...] VATICI(N)ATU(M) FUE(R)AT ESAI 16 ET AUFERETUR LETICIA E [...]IHERE 48 ABLATA S[...] DE CARMELO

"537 Jahre waren seit Christi Geburt verflossen, als unter der Herrschaft des allerchristlichsten Kaisers Heracleus in dem gelobten Lande durch den Perserkönig Choroes eine heftige Verfolgung der Christen stattfand. Durch diesen unheilvollen Sturm wurden viele Brüder des Karmeliterordens mit Martern verschiedener Art heimgesucht und ihre herrlichen Klöster auf dem Berge Karmel in Schutt verwandelt; ebenso auf dem Berge Zion, auf dem Kalvarienberge, in Jerusalem neben der goldenen Pforte, auf dem Oelberg, auf dem Berg Ephraim, in Jericho, in Galilaea, in

Bethel, in Nazareth, in Bethlehem, in der Wüste, in welcher Christus, der Herr, fastete, in Walim, in Bethania, im Thal Josaphat, in der Stadt Acca, in Hebron, in der Stadt Samaria, in Tyrus in Syrien, in der edlen Stadt Tripolis, vor demTore von Sarepta der Sydonier und vielen anderen heiligen Orten. Darauf, im Jahre des Herrn 636, brach der treulose Omar, arabischer Nation, hervor und rottete in dem gelobten Lande den christlichen Namen aus, tötete viele Brüder vom Orden der heiligen Jungfrau Maria vom Berge Karmel unter jeder Art von Qualen auf das Kläglichste und zerstörte von neuem die wiederaufgebauten Klöster. Das gleiche fand statt im Jahre 815 und 1248; ebenso 1287 und 1290. Zu dieser Zeit rotteten die Sarazenen die christliche Religion aus und töteten die an obengenannten und vielen anderen Orten befindlichen Brüder der Jungfrau Maria unter entsetzlichen Qualen. Die Klöster vernichteten sie bis auf den Grund, und es wurde erfüllt, was Jesaias, 16, geweissagt hat: und die Freude und der Jubel wird vom Karmel genommen werden, und Jeremias, 48: verschwunden ist Freude und Jubel von dem Karmel. "

2. **Inschriftenteppich**

CIRCA AN(N)OS D(OMI)NI 1248 S(ANCTUS) LUDOWICUS REX FRANCIE ILLUSTRISSIM(US) U(N)A CUM DIVERSIS ALIARU(M) P(RO)VI(N)CIARUM PRI(N)CIPIB(US) POST MULTOS ACTUS BELLICOS I(N) TERRA S(AN)CTA ADVERSUS I(N)FIDELES P(ER)PETRATOS SEPULCHRU(M) D(OMI)NI ET ALIA RELIGIOSA LOCA DEVOTE VISITAVIT TA(N)DEM IUXTA MO(N)TIS CARMELI RADICES ET MARIS P(ER)ICULO EX PIA GE(N)ITRICIS DEI I(N)TERCESSIO(N)E LIBERAT(US) DICTU(M) MO(N)TE(M) ASCE(N)DIT LAUDABILE(M) CO(N)VERSACIO(N)EM FRATRU(M) B(EA)TE MARIE IBIDE(M) CO(M)MORA(N)CIU(M) HU(M)ILITE(M) CO(N)TE(M)PLA(N)S AC P(RE)DICTORU FR(ATRU)M TITULO S(AN)CTE MARIE VIRGI(N)IS SI(N)GULARITER I(N)SIG(N)ITORU(M) FAMA LAUDABILI ET RELIGIOSITATE P(ER)(M)OTUS QUOSDA(M) FR(ATR)ES SECU(M) DE PRIORIS LICE(N)CIA I(N) FRA(N)CIE DUXIT ET EIS I(N) CIVITATE SUA PARISIUS MONASTERIUM EDIFICAVIT QUI ALIOS AD SUAM RELIGIO(N)EM RECIPIE(N)TES I(N) DIVERSIS FRANCIE ET ALAMA(N)IE P(AR)TIB(US) PLURA SUI ORDIS LOCA PAULATIM CONSTRUXERUNT

"Ungefähr im Jahre 1248 besuchte der Heilige Ludwig, der erhabene König von Frankreich, mit verschiedenen Fürsten anderer Länder, nachdem sie viele kriegerische Taten im gelobten Lande gegen die Sarazenen vollbracht hatten, demutsvoll das heilige Grab und andere heilige Orte. Nachdem er sodann durch die fromme Fürsprache der Gottesgebärerin auf gefahrvoller Seefahrt an dem Fuße des Berges Karmel gerettet worden war, so bestieg er daselbst den Berg. Bewegt durch die verständigen Reden der dort in bescheidener Weise lebenden Brüder der heiligen Maria und durch den guten Ruf und die Frömmigkeit der besagten ausgezeichneten Brüder des Ordens der heiligen Jungfrau Maria, nahm er einige der Brüder mit Erlaubnis des Priors mit nach Frankreich und erbaute denselben in seiner Stadt Paris ein Kloster. Diese nahmen andere bei sich auf und gründeten allmählich in verschiedenen Gegenden Frankreichs und Deutschlands Klöster ihres Ordens."

Weitere Inschriften im Bild:
Lebensgeschichte des Elias und Elisäus:
Quellenvermerke

Verfolgung der Karmeliter:
FONS HELIE
SPELUNCA HELIE
S. GERHARD

Emigration des Ordens
S. LUDOVICUS REX FRANCIE

Der Kreuzgang des Karmeliterklosters

Inschriften der Bildfelder:

Die Inschriften sind nach Donner von Richter zitiert. Da bereits im 19. Jahrhundert vieles nicht mehr lesbar war, hat Donner die Inschriften ergänzt und korrigiert. (In der Graphischen Sammlung des Städelschen Kunstinstituts werden Notizen und Zeichnungen zu den Wandgemälden aus dem Nachlaß aufbewahrt. Auf einigen der Blätter sind auch die Inschriftentafeln abgezeichnet. Es fällt auf, daß die Inschriften oft falsch oder lückenhaft sind und Donner dann den entsprechenden Text aus der Vulgata daneben geschrieben hat. Auf den veröffentlichten Blättern erscheinen die Inschriften dann korrigiert und ergänzt!) Die Stifterinschriften hat Lersner in seiner Chronik unter den Epitaphien aufgeführt. Hier werden sie nach Donner aufgeführt, da sie wahrscheinlich näher am Original sind, denn Donner arbeitet stark mit Abkürzungen, während Lersner die Abkürzungen auflöste. Falls Donner und Lersner stark differieren, sind beide zitiert. Für alle nicht mehr vorhandenen (oder überlieferten) Bildfelder sind die Stifterinschriften nach Lersner aufgeführt.
Bei den Bibelzitaten folgt auch die Inschrift die entsprechende Stelle in der Vulgata im Kontext und anschließend die deutsche Übersetzung mit der heutigen Quellenangabe, da die Zählung in einigen Fällen differiert.
Die einzelnen Bildfelder sind durchnummeriert, um eine Verknüfung der Inschriften mit dem Text zu erleichtern.

A. Titulus
B. Antitypus
C. Typus
D. Prophetensprüche (von links nach rechts)
E. Sonstige Inschriften
F. Stifterinschrift

1. Vertreibung aus dem Paradies

A OMNIPOTENS [...] ARTE TELLUS [...] AEQUOR ET OMNE GENUS.
ILLUM SIBI SIMILEM SUMMA RATIONE CREAVIT
HUNC HOMINES PROVIDUM NOMEN HABERE DEDIT.
HUNC VOLUIT CUNCTIS ANIMALIBUS UNDIQUE REGEM
CERNERE, SUB PEDIBUS CUNCTA JACERE SUIS.
Der Allmächtige [schuf] die Erde, das Meer und alle Arten – Mit höchster Weisheit schuf er ihn sich selbst ähnlich und gab ihm mit göttlicher Vorsehung den Namen „Mensch“ zu tragen – Er bestimmte ihn überall als den König aller Lebewesen, dem sich alles unterwirft.

D.1 PERIBITIS SI INObEDIE(N)TES FUERITIS VOCI D(OMI)NI DEI V(EST)RI. DEUTER 8.

Deuteronomium 8,20: Sicut gentes, quas delevit Dominus in introitu tuo, ita et vos **peribitis, si inobedientes fueritis voci Domini Dei vestri**.
So werdet ihr dafür ausgetilgt werden, daß ihr nicht auf die Stimme des Herrn, eures Gottes gehört habt. Deuteronomium 8, 20

D.2 ADAM EXEMPLU(M) MEUM AB ADOLESCENTIA MEA. ZACH.
Zacharias 13,5: Sed dicet : Non sum propheta; homo agricola ego sum, quoniam **Adam exemplum meum ab adolescentia mea**.
Adam ist mein Vorbild von Jugend an. Sacharija 13, 5

F PHILIPP III, GRAF ZU HANAU HER V(ON) LICHT^{EN}BERK – SIBILLA [...] MAR^{G}RET ZU BADEN [...] (Fehlt bei Lersner)

2. Annen-Legende

E DESPONSATO MARIAE ET JOSEPH.

F IOHAN FROSH KRISTINA DEGIN SEIN HUSFRW

3. Begegnung an der Goldenen Pforte

A [...] E MONETUR
[...] EA PORTE
[...]A COĪUNX
[...]A MAIT (?)

D.1 LETABITUR SPONSUS SUPER SPONSA(M) ET HABITABIT IUVENIS CUM VIRGINE. ESAI 62.
Jesaja 62,5. **Habitabit** enim **juvenis cum virgine**, et habitabunt in te filii tui;et gaudebit **sponsus super sponsam**, et gaudebit super te Deus tuus.
(Umgestellt und fehlerhaft. Vgl. Herrenberg!)
Wie der junge Mann sich mit der Jungfrau vermählt [...] und wie der Bräut sich freut über die Braut[...]. Jesaja 62, 5.

D.2 QUERETUR PECCATUM ILLIUS ET NON INVENIETUR
Ps 9,15: Contere brachium peccatoris et maligni; **quaeretur peccatum illius, et non invenietur**.
Bestraf' die Frevel, so daß man von ihm nichts mehr findet. Psalm 10, 15.

D.3 DEPRECATUS EST ISAAC PRO UXORE SUA EO QUOD ESSET STERILIS. GENE 26.
Gens 25,21: **Deprecatusque est Isaac Dominus pro uxore sua, eo quod esset sterilis**; qui exaudivit eum, et dedit conceptum Rebeccae.
Die Textangabe ist falsch, aber wahrscheinlich eher ein Übertragungsfehler Donners.
Isaac betete zum Herrn für seine Frau, denn sie war kinderlos geblieben. Genesis 26 (richtig: Genesis 25,21).

E.1 AUREA

E.2 AUG XIIII DE CI D C XI
HOMO PECCATO SUO NON POTUIT
DIVINUM PERTURBARE CONSILIUM QUO
ORDINATUM FUERAT AB AETERNO

BEATAM VIRGINEM SINE
MACULA CONCIPI DEBERE.
„Der Mensch konnte durch seine Sünde den göttlichen Heilsplan nicht durchkreuzen“
Nur dieser erste Teil des Satzes steht bei dem angegebenen Autor, dem Kirchenvater Augustinus in „De Civitate Dei“, Buch 14, Kapitel 11:
„Sed quia Deus cuncta praescivit et ideo quoque hominem peccaturum ignorare non potuit: secundum id, quod praescivit atque disposuit, civitatem sanctam debemus adserere, non secundum illud, quod in nostram cognitionem pervenire non potuit, quia in Die dispositione non fuit.“
Die Erweiterung ist frei hinzugefügt worden: „[...] nach welchem von Ewigkeit bestimmt war, daß die heilige Jungfrau unbefleckt empfangen sollte.“

F GEORG FROSH ANNA HOLZHUSERN SEIN HUSFRW

4. **Mariae Tempelgang**

C. CO(N)CEPIT AN(N)A ET PEPERIT. I RX I.
Hanna empfing und gebar. 1 Könige 1 (1. Samuel 1)
Die Bücher Samuels und die Bücher der Könige wurden früher als Einheit gesehen und als Bücher der Könige bezeichnet. Das erste Buch Samuel war dementsprechend das erste Buch der Könige. Der Satz ist kein Zitat, sondern fasst die Geschehnisse des Kapitels zusammen.

D.1 VIRGAM VIGILANTEM EGO VIDEO. HIERE 1,11.
Jeremia 1,11: Et factum est verbum Domini ad me, dicens: Quid tu vides, Jeremia? Ex dixi: **Virgam vigilantem ego video.**
Ich sehe einen erblühten Mandelzweig. Jeremia 1,11.

F WICKER FROSCH URSULA ERERIN SEIN HUSFRW

5. **Verkündigung**

A ILLE AETHEREA MARIE FERT ARCE SALUTEM
ILLA SALUTANTI VERBA SECUNDA REFET. R + S.
Er bringt Maria, dem göttlichen Behältnis, den Gruß
sie antwortet dem Grüßenden zustimmend. R + S.

B EXURGA MARIA [...] IN MONTANIA (?)

C.1 UDIC 6 CAP
Richter 6

D.1 UTINAM DISRUMPERES COELUM ET DESCENDER[ES]. ESA 64.
Jesaja 64,1 : **Utinam dirumperes caelos, et descenderes**: a facie tua montes defluerent.
Viele Fehler. Donner oder Ratgeb?
Reiß doch den Himmel auf und komm herab. Jesaja 64 (heute: 63, 19).

D.2 VENIET ET NON TARDABIT. ABAC 2.
Habacuc 2,3: Quia adhuc visus procul; et apparebit in finem, et non mentietur: si moram fecerit, exspecta illum, quia **veniet, et non tardabit.**

Das Zitat stammt aus der Antwort Gottes auf die Klage Habakuks, der auf eine Gotteserscheinung wartet.
[...] denn es kommt und bleibt nichts aus. Habakuk 2.

E.1 HODIE DEUS HOMO FACT^{VS}
Heute ist Gott Mensch geworden.

E.2 VERBO CARO FACTUM EST.
Das Wort ist Fleisch geworden.

E.3 AVE GRACIA PLENA DOMINUS TECUM.
Gegrüsset sei's Du, Du bist voll der Gnade, der Herr ist mit Dir.

F IAC^{OB} STRALBERG MARGRET FROSCHIN SEIN HUSFRW

6. Anbetung

A NASCITUR INTACTA FELIX DE VIRGINE PROLES.
NEMPE PARIT SUMMUM SANCTA PUELLA DEUM. R+S.
Ein Sohn wird glücklich geboren von der unberührten Jungfrau, die heilige Jungfrau gebiert den höchsten Gott. R + S.

C.1 VIDEBAT QUOD RUBUS ARDERET ET NON COMBURERETUR EXO 3.
Exodus 3,2: Apparuitque ei Dominus in flamma ignis de medio rubi; et **videbat quod rubus arderet, et non combureretur.**
Er sah, daß der Dornenbusch brannte und doch nicht verbrannte Exodus 3,2.

C.2 VIRGA AARONIS FLORUIT.
Der Zweig Aarons blüht.

D.1 ECCE SALVATOR TUUS VE(N)IT. ESA 62.
Jesaja 62,11: Ecce Dominus auditum fecit in extremis terrae: Decite filiae Sion: **Ecce Salvator tuus venit**; ecce merces ejus cum eo, et opus ejus coram illo.
Sieh her, jetzt kommt deine Rettung Jesaja 62.

D.2 TU ES REX NOSTER ANTE SAECULA QUI OPERATUS ES SALUTEM IN MEDIO TERRAE. PS.
Ps 73,12: Deus autem **rex noster ante saecula, operatus est salutem in medio terrae.**
Doch Gott ist mein König von alters her, Taten des Heils vollbringt er auf Erden. Psalm 73 (heute Ps 74,12).

E GLORIA IN EXCELSIS DEO ET IN TERRA PAX.
Ehre sei Gott in der Höhe und Frieden auf Erden.

F CONR(A)T WIS. AN(N)A FROSC$_{H}$I(N). SI(N) HUSFRW

7. Beschneidung

A LEX CIRCUMCIDI PUERO PRAEPUCIA MANDAT
OBSERVAT LEGEM SIC DEUS IPSE SUAM. R + S.
Das Gesetz der Beschneidung befiehlt, den Jungen die Vorhaut zu beschneiden; so befolgt der Gott selbst sein Gesetz. R + S.

D.1 A PARVULIS TULISTIS LAUDEM. MICHE 2.
Micha 2,9: Mulieres populi mei ejecistis de domo deliciarum suarum; **a parvulis** earum **tulistis laudem** meam in perpetuum.

Ihren Kindern nehmt ihr für immer ihr herrliches Land. Micha 2.

D.2 INFANS OCTO DIERUM CIRCUMCIDETUR IN VOBIS. GENE.
Genesis 17,12: **Infans octo dierum circumcidetur in vobis**, omne masculinum in generationibus vestris; tam vernaculus, quam emptitius circumcidetur, et quicumque non fuerit de stirpe vestra.
Alle männlichen Kinder bei euch müssen, sobald sie acht Tage alt sind, Beschnitten werden. Genesis 17.

D.3 SPO(N)SUS SANGUINUM TU MIHI ES. EXO 3
Exodus 4,25 : Tulit illico Sephora acutissiman petram, et circumcidit praeputium filii sui ; tetigitque pedes ejus, et ait : **Sponsus sanguinum tu mihi es.**
Falsche Quelle! Fehler Donner oder Ratgeb?
Ein Blutbräutigam bist du mir. Exodus 3.

F HART WIS, ELISABET KRAENICHI(N), KATHERT OSTEMMERN SEIN HUSFRWEN
(Lersner überliefert nur die Inschrift der Borte HART WIS ELISABET OSTEMMERN S H, den Teil der Inschrift, der im Bild verläuft bringt er nicht!)

8. Anbetung der Könige

C REGINA SABAE AUDITA FAMA SALOMO(N)IS IN NOMINE D(OMI)NI VENIT. 3 RX 10.
3. Könige 10,1: Sed et **regina Saba, audita fama Salomonis in nomine Domini, venit** tentare eum in aenigmatibus.
Die Königin von Saba hört den Ruf Salomons und kam (im Namen des Herrn). 3. Könige 10. (Heute: 1. Könige 10).

D PS 71. ADORABUNT EUM OMNES REGES OMNES GENTES SERVIENT EI.
Psalm 71,10f.: Reges Tharsis et insulae munera offerent; reges Arabum et Saba dona adducenti; et **adorabunt eum omnes reges terrae; omnes gentes servient ei.**
Psalm 71. Alle Könige müssen ihm huldigen, alle Völker ihm dienen. (Heute Psalm 72, 11)

F WALTER VO(N) SCHWARZENBERG AGNES STE(F)FIN SEIN HUSFRW

9. Darbringung

B IESUM TULERU(N)T IN IH(E)R(US)L(E)M UT SISTERENT EUM DOMINO. LUCAE 2.
Lukas 2, 22f: Et postquam impleti sunt dies purgationis ejus secundum legem Moysi, **tulerunt** illum **in Jerusalem, ut sisterent eum Domino**, sicut scriptum est in lege Domini.
Sie brachten das Kind nach Jerusalem, um es dem Herrn zu weihen. Lukas 2.

E LEVITIC 12

F HEINRICH VON REIN EIN RATZMANN

10. Flucht nach Ägypten

A EI FUGIT HERODIS SUCCUSSUM FUROREM
EGIPTO VIAM MOX [...]. R + S.
Er flieht vor der emporlodernden Wut des Herodes. Bald auf dem Weg nach Ägypten [...]. R + S.

B MATH 2

C.1 IACOB UT NECE (?) ESAU SUBTERTUGERET (?) GNE 27.
Ist kein Zitat, sondern eine Zusammenfassung des Kapitels.

C.2 DAVID. 1 RX 19.
Heute: 1 Samuel 19.
David ist kein Quellenbeleg, sondern identifiziert die dargestellte Person!

D INGREDITUR AEGIPTU(M) ET COM(M)OVEBU(NTU)R SI(M)ULCR[A] A FATIE EIUS. ESA 19.
Jesaja 19,1: Ecce Dominus ascendet super nubem levem, et **ingredietur Aegyptum, et commovebuntur simulacra** Aegypti **a facie ejus**, et cor Aegypti tabescet in medio ejus.
[...] er kommt nach Ägypten. Vor seinem Angesicht zittern die Götter. Jesaija 19.

F VENERABILIS DN MATERNUS SARTORIUS PLEBANUS I(N) ARHELGEN ET FRATER CONRADUS CARMELITO; PROFESSIONIS EIUS CONVEN(TUS)* SACERDOTES
*Bei Lersner COUTERIUS

11. Betlehemitischer Kindermord

A INUMERI PUERI PUERUM MACTANTUR OB UNUM
QUID FACIS HERODES LITORA STULTE ARAS. R+S.
Unzählige Knaben werden geopfert wegen einem. Was machst du Herodes? Unsinnig pflügst du das Meer. R + S.

C.1 ABIATHAR FUGIT AD DAVID ET AN(N)U(N)CIAVIT EI Q(UOD) OCCIDISSET S[AU]L SAC[ER]DOTES DOM(INI). RX 22.
1. Könige 22, 20ff.
Evadens autem unus filius Achimelech, filii Achitob, cujus nomen erat **Abiathar, fugit ad David, et annuntiavit ei quod occidisset Saul sacerdotes Domini.**
Abjatar berichtet David, daß Saul die Priester umgebracht hat. 1. Könige 22 (heute: 1 Samuel 22)

C.2 ATHALIA I(N)TE[R]FEC[IT] O(M)NE SE(M)EN REGIU(M) GE(N)ERIS DAVID. RX 1.
4. Könige 11,1: **Athalia** vero, mater Ochoziae, videns mortuum filium suum, surrexit, et **interfecit omne semen regium**.
(Als) Athalia, (die Mutter Ahasjas), sah, dass ihr Sohn tot war, ging sie daran, die ganze Nachkommenschaft der königlichen Familie auszurotten. (Heute: 2. Könige 1, 1).

D.1 VOX IN EXCELSO AUDITA EST LA(M)E(N)TATIO(N)IS LUCT(US) ET FLET(US) RACHEL PLORA(NTI)S FILIOS SUOS ET NOLUIT CO(N)SOL (?) SUP(ER) EIS QUIA NO(N) SU(N)T. HIERE 31.
Jeremia 31,15 : Haec dicit Dominus : **Vox in excelso audita est lamentationis, luctus, et fletus Rachel plorantis filios suos, et nolentis consolari super eis, quia non sunt.**
Ein Geschrei ist in Rama zu hören, bitteres Klagen und Weinen. Rahel weint um ihre Kinder und will sich nicht trösten lassen um ihre Kinder, denn sie sind dahin. Jeremia 31.

D.2 ULGIO SA(N)GUINIS SERVO(RUM) TUORU(M) QUI EFFUSUS EST. PS 78.
Psalm 78, 10: Ne forte dicant in gentibus: Ubi est Deus eorum? Et innotescat in nationibus coram oculis nostris **ultio sanguinis servorum tuorum qui effusus est.**
Fehlerhaft ! Ratgeb oder Donner?
Räche das Blut deiner Knechte! Psalm 78. (Heute Psalm 79,10).

F IOHAN EBLIN IOANNEN VAN LIPPELOR SI(N) HUSFRW

12. Götzensturz

C EXODI 32

D.1 ESA 2. ELEVABITUR D(OMIN)US SOLUS I(N) DIE ILLA ET IDOLA PEIT(US) CO(N)TERE(N)TUR.
Jesaja 2,17f : Et incurvabitur sublimitas hominum, et humiliabitur altitudo virorum et **elevabitur Dominus solus in die illa ; et idola penitus conterentur.**
Jesaja 2. Der Herr allein ist erhaben an jenem Tag, die Götzen aber schwinden alle dahin.

D.2 DISPERDA(M) NOMI(N)A IDOLORU(M) DE TER^{R}A ET NO(N) ME(M)ORABU(N)TU^{R} ULTRA. ZACH 13.
Zacharia 13,2: Et erit in die illa, dicit Dominus exercituum, **disperdam nomina idolorum de terra, et non memorabuntur ultra**; et pseudoprophetas, et spiritum immundum auferam de terra.
An jenem Tag werde ich die Namen der Götzenbilder im Land ausrotten, so daß man sich nicht mehr an sie erinnert. Sacharja 13.

D.3 OSSE 10. IPSE CO(N)FRINGET SIMULACHRA EORU(M) DEPOPULABITU^{R} AR^{A} EORU(M).
Hosea 10,2: Divisum est cor eorum, nunc interibunt; **ipse confringet simulacra eorum, depopulabitur aras eorum.**
Hosea 10. Der Herr selbst schlägt ihre Altäre und zerstört ihre Steinmale.

F MATHIS VAN DUSBORCH ALIAS CROM(M)BACH BARBARA PURET SI(N) HUSF(RW)
(fehlt bei Lersner)

13. Heimkehr aus Ägypten

B SURGE ET ACCIPE PUE^{R}U(M) ET MAT^{R}E(M) EI ET VADE I(N) ISRAEL. MATH 2.
Math 2,19f: Defuncto autem Herode, ecce angelus Domini apparuit in somnis Joseph in Aegypto, dicens: **Surge, et accipe puerum, et matrem ejus, et vade in** terram **Israel**; defuncti sunt enim qui quaerebant animam pueri.
Steh auf, nimm das Kind und seine Mutter und gehe nach Israel. Matthäus 2.

C.1 ??

C.2 GENESIS 31

D EX EGIPTO VOCAVI FILIU(M) MEU(M). OSSE 11 1
Hosea 11,1: Quia puer Israel, et dilexi eum; et **ex Aegyto vocavi filium meum**.
Ich rief meinen Sohn aus Ägypten. Hosea 11,1.

F CORAT LERDER MARGRETE VON LOER SYN HUSFROW

14. Der zwölfjährige Jesus im Tempel??

D [..] SA [...]MAVERU(N)T [...] ME. PS [...]4
Wahrscheinlich Ps 94,9?? (Heute Ps 95,9)
Ps 94,8f: Hodie si vocem ejus audieritis, nolite obdurare corda vestra sicut in irritatione, secundum diem tentationis in deserto, ubi tentaverunt me pastres vestri, probaverunt me, et viderunt oera mea.

F JORG LERDER SYN SUN

15. Abschied Jesu von seinen Eltern

E O M(ATE)R VALE
O M(ATE)R [...]
O M(ATE)R [...] ME.

F G^{o}BEL STUGMA(N) LYSET WOLFARTS SY HU(S)F(RW)

16. Taufe

C.1 EXODI 4

C.2 2 RX 5

D.1 EFUNDAM SUP(ER) V^{O}S AQUA(M) MU(N)DAM ET MUNDABIMI(NI). EZECH 36.25
Ezechiel 36,25: Et **effundam super vos aquam mundam, et mundabimini** ab omnibus inquinamentis vestris, et ab universis idolis vestris mundabo vos.
Ich gieße reines Wasser über euch aus, dann werdet ihr rein. Ezechiel 36, 25.

D.2 IN DIE ILIA FRIT FONS PATENS I(N) ABLUCIO(N)EM PECCATORIS. ZACH 13
Zacharia 13,1: **In die illa orit fons patens** domui David et habitantibus Jerusalem, **in ablutionem peccatoris** et menstruarae.
An jenem Tag wird eine Quelle fließen zur Reinigung der Sünden. Sacharia 13.

D.3 HAURIETIS AQUAS I(N) GA^{U}DIO DE FONTIB(US) SALV(A)T(ORIS). ESAIE 12,3

Jesaja 12,3 : **Haurietis aquas in gaudio de fontibus salvatoris**.
Ihr werdet Wasser schöpfen voll Freude aus den Quellen des Heils. Jesajas 12,3

E HIC EST FILI(US) ME(US) DILECT (?) I(N) QŪM (?)
Dies ist mein Sohn an dem ich mein Wohlgefallen habe.

F FRA(N)S LYSSE(N) GERTRUT STEG(M)ANS SY(N) HUSFRW

17. Versuchung

C GE 25

D HOSTIS MEUS TERIBILIUS OCULIS INTUITUS EST ME. IOB 16
Hiob 16,10: Collegit furorem suum in me, et Comminans mihi, infremuit contra me dentibus suis; **hostis meus terribilibus oculis me intuitus est.**
Mein Gegner schärft die Augen gegen mich. Jiob 16

F IOAN V(ON) GLAUBURG KATR GEUCHIN SYN HUSFRW

18. Verklärung

C.1 DANE 3

C.2 GEN 18

D.1 SPECIOS(US) FOR(M)A PRE FILIIS HO(M)I(N)U(M). PS 44.
Psalm 44, 3 : **Speciosus forma prae filiis hominum**, diffusa est gratia in labiis tuis ; propterea benedixit te Deus in Aeternum.
Du bist der Schönste von allen Menschen. Psalm 44. (Heute: 45,3).

D.2 SPLENDOR EIUS UT LUX ERIT. ABACU 3.
Habakuk 3,4: **Splendor ejus et lux erit**; ibi absondita est fortitudo ejus.
Er leuchtet wie das Licht der Sonne. Habakuk 3.

19.???

F WENDEL VO(N) ACHOR[n] ALIAS CROMBACH HEI(N)RICH OTE V(ON) OFFEBURG S(YN) VETER
Bei Lersner: WENDEL VON ACHOR, ALVAS CRONBACH, HEINRICH OTTO VON OFFENBURG SYN VETTER

20.??

F HONORAB. DOM(INUS) IOES THOES DE WARBERGK CANTOR ST. STEPHANI ET BEATAE MARIAE AD GRAD. I(N) MOGUNTIA ECCLESIA CANONICUS
Lersner endet hier, da er eine falsche Reihenfolge hat!

21. Einzug in Jerusalem

D.1 ZACHA 9. IPSE P[...]
Zacharia 9,9: Exulta satis, filia Sion; jubila, filia Jerusalem: ecce Rex tuus veniet tibi justus, et salvator; ipse pauper, et ascendens super asinam et super pullum filium asinae.

Sacharia 9: Er ist demütig und reitet auf einem Esel.

D.2 [...] VERT [...] MT [...] LI [...]VETENT [...] REGEM
Wahrscheinlich Psalm 149,2: Laetetur Israel in eo qui fecit eum, et filii Sion exsultent in rege suo.
Die Kinder Zions jauchzen über ihren König.

F ARNOLDT DANSCHEID VON UCKEL UND AHLHEID SEIN HAUSFRAW
Fehlt heute!

22. Hohe Rat beschließt Christus zu töten

B IOA 11, 47. COLLEGERU(N)T [...] PO(N)TIFICES ET PHARISEI CD (?).
Johannes 11,47: **Collegerunt ergo pontifices et pharisaei consilium**.
Johannes 11,47 [...] da beriefen die Hohenpriester und Pharisäer einen Rat ein.

D IN CO(N)SILIU(M) EORUM NO(N) SIT ANI(M)A MEA ET IN C^{O}ETUS ILLOR (?) NO(N) SIT GLORIA MEA. GEN 49.
Gen 49,6: **In consilium eorum non veniat anima mea, et in coetu ilorum non sit gloria mea;** quia in furore suo occiderunt virum, et in voluntate sua suffoderunt murum.
Zu ihrem Kreise mag ich nicht gehören, mit ihrer Rotte vereinige sich nicht mein Herz

F BLASIUS VON HOLTZHAUSEN KATHRIN FROSHIN SEIN MUTTER
Fehlt heute!

23. Gastmahl im Haus des Simon

D. 1 IMPI(N)GUASTI I(N) OLEO CAPUT MEUM. PS 22.
Ps 22,5: Parasti in conspectu meo mensam, adversus eos qui tribulant me; impinguasti in oleo caput meum; et calix meus inebrians quam praeclarus est.
Du salbst mein Haupt mit Öl. Psalm 22. (Heute Psalm 23,5).

D.2 HOC OLEUM UNCTIONIS SA(N)CTU(M) ERIT MIHI I(N) GENERATION(ES) VESTRES. EXO 31.
Exodus 30,31: Filiis quoque Israel dices: **Hoc oleum unctionis sanctum erit mihi in generationes vestras.**
Das soll euch als ein mir heiliges Salböl gelten von Generation zu Generation. Exodus 31. (Richtig Exodus 30,31).

F IOHANN FALLENTZ DEN MAN NENNET HANS PAF

24. Judas bietet sich als Verräter an

D.1 QUI CO(N)GREGAT THESAUROS LI(N)GUA ME(N)DACI VANUS ET EXCORS EST ET I(M)PI(N)GUETUR AD LAQUEOS MORTIS. PROVER(BIA) 21 6.
Sprichwörter 21,6 : **Qui congregat thesauros lingua mendacii vanus et excors est, et impingetur ad laqueos mortis.**
Wer Schätze erwirbt mit verlogener Zunge, jagt nach dem Wind, er gerät in die Schlingen des Todes. Buch der Sprichwörter 21,6.

D.2 PRO EO QUOD VENDIDERIT IUSTUM PER ARGE(N)TU(M) CO(N)VERTAM EUM. AMOS 2,6.
Amos 2,6: Haec dicit Dominus: super tribus sceleribus Israel, et super quatuor non **convertam eum, pro eo quod vendiderit pro argento justum**, et pauperem pro calceamentis.
Wegen der vier (Verbrechen) nehme ich es nicht zurück, weil sie den Unschuldigen für Geld verkaufen [..].

F HANS REIMAN VON ORINGEN UND DORTHEA BROGLINGSTEIN S(YN) HAUSFR(W)

25. Abschied Jesu von seiner Mutter

A HIC DISCENDIT D(OMI)N(U)S A BETHANIA VALEDICENS MATRI SUE AMATISSIME GES IN [...]
Hier geht der Herr hinab nach Bethanien und sagt seiner vielgeliebten Mutter Lebwohl.

F wie Nr. 24

26.???

B IUS ODIAT (?) LEGEM SUAM SEMPER.
Vielleicht: Psalm 118,44 (heute 119,44): Et custodiam legem tuam semper, in saeculum et in saeculum saeculi.
Ich will deine Weissagungen immer befolgen.

F HANS JORG AGNES ZEISIN S(YN) HAUSFR(W)

27. Fußwaschung

D.1 LAVAMINI M(U)NDI ESTOTE. ESA 1, 16.
Jesaja 1,16: **Lavamini, mundi estote**; auferte malum cogitatuionum vestrarum ab oculis meis.
Waschet euch, reinigt euch. Jesaja 1, 16.

D. 2 IHER. LAVA A MALITIA CO(R) TUUM IH(E)R(USA)L(EM) UT SALV(AS) FIAS. 6
Jeremia 4,14: **Lava a malitia cor tuum, Jerusalem, ut salva fias**; usquequo morabuntur in te cogitationes noxiae?
Jeremia. Wasche dein Herz vom Bösen rein, Jerusalem, damit du gerettet wirst.

F ORATE PRO VEN. PATR. FRAT. HAMANO DE FLECKENBOEL FILIO ET PRIORE 4° REFORMATIONIS HUIUS CONVENTUS

28. Letzte Abendmahl

D.1 PANEM A(N)G(E)L(ORUM) MA(N)DUCAVIT.
Psalm 77, 25. (Heute 78, 25): **Panem angelorum manducavit** homo; cibaria misit eis in abundantia.
Da aßen die Menschen Engelsbrot.

D.2 ECCE [...] DIC[...] A [...] DO [...].

F HANS PIRCKELL V$^{O(N)}$ NU^{E}R(N)BE(R)GK KU(N)GU(N)D PROCKLI(N) SY(N) HV(S)F(RW)

29. Gebet am Ölberg

D.1 FIAT [...] TU [...] DC
Psalm 118, 76. (Heute Ps 119, 76): Fiat misericordia tua ut consoletur me, secundum eloquium servo tuo.
Tröste mich in deiner Huld.

D.2 BARU
Vielleicht Baruch 3: Eine Seele in Ängsten und ein Geist voll Kummer schreit zu dir. Vgl. Jerg Ratgeb‘ Wandmalerein, S. 78

F SANCT. DEI GENETRIX PRAECIBUS CUM CO(N)STA(N)TISUS* ORO CARMELITANOS PROTIGE TU FAMULOS
*Lersner schreibt COSTITIS

30. Judaskuß

D.1 [...] ERUT ME QUASI [...] EM [...] CI [...] MEI GRATIS.
Klagelieder 3,52: Venatione **ceperunt me quasi avem inimici mei gratis**.
Wie auf einem Vogel machen sie Jagd auf mich, die ohne Grund meine Feinde sind.

D.2 PROV(ERBIA). MELI^{ORA} SU(N)T VUL(N)ERA DILIGE(N)TIS Q(UAM) FRAUD^{U}LEN(TA) OSCULA ODIE(N)TIS.
Sprichwörter 27,6: **Meliora sunt vulnera diligentis quam fraudulenta oscula odientis.**
Treu gemeint sind die Schläge eines Freundes, aber trügerisch die Küsse eines Feindes.

F DER VEST GER(N)A(N)T V$^{O(N)}$ SWALBACH DER ALT UND ANNA BRENDELIN S.H.

31. Gefangennahme

D.1 SUSCEPERU(N)T ME SICUT LEO PARATUS AD PREDAM. PS 16.
Psalm 16,12: **Susceperunt me sicut leo paratus ad praedam**, et sicut catulus leonis habitans inabditis.
Sie trachten danach, mich zu Boden zu strecken, so wie der Löwe voll Gier ist, zu zerreißen. Psalm 16. (Heute Psalm17,12).

D.2 DISPERSE SU(N)T OVES EO Q(UOD) NON ESSET PASTOR. EZECH 34.
Ezechiel 34,5: Et **dispersae sunt oves** meae, **eo quod non esset pastor**; et factae sunt in devorationem omnium bestiarum agri, et dispersae sunt.
Und weil sie keine Hirten hatten, zerstreuten sich die Schafe. Ezechiel 34.

F DER VEST GER(N)A(N)T V$^{°(N)}$ SWALBACH DER IUNG UND ANNA BRENDLIN S(YN) H(USFRW).

32. Christus vor Hannas

D.1 PERCUSSERUNT MAXILLA(M) IUDICIS. MICHE 5.

Micha 5,1. (Heute Micha 4,14): Nunc vastaberis, filia latronis. Obsidionem posuerunt super nos, in virga **percutient maxillam judicis** Israel.
Sie schlagen den Richter Israels mit dem Stock ins Gesicht. Micha 5.

D.2 PS 108. LOCUTI SU(N)T ADVERS(UM) ME LINGUA DOLOSA ET SER(MONIBUS) ODII CIRCUMDEDERU(N)T ME.
Psalm 108,3. (Heute Ps 109,2): **Locuti sunt adversum me lingua dolosa, et sermonibus odii circumdederunt me**, et eypugnaverunt me gratis.
Psalm 108 (109). Sie reden zu mir mit falschen Zungen, umgeben mich mit Worten voll Haß.

F A(NNO) D(OMI)NI 1496 7OCT OBIIT VEN. BE. ROMULDUS DE LAUBACH P(RI)OR REFOR(MA)TIO(N)IS H(UIUS) COVENT(US).

33.Christus vor Kaiphas

C. DANIEL 13

D.1 ABDIAS 1. OM(N)ES VIRI FEDERIS TUI ILLUSERU(N)T TIBI.
Obadaja 1,7: Usque ad terminum emiserunt te, **omnes viri foederis tui illuserunt tibi**; invaluerunt adversum te viri pacis tuae, qui comedunt tecum ponent insidias subter te; non est prudentia in eo.
Obadaja 1. Alle deine Bundesgenossen betrügen dich.

D.2 DABIT PERCUTIE(N)TI SE MAXILLA(M) SATURABITUR OPPROPRIIS. TRENOR 3.
Klagelieder 3,30: **Dabit percutienti se maxillam, saturabitur opprobriis**.
Er biete die Wange dem, der ihn schlägt und lasse sich sättigen mit Schmach. Klagelieder 3.

D.3 LABIA VESTRA LOCUTA SUNT MENDACIU(M) ET LINGUA V(EST)RA INIQUITATEM FATUR. ISAIA 59.
Jesaja 59,3: Manus enim vestrae pollutae sunt sanguine; et digit vestri iniquitate. **Labia vestra locuta sunt mendacium, et lingua vestra iniquitatem fatur.**
Eure Lippen lügen, eure Zungen flüstern Bosheit. Jesaja 59.

F ANNO D(OMI)NI 1507 11 AP(R)IUS OBIIT RE. PA. * ALBERTUS DE NUSSA SACRAE THEOLOGIAE PROFESSOR P(RI)OR REFORMATIONIS HUIUS CONVENTUS
*bei Lersner PHILIPPUS ALBERTUS DE NUSSA

34. Verspottung durch die Wächter

D.1 MULTORU[..] RO [...]CULTU [...]

D.2 FACIEM MEA(M) NO(N) AVERTI AB INCREPA(N)TIB(US) ET CO(N)SPUE(N)TIB(US) I(N) ME. ESA 50.
Jesaja 50,6: Corpus meum didi per cutientibus, et genas meas vellentibus **faciem meam non averti ab increpantibus et conspuentibus in me**.
Mein Gesicht verbarg ich nicht vor Schmähung und Speichel. Jesaja 50.

F wie Nr. 33

35.Christus vor Pilatus

D.1 HIER 12. FACTA EST MICHI HEREDITAS MEA QUASI LEO I(N) SILVA DEDIT CONTRA ME VOCE(M).

Jeremia 12,8: Facta est mihi hereditas mea quasi leo in silvas dedit contra me vocem, ideo odivi eam.

Jeremia 12. Mein Erbteil wandte sich gegen mich wie ein Löwe im Wald; es erhob gegen mich seine Stimme.

F ORATE PRO HONORIE. DOMINO IOHAN CARPENTARIO QVONDAM ALTARISTA IN ARHEILIGEN

36. Christus vor Herodes

D.1. AUDITE CELI ET AURIBUS PSPICE (?) TERRA Q(UOND)IA(M) DO(M)IN(US) DICIT FILIOS ENUTRIVI ET EXALTAVI IPSI AUTEM SPREVERUNT ME. ESAIE 1.

Jesaja 1,2: **Audite, caeli, et auribus percipe, terra, quoniam Dominus** locutus est **Filios enutrivi, et exaltivi; ipsi autem spreverunt me.**

Höret, ihr Himmel! Erde horch auf! Denn der Herr spricht: Ich habe Söhne großgezogen und empor gebracht, doch sie sind von mir abgefallen. Jesaja 1.

F CASPAR V°(N) ESBORN GEIL S(YN) H(USFRW) MELCHIOR ELISABET S(YN) H(US)F(RW)

37. Geißelung

D.1 PS 37. EGO AUTEM AD FLAGELLA PARATUS SUM.

Psalm 37,18: Quoniam **ego in flagella paratus sum**, et dolor meus in conspectu meo semper.

Psalm 37 (38). Ich bin für die Schläge bereit.

F CONRAT BEERN BARBARA UND GEYL SEINE HAUSFRAWEN

38. Verspottung

C IOB 2

D.1 QUARE FACT(US) EST DOLOR MEUS P(ER)PETU(Us) ET PLAGA MEA INSANABILIS. IHERE 15.

Jeremia 15,18: **Quare factus est dolor meus perpetuus, et plaga mea** desperabilis renuit curari? Facta est mihi quasi mendacium aquarum infidelium.

Warum dauert mein Leid ewig und ist meine Wunde so bösartig, daß sie nicht heilen will? Jeremia 15.

D. 2 OPRESSI(T) ME DOLOR ME(US) ET AD NICHILU(M) REDACTI SUN)T O(M)NES ART(US) MEI. IOB 16.

Hiob 16,8. (Heute: 16,7): Nunc autem **oppressit me dolor meus, et in nihilum redacti sunt omnes artus mei.**

Jetzt aber hat der Schmerz mich erschöpft. Den Kreis der Freunde hast du mir zerstört. Ijob 16.

D.3 QUARE RUBRU(M) EST I(N)DUME(N)TU(UM) TUU(M) ET VESTI(M)ENTA TUA QUASI CALCATIU(M) IN TORCULARI. ESA 63
Jesaja 63,2: **Quare** ergo **rubrum est indumentuum tuum, et vestimenta tua** sicut **calcantium in torculari**?
Warum aber ist dein Gewand so rot, ist dein Kleid wie das eines Mannes, der die Kelter tritt? Jesaja 63.

F ORATE PRO VR. PATRIBUS ADAM HECK PRI(OR) CO(N)VE(N)TUS WINHEIME(MN)SIS ET WENDELINO HECK DE URSEL SEPULTO IN CASSELEN CO(N)VE(N)TUS* SS THEOLOGIAE LECTORIBUS ET FILIIS HUIUS CO(N)VENT(US)
*Lersner schreibt : COUTERINIS

39. Ecce Homo

C EL 14 (=Daniel 14)

D.1 INVALVERU(N)T SUPER ME VERBA USI (?). MN 3.
Malachi 3,13: **Invalerunt super me verba** vestra, dicit Dominus.
Was ihr über mich sagt, ist kühn. Malachi 3.

D.2 PEDES EORU(M) AD MALUM CUR(R)U(N)T ET FESTI(N)A(N)T UT EFFU(N)DA(N)T SA(N)GUI(N)EM I(NN)OCE(N)TE(M). ESA 59.
Jesaja 59,7: **Pedes eorum ad malum currunt, et festinant ut effundant sanguinem innocentem**; cogitationes eorum cogitationes inutiles, vastitas et constritio in viis eorum.
Sie laufen dem Bösen nach, schnell sind sie dabei, unschuldiges Blut zu vergießen. Jesaja 59.

F wie Nr. 38.

40. Pilatus wäscht seine Hände in Unschuld

D.1 CAUSA TUA QUASI IMPII IUDICATA EST. IOB 36.
Hiob 36,17: **Causa tua quasi impii judicate est**; causam judiciumque recipies.
Doch wenn du wie ein Frevler richtest, wird Recht und Gericht dich treffen. Ijob 36.

D.2 QUASI AGN(US) CORAM TONDE(N)TE SE OB(M)UTESCET ET NO(N) APERIET OS SUUM. 5 ISA 3.
Jesaja 53,7: Oblatus est quia ipse voluit, et non aperuit os suum; sicut ovis ad occisionem ducetur, et **quasi agnus coram tondente se obmutescet, et non aperiet os suum.**
Wie ein Lamm, das man zum Schlachten führt und wie ein Schaf angesichts seiner Schere, so tat auch er seinen Mund nicht auf. Jesaja 53.

F DIE BRUDERSCHAFT UNSER FRAWEN ST. BARBARA UND ST. WOLFFGA(N)GS GENAN(N)T DIE ARME(N) LEUT BEZALIN DIES STU^{E}CK

(bei Lersner folgt an dieser Stelle: Dero Rom. Kays. Auch zu Hung Rho. Konigl Maj. Bestellter General Wachtmeister zu Ros und Fus Obrister, ich Anthon Freyherr von Weevelt hab diesen Creutzgang renoviren lassen)

41. Kreuztragung

D.1 POPULUS QUEM NON COGNOVI SERVIVIT MICHI. PS 17.
Psalm 17,45 (heute: 18,44): **Populus, quem non cognovi, servivit mihi**; in auditu auris obedivit mihi.
Fehlerhaft !
Völker, die ich früher nicht kannte, sind mir nun untertan. Psalm 17.

D.2 PLAUSERUNT SUPER TE MANIBUS O(MN)ES TRASE(U)NTES PER VIAM SIBILAVERU(N)T ET MOVERU(N)T CAPITA SUA. TRENI 2.
Klagelieder 2,15: **Plauserunt super te manibus omnes transeuntes per viam; sibilaverunt et moverunt caput suum** super filiam Jerusalem: Haeccine est urbs, dicentes, perfecti; decoris, gaudium universae terrae?
Über dich klatschen in die Hände alle, die des Weges ziehen. Sie zischeln und schütteln den Kopf. Klagelieder 2.

D.3 POPULE MEUS QUID FECI TIBI AUT QUID MOLEST^{O} FUI RESPO(N)DE MICHI. MICH 6.
Fehlerhaft !
Micha 6,3: Popule meus, quid feci tibi? Aut quid molestus fui tibi? Responde mihi.
Mein Volk, was habe ich dir getan und womit bin ich dir zur Last gefallen? Micha 6.

D.4 [...] T EST [...] PAT (?) SUPER [...] IUS.
Jesaja 9,6?? (Heute Ps 9,5).
Parvulus enim natus est nobis, et filius datus est nobis; et factus est principatus super humerum ejus; et vocabitur nomen ejus; Admirabilis, Consiliarius, Deus, Fortis, Pater futuri saeculi, Princeps pacis.

Die Herrschaft liegt auf seiner Schulter.

F Wie Nr. 39

42. Kreuzannagelung

D.1 FODERUNT MA(N)US MEAS ET PEDES MEAS DI(N)UMERAVERU(N)T O(MN)IA OSSA MEA. PS 21 18.
Psalm 21, 18 (heute 22,17f): **Foderunt manus meas et pedes meos, dinumeraverunt omnia ossa mea.**
Sie durchbohren mir Hände und Füße, man kann all meine Knochen zählen. Psalm 21, 18.

F STEFAN GRONE(N)BERGER DER ELTER MARGARETA SCHOEFFNERIN S(YN) H(USFRW)

43. Kreuzigung

D.1 EXACERBASTIS EU(M) QUI FECIT VOS DEU(M) ETER(NUM). BARUM 4.
Baruch 4,7: **Exacerbastis** enim **eum qui fecit vos, Deum aeternum,** immolantes daemoniis, et non Deo.
Denn ihr habt euren Schöpfer zum Zorn gereizt. Baruch 4.

D.2 OS NO(N) COMMINUENTIS EX EO. EXO.
Exodus 12,46: In una domo comedetur; nec efferetis de carnibus ejus foras, nec os illius confringetis.
Ist wie in Herrenberg nach Johannes zitiert:
Johannes 19, 36: facta sunt enim haec, ut scriptura impleatur: **os non comminuetis ex eo**, et iterum alia scriptura dicit: videbunt in quem transfixerunt.

D.3 CUM SCELERATIS REPUTAT(US) EST. ISA 53
Jesaja 53,12: Ideo dispertiam ei plurimos, et fortium dividet spolia, pro eo quod tradidit in mortem animam suam, et **cum sceleratis reputatus est**, et ipse peccata multorum tulit, et pro transgressoribus rogavit.
Er ließ sich unter die Verbrecher rechnen. Jesaja 53.

D.4 TRENON 3. FACTUS SUM IN DERISUM OM(N)I POPUL^{O} ME^{O}.
Klagelieder 3,14: **Factus sum in derisum omni populo meo**, canticum eorum tota die.
Ein Gelächter war ich all meinem Volk. Klagelieder 3.

D.5 SOL ET LUNA OBTENEBRATI SUNT ET STELLAE RETRAXERUNT SPLENDOREM SUUM. IOHEL 2.
Joel 2,10: A facie ejus contremuit terra, moti sunt caeli, **sol et luna obtenebrati sunt, et stellae retraxerunt splendorem suum.**
Sonne und Mond verfinstern sich, die Sterne halten ihr Licht zurück. Joel 2.

D.6 IN DIE ILLA OCCIDET SOL IN MERIDIE ET TE(N)EBRESCERE FACIA(M) TE^{R}RA I(N) DIE LU(M)INIS. AMOS 8.
Amos 8,9: Et erit **in die illa**, dicit Dominus Deus, **occidet sol in meridie, et tenebrescere faciam terram in die luminis.**
An jenem Tag, spricht Gott der Herr, lasse ich am Mittag die Sonne untergehen und breite am hellichten Tag über die Erde Finsternis aus. Amos 8.

D.7 BLASPHE(M)AVERU(N)T SANCTU(M) ISRAEL. ESA 1.
Jesaja 1,4: Dereliquerunt Dominum, **blasphemaverunt Sanctum Israel,** abalienati sunt retrorsum.
Den Heiligen Israels haben sie verschmäht. Jesaja 1.

D.8 DEDERU(N)T I(N) ESCA(M) MEAM FEL ET I(N) SIT[.] MEA POTAVERU(N)T ME ACETO. PS 68
Psalm 68,22: Et **dederunt in escam meam fel, et in siti mea potaverunt me aceto.**
Sie gaben mir Gift zu essen und für den Durst reichten sie mir Essig. Psalm 68. (Heute Ps 69).

E IESUS NAZAR(ENUS) REX IUDAEOR(UM)

F IOST GRONE(N)BERGER DER ELTER ELISABET MARCKEL S(YN) H(USFRW); IOST GRONE(N)BERGER MARGRETA ASSENHEIMERIN S(YN) H(USFRW); WEIGEL GRONENBERGER MARGRETA ROSENBECHERN S(YN) H(USFRW); HANS GRONEBERGER AN(N)A BROMMIN S(YN) H(USFRW)

Die folgenden Stifterinschriften nur noch bei Lersner, die dazugehörigen Bilder sind weder im Original noch in einer Kopie überliefert

ULRICH REITER VON AUGSPURG
PHILIPS WEBEL und ANNA SEINE HAUSFR.
ADMODUM REVER. DOM. WERNERUS NUSBAUM ECCLESIAE COLLEGIATAE B.V. MARIAE IN MONTE FRANCOFORTI DECANUS AC JUBILARIUS
MATTHAEUS, MISERATIONE DIVINA TIT . S. SNGELI S.R.E. DIACONUS CARDINALIS ET ARCHIEP. SALISBURGENSIS SEDIS APOSTOLICAE LEGATUS NATUS
BERNHARDUS VON GLESS; D. G. EPISCOPUS TRIDENTINUS
FRIDERICUS G.D. COMES PALATINUS RHENI, DUX BAVARIAE
CASIMIRUS D.G. MARCHIO BRANDEBURGENSIS
JACOB HELLER KATARINA VON MELHEIM IN NÜRNBERGER HOFF

(hier folgt die Inschrift für den verstorbenen Gesellen:
AO DOM MVXVI uf Bartholomaei starb der bescheiden Jerg Glasser von Bamberg ein Mahlers Gesell dieses Creutzgangs der hie begraben leit bit Got vor sein und aller Glaubigen Seelen.
Donner vermutet, dass die Inschrift wirklich auf einem Epitaph war und Glasser kein Bildfeld gestiftet hat. Otto Donner von Richter: Jerg Ratgeb 1892, S. 73 Anm. 97)

CASPAR SCHOTT MARGARETA RUDIGERIN S.H.
JOHANN SCHOTT DER ALT MARGRETA COMESTIN S.H.
JOHANN SCHOTT ANNA STAUFIN S.H.

Herrenberger Altar

Die Rahmeninschriften sind beginnend mit der Basisinschrift A auf der unteren Leiste im Uhrzeigersinn angeordnet (A-D). Es folgen die Übersetzung und der engere Vulgatatext, in dem die Inschriften hervorgehoben sind.
Die Inschriften auf den Tafeln sind mit den Buchstaben E etc. bezeichnet.
Weitere Inschriften auf den Rahmenaufsätzen mit F bzw. G.

Linker Innenflügel, Vorderseite: Vermählung Mariens

A LETABITUR SPO(N)S(US) SUP(ER) SPO(N)SA(M) ET HABITABIT I VVENIS CU(M) VIRGI(N)E – ESA(IE) – 62.

Es wird sich freuen der Bräutigam über die Braut, und der Jüngling wird wohnen mit der Jungfrau.
Jesaja 62,4-5: Quia conplacuit Domino in te terra tua inhabitabitur **habitabit** enim **invenis cum virgine** et habitabunt in te filii tui et gaudebit **sponsus super sponsam**, gaudebitur super te Deus tuus.

B VIRGAM VIGILANTEM EGO VIDEO – IHEREMIE – 1.

Ich sehe einen erwachenden Zweig.
Jeremia 1,11-12: Et factum est verbum Domini ad me dicens, quid tu vides Hieremia? Et dixi **virgam vigilantem ego video**, et dixit dominus ad me, bene vidisti, quia vigilabo ego super verbo meo, ut faciam illud.

C QERERETVR PECCATUM ILLIUS ET NON INVENIETUR – PS(ALMI) 9.

Gesucht wird werden eine Sünde an ihm, doch sie wird nicht gefunden werden.
Psalm 9,36-37 (=10,15-16): Contere brachium peccatoris et maligni; **quaeretur peccatum illius et non invenietur**. Dominus regnabit in aeternum et in saeculum saeculi: peribitis gentes de terra et non invenietur. Dominus regnabit in aeternum et in saeculum saeculi: peribitis gentes de terra illius.

D . CONCEPIT ANNA ET PEPERIT REGUM.

(H)anna ward schwanger und gebar (einen) Sohn.
1. Samuel 1,19-20: Cognovit autem Helcana Annam uxorem suam [...] Et factum est post circulum dierum **concepit Anna et peperit** filium vocavitque nomen eius Samuhel.

F 1519

Rechter Innenflügel, Vorderseite: Beschneidung Jesu

A INFANS OCTO DIERUM CIRCUMCIDETUR IN VOBIS – GENE(SIS) – 17.

Ein Kind soll bei euch nach acht Tagen beschnitten werden.
Genesis 17,11-13: Hoc est pactum, quod observabitis inter me et vos et semen tuum post te circumcidetur ex vobis omne masculinum...**Infans octo dierum circumcidetur in vobis**, omne masculinum in generationibus vestris tam vernaculus quam empticus circumcidetur...

B PARVULIS TULISTIS LAUDEM – MICHEE – 2.

Ihr nehmet den Kindern den Schmuck.
Micha 2,9. Mulieres populi mei eiecistis de domo delicarum suarum, **a parvulis** earum **tulistis laudem** meam in perpetuum.

C INGREDIET(UR) EGIPTU(M) ET COM(M)OVEBU(N)T(UR) SIMULACRA A FACIE EI(US) – ESAIE – 19.

(Der Herr) wird über Ägypten kommen, und die Götzen werden vor seinem Angesicht beben.
Jesaja 19,1-2: Onus Aegypti. Ecce Dominus ascendet super nubem levem et **ingredietur Aegyptum et movebuntur simulacra** Aegypti **a facie eius** et cor Aegypti tabescet in medio eius et concurrere faciam Aegyptios adversum Aegyption et pugnabit vir contra fratrem suum et vir contra amicum suum.

D TULER(UN)T IESUM I(N) IERUSALE(M) UT SISTERE(N)T EU(M) DO(MIN)O – LUCE 2 -LEVITI(CI)-12.

Sie brachten Jesus nach Jerusalem, um ihn dem Herrn darzustellen.

Lukas 2,22: Et postquam impleti sunt dies purgationis eius secundum legem Mosi, **tulerunt illum in Hierusalem, ut sisterent eum Domino**, sicut scriptum est in lege Domini.

Leviticus 12,3: Et die octavo circumcidetur infantulus.

F R(ATGEB)

Linker Außenflügel, innen: Abendmahl

A verloren

B AUDITE AUDIENTES ME ET COMEDITE BONU(M) ET DELECTABITUR I(N) CRASSITUDI(N)E ANI(M)A VESTRA – ESAIE 55.

Höret mir doch zu und esset das Gute, so wird eure Seele am Fetten ihre Lust haben. Jesaja 55,1-5: O omnes sitientes, venite ad aquas...venite emite absque argento...vinum et lac...**Audite, audientes me, et comidete bonum et delectabitur in crassitudine anima vestra**. Inclinate aurem vestram et venite ad me; audite, et vivet anima vestra et feriam vobis pactum sempiternum.

C FIAT M[IS]ER[I]CORDIA TUA UT CONSOLETUR ME – PS(ALMI) 118.

Deine Barmherzigkeit müsse mein Trost sein.
Psalm 118, 75-76: Cognovi Domine, quia aequitas iudicia tua et veritate humiliasti me. **Fiat misericordia tua ut consoletur me** secundum eloquium tuum servo tuo.

D ANIMA MEA IN ANGUSTIIS ET SPIRIT(US) ANXIUS CLAMAT AD TE. BARUT-3.

Meine Seele in Ängsten und mein beklommener Geist ruft zu dir.
Baruch 3,1-2: Et nunc, Domine omnipotens Deus Israel, **anima in angustiis et spiritus anxius clamat ad te**, audi Domine et misere, quia Deus es misericors.

E jt(em) sume spi(ri)tu(m) an[...] / J[. . .
Innerhalb des Bildes. Inschrift in Kursive. Zettel im Wandschrank mit Apothekergefäßen

Linker Innenflügel, Rückseite bei geschlossenem Schrein: Geißelung

A BLASPHEMAVER(UN)T SANCTU(M) ISRAHEL – ESAIE – 1.

Sie haben den Heiligen Israels geschmäht.
Jeaja 1,3- 4: ...Israhel non cognovit, populus meus non intellexit...**Blasphemaverunt Sanctum Israhel**, abalienati sunt retrorsum.

B OPPRESSIT ME DOLOR ME(US) ET AD NICILU(M) REDACTI SU(N)T O(M)NES ART(US) MEI – IOB – 16.

Es drückt mich nieder mein Schmerz und zunichte gemacht sind alle meine Glieder.
Hiob 16,8-9: **Nunc autem oppressit me dolor meus et in nihil redacti sunt omnes artus mei**. Rugae meae testimonium dicunt contra me et susciatur falsiloquus adversus faciem meam.

C/D PEDES EORUM AD MALUM CURRUNT ET FESTI / NANT ET EFFUNDANT SANGUINEM INNOCENTEM – ESAIE – 56.

Ihre Füße laufen eilend zum Bösen, und sie vergießen unschuldiges Blut.
Jesaja 59,6-7: Opera eorum opera inutilia et opus iniquitatis in manibus eorum. **Pedes eorum ad malum currunt et festinant ut effundant sanguinem innocentem**. Cogitationes eorum cogitationes inutiles...

E LEVITICUS 6 (Innerhalb des Bildes, Lendentuch).

F 1519

G AVE MARI(A) GR(ATI)A.
Zwickelfüllung auf Spruchband des Verkündigungsengels.

Rechter Innenflügel, Rückseite bei geschlossenem Schrein: Kreuzigung

A FACT(US) SUM IN DERISU(M)- OM(N)I POPULO MEO – TRE(NI) – 3.

Zum Gespött wurde ich gemacht meinem ganzen Volk.
Jeremia, Lamentationes 3,14: **Factus sum in derisu omni popluo meo**, canticum eorum tota die.

B DEDERUNT IN ESCA(M) MEA(M) FEL ET IN SITI MEA POTAVER(UN)T
ME ACETO – PS(ALMI) 68.

Sie gaben mir Galle zur Speise und in meinem Durste tränkten sie mich mit Essig.
Psalm 68 (69), 22 et **dederunt in escam mea fel et in siti mea potaverunt me aceto.**

C OS NO(N) COM(M)I(N)UETIS EX EO – EXODI- 12

Ihr sollt ihm kein Bein zerbrechen.
Exodus 12, 46: In una domo comedetur nec efferetis de carnibus eius foras nec os illius confringetis.
Aber: Johannes 19, 36: facta sunt enim haec, ut scriptura impleatur: **os non comminuetis ex eo**, et iterum alia scriptura dicit: videbunt in quem transfixerunt.

D EXARCERBASTIS IL(L)U(M) QUI FECIT VOS DEU(M) ETER(N)U(M) – BARUTH – 4 .

Denn ihr habt den ewigen Gott, der euch geschaffen hat, entrüstet.
Baruch 4,7: **Exacerbatis** enim **eum qui fecit vos Deum aeternum** immolantes daemoniis et non Deo.

E IHCOYC – 0 – NAZ – ωPAI – OC / BACIΛE – YC – TωN IOYΔ[AIω]N
IESUS NAZARENUS REX : IUDAEORUM (Innerhalb des Bildes, Kreuztitulus)
Jesus von Nazareth, König der Juden.

LEVITICUS – 6 (Innerhalb des Bildes, Lendentuch).

F R[ATGEB]

Rechter Außenflügel, innen: Auferstehung

A EGO DORMIVI ET SOPORAT(US) SUM ET EXSURREXI – PS(ALMI) 2.

Ich habe geschlafen und bin erwacht und wieder aufgestanden.
Psalm 3,6: **Ego dormivi et soporatus sum et exsurrexi**, quia Dominus suscepit me.

B VIVIFICABIT NOS POST DUOS DIES ET IN DIE TERCIA SUSCITABIT NOS: OSEE – 6.

Er wird uns nach zwei Tagen lebendig machen und am dritten Tag aufrichten.
Hosea 6,3: **Vivificabit nos post duos dies in die tertia suscitabit nos** et vivemus in conspectu eius.

C QUIESCAT VOX TUA A PLORATU ET OCULI' TUI A LACRIMIS' - IERE(MIE) – 31.

Laß dein Schreien und Weinen und die Tränen deiner Augen.
Jeremia 31,16: Haec dicit Dominus: **Quiescat vox tua a ploratu et oculi tui a lacrimis**, quia est merces operi tuo ait Dominus.

D CONVERTAM LUCTUM EARUM IN GAUDIUM

Ich will ihr Trauern in Freude verkehren.
Jeremia 31, 13: Tunc laetabitur virgo in choro iuvenes et senes simul et **convertam luctum eorum in gaudium** et consolabor eos et laetificabo a dolore suo.

Außenflügel, Außenseiten: Aussendung der Apostel

Inschriften über beide Tafeln verteilt. Hier läuft die Hauptinschrift als A 1 und A 2 unten über beide Flügelbilder; ebenso führt, die Inschrift C 1 und C 2 oben über beide Teile des Doppelbildes hinweg. Auch die Inschriften der Innenleisten DI (links) und B 2 (rechts) verklammern die beiden Tafeln, denn sie laufen über die Rahmengrenzen weiter.

A 1/2 [EUNTES IN MUNDUM UNI]VERSUM [PRAED]ICA[TE] EWANGELIUM OMNE CREATURE (...).

Gehet hin in alle Weit und predigt das Evangelium aller Kreatur.
Markus 16,15-16: Ex dixit eis: **Euntes in mundum universum praedicate evangelium omni crearturae.** Qui crediderit et baptizatus fuerit, salvus erit

C 1/2 IN OMNEM T(E)RRAM EXIVIT SON(US) / EORUM ET FINES ORBIS TERRE VERBA EOR(UM) PS(ALMI) 8.

Ihr Schall ist in alle Lande ausgegangen, und ihre Worte gehen bis zu den Grenzen des Erdkreises.
Psalm 18 (19),4-6: Non est sermo et non sunt verba, quibus non audiatur vox eorum. **In universam terram exivit sonus eorum et in finibus orbis verba eorum**. In sole posuit tabernaculum suum et ipse tamquam sponsus procedens de thalamo suo.

B 1 MITTAM VOBIS PASTORES QUI PASCENT VOS CIENCIA- ET DOCTRINA – IEREMIE – 3.

Ich will euch Hirten geben, die euch weiden sollen mit Lehre und Weisheit.
Jeremia 3,15: **Et dabo vobis pastores** iuxta cor meum et **pascent vos scienta et doctrina**

D 1 ELIGE DUODECIM VIROS ET PRECIPE EIS UT TOLLANT =

B 2 = DE MEDIO IORDANIS ALVEO – IOSUE. 4.

Nimm dir zwölf Männer (...) und sprich: Hebt auf aus dem Flußbett des Jordan (zwölf Steine).
Josue 4,2-3: **Elige duodecim viros** singulos per singulas tribus **et praecipe eis, ut tollant de medio Iordanis alveo**, ubi steterunt sacerdotum pedes, duodecim durissimos lapides.

D 2 MITTE VIROS SINGULOS DE SINGULIS TRIBUB(US) ISRAEL I(N) TERRA(M) CHANAAN – NUM(ERI) – 13.
Sende Männer aus den einzelnen Stimmen Israels aus in das Land Kanaan.
Numerus 13,3: **Mitte viros,** qui considerent **terram Chanaam**, quam daturus sum filiis **Israhel, singulos de singulis tribubus** ex principibus.

Namensbeischriften E 1 und E2 innerhalb der beiden Bildfelder, meist unterhalb der Füße des betreffenden Apostels, von links nach rechts:

E 1 S – PHILIPPUS / S – IACOBUS – MAIOR / S – IOHANNES/ S SI//MON/ S – IUDAS / S – MATHIAS
E 2 S – MATHEUS/ S – PETRUS/ S – ANDREAS / S – THO//MAS /S BARTHOLOM/E(US)/ S – IACOBUS – MI(N)OR

Literaturverzeichnis

Ausstellungs- und Bestandkataloge

Beye, Peter: Staatsgalerie Stuttgart 1984.

Brinkmann, Bodo/ Sander, Jochen: Deutsche Gemälde vor 1800 im Städel. Frankfurt 1999.

Dobrzeniecki, Tadeusz: Catalogue of the medieval painting. Muzeum Narodowe W Warzawie. Warsaw 1977.

Galleria degli Uffizi, Florenz. Gli Uffizi. Catalogo Generale. Florenz 1979.

Hans Holbein und die Kunst der Spätgotik: Augsburger Rathaus 21. August bis 7. November 1965.

Jerg Ratgeb. Leben und Werk. Zu einer Ausstellung der Stadt Herrenberg im April 1976. Herrenberg 1976.

Kaiser, Ute-Nortrud: Jerg Ratgeb. Spurensicherung. [Katalog zur] Ausstellung: Karmeliterkloster Frankfurt, Münzgasse 6. Juni bis 18. Juli 1985. Reuchlin-Haus Pforzheim 21. Juli bis 1. September 1985. Frankfurt am Main 1985. (= Kleine Schriften des Historischen Museums Frankfurt a. M.; Bd. 23).

Kotalik, Jiri (Hg.): Die Nationalgalerie in Prag. Bd. 1: Sammlung der alten europäischen Kunst; Sammlung der alten böhmischen Kunst. Hanau 1989.

Meister Francke und die Kunst um 1400. Ausstellung zur Jahrhundert-Feier der Hamburger Kunsthalle. Hamburg 1969.

Michael Pacher und sein Kreis; ein Tiroler Künstler der europäischen Spätgotik 1498-1998. Augustiner-Chorherrenstift Neustift 25. Juli-31. Oktober 1998.

Prinz, Wolfram (Bearb.): Gemälde des Historischen Museums Frankfurt am Main. Frankfurt am Main 1957.

Die Renaissance im deutschen Südwesten zwischen Reformation und Dreißigjährigem Krieg; eine Ausstellung des Landes Baden-Württemberg, veranstaltet vom Badischen Landesmuseum Karlsruhe im Heidelberger Schloß 1986.

Rettich, Edeltraut: Zur Wiedereröffnung der altdeutschen Abteilung in der Staatsgalerie Stuttgart. Staatsgalerie Stuttgart 1978.

Rettich, Edeltraut/Klapproth, Rüdiger /Ewald, Gerhard: Alte Meister. Staatsgalerie Stuttgart 1992, S. 316-345.

Steingräber, Erich (Hg.): Galerie Aschaffenburg. Katalog. München Bayerische Staatsgemäldesammlungen. 2. Aufl. 1975.

Vom Leben im späten Mittelalter: der Hausbuchmeister oder Meister des Amsterdamer Kabinetts. Rijksmuseum Amsterdam 14. März-9. Juni 1985; Städtische Galerie im Städelschen Kunstinstitut in Frankfurt am Main 5. September-3. November 1985.

Monographien und Artikel einzelner Autoren

Ahrens, Klaus: Jerg Ratgeb: Maler, Rebel und Märtyrer. In: Art (1985), H. 5, S. 58-71.

Albrecht Dürer: Das gesamte grafische Werk. Köln 2000.

Albus, Erika: Die Arbeit der polnischen Restauratoren im Karmeliterkloster zeigt schon Fortschritte. Herodes wird zart betupft. In: Frankfurter Rundschau Nr. 287 vom 10.12.1980, S. 14.

Ambrosius: De Sacramentis, de mysteriis. Über die Sakramente, über die Mysterien. Lateinisch/Deutsch. Übersetzt von Josef Schmitz. Freiburg 1990. (=Fontes Christiani; Bd. 3).

Anhalt, Christine: Rezension zu W. Fraenger. In: Zeitschrift für Kunstgeschichte, 39 (1976), S. 236-239.

Anstett-Janßen, Marga: Rez. zu Spurensicherung. In: Zeitschrift für Württembergische Landesgeschichte 46 (1987), S. 483-485.

Appuhn, Horst: Heilsspiegel: die Bilder des mittelalterlichen Erbauungsbuches *Speculum humanae salvationis*. Dortmund 1981.

Arnold, Klaus: Johannes Trithemius (1462-14516). Würzburg 1971.

Arnold, Werner: Gemälde-Inschriften. In: Pantheon 34 (1976), S. 116-120.

Bächle, Hans-Wolfgang: Verballhornung eines Namens; wie aus „J. R. M. vo Schweb isch gemindt“ „Ihre Königliche Majestät zu Schweden“ wurde. In: Gmünder

Heimatforum; eine kulturhistorische Beilage der Rems-Zeitung, Nr. 9/10 (1976), S. 34f.

Bächle, Hans-Wolfgang: Unruhige Zeiten. Jörg Ratgeb, Maler und Bauernkanzler. In: Ostalb-Einhorn 14 (1987), S. 167-171.

Baldini, Umberto (Hg.): Santa Maria Novella; Kirche, Kloster und Kreuzgänge. Stuttgart 1982.

Barnikol, Ernst: Brüder vom gemeinsamen Leben. In: Die Religion in Geschichte und Gegenwart. Bd. 1. Tübingen 1957 (3. Aufl.), Sp. 1434-1435.

Bartmuss, Maria: Die Entwicklung der Gethsemane-Darstellung um 1400. Diss. Halle 1935.

Basilius (Caesariensis): Briefe. Bd. 1. Stuttgart 1990. (=Bibliothek der griechischen Literatur; Bd. 32 : Abteilung Patristik).

Battonn, Johann Georg: Oertliche Beschreibung der Stadt Frankfurt am Main. Hrsg. von dem Vereine fuer Geschichte und Alterthumskunde zu Frankfurt a. M. durch L. H. Euler. Bd. 1-7: Frankfurt a. M 1861-1875.

Bauer, Margitta: Das Chorgestühl der Herrenberger Stiftskirche. Magisterarbeit Tübingen 1987 (ungedruckt Ms).

Baumgärtel-Fleischmann, Renate: Zur Datierung des Bamberger Apostelabschieds. In: Bericht des Historischen Vereins für die Pflege der Geschichte des ehemaligen Fürstbistums Bamberg 100 (1964), S. 325-330.

Baumgärtel-Fleischmann, Renate: Der Apostelabschied in der Nagelkapelle des Bamberger Domes. In: Bamberger Plastik von 1470-1520. Bericht des Historischen Vereins für die Pflege der Geschichte des ehemaligen Fürstbistums Bamberg 104 (1968), S. 161-67.

Behling, Lottlisa: Neue Forschungen zu Grünewalds Stuppacher Maria. In: Pantheon 24 (1968), S. 11-20.

Bellosi, Luciano: Buffalmacco il Trionfo della Morte. Turin 1974.

Belting, Hans/Blume, Dieter (Hg.): Malerei und Stadtkultur in der Dantezeit. München 1989.

Benesch, Otto: Zum Werk Jerg Ratgebs. In: Zeitschrift für Bildende Kunst 61 (1927/28), S. 49-53. Neudruck in: Benesch, Otto: Collected Writings. Vol III: German and Austrian Art of the 15th and 16th centuries. London 1972.

Benz, Richard: Die Legenda Aurea des Jacobus de Voragine. Aus dem Lateinischen übersetzt von Richard Benz. 11. Aufl. Gerlingen 1993.

Beschreibung des Oberamts Brackenheim. Hg. von dem königlichen statistisch-topographischen Bureau. Stuttgart 1873. Neudruck Magstadt 1976.

Beschreibung des Oberamts Herrenberg/Württemberg/Statistisch-Topographisches Bureau. Unveränd. photomechan. Nachdr. [d. Ausg.] Stuttgart 1855. Magstadt b. Stuttgart 1965.

Blochmann, Andrea: Christus vor Pontius Pilatus und vor Herodes Antipas; die Ikonographie der Darstellung in der italienischen Kunst von den Anfängen im 4. Jahrhundert bis ins Cinquecento. Diss. Frankfurt 2000.

Blume, Clemens/ Breves, Guido M.: Analecta Hymnica Medii Aevi. Bd. 1-55. Leipzig 1886-1922.

Böhling, Luise: Die spätgotische Plastik im württembergischen Neckargebiet. Reutlingen 1932 (=Tübinger Forschungen zur Archäologie und Kunstgeschichte; Bd. 10).

Bollé, Michael: Viergeteilt, Zweigeteilt, Eingeteilt; Nachlese zur Ratgeb-Ausstellung in Frankfurt und Pforzheim. In: Kritische Berichte 14 (1986), H. 1, S. 69-71.

Bookmann, Hartmut: Mäzenatentum am Übergang vom Mittelalter zur Reformationszeit. In: Stadt und Mäzenatentum. Sigmaringen 1997 (=Stadt in der Geschichte, Bd. 23).

Bookmann, Hartmut: Die Gegenwart des Mittelalters. Berlin 1988.

Borsi, Franco/ Borsi, Stefano: Paolo Uccello. London 1994.

Braunfels, Wolfgang: Abendländische Klosterbaukunst. Köln 1969.

Bremer, Natascha: Das Bild des Juden in den Passionsspielen und in der bildenden Kunst des deutschen Mittelalters. Frankfurt u.a. 1986 (=Europäische Hochschulschriften; Reihe 1, Deutsche Sprache und Literatur; Bd. 892).

Bruin, T.L. de: Die Rache Tomyris. In: Münster 13 (1965), S. 187-91.

Bruin, T.L. de: Inschriften auf alten religiösen Abbildungen. In: Münster 19 (1966), S. 401-404.

Bruin, T.L. de: Vier südflandrische Tafeln. In: Münster 20 (1967), S. 305-308.

Bruin, T.L. de: Anagrammatische Inschriften auf alten religiösen Abbildungen. In: Münster 21 (1968), S. 191-200.

Bruns, Marianne: Die Spur des namenlosen Malers. Roman. Berlin 1975.

Bryson, Norman: Word and Image; French Painting of the Ancien Régime. Cambridge, 1983.

Buchner, Ernst: Das deutsche Bildnis der Spätgotik und der frühen Dürerzeit. Hans Jantzen zum 70. Geburtstag. Berlin 1953, S. 52-55, S.191-93.

Bürgin-Kreis, Hildegard: Die Geisselung Christi auf dem Herrenberger Altar von Jerg Ratgeb. In: Münster 2 (1948/49), S. 272-279.

Bund, Konrad: Frankfurt am Main im Spätmittelalter 1311-1519. In: Frankfurt am Main; die Geschichte der Stadt in neun Beiträgen. Sigmaringen 1991.

Burg, Heinrich: Jörg Ratgeb – Künstler und Revolutionär. In: Bildende Kunst 23 (1975), S. 151-53.

Burgbacher, Konrad/Faix, Gerhard/Krupka, Ingrid (Hg.): In den Wirren des Bauernkrieges: Jerg Ratgeb und sein Herrenberger Altar. 2 CD-ROMs. Stuttgart 2001.

Burkhard, Arthur: The Herrenberg Altar. München 1965.

Bushart, Bruno: Jörg Ratgeb. In: Bushart, Bruno/ Fuhrmann, Heinz Rudolf: Jörg Ratgeb; der Maler des Herrenberger Altars. Sonderdruck von „Aus Schönbuch und Gäu," Heimatbeilage zum Böblinger Boten. Böblingen 1959, S. 3 -17.

Bushart, Bruno: Jörg Ratgeb. (Rez. Fraenger). In: Zeitschrift für Württembergische Landesgeschichte 33 (1974), S. 272-279.

Bushart, Bruno: Rezension zu W. Fraenger. In: Pantheon 33 (1975), S. 80.

Butor, Michel: Die Wörter in der Malerei; Essay. Frankfurt 1992

Cetto, Anna Maria: Der Berner Trajans- und Herkinbaldteppich. Bern 1966.

Chartier, Roger: Ist eine Geschichte des Lesens möglich? Vom Buch zum Lesen: einige Hypothesen. In: Zeitschrift für Literaturwissenschaft und Linguistik 57/58 (1985), S. 250-273.

Chartier, Roger (Hg.): Die Welt des Lesens: von der Schriftrolle zum Bildschirm. Frankfurt u.a. 1999.

Clausberg, Karl: Spruchbandaussagen zum Stilcharakter: malende und gemalte Gebärden; direkte und indirekte Rede in den Bildern der Veldeke-Aneide sowie Wernhers Marienliedern. In: Städeljahrbuch, N.F. 13 (1991), S. 81-110.

Claussen, Peter C.: Früher Künstlerstolz: mittelalterliche Signaturen als Quelle der Kunstsoziologie. In: Bauwerk und Bildwerk im Hochmittelalter; anschauliche Beiträge zur Kultur- und Sozialgeschichte. Gießen 1981, S. 7-34.

Claussen, Peter C.: Künstlerinschriften. In: Ornamenta Ecclesia: Kunst und Künstler der Romanik; Katalog zur Ausstellung des Schnütgen-Museums in der Josef-Haubrich-Kunsthalle Köln 1985, Bd. 1, S. 263-276.

Clement, Werner: Schwaigern. Evangelische Stadtkirche. Regensburg 2000.

Cornell, Henrik: Biblia pauperum. Stockholm 1925.

Covi, Dario A.: Lettering in fifteenth Century Florentine Painting. In: Art Bulletin 45 (1963), S. 3-17.

Crüwell, Konstanze: Frankfurts schönste Wandmalerei; restaurische Prüfung der Ratgeb-Fresken im Karmeliterkloster. In: F.A.Z.; Nr. 3 vom 19.1.97, S. 25.

Dauven-van Knippenberg, Carla: Maria Magdalena als Katalysator des Antijudaismus im Frankfurter Passionsspiel (1493). In: Dies. (Hg.): So wold ich in fröiden singen. Festgabe für Anthonius H. Touber zum 65. Geburtstag. Amsterdam u.a. 1995, S. 161-68.

Dehio, Georg: Kunsthistorische Aufsätze. München 1914, S. 141f.

Deibele, Albert: Jörg Ratgebs Vaterstadt. In: Gmünder Heimatblätter 23 (1962), S. 33f.

Deonna, Waldemar: La Justice à l'Hotel de Ville Genève et la frèsque des juges aux mains coupées. In: ZAK 11 (1950) S. 144-49.

Deonna, Waldemar: Les fresques de la Maison de Ville de Genève. In: ZAK 13 (1952), S. 129-159.

Derlam, Theo: Führer durch das Karmeliterkloster. Frankfurt a. M. 1935. (= Schriftenreihe Frankfurter Sehenswürdigkeiten, Heft 1).

Deutsche Kunst und Literatur in der frühbürgerlichen Revolution. Aspekte, Probleme, Positionen. Berlin 1975.

DeVos, Dirk: Hans Memling; the complete works. London 1994.

Dohrn-Ihmig, Margarete: Die gotische Karmeliterkirche in Frankfurt am Main. Frankfurt a. M. 1984. (=Archäologische Reihe; 3).

Dörfler-Dierken, Angelika: Vorreformatorische Bruderschaften der hl. Anna. Heidelberg 1992. (=Abbhandlungen der Heidelberger Akademie der Wissenschaften, Philosophisch-historische Klasse; Jg. 1992, Abh. 3).

Dörfler-Dierken, Angelika: Die Verehrung der heiligen Anna im Spätmittelalter und früher Neuzeit. Göttingen 1992. (=Forschungen zur Kirchen und Dogmengeschichte; 50).

Donner von Richter, Otto: Untersuchungen über mittelalterliche Wandmalereien in Frankfurter Kirchen und Klöstern. In: Mittheilungen an die Mitglieder des Vereins für Geschichte und Alterthumskunde in Frankfurt a. M., Bd. 6 (1881), S.421-474.

Donner von Richter, Otto: Ratgeb: Jerg Ratgeb, Maler von Schwäbisch-Gmünd. In: Deutsches Kunstblatt 2 (1882), S. 1-5; 9-13; 17-20; 25-28.

Donner von Richter, Otto: Jerg Ratgeb. In: Archiv für christliche Kunst 11(1883) S. 22 f.

Donner von Richter, Otto: Ratgeb. In: Allgemeine Deutsche Biographie. Leipzig 1888, Bd. 27, S. 343-49.

Donner von Richter, Otto: Jerg Ratgeb, Maler von Schwäbisch Gmünd; seine Wandmalereien im Karmeliterkloster zu Frankfurt am Main und sein Altarwerk in der Stiftskirche zu Herrenberg. Frankfurt a. M. 1892.

Dorsch, Klaus-Dieter / Seeliger, Hans Reinhard: Römische Katakombenmalerei im Spiegel des Photoarchivs Parker. Dokumentation von Zustand und Erhaltung 1864-1994. Münster 2000.

Eberhart, Helmut: Hl. Barbara. Graz 1988.

Eberl, Immo: Die Kirchengeschichte Schwaigerns. In: Heimatbuch der Stadt Schwaigern mit den Teilorten Massenbach, Stetten a.H. und Niederhofen. Schwaigern 1994.

Ebert, Karl: Jörg Ratgeb. Maler zu Stuttgart, Kanzler der Bauern, gevierteilt zu Pforzheim. Süddeutscher Rundfunk Stuttgart 1975.

Edwards, Bede: Die Regel des hl. Albert – die Regel des Karmel. Würzburg 1979.

Eich, Paul: Die Flügel des Stalburgaltars. In: Städel-Jb. N.F.1 (1967), S. 140-145.

Eilmers, Wolfganng: Ratgeb-Bilderzyklus wieder vom Zerfall bedroht. Im Karmeliterkloster lösen sich die oberen Farbschichten der berühmten Malerei. In: FAZ, Nr. 239 vom 13.10.1990, S. 47.

Eis, Gerhard: Johannes Kirchschlags Predigt zum Barbaratag 1486. In: Beiträge zur Geschichte der deutschen Sprache und Literatur 81 (1959), S. 196-200.

Elm, Kaspar: Die Bruderschaft vom gemeinsamen Leben. Eine geistliche Lebensform zwischen Kloster und Welt. Mittelalter und Neuzeit. In: Ons Geestelijk Erf 59 (1985), S. 470-496.

Engels, Friedrich: Der deutsche Bauernkrieg. 13. Aufl. Berlin 1982.

Engelsing, Rolf: Analphabetentum und Lektüre; zur Sozialgeschichte des Lesens in Deutschland zwischen feudaler und industrieller Gesellschaft. Stuttgart 1973.

Epperlein, Siegfried: Rezesension zu W. Fraenger. In: Deutsche Literaturzeitung 95 (1974), S. 740-744.

Ettreich, Wilfried: Wie aus farbigen Flecken wieder Bilder werden. Die Restaurierung der Ratgeb-Malerei an der Westwand des Kreuzgangs im Karmeliterkloster. In: FAZ Nr. 278 vom 1.12.1981, S. 29.

Eusebius von Caesare: Kirchengeschichte. Hrsg. Heinrich Kraft. München 1967.

Farber, Lisa de la Mare: Jerg Ratgeb and the Herrenberg Alterpiece. Diss. Princeton 1989

Faix, Gerhard: "Kein Mönch zu sein und dennoch wie ein Mönch leben.". In: Die Stiftskirche in Herrenberg 1293-1993. Herrenberg 1993. (=Herrenberger Schriften; Bd.5), S. 51-77.

Faix, Gerhard: Jerg Ratgeb – Maler und Revolutionär? In: „Der Sinn ist funden;" neue Entdeckungen und Darstellungen zur Herrenberger Geschichte. Sigmaringen 1997. (=Herrenberger Studien; Bd. 1), S. 81-102.

Faix, Gerhard: Gabriel Biel und die Brüder vom Gemeinsamen Leben; Quellen und Untersuchungen zu Verfassung und Selbstverständnis des Oberdeutschen Generalkapitels. Tübingen 1999. (=Spätmittelalter und Reformation: NR; Bd. 11).

Festschrift zur 700 Jahrfeier der württembergischen Oberamtsstadt Herrenberg. Herrenberg 1929.

Findeisen, Hermann: Der Herrenberger Hochaltar. In: Festschrift zur 700 Jahrfeier der württembergischen Oberamtsstadt Herrenberg. Herrenberg 1929, S. 54-63.

Fischer, Otto: Jörg Ratgeb. Maler. In: Schwäbische Lebensbilder (Hg. Hermann Haering und Otto Hohenstatt) Stuttgart 1942, Vol. 3, S. 460-7.

Forderer, Josef: Jörg Ratgeb und sein Herrenberger Altar. In: Tübinger Blätter, N.F. 21, 1930, S. 17-27.

Forderer, Josef: Ein Jugendwerk Jörg Ratgebs. In: Tübinger Blätter, N.F. 22, (1931) S. 13-16.

Fraenger, Wilhelm: Jerg Ratgeb. Ein Maler und Kämpfer aus dem Bauernkrieg. In: Frankfurter Wochenschau 1938, S. 133-137.

Fraenger, Wilhelm: Jerg Ratgeb, ein Maler und Märtyrer des Bauernkrieges. In: Castrum Peregrini 29 (1956) S. 5-25.

Fraenger, Wilhelm: Jerg Ratgeb und sein Herrenberger Altar. In: Bildende Kunst 5 (1958), S. 309 ff.

Fraenger, Wilhelm: Eine neue Zeichnung Jörg Ratgebs im Dresdener Kupferstichkabinett. In: Bildende Kunst 12 (1960), S. 803ff.

Fraenger, Wilhelm: Jörg Ratgebs Vaterstadt. In: Forschungen und Fortschritte 36 (1962), S. 310 ff.

Fraenger, Wilhelm: Jörg Ratgebs Vaterstadt. In: Gmünder Heimatblätter 23 (1962), S. 17-22.

Fraenger, Wilhelm: Der Name Ratgeb in Gmünder Urkunden. In: Gmünder Heimatblätter 23 (1962), S. 25f.

Fraenger, Wilhelm: Eine medizinische Allegorie Jörg Ratgebs. In: Beiträge zur Sprachwissenschaft, Volkskunde und Literaturforschung; Wolfgang Steinitz zum 60. Geburtstag am 28. Februar 1965 dargebracht. Berlin 1965, S. 116-119.

Fraenger, Wilhelm: Synagoge und Orient. In: Castrum Peregrini 79 (1967), S. 5-31.

Fraenger, Wilhelm: Jörg Ratgeb. Ein Maler und Märtyrer aus dem Bauernkrieg. Hrsg. von Gustel Fraenger und Ingeborg Fraenger-Baier. Dresden 1972. 2. Aufl. München 1981.

Frankfurts Annenbruderschaft und die von ihr gestifteten Gemälde. In: Iris 1825, Nr. 55, S. 218-220 und Nr. 56, S. 221-224.

Franzmann, Bodo (Hg.): Handbuch lesen. München 1999.

Frey, Winfried: Passionsspiel und geistliche Malerei als Instrument der Judenhetze in Frankfurt am Main um 1500. In: Jb. Des Institus für Dt. Geschichte (Tel Aviv) 13 (1984), S. 1-57.

Frey, Winfried: Der vergiftete Gottesdienst; zur Funktion von Passionsspielen in der spätmittelalterlichen Stadt am Beispiel Frankfurt am Main. In: Der fremdgewordene Text: Festschrift für Helmut Brackert zum 65. Geburtstag. Hg. Silvia Bovenschen. Berlin u.a. 1997, S. 202-217.

Frey, Winfried: Gottesmörder und Menschenfeinde; zum Judenbild in der deutschen Literatur des Mittelalters. In: Die Juden und ihre mittelalterliche Umwelt. Hg. Alfred Ebenbauer u.a. Wien u.a. 1991, S. 35-51.

Friedländer, Max: Die altniederländische Malerei. Bd. 6: Memling und Gerard David. Berlin 1928.

Fromjmovic, Eva: Eine gemalte Eremitage in der Stadt; die Wüstenväter im Camposanto zu Pisa. In: Malerei und Stadtkultur in der Dantezeit. Hg. Hans Belting/Dieter Blume. München 1989.

Froning, Richard (Hg.): Das Drama des Mittelalters. Die lateinischen Osterfeiern und ihre Entwicklung in Deutschland. Die Osterspiele. Die Passionsspiele. Weihnachts- und Dreikönigsspiele. Fastnachtsspiele. Stuttgart 1891/92. Reprint Darmstadt 1964.

Gaiffier, B. d.: La légende de Saint Barbe par Jean de Wackerzeele. In: Analecta Bollandiana 77 (1959), S. 5-41.

Galosy, Eva: Die Verwendung des gewirkten Bildteppichs im profanen Bereich ab 1400. Diss. Wien 1963 (masch.sch.). Eine Kurzfassung in: Mitteilungen der Gesellschaft für vergleichende Kunstforschung. Wien 16-17 (1963), S. 14-17.

Geisenberg, Max: Die Kupferstiche des Meisters E.S. Berlin 1923/24.

Gerstenberg, Kurt: Über ein verschollenes Gemälde von Oudewater. In: Zeitschrift für Kunstgeschichte 5 (1936), S. 133ff.

Gilbert, Creighton E.: Last Suppers and their refectories. In: The pursuit of holiness in late medieval and renaissance religion; papers from the University of Michigan Conference (Ed. Charles Trinkaus). Leiden 1974, S. 371-407.

Gräbner, Karl/Horn, Adam: Stadt Nördlingen München 1981. Nachdruck der Ausgabe München 1941. (=Die Kunstdenkmäler von Schwaben und Neuburg; Bd. 2).

Gräf, Hartmut: Unterländer Altäre 1350-1540. Heilbronn 1983. (=Heilbronner Museumshefte; Nr. 9).

Graesse, Thomas (Hg.): Jacobi a Voragine Legenda Aurea , vulgo historia Lombardica dicta ad optimorum. 3. Aufl. Vratislaviae 1890.

Das größte Malwerk Deutschlands restauriert. Ratgeb Fresken im Frankfurter Karmeliterkloster nach über 450 Jahren in 10jähriger Arbeit wiederhergestellt. In: Frankfurter Fragen, Frankfurter Fakten, Frankfurter Fotos 3 (1968), S. 2-5.

Grundmann, Herbert: Litteratus – illiteratus. In: Archiv für Kulturgeschichte 40 (1958), S. 1-65.

Gwinner, Friedrich: Kunst und Künstler in Frankfurt am Main vom dreizehnten Jahrhundert bis zur Eröffnung des Städelschen Kunstinstituts. Frankfurt am Main 1862.

Haage, E.: Die Stiftskirche zu Herrenberg und ihre entscheidende Botschaft heute. Herrenberg 1983.

Harms, Wolfgang (Hg.): Text und Bild. DFG-Symposion 1988. Stuttgart 1990 (=Germanistische Symposien. Berichtbände; Bd. 11), S. 475-508.

Hausenstein, Wilhelm: Jörg Ratgeb. In: Frankfurter Zeitung und Handelsblatt 69, Nr. 883, erstes Morgenblatt, vom 26.11.1924, S. 1-3.

Hausenstein, Wilhelm: Jörg Ratgeb. In: Meister und Werke; gesammelte Aufsätze zur Geschichte und Schönheit bildender Kunst vom Mittelalter bis zur Gegenwart. München 1930, S. 25-32.

Hauser, Arnold: Der Ursprung der modernen Kunst und Literatur. Die Entwicklung des Manierismus seit der Krise der Renaissance. München 1973

Heideloff, Carl Alexander: Die Kunst des Mittelalters in Schwaben. Denkmäler der Baukunst, Bildnerei und Malerei. Stuttgart 1855.

Heimatbuch der Stadt Schwaigern mit den Teilorten Massenbach, Stetten a.H. und Niederhofen. Schwaigern 1994.

Heitzenröder, Wolfgang: Reichsstädte und Kirche in der Wetterau; der Einfluß des städtischen Rats auf die geistlichen Institute vor der Reformation. Frankfurt 1982 (=Studien zur Frankfurter Geschichte; Bd.16), S. 221-223.

Helmolt, Christa von: Ein Denkmal kulturellen Selbstverständnisses. Zur Wiederaufnahme der Restaurierungsarbeiten an den Ratgeb-Bildern. In: FAZ Nr.145 vom 26.6.1980, S. 27.

Helmolt, Christa von: Die Leidensgeschichte der Ratgeb-Fresken geht zu Ende. Die polnischen Restauratoren haben im Karmeliterkloster die ersten Szenen wiederhergestellt. In: FAZ Nr. 287 vom 10.12.1980, S. 37.

Helmolt, Christa von: Trotz Spurensicherung bleibt vieles rätselhaft. Zur Ausstellung über Jerg Ratgeb und seine Wandmalereien im Karmeliterkloster. In: FAZ Nr.130 vom 8.6.1985, S. 36.
Dazu Gegendarstellung. **Koch, Rainer**: Leserbrief: Museum, der Wissenschaft verpflichtet. In: FAZ vom 11.6.1985, S. 28.

Hembus, Julius: Der Engelschor und das Refectorium im Karmeliterkloster zu Frankfurt am Main. Kronberg/Ts. o.J.

Hennecke, Edgar/ Schneemelcher, Wilhelm: Neutestamentliche Apokryphen in deutscher Übersetzung. Bd. 1-2. Tübingen 1959. [6. Aufl. Tübingen 1999].

Hermann, K.J.: Jörg Ratgebs Heimatstadt; Herrenberg oder Schwäbisch Gmünd? Eine Thesenzusammenfassung. In: Gmünder Heimatforum; eine kulturhistorische Beilage der Rems-Zeitung, Nr. 9/10 (1976), S. 33.

Herwig, Wolfgang (Hg.): Goethes Gespraeche: eine Sammlung zeitgenoessischer Berichte aus seinem Umgang; auf Grund der Ausgabe und des Nachlasses von Flodoard Freiherrn von Biedermann. München 1998.

Heym, Heinrich: Jerg Ratgeb. Tragödie eines Malers. In: Lebenslinien; Schicksale einer Stadt. Band 2, 1966, S. 17-31.

Heym, Heinrich: Malender Prophet vom Karmeliterkloster. Jerg Ratgebs großer Freskenzyklus: Retten, was zu retten ist. In: FAZ vom 4.3.1966.

Heym, Heinrich: Jerg Ratgebs Wandgemälde sind gerettet. Besichtigung im Karmeliterkloster in Kürze. Weitere Restaurierungsarbeiten werden nötig sein. In: FAZ, Nr. 140 vom 20. Juni 1968, S. 31.

Heym, Heinrich: Ratgebs Fresken hinter Glas. Zu einer bedeutsamen Anregung der Denkmalspflegekommission. In: FAZ vom 6.12.1973, S. 27.

Heym, Heinrich: Hilfe für den Maler Jerg Ratgeb. In: FAZ, Nr.110 vom 15.7.1975, S. 23.

Hils-Brockhoff, Evelyn: Das Karmeliterkloster in Frankfurt am Main; Geschichte und Kunstdenkmäler, Frankfurt a. M. 1999.

Hohenstein, Siglinde: Die Ikonographie der Bekehrung Pauli. Diss. Frankfurt a. M. 1956 (maschschr.).

Hood, William: Fra Angelico at San Marco. New Haven 1993.

Huesgen, Heinrich Sebastian: Artistisches Magazin: enthaltend Das Leben und die Verzeichnisse der Werke hiesiger und anderer Kuenstler; nebst Einem Anhang von allem Was in oeffentlichen und Privat-Gebaeuden der Stadt Frankfurt Merkwuerdiges von Kunst-Sachen ... zu sehen ist ; wie auch Einem Verzeichniss aller hiesigen Kuenstler Portraiten. Frankfurt a. M. 1790.

Hütt, Wolfgang: Künstler und Bauern in der frühbürgerlichen Revolution. In: Bildende Kunst 23 (1975), S. 106-110.

Hug, P.W.: Zum Feste der Divisio Apostolorum. In: Jahrbuch für Liturgiewissenschaft 10 (1930), S. 162-8.

Hug, P.W.: Geschichte des Festes Divisio Apostolorum. In: Theologische Quartalschrift 113 (1932), S. 53-72.

Hutchison, Jane Campbell: The master of the Housebook. New York 1972.

Janota, Johannes: Frankfurter Dirigierrolle – Frankfurter Passionsspiel. Tübingen 1997 (=Die hessische Passionsspielgruppe; Bd. 1).

Janssen, Roman (Hg.): Die Stiftskirche zu Herrenberg 1293-1993, Herrenberg 1993. (=Herrenberger Schriften; Bd.5).

Janssen, Roman: Damit die Schrift erfüllt wird; die Aussage des Ratgeb-Altars. In: Die Stiftskirche in Herrenberg 1293-1993. Herrenberg 1993. (=Herrenberger Schriften; Bd.5), S. 509-532.

Janssen, Roman: Warum wurde der Altar zweimal aufgebaut? Beobachtungen zu seiner Entstehung. In: Die Stiftskirche in Herrenberg 1293-1993. Herrenberg 1993. (=Herrenberger Schriften; Bd.5), S. 533-551.

Janssen, Roman: Die Baugeschichte; eine Klarstellung aus der Sicht der Quellen. In: Die Stiftskirche in Herrenberg 1293-1993. Herrenberg 1993. (=Herrenberger Schriften; Bd.5), S. 326-350.

Janssen, Roman: Wie war das Chorgestühl konzipiert? In: Die Stiftskirche zu Herrenberg 1293-1993, Herrenberg 1993. (=Herrenberger Schriften; Bd.5), S. 455-508.

Jerg Ratgeb, Maler von Schwäbisch-Gmünd. In: Kunst-Chronik, Beiblatt zur Zeitschrift für bildende Kunst (1883), S. 482-3.

Jörg Ratgeb aus Schwäbisch Gmünd. Eine Notiz zum 500. Geburtstag. In: Ostalb/Einhorn 26 (1980), S. 175.

Jörg Ratgeb's Wandmalereien im Frankfurter Karmeliterkloster. Hg. Stadt Frankfurt a. M. 1987.

Jubinal, Achille: Mystères Inédits du Quinzième e Siècle. Paris 1837.

Jungraithmayr, Alfred: Bei lebendigem Leibe: Jörg Ratgeb, die Spur verfolgen. VHS 1984.

Kaiser, Ute-Nortrud: Auf den Spuren des Jerg Ratgeb. In: Blickpunkt Pforzheim 12 (1985), S. 25-31.

Kaiser, Ute-Nortrud: Jerg Ratgeb – Spurensicherung. In: Westmann Monatshefte (1985), S. 16.

Kattenstedt, Heyno: Jörg Ratgeb. [Musikdruck]: das Leiden Jesu Christi im Leben des Martyrers und Bauernkanzlers (für Soli, Chor Gemeinde und Instrumente). 2. Aufl. Kindhausen 1995.

Katzenellenbogen, Adolf: The separation of the Apostles. In: Gazette des Beaux-Arts, Serie 6, 91stes Jahr, 35 (1949) 35, S. 81-98.

Keil, Horst: Jörg Ratgebs Herrenberger Altar. In: Evangelisches Gemeindeblatt für Württemberg 74 (1979), Nr. 14, S. 12-13.

Keller, Rolf E.: Rezension zu Fraenger. In: Zeitschrift für Schweizerische Archäologie und Kunstgeschichte 40 (1983), S.152f.

Kerber, Ottmar: Meister Francke und die deutsche Kunst um 1400. Teil 1: Der Barbara Altar. Kallmütz 1939 (zugl. Habil. Uni München).

Kissling, Hermann: Probleme um Jörg Ratgeb, zum Frühwerk des Malers, zugleich eine Auseinandersetzung mit den Anschauungen und Thesen Wilhelm Fraengers. In: Gmünder Studien, Beiträge zur Stadtgeschichte, 1, 1976, S.169-200.

Klaiber, Hans: Über die frühe Gotik in Herrenberg und Esslingen. In: Württembergische Vierteljahresschrift für Landesgeschichte 1936, S. 245ff.

Klaus, B.: Gmünder Künstler. II: Maler. 1. Jerg Ratgeb. In: Württembergische Vierteljahreshefte für Landesgeschichte N.F. 5 (1896), S. 305-307.

Klein, Adolf: Die Fresken im Frankfurter Karmeliterkloster. In: Frankfurter Zeitung, Nr. 666 vom 8.9.1923, S.1.

Köster, Kurt: Pilgerzeichen und Wallfahrtsplaketten von St. Adrian in Gerardsbergen. In: Städeljahrbuch, N.F.4 (1973), S. 103-120.

Kluckert, Ehrenfried: Die Erzählformen des spätmittelalterlichen Simultanbildes. Diss. Tübingen 1974.

Kluckert, Ehrenfried: Zur Baugeschichte der Stiftskirche aus kunsthistorischer Sicht. In: Die Stiftskirche in Herrenberg 1293-1993. Herrenberg 1993. (=Herrenberger Schriften; Bd.5), S. 331-360.

Klunzinger, Karl: Die Edlen von Neipperg und ihre Wohnsitze Neipperg und Schwaigern. Stuttgart 1840.

Klunzinger, Karl: Geschichte des Zabergäus und des jetzigen Oberamts Brackenheim. Neudruck der Aufl. Stuttgart 1844, Magstadt 1984.

Knappe, Karl Adolf: Dürer: das graphische Werk. Wien 1964.

Koch, Heinrich Hubert: Das Karmeliterkloster zu Frankfurt am Main. 13. bis 16. Jahrhundert. Frankfurt am Main 1912.

Koepf, Hans: Kunstgeschichtliche Würdigung der Herrenberger Stiftskirche. In: Erich Haage: Die Stiftskirche zu Herrenberg. Herrenberg 1952, S. 21ff.

Kraus, Dagmar: Archiv der Grafen von Neipperg; Urkundenregesten 1280-1881. Stuttgart 1997 (=Inventare der nichtstaatlichen Archive in Baden-Württemberg; Bd. 23).

Kreytenberg, Gert: Hans Holbein d. J. – Die Wandgemälde im Basler Ratsaal. In: Zeitschrift des deutschen Vereins für Kunstwissenschaft 24 (1970), S. 77-100.

Krüger, Eduard: Die Stiftskirche in Herrenberg. Stuttgart 1928.

Der Kunsthistoriker Wilhelm Fraenger 1890-1964. Amsterdam1994.

Kurth, Betty: Über den Einfluß der Wolgemut-Werkstatt in Österreich und im angrenzenden Süddeutschland. In: Jahrbuch des kunsthistorischen Institutes der k.k. Zentralkommission für Denkmalpflege 10 (1916), S. 79-100.

Kurth, Betty: Ein unbekanntes Jugendwerk Jörg Ratgebs. In: Oberdeutsche Kunst der Spätgotik und der Reformationszeit. Augsburg, 1924 (=Beiträge zur Geschichte der deutschen Kunst; Bd. 1), S. 186-199.

Labuda, Adam S.: Wort und Bild im späten Mittelalter am Beispiel des Breslauer Barbara-Altars (1447). In: Artibus et historiae 5 (1984) S. 23-57.

Ladis, Andrew: Taddeo Gaddi: Critical Reappraisal and Catalogue Raisoneé. London 1982.

Lang, Karlheinz: Die Farbe bei Jörg Ratgeb. Diss. Frankfurt 1982.

Lehrs, Max: Geschichte und kritischer Katalog des deutschen, niederländischen und französischen Kupferstichs im XV. Jahrhundert. Bd. 1- 9. Wien 1908-34.

Legler, Rolf: Der Kreuzgang: ein Bautyp des Mittelalters. Frankfurt a. M. 1989 (zugl. Diss. München 1984).

Lersner, Achilles August von/Florian, Gebhard: Der weit-beruehmten Freyen Reichs-, Wahl- und Handels-Stadt Franckfurt am Main Chronica, oder Ordentliche Beschreibung der Stadt Franckfurt Herkunfft und Auffnehmen : wie auch allerley denckwuerdiger Sachen und Geschichten, so bey der Roemischen Koenigen und Kayser Wahl und Croenungen, welche mehentheils allhier vorgenommen worden, vorgegangen, nebst denen Veraenderungen, die sich in Weltlich- und Geistlichen Sachen, nach und nach zugetragen haben. Anfaenglich durch Gebhard Florian an Tag gegeben, anjetzo aber aus vielen autoribus und manuscriptis vermehret mit noethigen Kupffern gezieret, und per modum Annalium verfasset und zusammen getragen durch Achillem Augustum von Lersner. Franckfurt am Mayn 1706.

Lersner, Achilles August von: Nachgehohlte, vermehrte, und continuirte Chronica der weitberuehmten freyen Reichs-, Wahl- und Handels-Stadt Franckfurth am Mayn oder zweyter Theil der ordentlichen Beschreibung der Stadt Franckfurth am Mayn Ursprung: und wie selbige nach und nach zugenommen, wie auch allerley denckwuerdiger Begebenheiten und geschichten, so bey der Roemischen Koenigen und Kayserlichen Wahl und Croenungen allhier vorgegangen, nebst denen Veraenderungen, die sich in Weltlich- und Geistlichen Sachen, von Zeiten zu Zeiten ereignet haben. Aus des seel. Auctoris hinterlassenem Manuscripto in Ordnung verfasset mit noethigen Kupfer-Stichen gezieret, per modum Annalium zusammen getragen, und durch eigenen Verl. zum Dr. befoerdert durch Georg Augustum von Lersner. Frankfurt a. M. 1734.

Lessing, Gotthold Ephraim: Laokoon oder ueber die Grenzen der Malerei und Poesie. Frankfurt a. M. 1988.

Lieb, Norbert/Stange, Alfred: Hans Holbein der Ältere. München 1960.

Liebmann, Michael J.: Die Künstlersignatur im 15. und 16. Jahrhundert als Gegenstand soziologischer Untersuchungen. In: Lucas Cranach; Künstler und Gesellschaft; Referate des Colloquiums mit internationaler Beteiligung zum 500. Geburtstag Lucas Cranach d. Ä.. Staatliche Lutherhalle Wittenberg 1.-3.Oktober 1972, S. 129-134.

Lipsius, Richard Adelbert: Die apokryphen Apostelgeschichten und Legenden. Runswick 1883-1890.

Lotz, Wilhelm: Kunsttopographie Deutschlands. Cassel 1862.

Lübbecke, Fried: Jerg Ratgeb; die Fresken im Karmeliterkloster zu Frankfurt am Main. In: Das Kunstwerk 1 (1946/47), S. 20-34.

Mader, Felix: Stadt Dinkelsbühl mit Einschluß von St. Ulrich. München 1931 (= Die Kunstdenkmäler von Mittelfranken; Bd. 4).

Märker, Peter: Rezension zu Spurensicherung. In: Kunstchronik 38 (1985), S. 525-530.

„Der Magdalenenaltar in Tiefenbronn“: Bericht über die wissenschaftliche Tagung am 9. und 10. März 1971 im Zentralinstitut für Kunstgeschichte in München. In: Kunstchronik 24 (1971), S. 177-212

Maginnis, H.B.J.: Luciano Bellosi: Buffalmacco il Trionfo della Morte (Rezension). In: Art Bulletin 58 (1976), S. 126ff.

Maier, Helmut: Vor 500 Jahren. Die Brüder vom Gemeinsamen Leben in Herrenberg. Auszug aus dem Einwohnerbuch Herrenberg und Umgebung. 2. Aufl. Karlsruhe 1983.

Mander, Carel van: Das Leben der niederländischen und deutschen Maler (von 1400 bis ca. 1615). Übersetzt nach der Ausgabe von 1617 von Hanns Floerke. Worms 1991.

Mann, Heinz Herbert: Die Verkündigung an Maria: Anmerkungen zu Jan van Eycks „sprechender“ Malerei – oder zu einem Text, der auf dem Kopf steht. In: ders.: Regel und Ausnahme: Festschrift für Hans Hollaender, S. 143-173.

Maurer, Francois: Zu den Rathausbildern Hans Holbein des Jüngeren. In: Die Kunstdenkmäler des Kantons Basel-Stadt, Reprint Basel 1971, S. 517-609 und 765-776.

Meder, Joseph: Dürer-Katalog; ein Handbuch über Albrecht Dürers Stiche, Radierungen, Holzschnitte, deren Zustände, Ausgaben und Wasserzeichen. Wien 1932.

Meier, Christel/Ruberg, Uwe (Hg.): Text und Bild; Aspekte des Zusammenwirkens zweier Künste in Mittelalter und früher Neuzeit. Wiesbaden 1980.

Meiss, Millard: Toward a more comprehensive Renaissance Paleography. In: Art Bulletin 42 (1960), S. 97-112.

Merz, Heinrich: Jörg Ratgeb und sein Altarwerk in der Stiftskirche zu Herrenberg. In: Christliches Kunstblatt 27 (1885), Nr. 2, S. 17-24.

Meurer, Adolph: Jerg Ratgebs größtes Malwerk wieder sichtbar. In: Das Kunstwerk 22 (1969), S. 27.

Meyer, Otto: Die Brüder des gemeinsamen Lebens in Württemberg (Diss. Tübingen 1913). In: Blätter für württembergische Kirchengeschichte N.F. 17 (1913), S. 97-138; N.F. 18 (1914), S. 142-160.

Michaelis, Wilhelm: Die apokryphen Schriften zum Neuen Testament. Bremen 1956.

Michalski, Sergiusz: Das Phänomen Bildersturm. Versuch einer Übersicht. In: Bob Scribner (Hrsg.): Bilder und Bildersturm im Spätmittelalter und in der frühen Neuzeit. Wiesbaden 1990. (=Wolfenbütteler Forschungen; Bd. 46), S. 69-124.

Michels, Claudia: Salz bedroht Ratgebs Wandgemälde; Millionen-Investitionen im Karmeliterkloster stehen an. In: Frankfurter Rundschau Feb. 2000.

Migne, Jacques Paul: Patrologiae cursus completus. Series Graeca. Bd. 1-161. Paris 1857-1866.

Monzer, Anton: Die Spur der Bilder; ein biographischer Roman um den Maler Jörg Ratgeb. Bietigheim 1999.

Morachiello, Paolo: Beato Angelico Gli affreschi di San Marco. Milano 1995.

Münzenberger, Ernst. F. A.: Der Kreuzgang am Dome zu Frankfurt am Main; was er war und was aus ihm werden soll. Frankfurt a. M. 1876.

Munk, Dieter: Die Ölberg-Darstellung in der Monumentalplastik Süddeutschlands; Untersuchung und Katalog. Diss. Tübingen 1986.

Musper, Heinrich Theodor: Zwei neue Tafeln von Jerg Ratgeb. In: Münchner Jahrbuch der bildenden Kunst 3. F. 3/4 (1952/53), S. 191-198.

Natale, Herbert: Das Verhältnis des Klerus zur Stadtgemeinde im spätmittelalterlichen Frankfurt. Diss. Frankfurt 1957.

Nemitz, Rolfroderich/Thierse, Dieter: St. Barbara: Weg einer Heiligen durch die Zeit. 2. Aufl. Essen 1996.

Neumann, Bernd: Geistliches Schauspiel im Zeugnis der Zeit. Zur Aufführung mittelalterlicher religiöser Dramen im deutschen Sprachgebiet. 2 Bde. München 1987.

Neunhöffer, Emilie: Ein Grundriss des Karmeliter-Klosters aus dem Jahre 1803. In: Frankfurter Wochenschau (1938), S. 138-140.

Nicol, Gabriele: Mit Skalpells und Spritzen. Polnische Experten restaurieren Karmeliter-Fresken. In: Frankfurter Neue Presse Nr. 221 vom 6.10.1978, S. 13.

Nola, Alfonso di: Der Teufel. Wesen, Wirkung, Geschichte. München 1990.

Osten, Gert von: Hans Baldung Grien: Gemälde und Dokumente. Berlin 1983.

Panofsky, Erwin: Albrecht Dürer. 2 Bde. Princeton 1948.

Passavant, Johann David: Die Schöpfungsgeschichte, Wandgemälde von Schwed in dem Kreuzgang des ehemaligen Carmeliterklosters zu Frankfurt a. M. In: Archiv für Frankfurter Geschichte und Kunst 6 (1854) S. 175-178.

Passavant, Johann David: Die Anbetung der Könige, Wandmalerei in dem Kreuzgang des ehemaligen Carmeliterklosters zu Frankfurt a. M. In: Archiv für Frankfurter Geschichte und Kunst 8 (1858) S. 107-112.

Paulus, Eduard: Schwarzwaldkreis. Inventar. Im Auftr. d. K. Ministeriums des Kirchen- u. Schulwesens. Stuttgart, 1897 (=Die Kunst- und Altertumsdenkmale im Königreich Württemberg; Bd. 2).

Perret, Lovis: Catacombes de Rome. Bd. 3: Architecture, peintures murales. 1851.

Pfeffer, A.: Neues zum Herrenberger Altar von Jörg Ratgeb. In: Christliche Kunst 25 (1928/29), S. 378-381.

Pianzola, Maurice: Bauern und Künstler. Die Künstler der Renaissance und der Bauernkrieg von 1525. Berlin 1961.

Ragusa, Isa: Meditationes on the life of Christ. Princeton 1961.

Rauch, Moriz von: Zur Geschichte des Malers Jörg Ratgeb. In: Württembergische Vierteljahreshefte für Landesgeschichte N.F. 18 (1909) S. 211-214.

Rauch, Moriz von: Urkundenbuch der Stadt Heilbronn. Bd. 3. 1501-1524. Stuttgart 1916. (=Württ. Geschichtsquellen; Bd. 19).

Ristow, Günter: Die Taufe Christi. Recklinghausen 1965.

Roth-Bojadzhiev, Gertrud: Studien zur Bedeutung der Vögel in der mittelalterlichen Tafelmalerei. Köln u.a. 1985, S. 69-77.

Rott, Hans: Quellen und Forschungen zur südwestdeutschen und schweizerischen Kunstgeschichte im 15. und 16. Jahrhundert. Bd. 2: Alt-Schwaben und die Reichsstädte. Stuttgart 1934.

Rüttgers, Severin (Hg.): Der Heiligen Leben und Leiden: das sind die schönsten Legenden aus dem deutschen Passionale des 15. Jahrhunderts. Leipzig 1922.

Sancti Aurelii Augestini: De Civitate Dei. Libri XI – XII. Turnholti 1955 (=Corpus Christianorum Series Latina XLVIII).

Sauer, Manfred: Die deutschen Inkunabeln; ihre historischen Merkmale und ihr Publikum. Diss. Köln 1956.

Sander, Ingo: Spätgotische Tafelmalerei in Sachsen. Dresden 1993.

Schaffran, Emerich: Der Inquisitionsprozeß gegen Paolo Veronese. In: Archiv für Kulturgeschichte 42 (1960), S. 178-193.

Schahl, Adolf: Die Stiftskirche zu Herrenberg. Sonderdruck aus der Heimatbeilage des Böblinger Boten „Aus Schönbuch und Gäu" (Nr. 11f., 1966) Böblingen 1967.

Schmid, Otto: Aus Herrenberg um die Wende des Mittelalters. In: Festschrift zur 700 Jahrfeier der württembergischen Oberamtsstadt Herrenberg. Herrenberg 1929, S. 31-53.

Schmid, Otto: Das kirchliche Leben Herrenbergs vor der Reformation. In: Blätter für württembergische Kirchengeschichte, N.S. 40 (1936), S. 222-237.

Schmid, Heinrich Alfred: Die Gemälde von Hans Holbein d. J. im Basler Großratssaale. In: Jahrbuch der kgl. preuß. Kunstsammlungen 17 (1896), S. 73-96.

Schmidt, Renate: J.M.R. – die untilgbare Signatur; Jörgen Schürtz, genannt Ratgeb, Maler und Revolutionär des deutschen Bauernkrieges. Aus: Sonntag (29), Nr. 11 vom 16. März 1975, S. 3 u. 6.

Schmidt, Wieland: Vom lesen und schreiben im späten Mittelalter. In: Festschrift für Ingeborg Schröbler zum 65. Geburtstag. Hg. Dietrich Schmidtke. Tübingen 1973, S. 309-327.

Schmidt-Linsenhoff, Viktoria: Frau Ratgeb und die Kunstgeschichte; kunstgeschichtliche Anmerkungen zur Situation der Frauen der Bauernkriegsgeneration. In: FrauenKunstGeschichte; zur Korrektur des herrschenden Blicks. Hg. u.a. von Cordula Bischoff. Giessen 1984 (=Kunstwissenschaftliche Untersuchungen des Ulmer Vereins, Verband für Kunst- und Kulturwissenschaften; Bd. 13), S. 63-78.

Schmidt-Linsenhoff, Viktoria: Ordenspropaganda und subjektiver Faktor; zu Jörg Ratgebs Wandbild im Refektorium des Frankfurter Karmeliterklosters. In: Städeljahrbuch N.F. 10 (1985), S. 155-178.

Schmöger, C. E. (Mitarb.): Offenbarungen der Heiligen Brigitta von Schweden. Übersetzung: Himmlisches Manna für heilsbegierige Seelen; aus den Offenbarungen der heil. Brigitta gesammelt und nach der römischen Ausgabe vom Jahre 1628 aus dem Lateinischen übersetzt von C.E. Schmöger. Regensburg 1883.

Schmolz, Traugott: Der Herrenberger Hochaltar. In: Jerg Ratgeb. Leben und Werk. Zu einer Ausstellung der Stadt Herrenberg im April 1976. Herrenberg 1976, S. 1-12.

Schneider Eugen: Georg Rathgeb. In: Württembergische Vierteljahreshefte für Landesgeschichte 6 (1883), S. 263.

Schneider, Eugen: Die Aufhebung der Kappenherren in Württemberg. In: Blätter für württembergische Kirchengeschichte 1 (1886), S. 13-15.

Schoenberger, Guido: Ratgeb-Studien. In: Städeljahrbuch 5 (1926), S. 55-74.

Schöntag, Wilfried: Die Anfänge der Brüder vom gemeinsamen Leben in Württemberg. Ein Beitrag zur vorreformatorischen Kirchen- und Bildungsgeschichte. In: Archiv für Diplomatik 23 (1977), S. 459-485.

Schöntag, Wilfried: Die Aufhebung der Stifte und Häuser der Brüder vom gemeinsamen Leben in Württemberg. Ein Vorbote der Reformation? In: Zeitschrift für württembergische Landesgeschichte 38 (1979), S. 82-96.

Schöntag, Wilfried: Die Kanoniker und Brüder vom gemeinsamen Leben in Württemberg. In: Rottenburger Jahrbuch für Kirchengeschichte 11 (1992), S. 197-208.

Scholz, Sebastian (Bearb.): Die Inschriften des Landkreises Bergstraße. Wiesbaden 1994 (=Die deutschen Inschriften; Bd. 38)

Schreiner, Klaus: Marienverehrung, Lesekultur, Schriftlichkeit; bildungs- und frömmigkeitsgeschichtliche Studien zur Auslegung und Darstellung von „Mariä Verkündigung“. In: Frühmittelalterliche Studien 24 (1990), S. 314-368.

Schütte, Marie: Der schwäbische Schnitzaltar. Straßburg 1907. (=Studien zur deutschen Kunstgeschichte; Bd. 91).

Schulz, Paul Otto/Kranl, Walter: Jerg Ratgeb; die Frankfurter Wandgemälde des Malers aus dem Bauernkrieg. In: Westermanns Monatshefte; das Kulturmagazin (1985), Heft 5, S. 6- 16.

Schussmann, Ruth: Jörg Ratgeb, Maler und Revolutionär. In: Casella-Riedel Archiv 61 (1978) Nr. 4, S. 12-15.

Schwarz, Georg: Der Meister des Herrenberger Altars. In: Völkischer Beobachter, Nr. 228 vom 16. August 1937, S. 30.

Schwarz, Georg: Jörg Ratgeb (Roman). München 1937.

Schwarz, Georg: Jerg Ratgeb. In: Hochland 36 (1938/39), Bd. 2, S. 81-84.

Scribner, Bob (Hrsg.): Bilder und Bildersturm im Spätmittelalter und in der frühen Neuzeit. Wiesbaden 1990. (=Wolfenbütteler Forschungen; Bd. 46).

Scribner, Robert W.: How many could read? Comments on Bernd Moeller's „Stadt und Buch". In: Stadtbürgertum und Adel in der Reformation; Studien zur Sozialgeschichte der Reformation in England und Deutschland. Hg. Wolfgang J. Mommsen. Stuttgart 1979, S. 44-45.

Seeliger-Zeiss, Anneliese: Die Inschriften des Landkreises Böblingen. Wiesbaden 1999 (=Die deutschen Inschriften; Bd. 47; Heidelberger Reihe; Bd. 13).

Sello, Gottfried: Unterwegs zu Jörg Ratgeb: die Passion eines großen Malers. Frankfurt a. M. Hessischer Rundfunk 1981.

Smet, Joachim/Dobhan, Ulbrich: Die Karmeliten; eine Geschichte der Brüder U.L. Frau vom Berge Karmel; von den Anfängen (ca. 1200) bis zum Konzil von Trient. Freiburg u.a. 1981.

Smith Lewis, A..: Select narratives of holy woman from the syro-antiochene or sinai palimpsest. In: Studia Sinaitica 10 (1900), S. 77-84.

Sorio, Bartolommeo: Cento Meditazioni di S. Bonaventura: Sulla Vita di Gesù Cristo; Volgarizzamento antico Toscano Testo di Lingua Cavato dai Manoscritti. Bd. 1-2. Roma 1847.

Sparrow, John: Visible Words; a Study of Inscription in and as Books and Works of Art. Cambridge 1969.

Spielmann, Heinz: Jerg Ratgebs Interpretation der platonischen Proportionslehre im Herrenberger Altar. In: Beiträge zur Kunst des Mittelalters; Festschrift für Hans Wentzel zum 60. Geburtstag. Berlin 1975, S.193-198.

Solms-Laubach, Graf Ernstotto zu: Der Meister M3 – Jerg Ratgeb ? In: Wallraf-Richartz-Jahrbuch 33 (1972), S. 77-104.

Stange, Alfred: Jörg Ratgeb; zugleich ein Beitrag zur Verarbeitung italienischer Formmittel in Deutschland. In: Festschrift für Heinrich Wölfflin; Beiträge zur Kunst- und Geistesgeschichte; zum 21. Juni 1924 überreicht von Freunden und Schülern. München 1924, S. 195-208.

Stange, Alfred: Deutsche Malerei der Gotik. Bd.1-11. München 1934-61.

Stange, Alfred: Ein Bildnis von Jerg Ratgeb und einige andere Bemerkungen zu seiner Kunst. In: Kunst in Hessen und am Mittelrhein 6 (1966), S. 43-51.

Steitz, Georg Eduard (Hg.): Tagebuch des Canonicus Wolfgang Königstein am Liebfrauenstift über die Vorgänge der Reichsstadt Frankfurt am Main in den Jahren 1520 bis 1548. Frankfurt 1876.

Steitz, Georg Eduard: Der Streit um die unbefleckte Empfängnis der Maria zu Frankfurt a. M. im Jahre 1500 und sein Nachspiel in Bern 1509. In: Archiv für Frankfurter Geschichte und Kunst, N.F. 6 (1877), S. 1-35.

Stolz, E.: Die Bilder und Inschriften des Chorgestühls der Herrenberger Stiftskirche. In: Rottenburger Monatsschrift für praktische Theologie 12 (1928/29), S. 33-42.

Straubert, Dieter: Ein Maler des Volkes. In: Stern 37 (1981).

Strieder, Peter: Schri.kunst.schri.und.klag.dich.ser--; Kunst und Künstler an der Wende vom Mittelalter zur Renaissance. In: Anzeiger des Germ. Nationalmuseums 1983, S.19-26.

Tarr, Roger: „Visible parlare": the spoken word in fourteenth-century central Italian paintings. In: Word & Image 13 (1997), S. 223-244.

Thomas, Alois: Die Darstellung Christi in der Kelter. Düsseldorf 1936.

Tomaschek, H.: Wiederbeginn der Konservierung. In: Frankfurt – Lebendige Stadt 4 (1959) H.1, S. 20-25.

Tripton, Susan: Res publica bene ordinata; Regentenspiegel und Bilder vom guten Regiment; Rathausdekorationen in der frühen Neuzeit. Hildesheim u.a. 1996 (=Studien zur Kunstgeschichte; 104).

Ulbert-Schede, Ute: Das Andachtsbild des kreuztragenden Christus in der deutschen Kunst; von den Anfängen bis zum Beginn des 16. Jahrhunderts; eine ikonographische Untersuchung. Diss. München 1961.

Veit, Rudolf: Heilsgeschichte und Zeitgeschichte im Werke Ratgebs. In: Kritische Berichte 19 (1991), S. 5-18.

Vitae Patrum. Der Altväter Leben. Erschienen Augsburg, Anton Sorg. 25 Sept. (Mittwoch vor Michaelis) 1482.

Wallis, Mieczyslav: Inscriptions in paintings. In: Semiotica 9 (1973), I, S. 1-28.

Weerth, Elisabeth de: Der Streit um die Restaurierung des Frankfurter Domkreuzgangs; ein Fall der Denkmalpflege im 19. Jahrhundert. In: Archiv für Frankfurter Geschichte und Kunst 61 (1987), S. 281-298. Korrektur des Abbildungsteils in Archiv für Frankfurter Geschichte und Kunst 62 (1993), S. 461ff.

Wegner, Max: Jerg Ratgeb; der Maler einer deutschen. Zeitenwende. In: Nationalsozialistische Monatshefte 11 (1940), S. 687-692.

Wegener, Max: Die Frucht wächst im Gewitter. Mathias Grünewald, Tilman Riemenschneider, Jörg Ratgeb – Drei Erzählungen. 3. Aufl. Stuttgart 1940.

Wehlte, Kurt: Technisches zu den Wiederherstellungsarbeiten an den Wandmalereien Ratgebs im Kreuzgang des Karmeliterklosters zu Frankfurt a. M. In: Deutsche Kunst und Denkmalspflege 9/10 (1938), S. 236-252.

Wendehorst, Alfred: Wer konnte im Mittelalter lesen und schreiben? In: Schulen und Studium im sozialen Wandel des hohen und späten Mittelalters. Sigmaringen 1986. (=Vorträge und Forschungen; Bd. 30), S. 9-33.

Wenzel, Edith: „Do worden die Judden alle geschant"; Rolle und Funktion der Juden in spätmittelalterlichen Spielen. München 1992 (=Forschungen zur Geschichte der älteren deutschen Literatur; Bd. 14) Zugl. Habil-Schrift Berlin.

Die Wenzelsbibel; vollständige Faks.-Ausg. Der Codices Vindobonenses 2759-2764 der Österreichischen Nationalbibliothek Wien. Graz (=Codices Selecti; Bd. 70). Dazu: Hedwig Heger: Kommentar. Graz 1998.

Wescher-Kauert, H.: Das Ende der altdeutschen Malerei und die antiklassische Strömung. In: Cicerone XVI (1924), S. 996-998.

Weyh, Wilhelm: Die syrische Barbara-Legende. Mit einem Anhang: die syrische Kosmas- und Damian-Legende in deutscher Übersetzung. Programm des K. humanistischen Gymnasiums Schweinfurth für das Schuljahr 1911/12. Schweinfurth.

Wilhelm, Johannes: Die Wandmalereien in der Kirche und in der Klausur des Klosters Maulbronn. In: Maulbronn: zur 850jährigen Geschichte des

Zisterzienserklosters. Hrsg. von Landesdenkmalamt Baden-Württemberg. Stuttgart 1997. (=Forschungen und Berichte der Bau- und Kunstdenkmalpflege in Baden-Württemberg; 7), S. 425-455.

Wilhelm Fraenger und Wolfgang Frommel im Briefwechsel 1933-1963. Amsterdam 1990.

Willems, Gottfried: Anschaulichkeit; zu Theorie und Geschichte der Wort-Bild-Beziehungen und des literarischen Darstellungsstils. Tübingen 1989 (=Studien zur deutschen Literatur; Bd. 103).

Winzinger, Franz: Albrecht Altdorfer die Gemälde, Tafelbilder, Miniaturen, Wandbilder, Bildhauerarbeiten, Werkstatt und Umkreis. Gesamtausgabe. München 1975.

Wittekind, Susanne: Vom Schriftband zum Spruchband; zum Funktionswandel von Spruchbändern in Illustrationen biblischer Stoffe. In: Frühmittelalterliche Studien 30 (1996), S. 343-367.

Wolf, Jürgen: Christof von Urach. Diss Freiburg i.Br. 1971.

Wolters, Alfred.: Schicksale und Wiederherstellung der Wandmalereien Jerg Ratgebs im Kreuzgang des Karmeliterklosters in Frankfurt a. M. In: Deutsche Kunst und Denkmalpflege 2/3 (1938-40), S. 226-235.

Wolters, Alfred: Jerg Ratgebs Vermächtnis; die Wandmalereien im Frankfurter Karmeliterkloster. In: Frankfurt – Lebendige Stadt 4 (1959) H.1, S. 12-20.

Zellmer, Uwe: Jerg Ratgeb, Maler; ein Stück. Tübingen 1991.

Zingerle, Ignaz.V.: Der Maget Krone. Ein Legendenwerk aus dem XIV. Jahrhunderte. Wien 1864. (=Sonderdruck aus Sitzungsberichte der Philosophische-Historischen Classe der kaiserlichen Akademie der Wissenschaften, Bd. 47, 1864), S. 516-531.

Zschelletzschky, Herbert: ...des Pauernkrieges und Hertzog Ulrichs halber.' Jörg Ratgeb, Maler und Kanzler der Bauern, zum 450. Todesjahr. In: Bildende Kunst 24 (1976), S. 522-525.

Zülch, Walter Karl: Aufdeckung gotischer Wandmalereien in der Frankfurter Karmeliterkirche. In: Frankfurter Zeitung Nr. 648 vom 2.9.1923, S. 1.

Zülch, Walter Karl: Jerg Ratgeb. In: Allgemeines Lexikon der bildenden Künstler von der Antike bis zur Gegenwart. Begr. von Ulrich Thieme und Felix Becker, redigiert und hrsg. von Hans Vollmer. Bd. 28, Leipzig 1939, S. 30f.

Zülch, Walter Karl: Jerg Ratgeb, Maler. In: Wallraf-Richartz-Jahrbuch 12/13 (1943), S. 165-197.

Zülch, Walter Karl: Frankfurter Künstler 1223 – 1700. Frankfurt 1967.

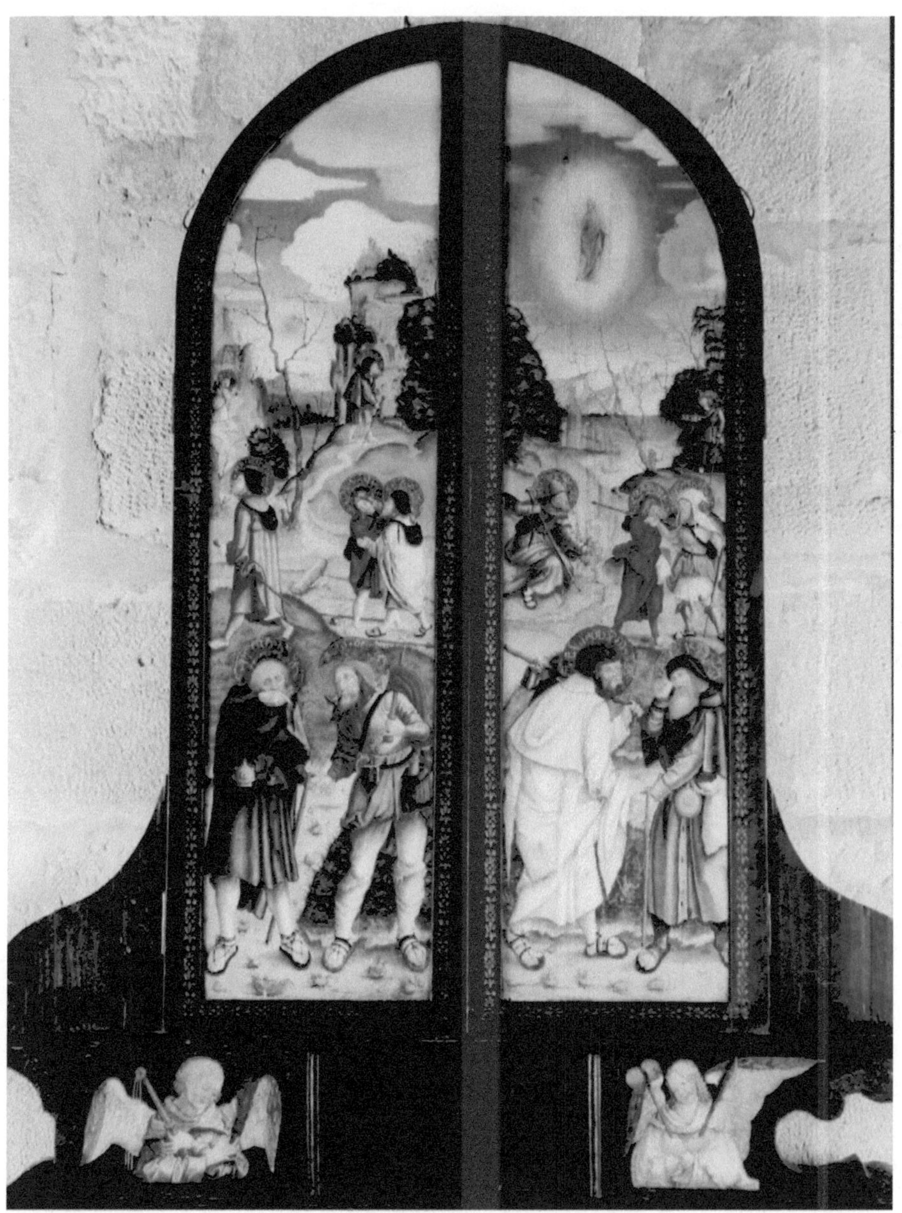

Abb. 1 a Barbara-Altar, geschlossen. Apostelaussendung. Schwaigern. Evangelische Stadtkirche.

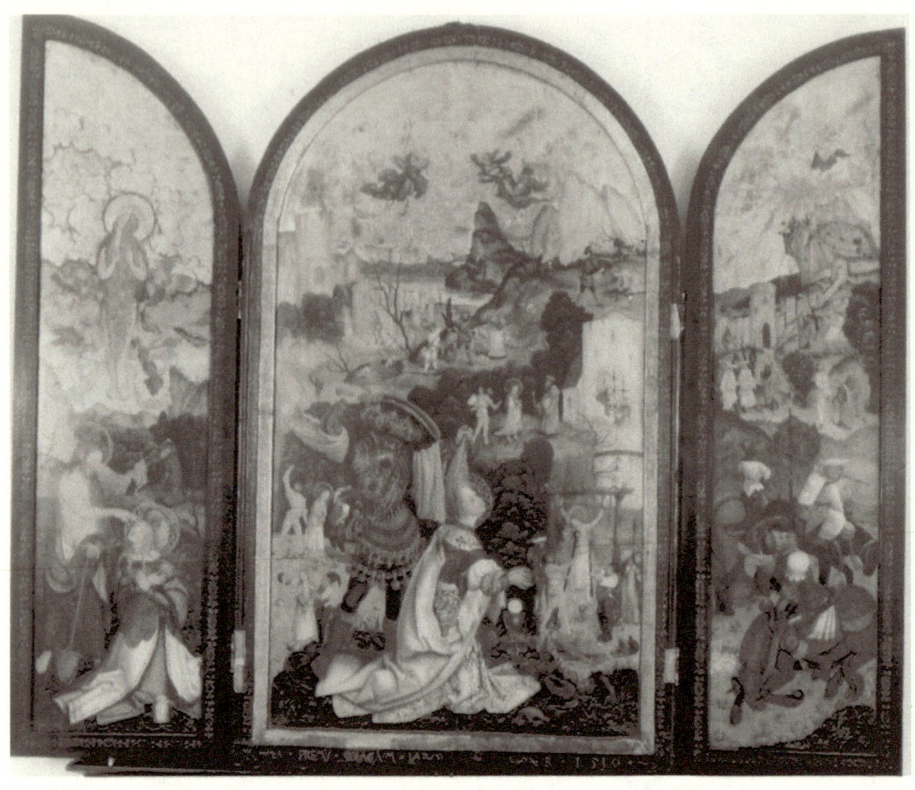

Abb. 1 b Barbara-Altar, geöffnet.
Schwaigern. Evangelische Stadtkirche.

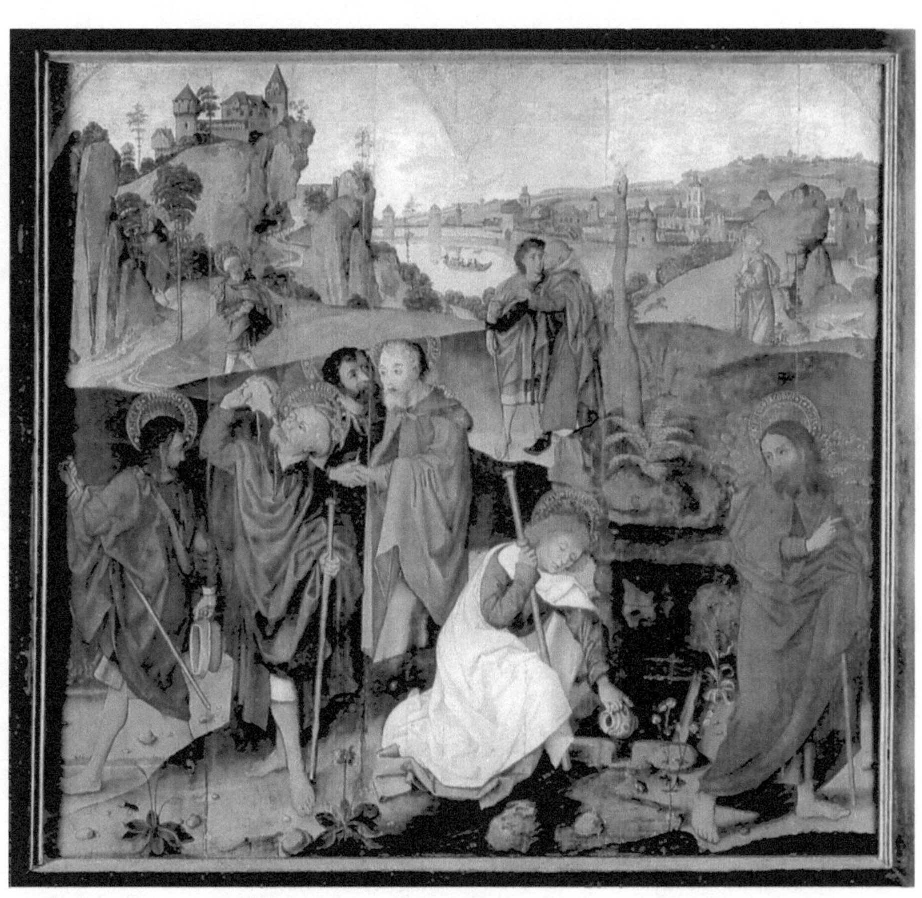

Abb. 2 Abschied der Apostel, Ende 15. Jh.
Staatsgalerie Aschaffenburg.
Ausgestellt in der Stiftskirche St. Peter und Alexander in Aschaffenburg.

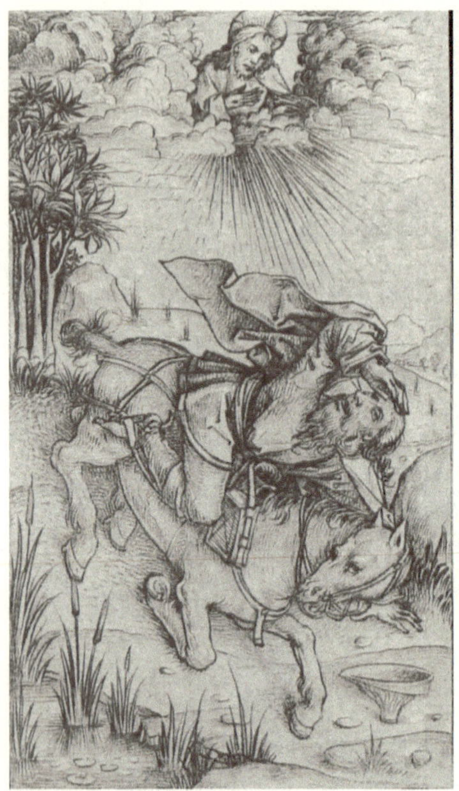

Abb. 3 a Hausbuchmeister:
Die Bekehrung des Apostels Paulus.
Stich (Unikat), ca. 1475.
Amsterdam, Rijksprentenkabinet.

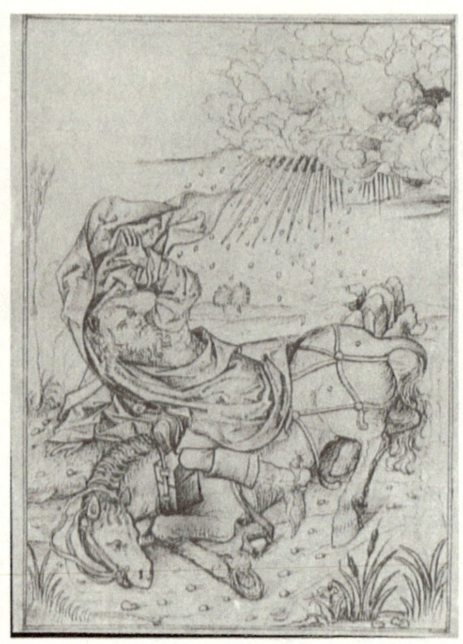

Abb. 3 b Hausbuchmeister:
Die Bekehrung des Apostels Paulus.
Federzeichnung.
Erlangen, Graphische Sammlung der Universität Erlangen-Nürnberg.

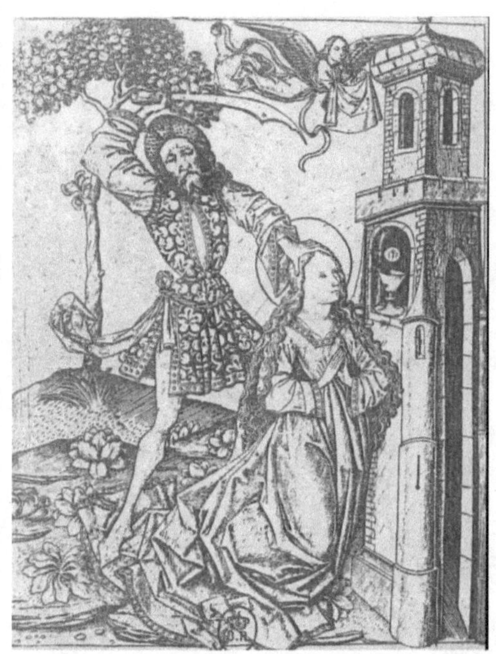

Abb. 4 Meister E.S.: Die Hl. Barbara, Kupferstich.

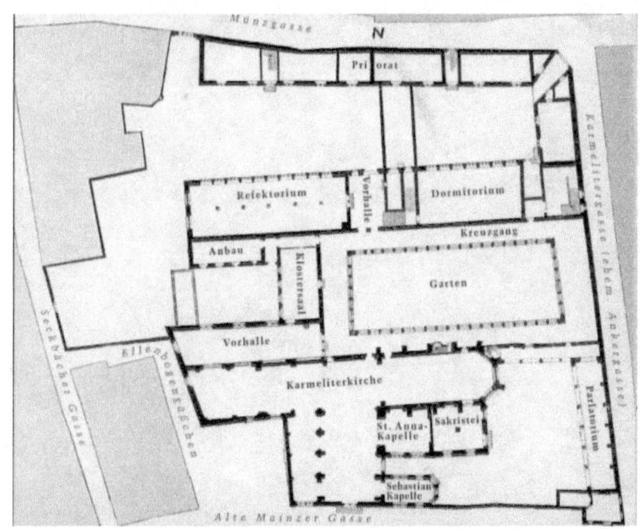

Abb. 5 Frankfurt, Karmeliterkloster, Grundriß der Klosteranlage um 1500.

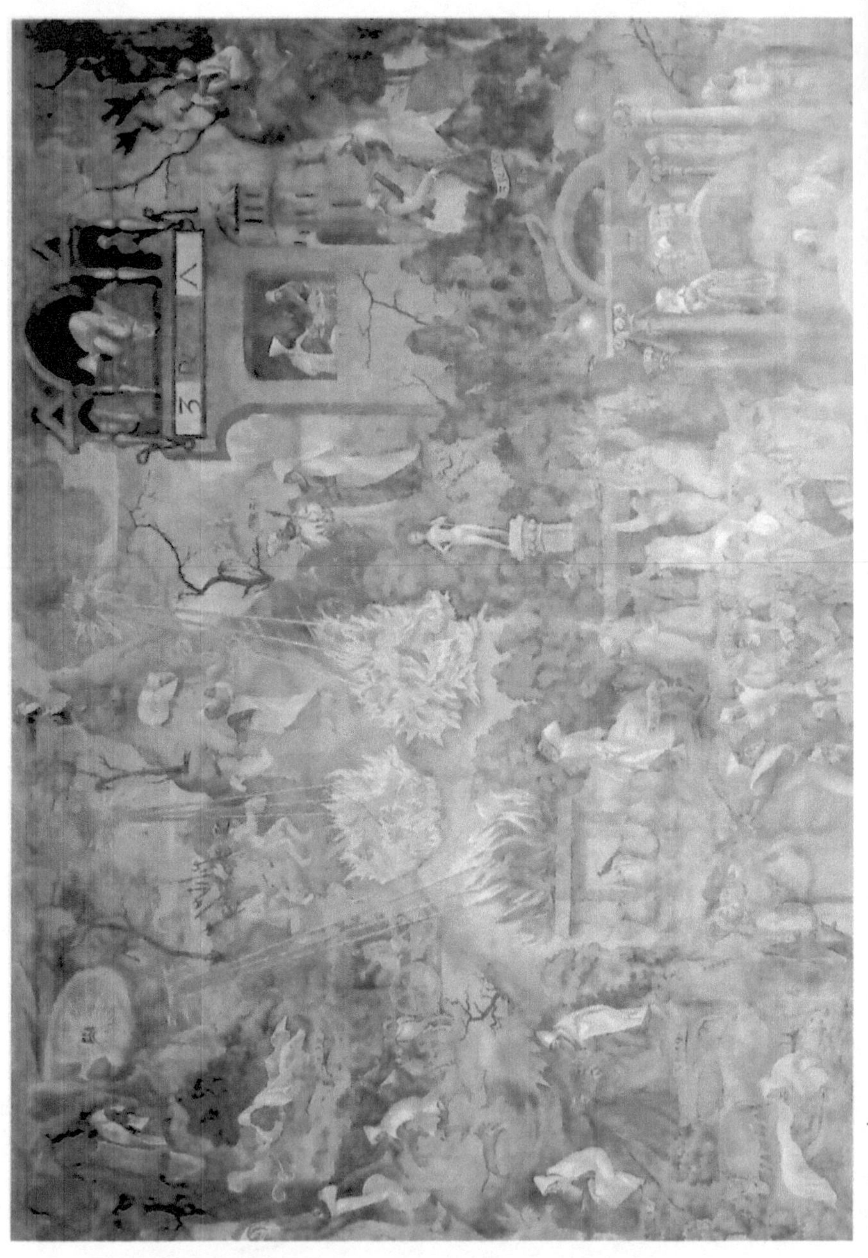

Abb. 6 a Jerg Ratgeb: Die Lebensgeschichte des Elias. Frankfurt, Karmeliterkloster, Refektorium.

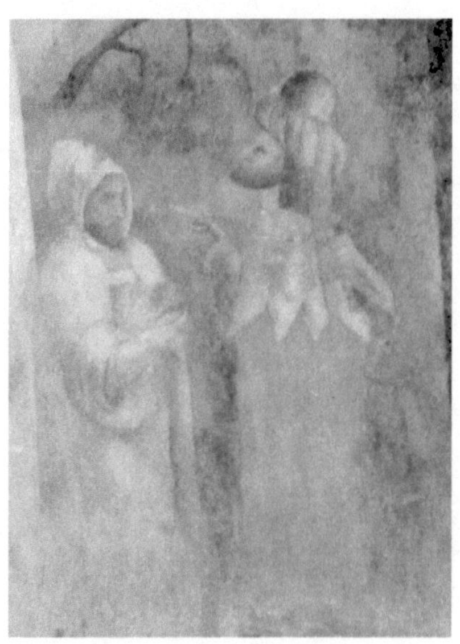

Abb. 6 b Jerg Ratgeb: Eliaszyklus, Szene 1: Elias weissagt Ahab eine Dürre. Frankfurt, Karmeliterkloster, Refektorium.

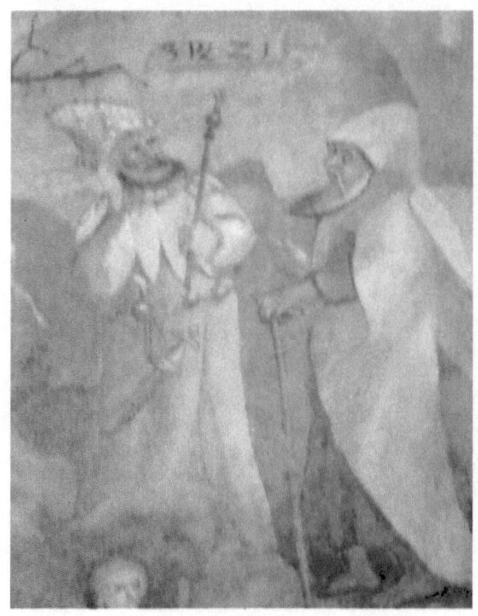

Abb. 6 c Jerg Ratgeb: Eliaszyklus, Szene 6: Elias schlägt Ahab ein Gottesurteil vor. Frankfurt, Karmeliterkloster, Refektorium.

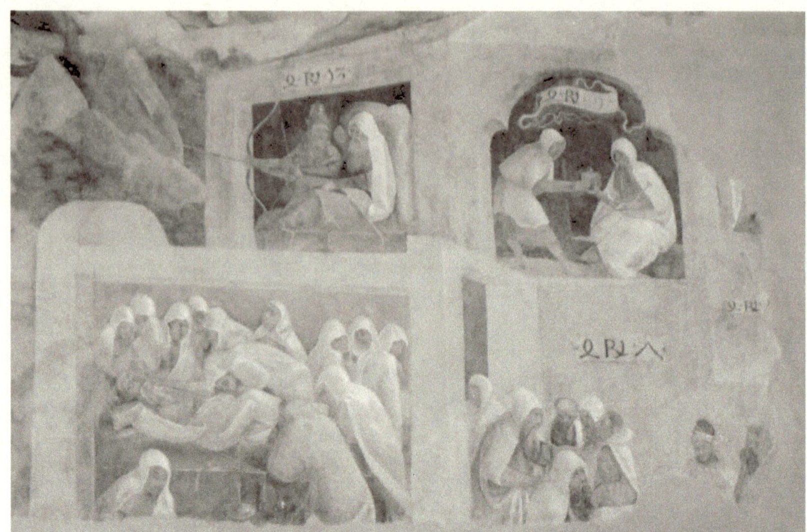

Abb. 7 Jerg Ratgeb: Die Lebensgeschichte des Elisäus.
Frankfurt, Karmeliterkloster, Refektorium. Szenen 11 – 13.

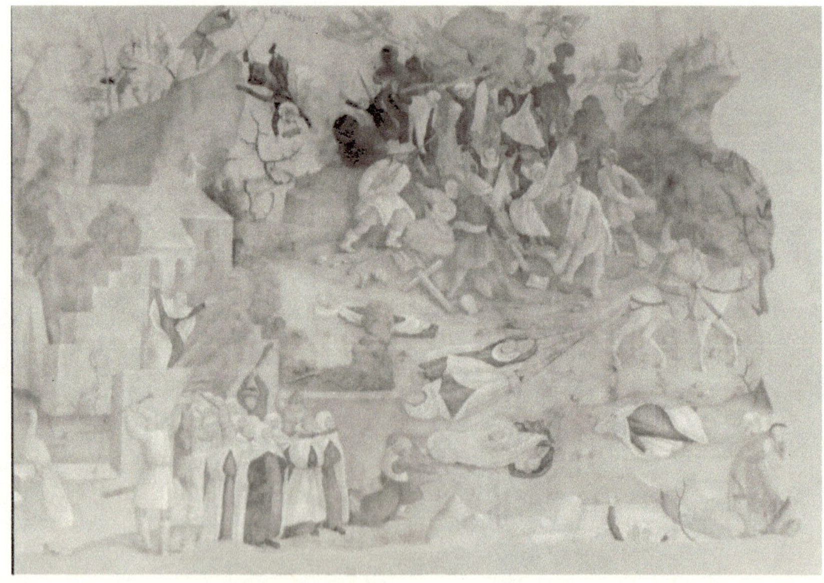

Abb. 8 Jerg Ratgeb: Die Verfolgung der Karmeliter im Heiligen Land.
Frankfurt, Karmeliterkloster, Refektorium.

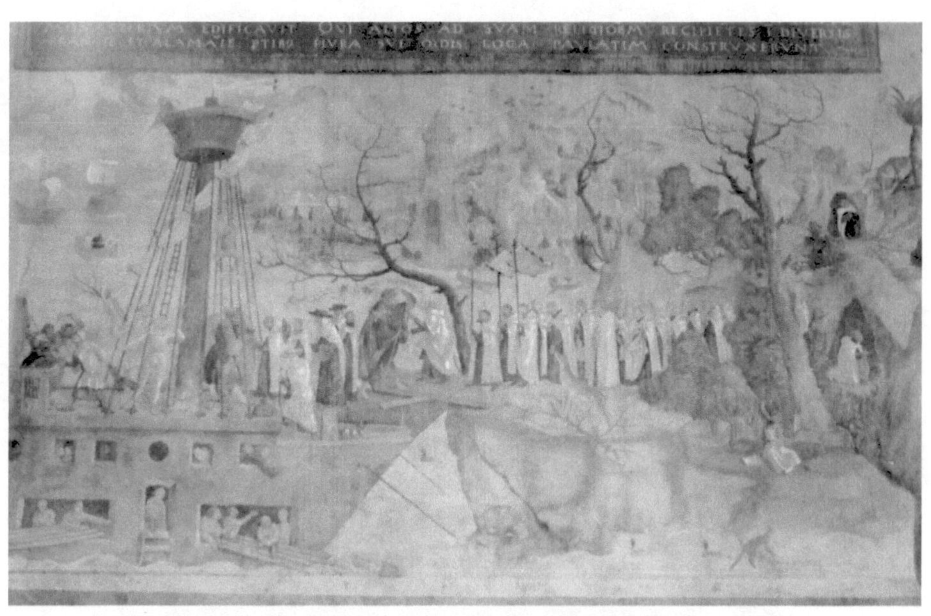

Abb. 9 Jerg Ratgeb: Die Emigration der Karmeliter.
Frankfurt, Karmeliterkloster, Refektorium.

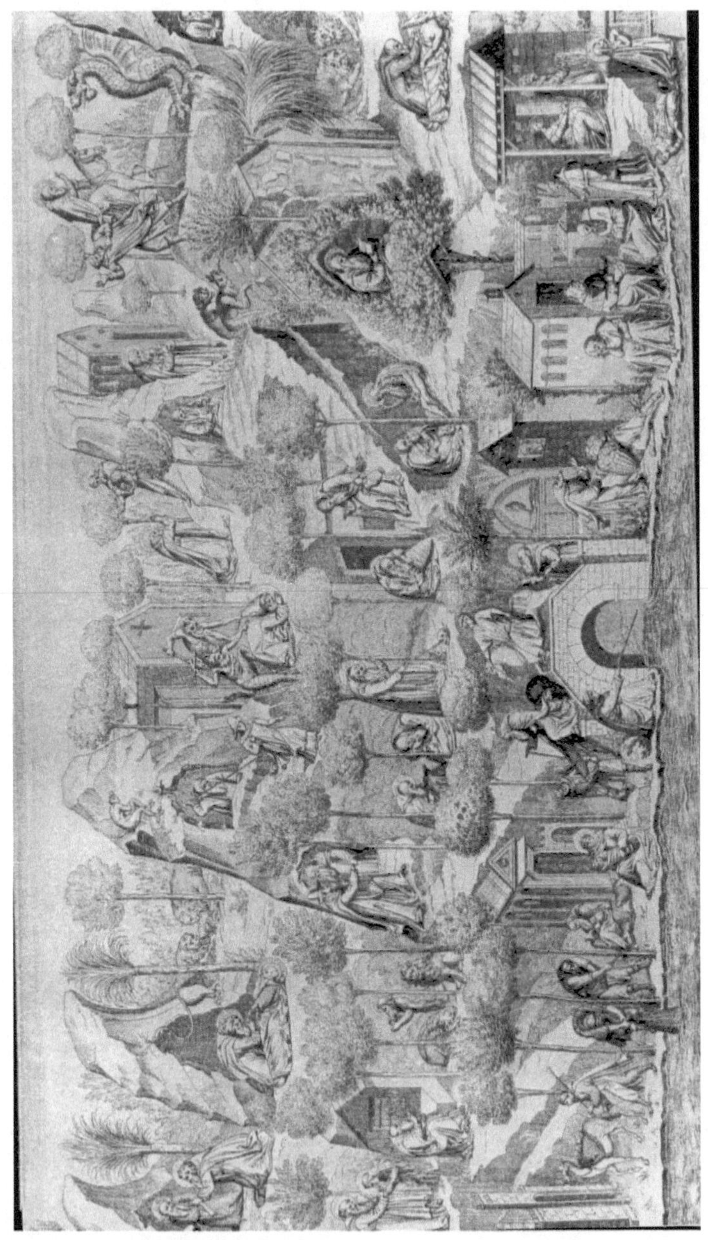

Abb. 10 G.P. Lasino und G. Rossi:
Kupferstich nach der Thebais im Camposanto von Pisa.

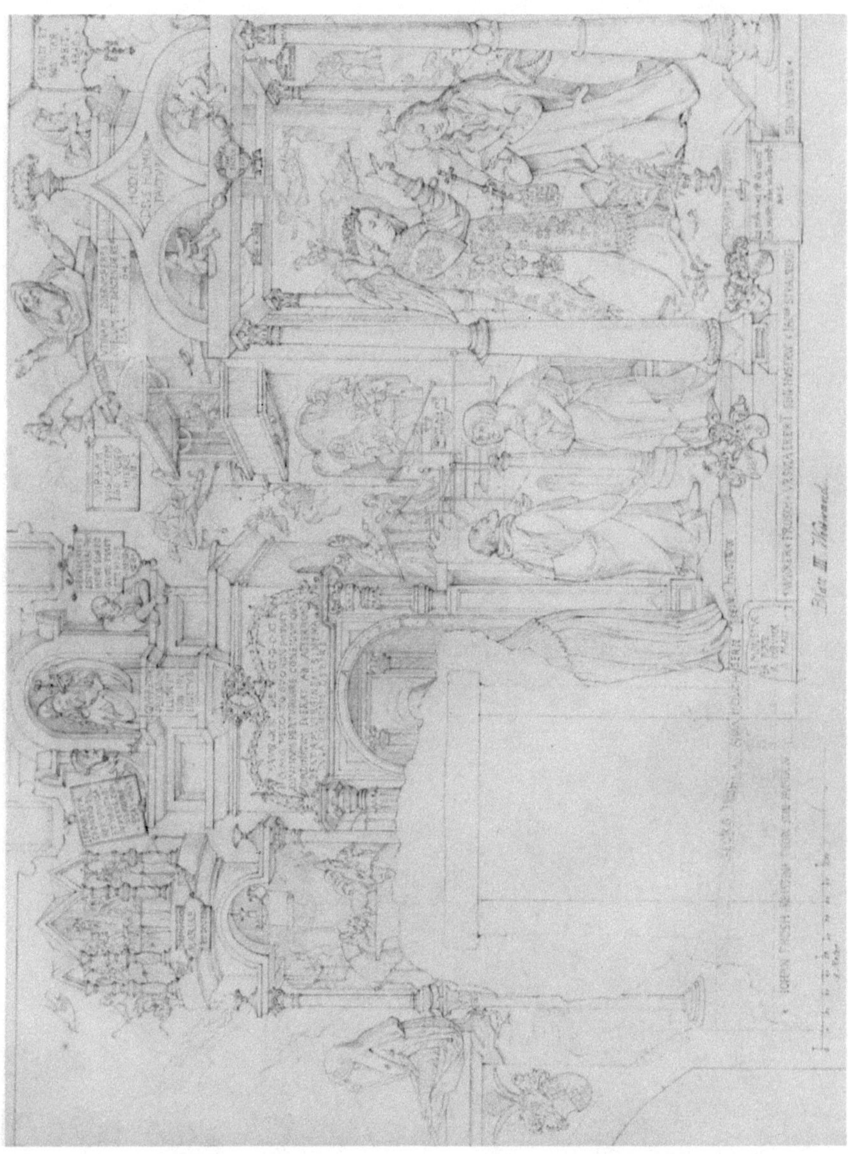

Abb. 11 a Otto Donner von Richter: Szenen der Annenlegende und aus dem Marienleben (Kreuzgang, Westwand).

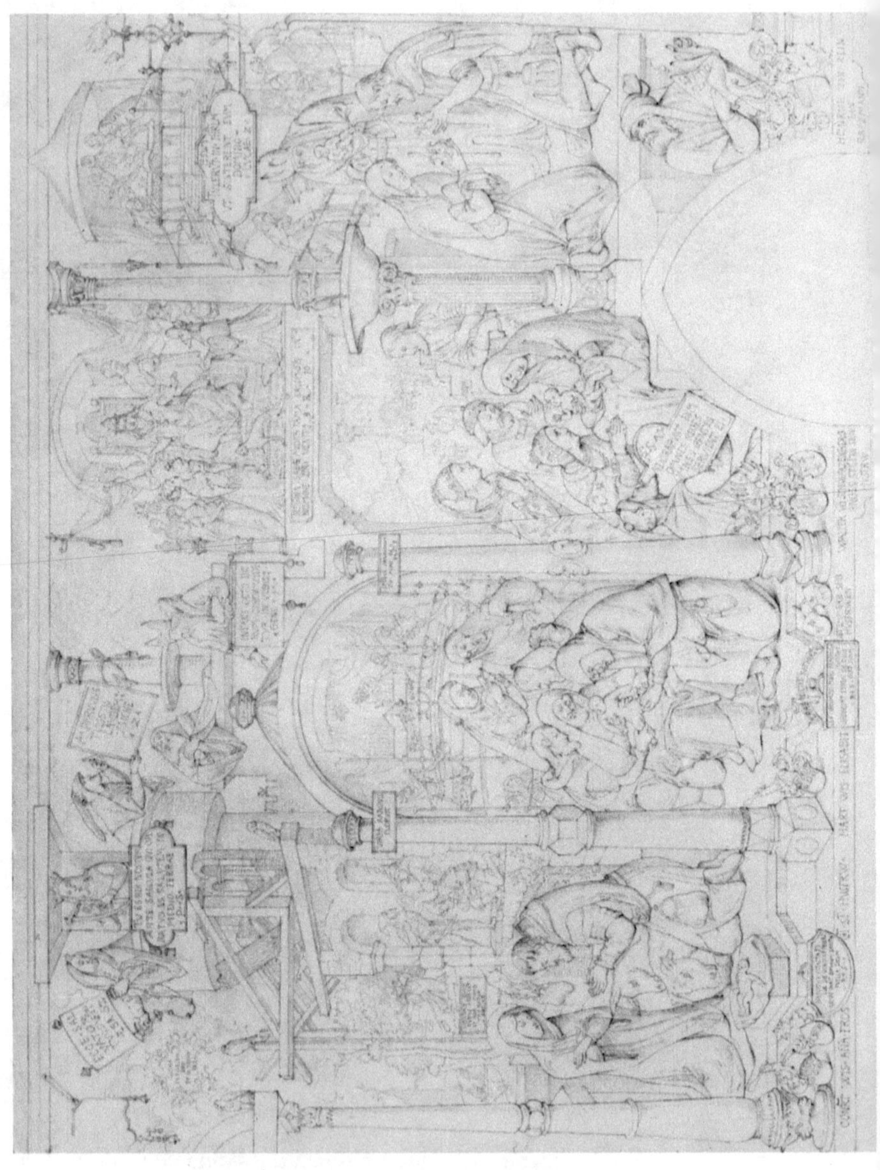

Abb. 11 b Otto Donner von Richter: Anbetung des Kindes, Beschneidung, Anbetung der Könige, Darbringung (Westwand).

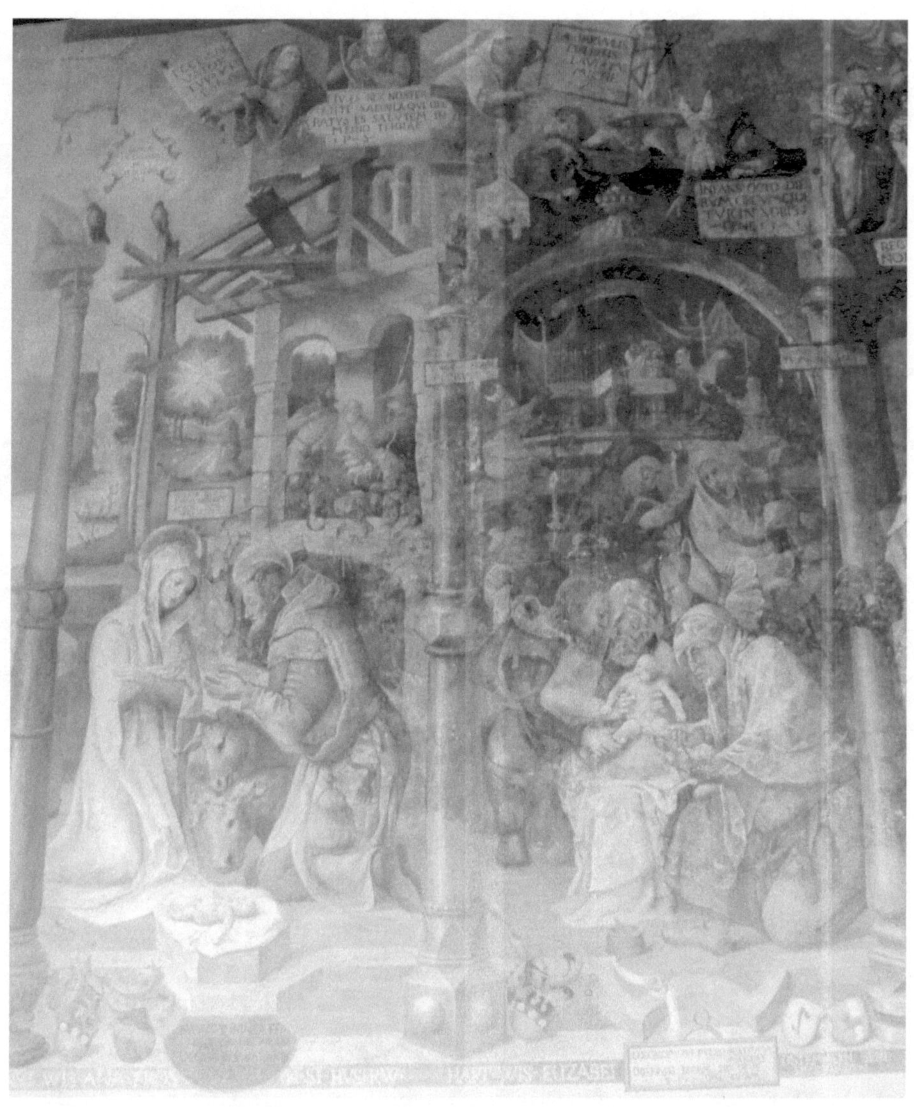

Abb. 12 a Jerg Ratgeb: Anbetung des Kindes, Beschneidung. Frankfurt, Karmeliterkloster, Kreuzgang, Westwand.

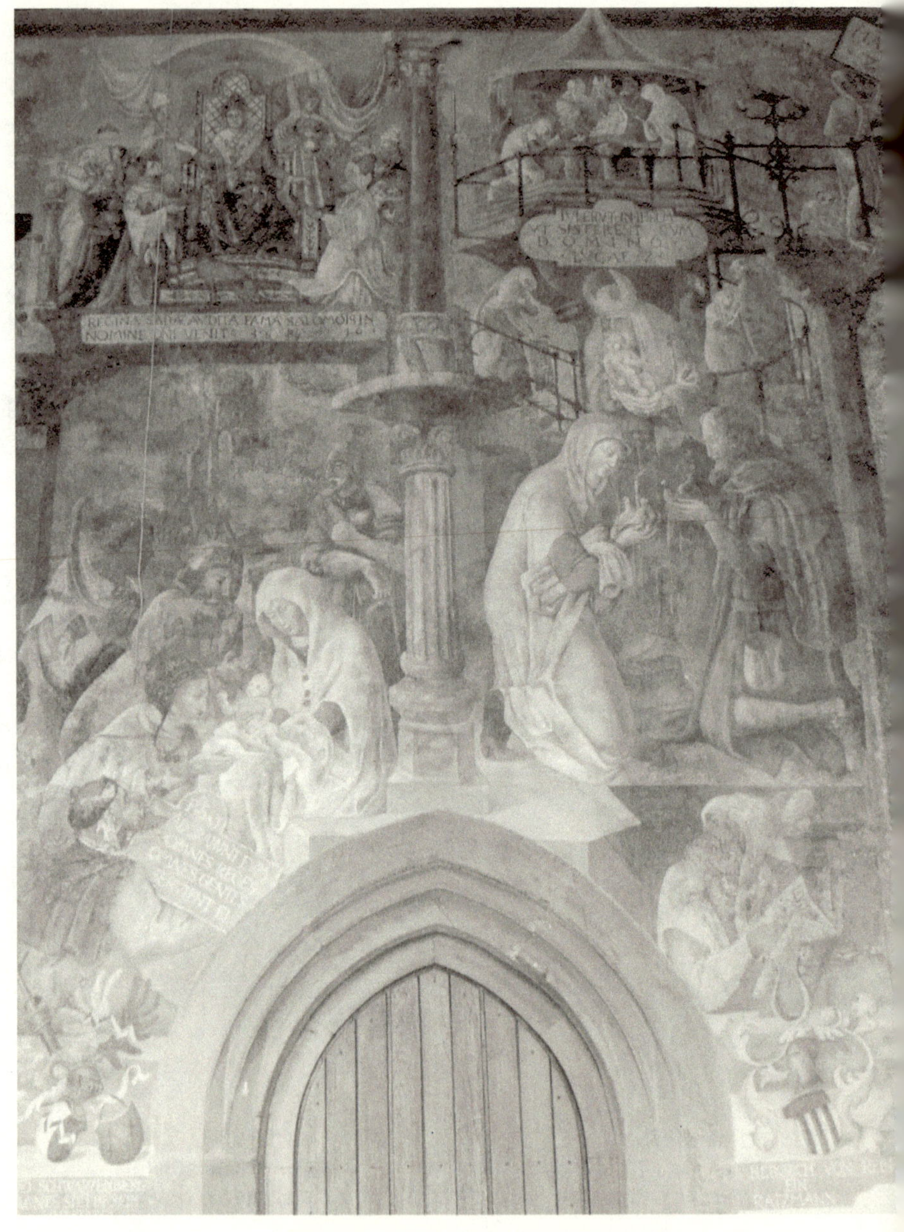

Abb. 12 b — Jerg Ratgeb: Anbetung der Könige, Darbringung. Frankfurt, Karmeliterkloster, Kreuzgang, Westwand.

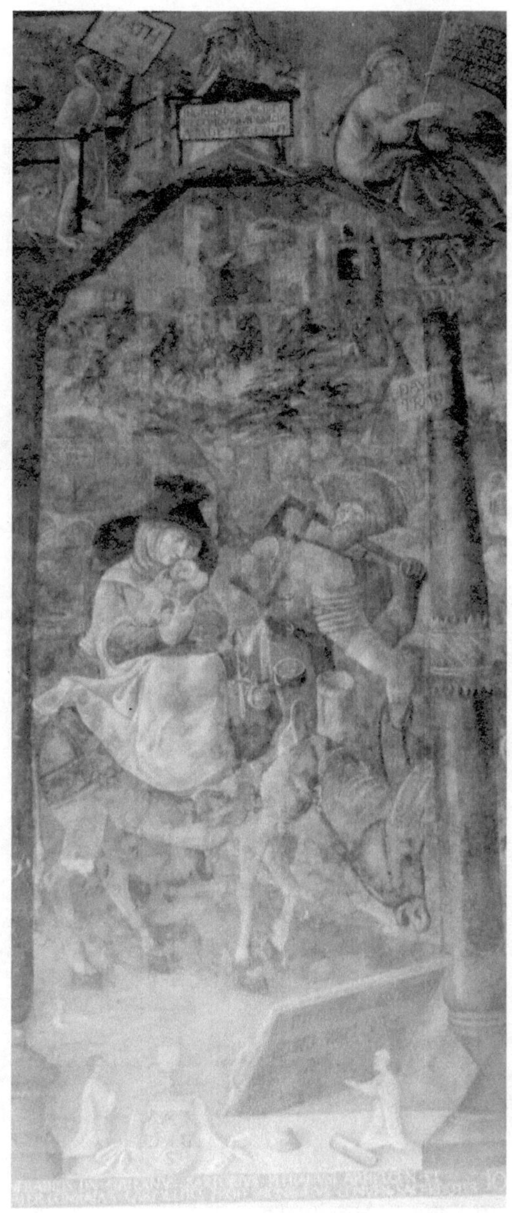

Abb. 12 c Jerg Ratgeb: Flucht nach Ägypten.
Frankfurt, Karmeliterkloster, Kreuzgang, Westwand.

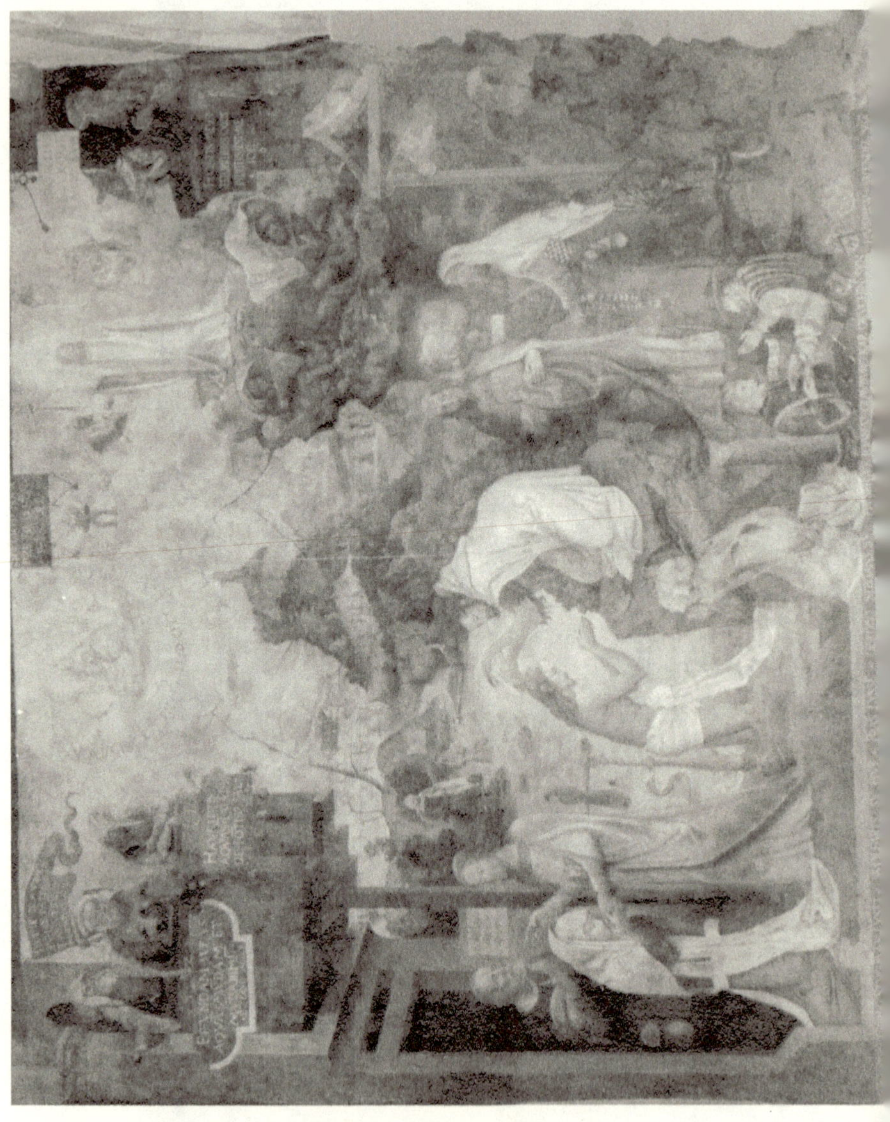

Abb. 12 d Jerg Ratgeb: Abschied von den Eltern, Taufe Christi, Versuchung und Verklärung. (Rekonstruiert).
Frankfurt, Karmeliterkloster, Kreuzgang, Nordwand.

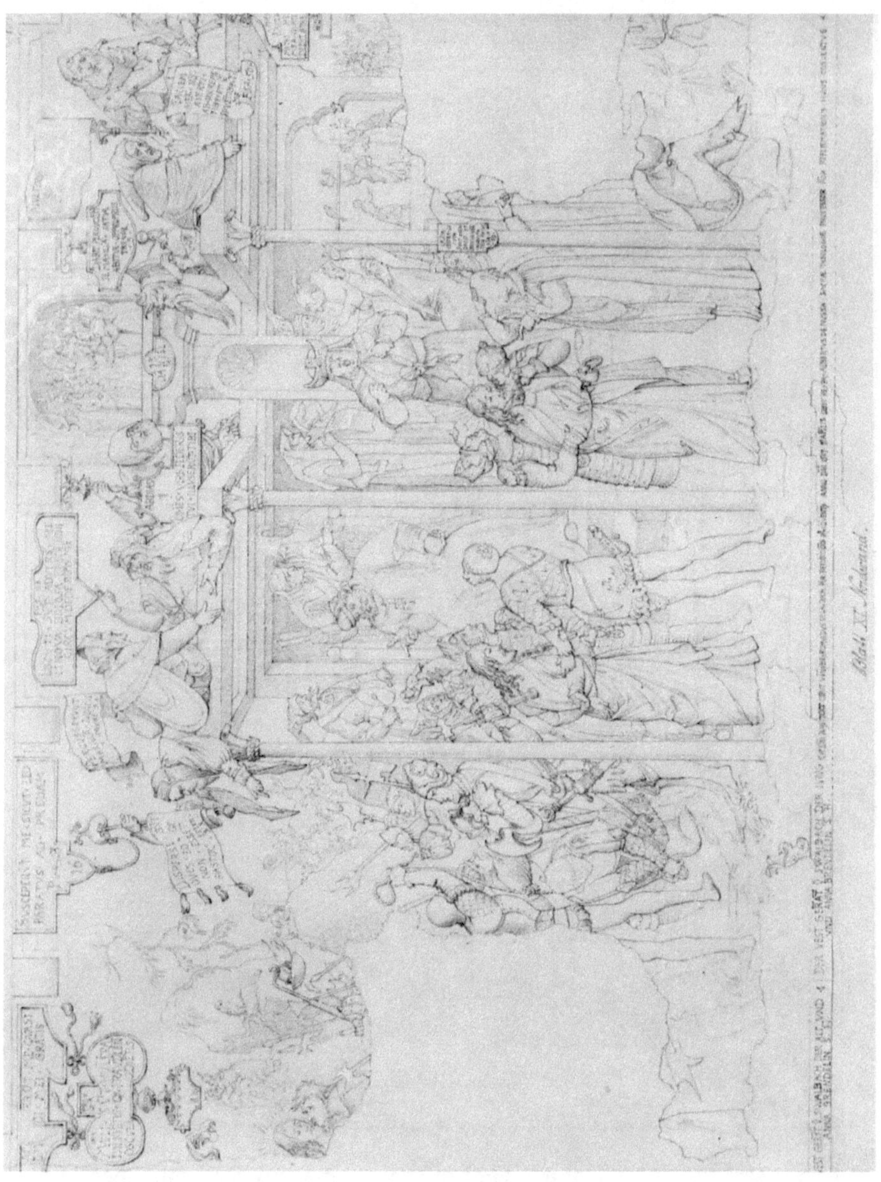

Abb. 12 e Otto Donner von Richter: Christus vor Pilatus und Herodes, Geißelung, Ecce Homo (Nordwand).

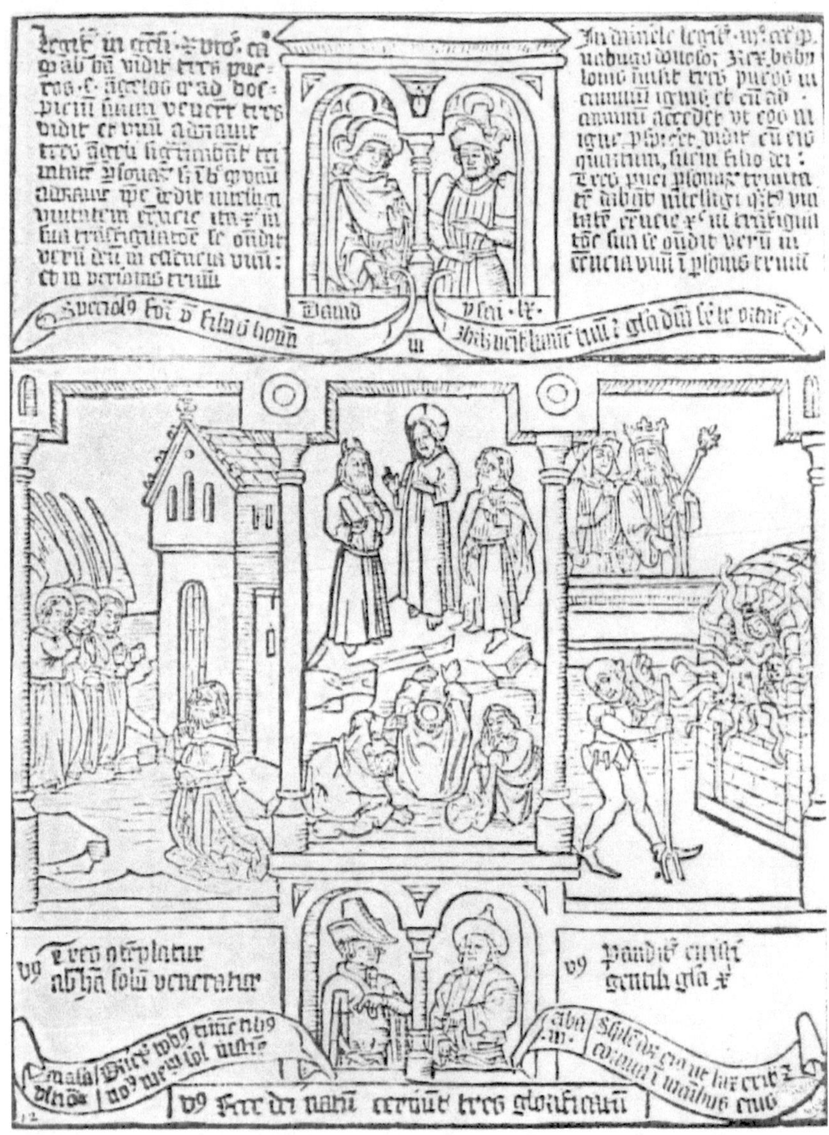

Abb. 13 Verklärung. Gott erscheint Abraham. Drei Jünglinge im Feuerofen.
Biblia pauperum um 1470, Blockbuch.
British Library London C.9 d.2.

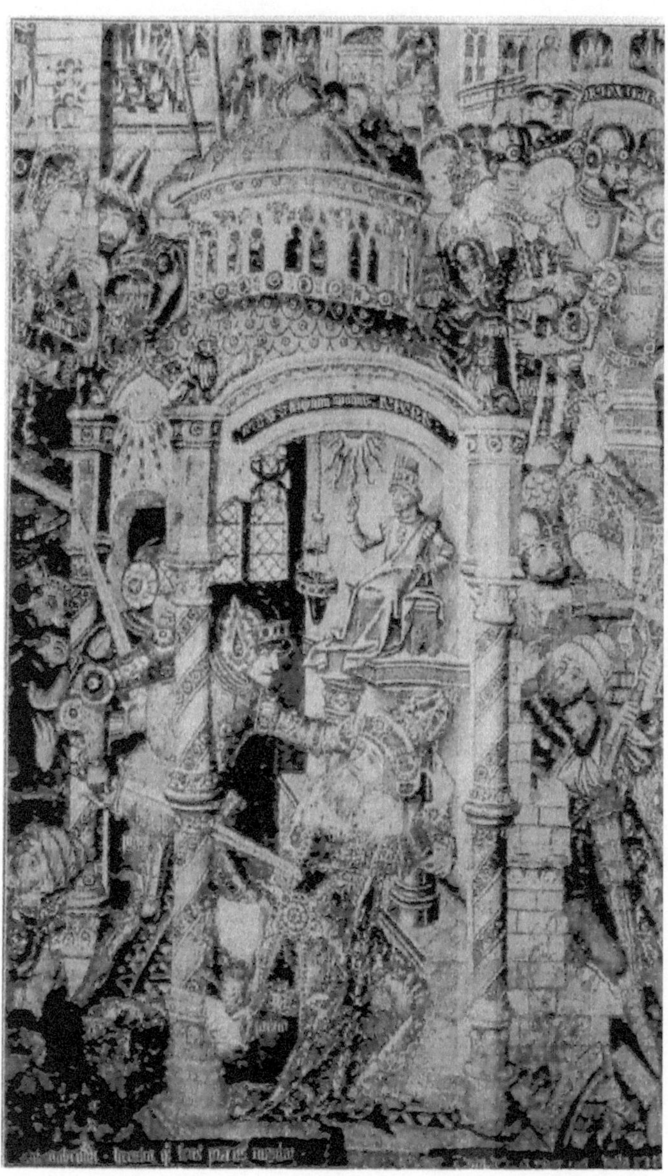

Abb. 14 Teppich mit Zerstörung Trojas (Ausschnitt). Tournai um 1470 Zamora, Kathedrale.

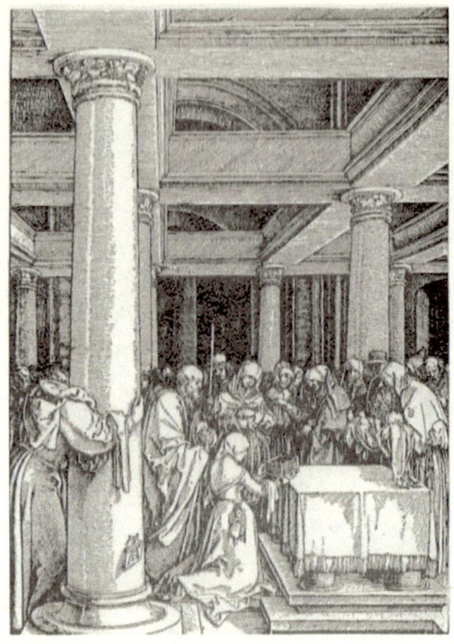

Abb. 15 a Albrecht Dürer:
Marienleben, Darbringung.
Holzschnitt, 1503/4.

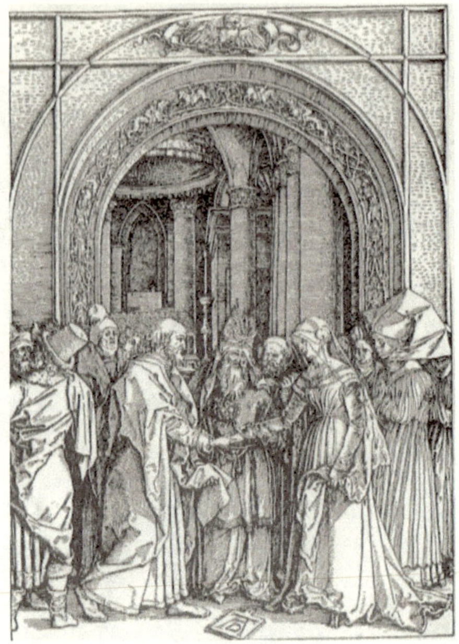

Abb. 15 b Albrecht Dürer:
Marienleben, Vermählung Mariens.
Holzschnitt, 1502-1510.

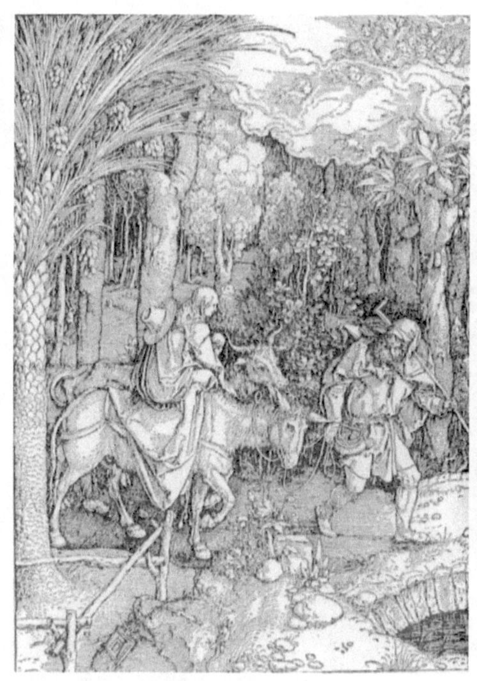

Abb. 15c Albrecht Dürer:
Marienleben, Flucht nach Ägypten.
Holzschnitt, um 1503/4.

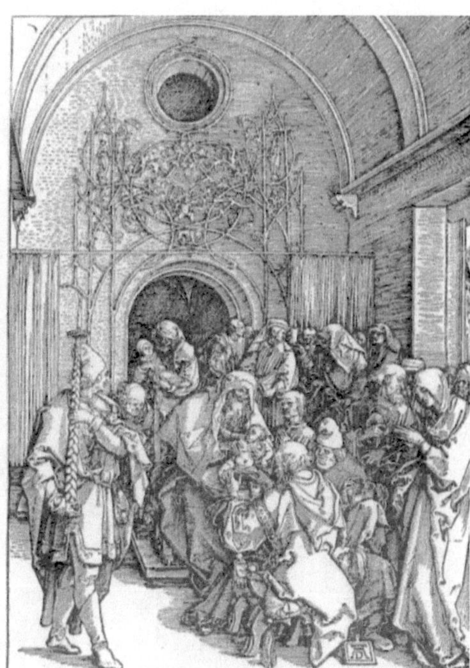

Abb. 15 d Albrecht Dürer:
Marienleben, Beschneidung.
Holzschnitt, um 1503/4.

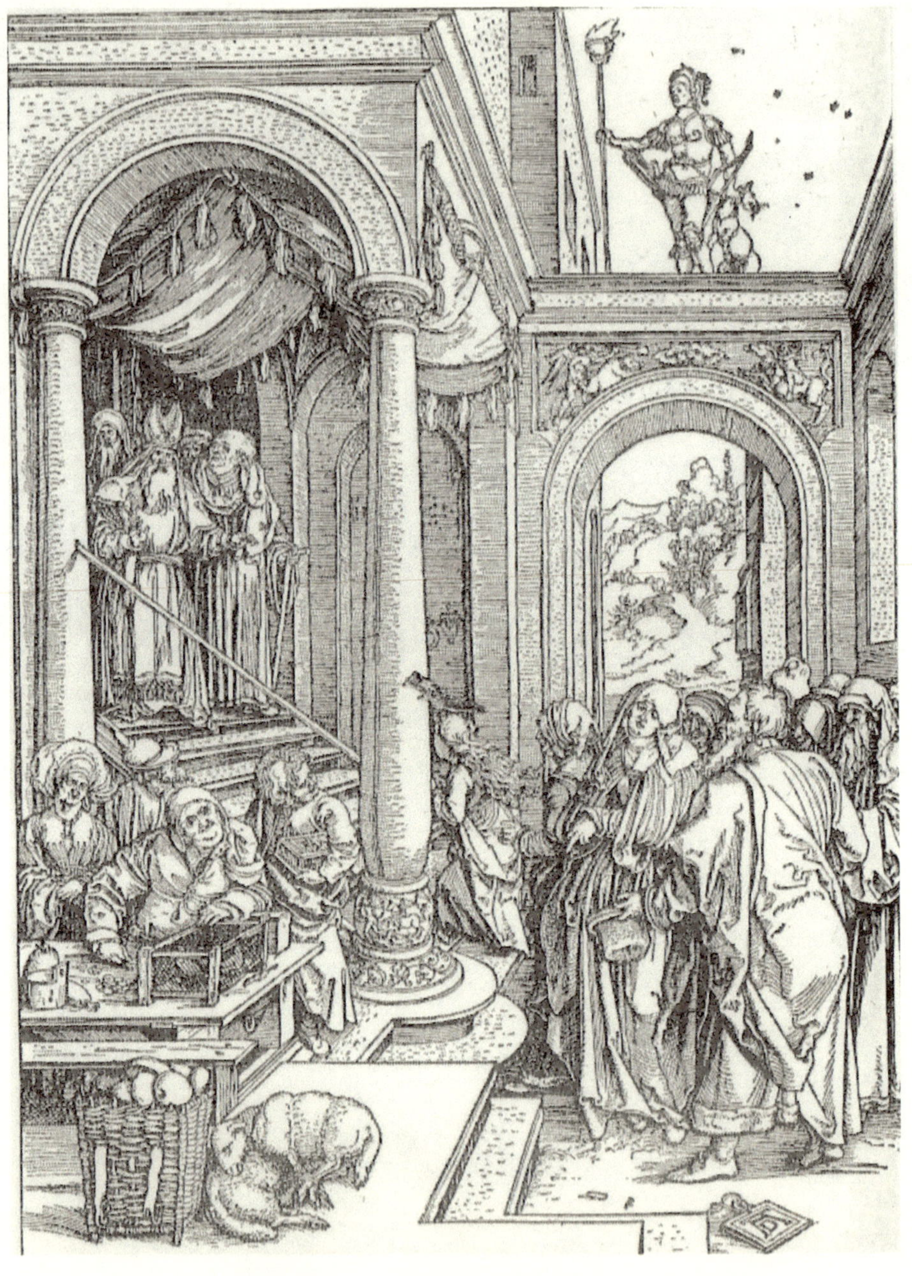

Abb. 15 e Albrecht Dürer: Marienleben, Mariae Tempelgang. Holzschnitt, 1502-1510.

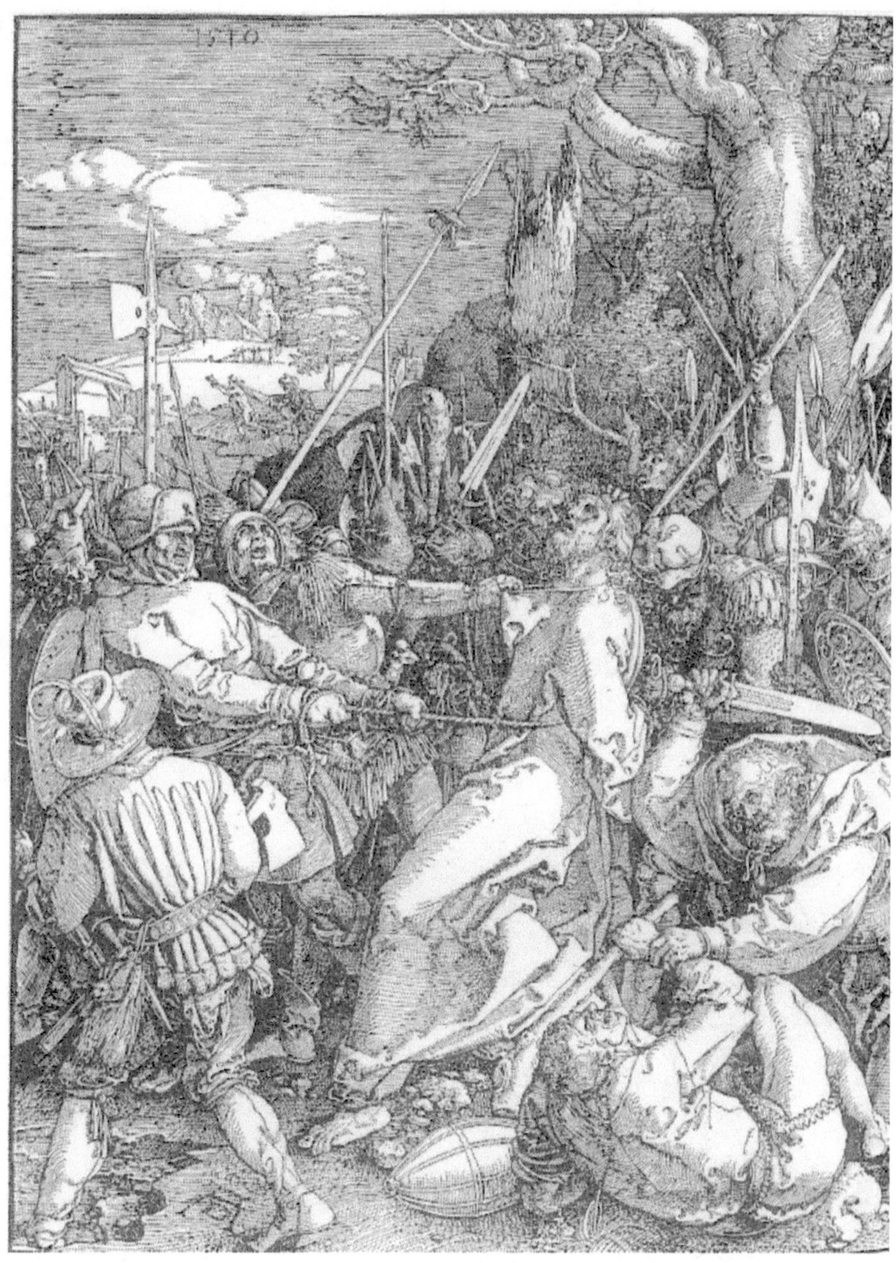

Abb. 16 a Albrecht Dürer: Große Passion, Gefangennahme, 1510.

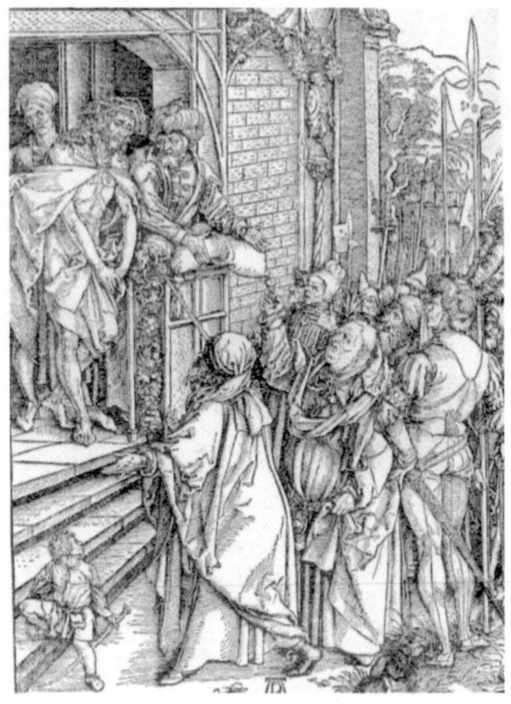

Abb. 16 b Albrecht Dürer: Große Passion, Ecce Homo, 1497/98.

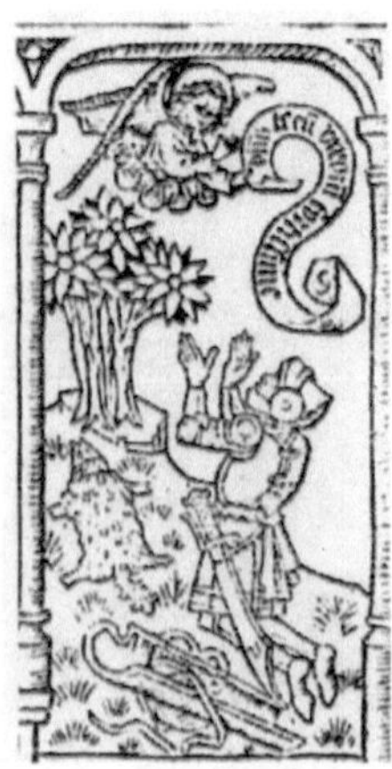

Abb. 17 Gedeon und das Goldene Flies. Biblia pauperum um 1470, Blockbuch. British Library London C.9 d.2.

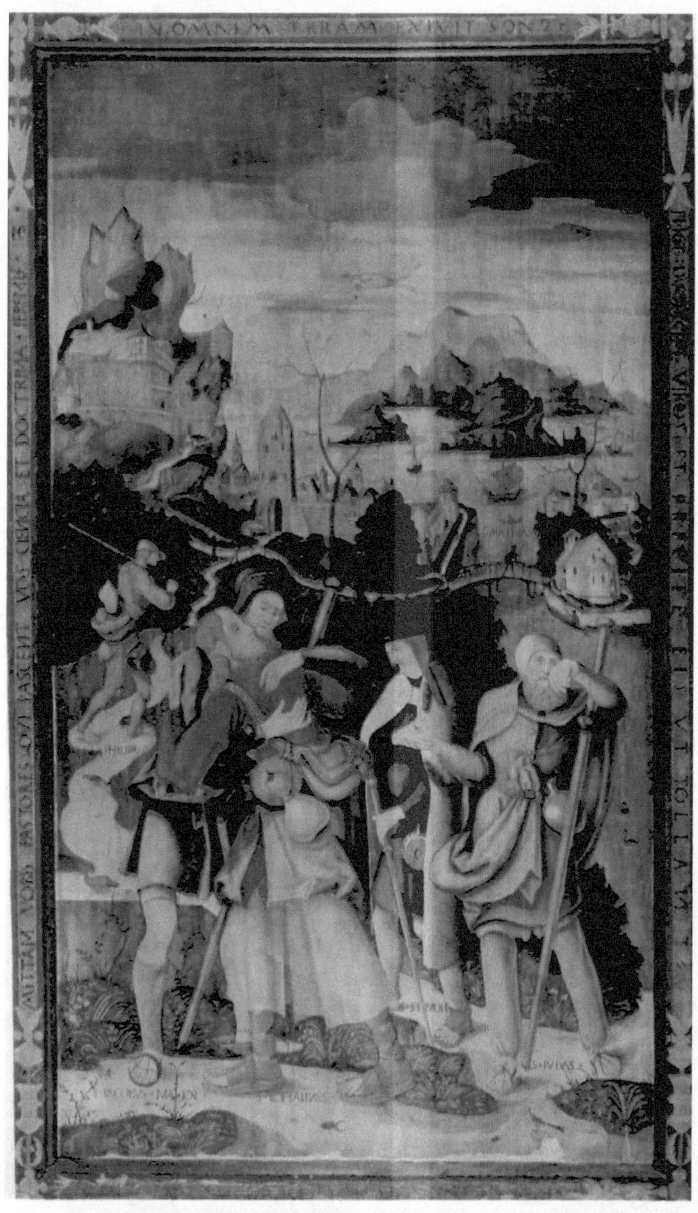

Abb. 18 a.1 Herrenberger Altar, Apostelabschied.
Staatsgalerie Stuttgart.

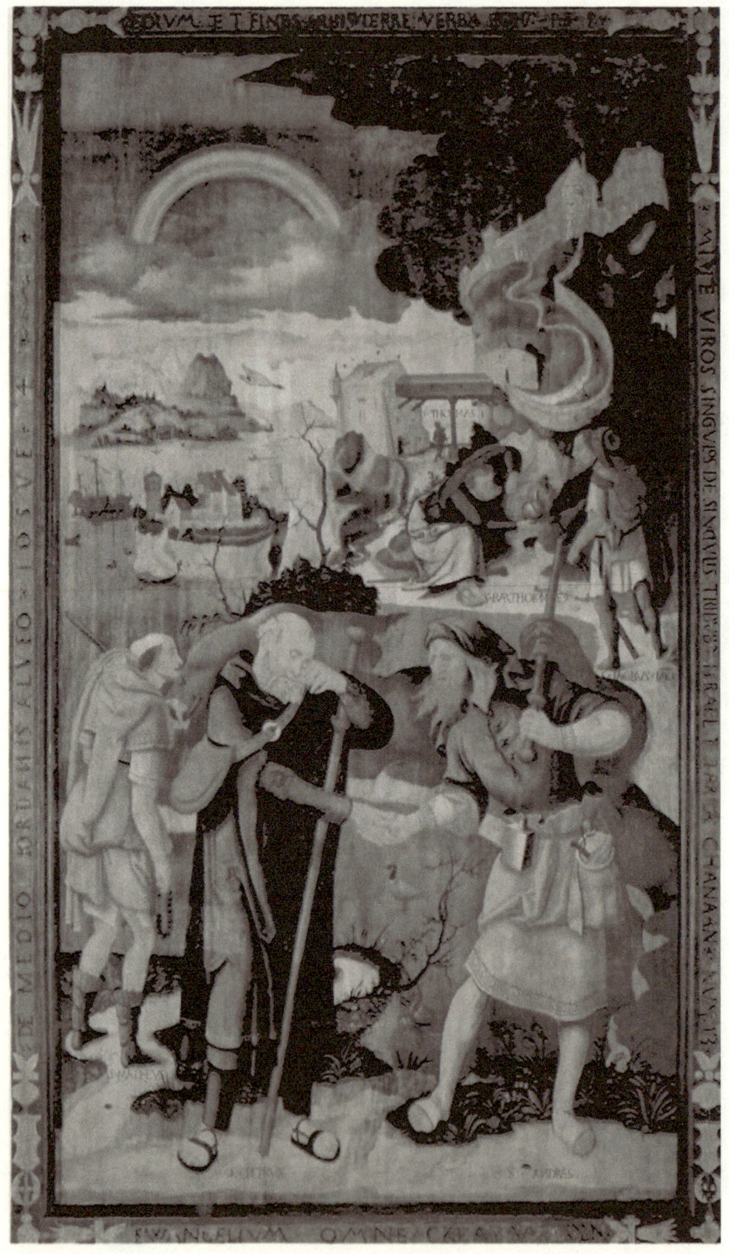

Abb. 18 a.2 Herrenberger Altar, Apostelabschied. Staatsgalerie Stuttgart.

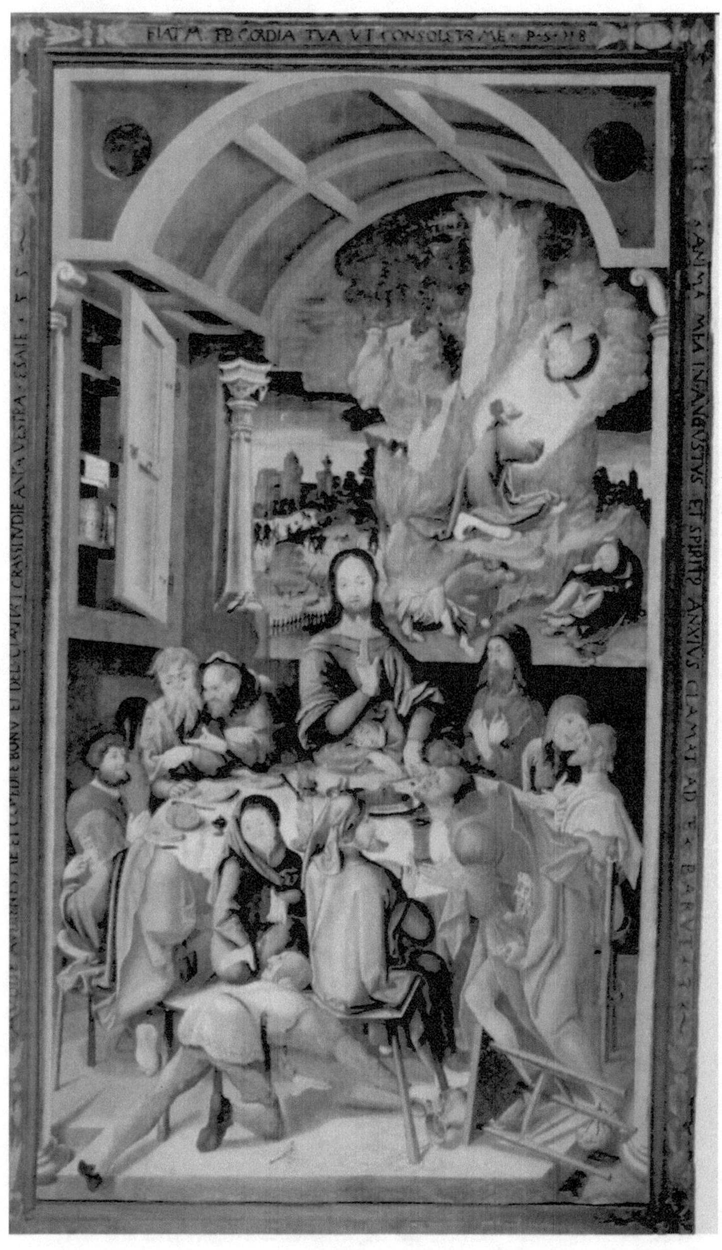

Abb. 18 b Herrenberger Altar, Abendmahl.
Staatsgalerie Stuttgart.

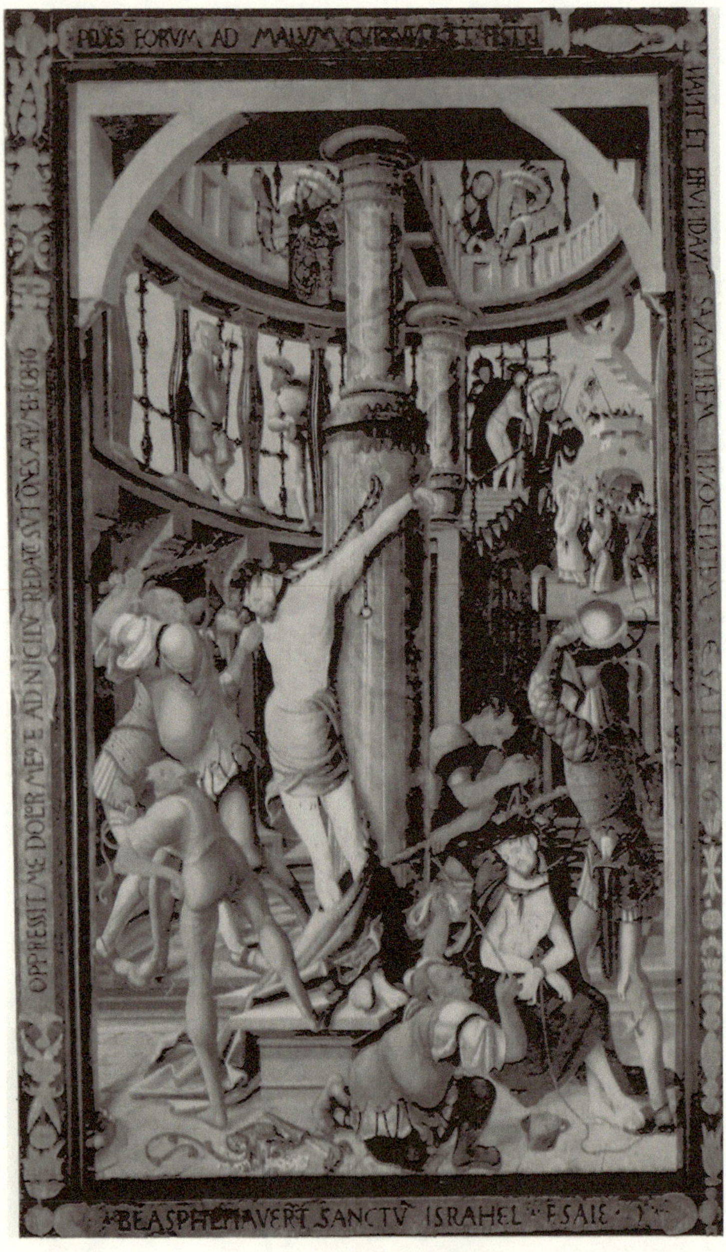

Abb. 18 c Herrenberger Altar, Geißelung.
Staatsgalerie Stuttgart.

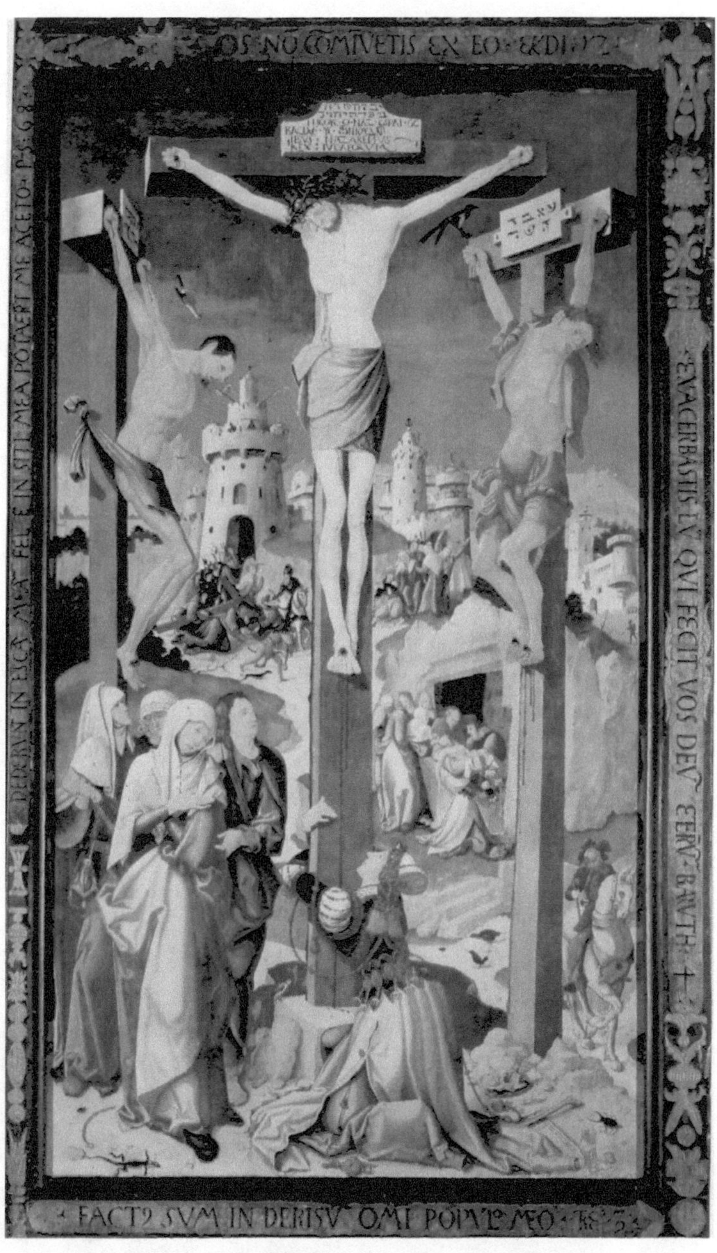

Abb. 18 d Herrenberger Altar, Kreuzigung.
Staatsgalerie Stuttgart.

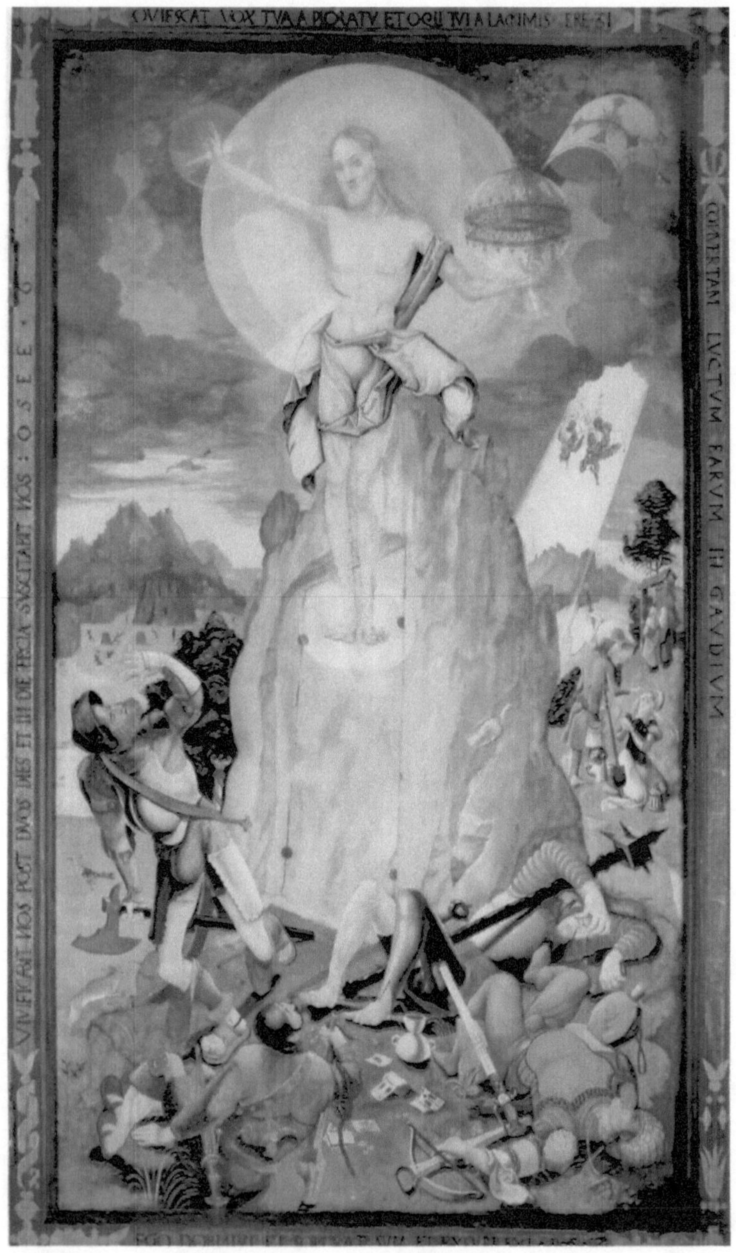

Abb. 18 e Herrenberger Altar, Auferstehung. Staatsgalerie Stuttgart.

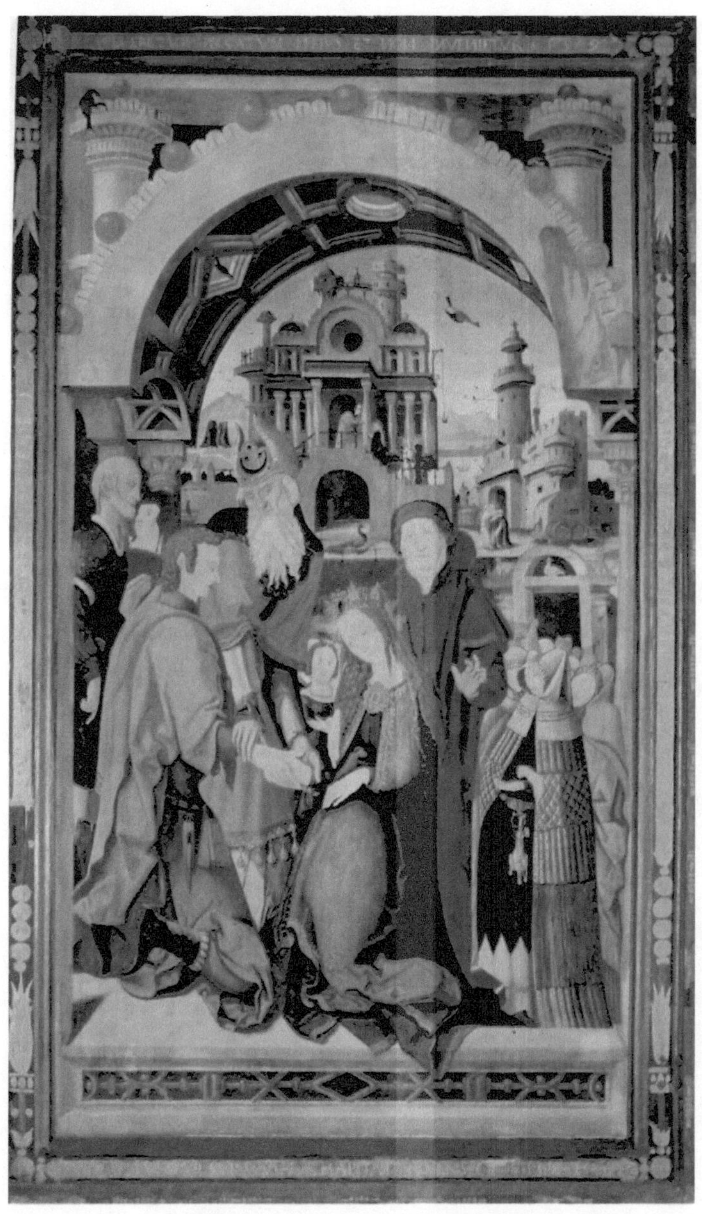

Abb. 18 f Herrenberger Altar, Vermählung Mariae. Staatsgalerie Stuttgart.

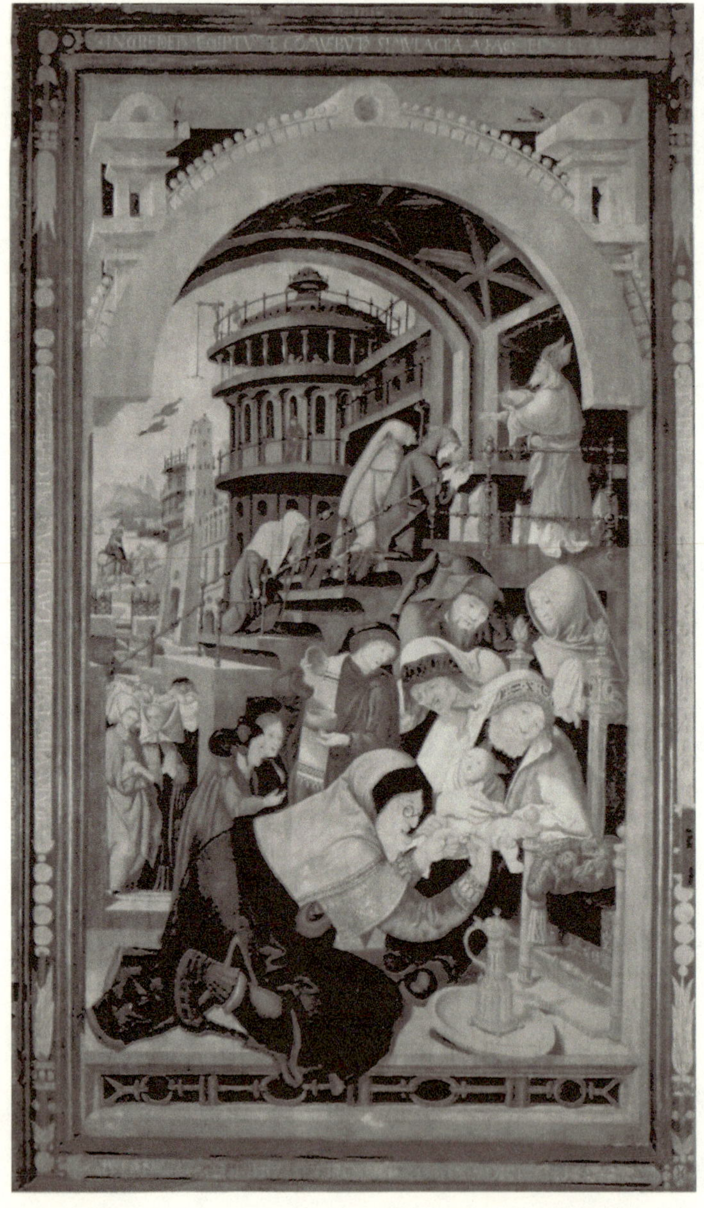

Abb. 18 g Herrenberger Altar, Beschneidung Christi. Staatsgalerie Stuttgart.

Abbildungsnachweis:
Cover: Herrenberger Altar, Geißelung. Staatsgalerie Stuttgart
Abb. 1 a, 1b: Landesdenkmalamt Baden-Württemberg, Stuttgart
Abb. 5, 6a, 8: Institut für Stadtgeschichte Frankfurt am Main/Uwe Dettmar
Abb. 18 a-g: Staatsgalerie Stuttgart

www.ingramcontent.com/pod-product-compliance
Lightning Source LLC
LaVergne TN
LVHW091130080826
845145LV00008B/2108